职业教育·道路运输类专业教材

Daolu Gongcheng Cailiao
道路工程材料

董开亮 吴丽君 赵 露 主 编
黄 鑫 范凌燕 副主编
彭东黎 梁晓东 主 审

人民交通出版社
北京

内 容 提 要

本书为职业教育道路运输类专业教材。本书编写紧扣公路水运工程试验检测专业技术人员职业资格考试专业科目《道路工程》的大纲。全书共分 8 个模块，分别介绍了岩石与集料、水泥及其他无机结合料、水泥混凝土和砂浆、沥青、沥青混合料、无机结合料稳定材料、建筑钢材、土工合成材料等道路工程中常用材料的基本知识、技术性质、技术标准、试验方法以及混合料的组成设计方法。

本书可作为职业院校道路与桥梁工程技术专业以及其他交通土建类专业的教学用书，可以作为参加公路水运工程试验检测专业技术人员职业资格考试的辅导用书，也可供从事道路工程施工、工程监理、试验检测工作的工程技术人员培训使用及学习参考。

为便于学生学习和教师授课，本书配套了大量的微课视频、试验操作视频以及原理动画，读者可通过扫描封面上的二维码免费观看和学习。本书配有课件，教师可通过加入"职教路桥教学研讨群"（QQ:561416324）获取课件。

图书在版编目（CIP）数据

道路工程材料／董开亮，吴丽君，赵露主编. — 北京：人民交通出版社股份有限公司，2024.3
 ISBN 978-7-114-19250-0

Ⅰ.①道… Ⅱ.①董… ②吴… ③赵… Ⅲ.①道路工程—工程材料 Ⅳ.①U414

中国国家版本馆 CIP 数据核字（2024）第 020416 号

职业教育·道路运输类专业教材

书　　名：	道路工程材料
著 作 者：	董开亮　吴丽君　赵　露
策划编辑：	李　瑞
责任编辑：	陈虹宇
责任校对：	赵媛媛
责任印制：	刘高彤
出版发行：	人民交通出版社
地　　址：	(100011) 北京市朝阳区安定门外外馆斜街 3 号
网　　址：	http://www.ccpcl.com.cn
销售电话：	(010)59757973
总 经 销：	人民交通出版社发行部
经　　销：	各地新华书店
印　　刷：	北京建宏印刷有限公司
开　　本：	787×1092　1/16
印　　张：	25.5
字　　数：	611 千
版　　次：	2024 年 3 月　第 1 版
印　　次：	2024 年 3 月　第 1 次印刷
书　　号：	ISBN 978-7-114-19250-0
定　　价：	69.00 元

（印刷、装订质量问题的图书，由本社负责调换）

前言
Preface

道路工程材料是道路与桥梁工程技术专业、道路工程造价专业、道路养护与管理专业、道路工程检测技术专业以及其他交通土建类专业的一门专业基础课程。道路工程材料既是学习后续专业课程的基础,同时道路工程材料检测也是试验检测工程师需要掌握的一门技术,因此道路工程材料课程是理论与实践并重的一门课程。本教材编写团队通过调研道路工程行业对高技能人才职业能力培养需求,认为本课程的学习任务应包括以下三部分内容。

(1)学习道路工程材料的基本知识、技术性能,并能根据国家标准或者行业标准对材料是否合理应用做出判断;

(2)能独立完成4种混合料的配合比设计,4种混合料即矿质混合料、普通水泥混凝土、热拌沥青混合料以及无机结合料稳定材料;

(3)掌握道路施工常用试验的试验方法。

编者根据以上调研结果,同时依据教育部对高职高专人才培养目标、培养模式等要求,并参考当前公路水运工程试验检测专业技术人员职业资格考试大纲的要求编写了本教材。本教材具备以下特点。

(1)校企深度合作。教材的理论部分由湖南交通职业技术学院教师编写,试验操作部分主要由湖南联智桥隧技术有限公司人员实操并制作。教材内容由校企双方讨论确定,与企业的实际生产发展相适应。

(2)数字资源丰富。本教材配套了50个试验操作视频、88个微课视频、25个基本原理动画视频。

(3)融入试验检测师考试大纲内容。本教材中的习题题型完全根据(助理)试验检测师考试大纲要求编写,为学生今后参加(助理)

试验检测师考试打下良好的基础。本教材可作为(助理)试验检测师考试的辅导用书。

(4)教材内容编写由问题引出专业知识。本书每一节由"想一想"引导学生思考,力求从生活实践中发现的道路工程疑问引出本节知识,让学生体会通过不断学习解决实际问题的快乐。

(5)案例丰富。试验部分不是简单地照搬现行规程,而是增加了"试验数据举例"和必要的图片,以及某些操作的必要说明等,使整体内容更为丰富,更易于学习和理解。

(6)学练结合。教材编写了大量的例题,便于学生更加容易地理解相应的理论和计算方法。

(7)课程思政内容丰富。教材中"知识拓展"部分主要介绍了建筑材料的发展历史、建筑材料的相关逸事、我国杰出科学家对建筑材料发展做出的贡献等,能极大提升学生对本课程的学习兴趣。

本书的理论部分由湖南交通职业技术学院的教师编写。其中绪论、模块4、模块5和模块6由董开亮编写;模块1由黄鑫编写;模块2和模块3由吴丽君编写;模块7和模块8由范凌燕编写。微课视频由张家口中迅网络科技有限公司拍摄剪辑。88个微课视频全部由董开亮讲解。本书的试验操作视频共50个,其中12个由湖南交通职业技术学院试验室老师录制,其他38个由湖南联智桥隧技术有限公司材料试验室人员录制,赵露、孙艳华和梁晓东指导,刘盼盼和王子剪辑配音。操作视频列表及分工见表1。

试验操作拍摄一览表 表1

试验方法简称	演示者	试验方法简称	演示者
模块1 岩石与集料(14个)			
岩石单轴抗压强度	刘钢	粗集料磨耗试验	廖帅
粗集料的筛分	郭婉琳(交院)	粗集料坚固性试验	刘钢
粗集料的堆积密度	曹秀英(交院)	细集料的筛分	郭婉琳(交院)
粗集料的网篮法	郭婉琳(交院)	细集料的容量瓶法	王伟(交院)
规准仪测针片状颗粒	李东	细集料的堆积密度	曹秀英(交院)
游标卡尺测针片状颗粒	李东	细集料的亚甲蓝试验	李东
粗集料的压碎值试验	曹秀英(交院)	细集料的砂当量试验	廖帅

续上表

试验方法简称	演示者	试验方法简称	演示者
模块2　水泥及其他无机结合料(7个)			
水泥的烧失量	李姗姗	水泥凝结时间试验	李姗姗
水泥细度筛析法	罗垚勇	水泥安定性试验	李姗姗
水泥比表面积法	刘钢	水泥胶砂强度试验	罗小佳(交院)
水泥标准稠度	罗小佳(交院)		
模块3　水泥混凝土和砂浆(5个)			
坍落度仪法	王朝熙	混凝土抗压强度试验	罗小佳(交院)
混凝土凝结时间测定	王朝熙	混凝土抗弯拉强度试验	王朝熙
混凝土试件制作	王朝熙		
模块4　沥青(8个)			
沥青动力黏度试验	夏洪志	沥青薄膜加热试验	夏洪志
沥青针入度试验	郭婉琳(交院)	沥青密度	夏洪志
沥青延度试验	何禹忠	沥青离析试验	夏洪志
沥青软化点试验	曹秀英(交院)	沥青弹性恢复	夏洪志
模块5　沥青混合料(9个)			
马歇尔稳定度试验	李东	击实法制作试件	李东
车辙试验	李东	轮碾法制作试件	李东
沥青混合料试件密度试验	何禹忠	真空法测最大密度	李东
谢伦堡沥青析漏试验	何禹忠	黏附性试验	何禹忠
肯塔堡飞散试验	何禹忠		
模块6　无机结合料稳定材料(3个)			
圆柱形试件制作	刘钢	EDTA滴定法	何禹忠
无侧限抗压强度	刘钢		
模块7　建筑钢材(2个)			
钢筋拉伸	廖帅	钢筋反向弯曲	廖帅
模块8　土工合成材料(2个)			
梯形撕破强力试验	王朝熙	顶破强力试验	王朝熙

注："交院"即湖南交通职业技术学院。

本书配有25个试验动画，主要展示试验原理、操作过程或基本概念。具体动画名称见表2。

动画一览表　　　　　表2

序号	动画名称	序号	动画名称
1	DH1-粗集料的压碎值试验	14	DH14-维勃稠度试验
2	DH2-粗集料的网篮法	15	DH15-混凝土受压破坏
3	DH3-粗集料规准仪法	16	DH16-混凝土弯拉破坏
4	DH4-细集料的筛分	17	DH17-沥青动力黏度试验
5	DH5-细集料的容量瓶法	18	DH18-沥青针入度试验
6	DH6-细集料的亚甲蓝试验	19	DH19-沥青延度试验
7	DH7-细集料的砂当量试验	20	DH20-沥青软化点试验
8	DH8-勃氏法	21	DH21-马歇尔稳定度试验
9	DH9-水泥标准稠度	22	DH22-车辙试验
10	DH10-水泥凝结时间	23	DH23-冻融劈裂试验
11	DH11-雷氏夹法	24	DH24-黏附性试验
12	DH12-水泥胶砂强度	25	DH25-EDTA滴定试验
13	DH13-坍落度试验		

　　本书的部分图片来自网络和相关参考书籍,部分插图由湖南交通职业技术学院学生唐周望绘制。本书在编写过程中得到了湖南交通职业技术学院和湖南联智桥隧技术有限公司各位领导和同仁的大力支持,在此一并表示感谢。

　　由于编者的学识水平和实践经验有限,书中难免有不妥之处,恳请广大同仁和读者批评指正,联系邮箱为:346069139@qq.com。

编　者
2023年8月

试验操作视频资源列表

序号	模块	名称
CZ1	模块1	岩石单轴抗压强度
CZ2	模块1	粗集料的筛分
CZ3	模块1	粗集料的堆积密度
CZ4	模块1	粗集料的网篮法
CZ5	模块1	规准仪测针片状颗粒
CZ6	模块1	游标卡尺测针片状颗粒
CZ7	模块1	粗集料的压碎值试验
CZ8	模块1	粗集料磨耗试验
CZ9	模块1	粗集料坚固性试验
CZ10	模块1	细集料的筛分
CZ11	模块1	细集料的容量瓶法
CZ12	模块1	细集料的堆积密度
CZ13	模块1	细集料的亚甲蓝试验
CZ14	模块1	细集料的砂当量试验
CZ15	模块2	水泥的烧失量
CZ16	模块2	水泥细度筛析法
CZ17	模块2	水泥比表面积法
CZ18	模块2	水泥标准稠度
CZ19	模块2	水泥凝结时间试验
CZ20	模块2	水泥安定性试验
CZ21	模块2	水泥胶砂强度试验
CZ22	模块3	坍落度仪法
CZ23	模块3	混凝土凝结时间测定
CZ24	模块3	混凝土试件制作
CZ25	模块3	混凝土抗压强度试验
CZ26	模块3	混凝土抗弯拉强度试验

续上表

序号	模块	名称
CZ27	模块4	沥青动力黏度试验
CZ28	模块4	沥青针入度试验
CZ29	模块4	沥青延度试验
CZ30	模块4	沥青软化点试验
CZ31	模块4	沥青薄膜加热试验
CZ32	模块4	沥青密度
CZ33	模块4	沥青离析试验
CZ34	模块4	沥青弹性恢复
CZ35	模块5	马歇尔稳定度试验
CZ36	模块5	车辙试验
CZ37	模块5	沥青混合料试件密度试验
CZ38	模块5	谢伦堡沥青析漏试验
CZ39	模块5	肯塔堡飞散试验
CZ40	模块5	击实法制作试件
CZ41	模块5	轮碾法制作试件
CZ42	模块5	真空法测最大密度
CZ43	模块5	黏附性试验
CZ44	模块6	圆柱形试件制作
CZ45	模块6	无侧限抗压强度
CZ46	模块6	EDTA滴定法
CZ47	模块7	钢筋拉伸
CZ48	模块7	钢筋反向弯曲
CZ49	模块8	梯形撕破强力试验
CZ50	模块8	顶破强力试验

资源使用说明：

1. 扫描封面二维码,注意每个码只可激活一次；

2. 长按弹出界面的二维码关注"交通教育出版"微信公众号并自动绑定资源；

3. 公众号弹出"购买成功"通知,点击"查看详情",进入后即可查看资源；

4. 也可进入"交通教育出版"微信公众号,点击下方菜单"用户服务—图书增值",选择已绑定的教材进行观看。

微课视频资源列表

序号	模块	名称
WK1	模块1	集料的基本概念
WK2	模块1	粗集料的技术性质
WK3	模块1	粗集料的坚固性试验
WK4	模块1	粗集料的磨光试验
WK5	模块1	细集料的技术性质
WK6	模块1	细集料的筛分试验
WK7	模块1	级配类型
WK8	模块1	试算法
WK9	模块1	粗集料的堆积密度
WK10	模块1	粗集料的网篮法
WK11	模块1	针片状粗集料试验
WK12	模块1	粗集料的压碎值试验
WK13	模块1	洛杉矶磨耗试验
WK14	模块1	细集料的容量瓶法
WK15	模块1	细集料的堆积密度
WK16	模块1	细集料的亚甲蓝试验
WK17	模块1	细集料的砂当量试验
WK18	模块2	水泥概述
WK19	模块2	水泥的基本性质
WK20	模块2	水泥的技术要求
WK21	模块2	水泥负压筛析法
WK22	模块2	水泥勃氏法
WK23	模块2	水泥标准稠度测定
WK24	模块2	水泥凝结时间测定
WK25	模块2	水泥安定性试验
WK26	模块2	水泥胶砂强度试验

续上表

序号	模块	名称
WK27	模块3	混凝土工作性的影响因素
WK28	模块3	混凝土的力学性质
WK29	模块3	混凝土强度的影响因素
WK30	模块3	普通水泥混凝土组成材料的技术要求
WK31	模块3	混凝土配合比设计概述
WK32	模块3	外加剂用量的计算
WK33	模块3	配合比例题(1)
WK34	模块3	配合比例题(2)
WK35	模块3	配合比例题(3)
WK36	模块3	配合比例题(4)
WK37	模块3	配合比例题(5)
WK38	模块3	坍落度试验
WK39	模块3	混凝土凝结时间测定
WK40	模块3	混凝土试件制作
WK41	模块3	混凝土抗压强度试验
WK42	模块3	混凝土抗弯拉强度试验
WK43	模块4	沥青的分类
WK44	模块4	沥青的组分与结构
WK45	模块4	沥青的黏滞性
WK46	模块4	沥青动力黏度试验
WK47	模块4	沥青的布氏黏度
WK48	模块4	沥青针入度试验
WK49	模块4	沥青延度试验
WK50	模块4	沥青软化点试验
WK51	模块4	沥青的感温性
WK52	模块4	沥青的耐久性
WK53	模块4	沥青加热老化试验
WK54	模块4	沥青密度试验
WK55	模块4	沥青技术要求
WK56	模块5	沥青混合料路用性能
WK57	模块5	马歇尔稳定度试验
WK58	模块5	车辙试验
WK59	模块5	沥青混合料技术标准
WK60	模块5	冻融劈裂试验
WK61	模块5	沥青混合料密度与体积参数(1)

续上表

序号	模块	名称
WK62	模块5	沥青混合料密度与体积参数（2）
WK63	模块5	沥青混合料试件密度试验
WK64	模块5	体积参数例题
WK65	模块5	气候分区
WK66	模块5	沥青混合料沥青技术要求
WK67	模块5	沥青混合料粗集料技术要求
WK68	模块5	沥青混合料细集料技术要求
WK69	模块5	沥青混合料填料技术要求
WK70	模块5	沥青混合料配合比设计概述
WK71	模块5	沥青混合料矿料组成设计
WK72	模块5	沥青混合料最佳沥青用量确定
WK73	模块5	击实法制作试件
WK74	模块5	轮碾法制作试件
WK75	模块5	真空法测最大密度
WK76	模块5	黏附性试验
WK77	模块6	基层材料类型
WK78	模块6	基层材料要求
WK79	模块6	基层技术性质
WK80	模块6	无机结合料剂量
WK81	模块6	稳定材料配合比设计
WK82	模块6	重型击实法
WK83	模块6	振动压实法
WK84	模块6	圆柱形试件制作
WK85	模块6	稳定材料试件养生方法
WK86	模块6	无侧限抗压强度
WK87	模块6	EDTA滴定法
WK88	模块8	土工合成材料的分类

资源使用说明：

1.扫描封面二维码，注意每个码只可激活一次；

2.长按弹出界面的二维码关注"交通教育出版"微信公众号并自动绑定资源；

3.公众号弹出"购买成功"通知，点击"查看详情"，进入后即可查看资源；

4.也可进入"交通教育出版"微信公众号，点击下方菜单"用户服务—图书增值"，选择已绑定的教材进行观看。

试验动画资源列表

序号	模块	名称
DH1	模块1	粗集料的压碎值试验
DH2	模块1	粗集料的网篮法
DH3	模块1	粗集料规准仪法
DH4	模块1	细集料的筛分
DH5	模块1	细集料的容量瓶法
DH6	模块1	细集料的亚甲蓝试验
DH7	模块1	细集料的砂当量试验
DH8	模块2	勃氏法
DH9	模块2	水泥标准稠度
DH10	模块2	水泥凝结时间
DH11	模块2	雷氏夹法
DH12	模块2	水泥胶砂强度
DH13	模块3	坍落度试验
DH14	模块3	维勃稠度试验
DH15	模块3	混凝土受压破坏
DH16	模块3	混凝土弯拉破坏
DH17	模块4	沥青动力黏度试验
DH18	模块4	沥青针入度试验
DH19	模块4	沥青延度试验
DH20	模块4	沥青软化点试验
DH21	模块5	马歇尔稳定度试验
DH22	模块5	车辙试验
DH23	模块5	冻融劈裂试验
DH24	模块5	黏附性试验
DH25	模块6	EDTA 滴定试验

资源使用说明：

1. 扫描封面二维码，注意每个码只可激活一次；

2. 长按弹出界面的二维码关注"交通教育出版"微信公众号并自动绑定资源；

3. 公众号弹出"购买成功"通知，点击"查看详情"，进入后即可查看资源；

4. 也可进入"交通教育出版"微信公众号，点击下方菜单"用户服务—图书增值"，选择已绑定的教材进行观看。

目·录
Contents

绪论 ··· 001
  0.1 常用道路工程材料 ··· 002
  0.2 道路工程材料的技术性质 ··································· 005
  0.3 道路工程材料的技术标准 ··································· 006
  0.4 数据的统计量 ·· 009
  习题 ··· 011

模块1 岩石与集料 ··· 013
  1.1 岩石 ·· 013
  1.2 集料的技术性质 ·· 021
  1.3 矿质混合料组成设计 ·· 029
  1.4 粗集料试验 ·· 037
  1.5 细集料试验 ·· 053
  本章小结 ·· 065
  习题 ··· 065

模块2 水泥及其他无机结合料 ··· 069
  2.1 水泥 ·· 069
  2.2 石灰 ·· 083
  2.3 粉煤灰 ··· 088
  2.4 水泥试验 ·· 090
  本章小结 ·· 109
  习题 ··· 110

模块 3　水泥混凝土和砂浆 … 113
3.1　普通水泥混凝土的特点及技术性质 … 113
3.2　普通水泥混凝土的组成设计理论 … 128
3.3　普通水泥混凝土的组成设计实例 … 143
3.4　水泥混凝土外加剂 … 147
3.5　其他水泥混凝土 … 151
3.6　砂浆 … 164
3.7　水泥混凝土试验 … 170
本章小结 … 181
习题 … 181

模块 4　沥青 … 187
4.1　沥青概述 … 187
4.2　道路石油沥青 … 191
4.3　其他沥青 … 205
4.4　沥青试验 … 213
本章小结 … 221
习题 … 222

模块 5　沥青混合料 … 225
5.1　沥青混合料的分类与结构类型 … 225
5.2　沥青混合料技术性质和技术标准 … 231
5.3　沥青混合料的密度与体积参数 … 239
5.4　热拌沥青混合料配合比设计理论 … 245
5.5　热拌沥青混合料配合比设计例题 … 257
5.6　其他沥青混合料 … 263
5.7　沥青混合料试验 … 270
本章小结 … 288
习题 … 289

模块 6　无机结合料稳定材料 … 293
6.1　路面基层与底基层的类型 … 293
6.2　无机结合料稳定材料的原材料要求 … 298
6.3　无机结合料稳定材料的技术性质 … 302

  6.4 无机结合料稳定材料配合比设计 ·················· 306
  6.5 无机结合料稳定材料配合比设计实例 ·············· 312
  6.6 无机结合料稳定材料试验 ······························ 317
  本章小结 ·· 329
  习题 ·· 330

模块 7 建筑钢材 ··· 333
  7.1 建筑钢材的常见类型 ······································ 333
  7.2 建筑钢材的技术性能与技术标准 ······················ 342
  7.3 普通钢筋的加工过程与连接 ····························· 350
  7.4 钢材试验 ·· 358
  本章小结 ·· 363
  习题 ·· 363

模块 8 土工合成材料 ··· 365
  8.1 土工合成材料的分类与应用 ····························· 365
  8.2 土工合成材料的技术性质 ································ 372
  8.3 土工合成材料试验 ·· 378
  本章小结 ·· 383
  习题 ·· 383

参考文献 ·· 385

INTRODUCTION

绪论

学习目标：
1. 了解常用道路工程材料，能区分无机结合料和有机结合料的概念；
2. 了解道路工程材料五个方面的技术性质；
3. 熟悉按管理层级分类的技术标准；
4. 掌握数据统计量的计算方法。

我们生活中常见的道路工程结构物是由哪些材料构成的呢？这些材料应该具备哪些技术性质才能应用到工程结构物中？我们应该按照什么标准检测这些材料？

道路工程包括路基工程、路面工程、桥涵工程、隧道工程、交通安全设施等。道路工程材料是道路工程结构物（图0-0-1）的物质基础，其性能优劣直接影响结构物的使用性能和耐久性。另外，道路工程材料的费用在道路工程总造价中占50%～70%，可见，材料的正确合理使用对于道路工程造价的影响非常大。随着现代社会交通量和车辆荷载的与日俱增，对道路工程材料的使用性能也提出了更高的要求。随着科学技术的发展，许多新材料逐渐被应用到道路工程中。在保证工程质量的前提下，如何合理选用材料，尽可能降低造价，是每一个工程技术人员必须掌握的重要技能。

a)路面工程　　　　　　　b)桥梁工程　　　　　　　c)隧道工程

图 0-0-1　道路工程结构物

0.1　常用道路工程材料

1. 砂石材料

砂石材料包括人工开采的岩石和各种集料。其中,集料主要指天然的砂砾石、轧制的碎石及各种性能稳定的工业冶金矿渣(如煤渣、高炉渣和钢渣等)。尺寸较大的块状石料经加工后,可以直接用于砌筑道路工程结构物。集料在水泥混凝土或沥青混合料中起骨架和填充作用。性能稳定的砂砾石和碎石(图 0-1-1)也可直接用于铺筑道路基层、排水层等。工业冶金矿渣(图 0-1-2)经过处理后,性能稳定且满足要求,可以作为集料使用。

图 0-1-1　碎石　　　　　　　　　　　　　　图 0-1-2　钢渣

2. 无机结合料与无机混合料

道路工程材料中最常用的无机结合料是水泥(图 0-1-3)、石灰(图 0-1-4)、粉煤灰等,其作用是将松散的砂石材料胶结成具有一定强度和稳定性的整体。无机混合料是指以无机结合料为胶凝材料拌制的各种混合料,主要包括水泥混凝土、无机结合料稳定材料、建筑砂浆等。水泥混凝土是道路工程中应用最为广泛的材料,如用于修建路面、涵洞、支挡工程等。无机结合料稳定材料主要用于修建道路的基层、底基层等。建筑砂浆主要用于砌筑和抹面工程。

图0-1-3　袋装水泥

图0-1-4　块状生石灰

3. 有机结合料与有机混合料

有机结合料主要指沥青类材料,如石油沥青(图0-1-5)、煤沥青、乳化沥青等。有机混合料是指以有机结合料为胶凝材料拌制的各种混合料。沥青材料与不同粒径大小的碎石、石屑、砂、矿粉等拌和组成沥青混合料(图0-1-6),可用于铺筑各种类型的沥青路面。

图0-1-5　石油沥青

图0-1-6　沥青混合料

4. 土工合成材料

土工合成材料是指在工程建设中应用的以人工合成或以天然聚合物为原料制成的工程材料的总称,主要包括三类:合成树脂(如塑料)、合成橡胶以及合成纤维。在道路工程中,常用的土工布(图0-1-7)、土工格栅(图0-1-8)等,就是典型的土工合成材料。通常将土工合成材料置于路基内部、边坡表面或路基路面结构层之间,起过滤、防渗、隔离、排水和防护等作用。

图 0-1-7　土工布

图 0-1-8　土工格栅

5. 钢材

钢材是道路工程中重要的建筑材料,主要是指用于钢结构中的各种型材(如角钢、槽钢、工字钢、圆钢等)、钢板、钢管以及用于钢筋混凝土结构中的各种钢筋(图 0-1-9)、钢丝、钢绞线(图 0-1-10)等。钢材可以作为构件,直接使用在道路工程中,如钢结构桥梁,也可以包裹在水泥混凝土中,建造各类钢筋混凝土梁板等结构物。

图 0-1-9　钢筋

图 0-1-10　钢绞线

6. 土

土也是道路工程中非常重要的材料,主要用于路基填筑。土的相关知识已在土质与土力学等前续课程中专门介绍,本教材不涉及。

0.2 道路工程材料的技术性质

1. 基本物理性质

道路工程材料常用的基本物理性质包括各种密度、孔隙率、吸水率、亲水性等。这些性质取决于材料的基本组成及构造,与材料的力学性质和耐久性(抗冻性、抗渗性等)密切相关。例如,一般情况下,对于同一种材料,密度越大,强度越高;同时,材料越致密,其耐久性越好。

2. 力学性质

力学性质是道路工程材料抵抗自重以及各种车辆荷载综合作用的性能,包括静态的受拉、抗压、抗弯以及抗剪等强度,如图 0-2-1 所示,也包括磨光、磨耗、冲击等试验反映的动态力学性能。

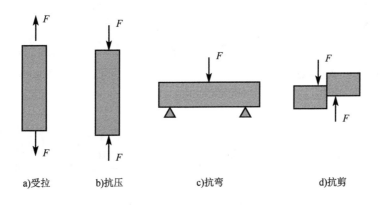

图 0-2-1　材料受力示意图

3. 化学性质

相比力学性质,对于道路工程材料的化学性质研究较少,通常只做简单化合物含量或者有害物质含量的分析试验。然而某些材料呈现出来的某种化学性质对于材料的应用影响非常大,必须引起足够的重视。例如碱性集料与沥青的黏附性能明显优于酸性集料。水泥中如含有游离氧化镁、三氧化硫等有害成分,就会造成水泥的安定性不良。

4. 工艺性质

工艺性质是指道路工程材料能按一定的方法加工成所需的结构或形状的特性。例如,水泥混凝土拌合物必须具备一定的流动性,使其能够充满模板,而不至于使混凝土结构物出现蜂窝麻面的现象。钢筋本身除了满足抗拉强度外,还必须满足加工性能,如采用焊接工艺(图 0-2-2),在焊接后也能够满足强度要求,否则说明该钢筋的可焊性不合格。某些材料的强度虽然很高,但无法加工,就无法应用到工程中。

5. 耐久性

耐久性是指材料在长期作用或暴露于恶劣环境下仍然能够保持其原性能和外观的能力。道路工程结构物常年裸露于自然环境中,受到各种因素,如温度变化、冻融循环、氧化作用、光照辐射、酸碱腐蚀、水流侵蚀等破坏作用,材料的原有性能将逐渐发生变化。例如,沥青路面即使不受车轮荷载作用,长时间在气候环境因素下也会逐渐老化开裂(如龟裂),如图 0-2-3 所示,就是耐久性不好的一种表现。钢筋混凝土结构中的钢筋容易生锈,也属于耐久性不好的表现。

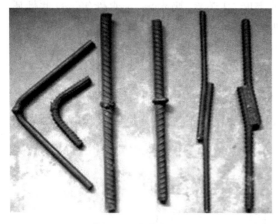

图 0-2-2 钢筋的焊接

图 0-2-3 沥青路面的龟裂

0.3 道路工程材料的技术标准

标准、规范、规程都是标准的一种表现形式,习惯上统称为标准,只有针对具体对象才加以区别。当针对产品、方法、符号、概念等时,一般叫标准,如《通用硅酸盐水泥》(GB 175—2023);当针对勘察、规划、设计、施工等技术事项所做的规定时,通常叫规范,如《公路沥青路面施工技术规范》(JTG F40—2004);当针对操作、工艺、管理等技术要求时,一般叫规程,如《公路工程沥青及沥青混合料试验规程》(JTG E20—2011)。

材料的技术标准是有关部门根据材料的自身特性,结合工程特点,对材料的规格、质量标准、技术指标以及相关检验方法所做出的明确规定。设计、施工、检测、科研等单位,均应以这些标准为依据对道路工程材料进行设计、施工、检测和评价。标准的制定,方便不同单位部门之间对同一类型工程材料进行技术交流、采购与应用,确保工程的建设质量。

1. 根据管理层级的不同分类

(1)国家标准。国家标准分为强制性标准(代号 GB)和推荐性标准(代号 GB/T)。对于强制性国家标准,必须执行,由国务院批准发布或者授权批准发布。对推荐性国家标准,国家鼓励采用,由国务院标准化行政主管部门统一批准、编号,以公告形式发布。国家标准由国家标准代号、编号、制定(修订)年份、标准名称四个部分组成。例如:《通用硅酸盐水泥》(GB 175—2023),其中,"GB"为国家标准代号,"175"为标准编号,"2023"为发布或修订年号,"通用硅酸盐水泥"是标准名称,如图 0-3-1 所示,为强制性国家标准。《建设用砂》(GB/T 14684—2022),"GB/T"表示推荐性标准。

(2)行业标准。对没有国家标准而又需要在全国某个行业范围内统一的技术要求,或者某行业需要在国家标准的要求下,根据自身行业的特点,做出更严格更具体的技术要求,可以制定行业标准。行业标准由国务院有关行政主管部门制定,并报国务院标准化行政主管部门备案。部分行业标准代号见表 0-3-1。其中,《公路工程水泥及水泥混凝土试验规程》(JTG 3420—2020)中"JTG"表示交通行业在公路(代号 G)建设方面的标准,如图 0-3-2 所示。

图 0-3-1 国家标准封面样例

图 0-3-2 行业标准封面样例

国家标准和行业标准代号　　　　　　表 0-3-1

标准名称	代号(汉语拼音)	示例
国家标准	国标 GB(Guo Biao)	《建设用卵石、碎石》(GB/T 14685—2022)
交通行业标准	交通 JT(JiaoTong)	《公路工程水泥及水泥混凝土试验规程》(JTG 3420—2020)
建筑工程行业标准	建工 JG(Jian Gong)	《普通混凝土配合比设计规程》(JGJ 55—2011)
建材行业标准	建材 JC(Jian Cai)	《行星式水泥胶砂搅拌机》(JC/T 681—2022)
石油化工行业标准	石化 SH(Shi Hua)	《道路石油沥青》(NB/SH/T 0522—2010)
黑色冶金行业标准	冶标 YB(Ye Biao)	《煤沥青筑路油》(YB/T 030—2012)

(3)地方标准。地方标准是该区的市级以上地方标准化行政主管部门发布的地方性技术指导文件，只在该地区使用。地方标准的编号，由地方标准代号、顺序号和年代号三部分组成。省级地方标准代号，由汉语拼音字母“DB”加上其行政区划代码前两位数字组成。市级地方标准代号，由汉语拼音字母“DB”加上其行政区划代码前四位数字组成。例如，《厂拌热再生施工与验收技术指南》(DBCJ 007—2019)，就是由长沙市住房和城乡建设局发布的地方标准，“DB”表示地方标准，如图0-3-3所示。

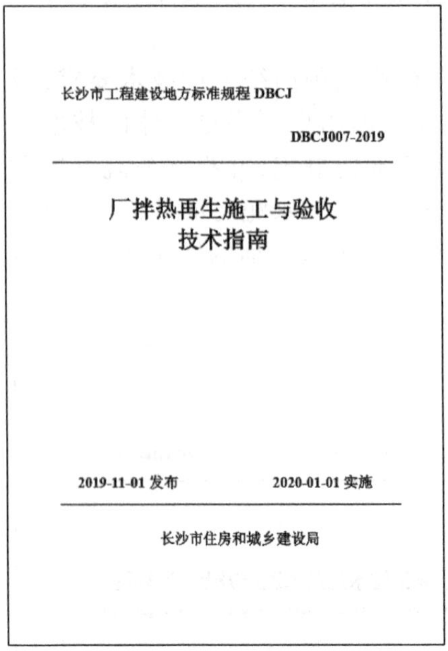
长沙市工程建设地方标准规程 DBCJ

DBCJ007-2019

厂拌热再生施工与验收
技术指南

2019-11-01 发布 2020-01-01 实施

长沙市住房和城乡建设局

图 0-3-3 地方标准样例

(4)团体标准。又称协会标准，由学会、协会、商会、联合会、产业技术联盟等社会团体协调相关市场主体共同制定，以满足市场和创新需要。团体标准由本团体成员约定采用或者按照本团体的规定供社会自愿采用。团体标准的编号依次由团体标准代号“T”、社会团体代号、团体标准顺序号和年代号组成。

(5)企业标准。由企业制定发布的指导企业生产的技术性文件，仅适用于本企业。企业生产的产品没有国家标准和行业标准的，应当制定企业标准，作为组织生产的依据。已有国家标准或者行业标准的，国家鼓励企业制定严于国家标准或者行业标准的企业标准，在企业内部适用。企业标准一般以“Q”作为企业标准的开头，其后分别注明企业代号、标准顺序号、发布年号。

国务院标准化行政主管部门统一管理全国标准化工作。推荐性国家标准、行业标准、地方标准、团体标准、企业标准的技术要求不得低于强制性国家标准的相关技术要求。

2.根据应用功能的不同分类

在“道路工程材料”课程中，根据材料应用功能的不同，将经常应用的技术标准分为以下两类。

(1)检测标准，也称检测依据，即各类试验规程。设计单位、材料生产企业、施工单位以及外委检测单位等都应该遵循相同的试验规程来检测材料的技术指标。本课程主要用到的试验规程如下：

①《公路工程岩石试验规程》(JTG E41—2005)；

②《公路工程集料试验规程》(JTG E42—2005)；

③《公路工程水泥及水泥混凝土试验规程》(JTG 3420—2020)；

④《公路工程沥青及沥青混合料试验规程》(JTG E20—2011)；

⑤《公路工程无机结合料稳定材料试验规程》(JTG E51—2009)；

⑥《公路工程土工合成材料试验规程》(JTG E50—2006)；

⑦《金属材料 拉伸试验 第1部分：室温试验方法》(GB/T 228.1—2021)；

⑧《钢筋混凝土用钢材试验方法》(GB/T 28900—2022)。

(2)评定标准,也称评定依据,即各类产品标准。在道路工程材料中,主要指国家标准、各类施工技术规范以及工程设计文件对材料的要求。本课程主要用到的国家标准和施工技术规范如下:

①《公路工程质量检验评定标准 第一册 土建工程》(JTG F80/1—2017);
②《公路路面基层施工技术细则》(JTG/T F20—2015);
③《公路水泥混凝土路面施工技术细则》(JTG/T F30—2014);
④《公路沥青路面施工技术规范》(JTG F40—2004);
⑤《公路桥涵施工技术规范》(JTG 3650—2020);
⑥《通用硅酸盐水泥》(GB 175—2023);
⑦《建设用卵石、碎石》(GB/T 14685—2022);
⑧《建设用砂》(GB/T 14684—2022)。

简单来讲,检测标准规定具体试验方法,统一试验步骤,而评定标准用于判定检测结果是否合格。一般在道路工程材料的检测报告上,要同时注明这两个标准。

0.4 数据的统计量

一组试验的数据测定值有 N 个,分别为 X_1、X_2、X_3、$\cdots$、X_N,其中任一个测定值表示为 X_i,可按下列方法计算其统计量。

1. 算术平均值 $\overline{X}$

算术平均值是表示一组数据集中位置最有用的统计特征量,经常被用来代表总体的平均水平。算术平均值可按式(0-4-1)计算。

$$\overline{X} = \frac{\sum_{i=1}^{N} X_i}{N} \tag{0-4-1}$$

2. 标准差 S

标准差是衡量样本数据离散程度的指标。标准差越大,表示数据越离散,反映试验结果越不稳定。标准差可按式(0-4-2)计算。

$$S = \sqrt{\frac{\sum_{i=1}^{N}(X_i - \overline{X})^2}{N-1}} \tag{0-4-2}$$

【例题 0-4-1】 有 A、B 两个商品水泥混凝土拌和站,都出售 C20(C20 表示水泥混凝土的强度等级为 20MPa)的混凝土。两个拌和站各自连续抽检 5 组数据(每天抽检 1 组),A 站为 25.1、24.6、25.4、23.8、26.1(单位:MPa);B 站为 20.8、28.2、23.1、26.9、26.0(单位:MPa)。请问哪个站的混凝土质量好?

解：

A 站：

平均值 $\overline{X}_A = \dfrac{25.1 + 24.6 + 25.4 + 23.8 + 26.1}{5} = 25.0(\text{MPa})$

标准差

$S_A = \sqrt{\dfrac{(25.1-25.0)^2 + (24.6-25.0)^2 + (25.4-25.0)^2 + (23.8-25.0)^2 + (26.1-25.0)^2}{5-1}}$

$= 0.863(\text{MPa})$

B 站：

平均值 $\overline{X}_B = \dfrac{20.8 + 28.2 + 23.1 + 26.9 + 26.0}{5} = 25.0(\text{MPa})$

标准差

$S_B = \sqrt{\dfrac{(20.8-25.0)^2 + (28.2-25.0)^2 + (23.1-25.0)^2 + (26.9-25.0)^2 + (26.0-25.0)^2}{5-1}}$

$= 3.004(\text{MPa})$

虽然两个拌和站的混凝土抽样检测的平均值都为 25.0MPa，但是 B 站的标准差 $S_B = 3.004$MPa，大于 A 站的标准差 $S_A = 0.863$MPa，所以 A 站的混凝土抽检数据离散性小，精确度更高，混凝土质量更稳定。

3. 变异系数 C_v

变异系数反映样本数据波动的大小。变异系数是标准差 S 与算术平均值 $\overline{X}$ 的比值，按式(0-4-3)计算。变异系数越大，表示数据的精度越差。标准差是绝对误差，变异系数是相对误差。

$$C_v(\%) = \dfrac{S}{\overline{X}} \times 100 \tag{0-4-3}$$

标准差 S 有单位，其单位与计算采用的原始试验数据一样。变异系数 C_v 带%。标准差用于分析可疑数据。试验数据中，如存在可疑数据，则按照 k 倍标准差作为标准舍去可疑数据，即在数据分析时，舍弃那些在 $\overline{X} \pm kS$ 范围以外的实测值。当试验数据 N 为 3、4、5、6 时，k 值分别为 1.15、1.46、1.67、1.82，N 大于或等于 7 时，k 值采用 3。变异系数用于分析试验结果的精度，当变异系数超过规定要求，试验就应该重做或增加试验数量。

【例题 0-4-2】 对某沥青混凝土进行马歇尔稳定度试验，一组 4 个试件，稳定度 FL 分别为 9.10kN、9.09kN、9.09kN 和 8.16kN，平均值 $\overline{X}$ 为 8.86kN，标准差 S 为 0.47kN，当试件数 $N = 3$、4 时，$k = 1.15$、1.46。请确定该沥青混凝土的马歇尔试验的稳定度。

解：

试验数据最大值为 9.10kN，最小数据为 8.16kN，平均值 $\overline{X}$ 为 8.86kN，根据可疑数据舍弃原则，当试验数据为 4 时，k 值为 1.46。

所以可信数据范围为 $8.86 \pm 1.46 \times 0.47$，即在 8.17 到 9.55 之间，4 个马歇尔试件稳定度中 8.16 不符合要求，应予舍弃。

所以取其他 3 个测定值的平均值为试验结果，稳定度 FL $= (9.10 + 9.09 + 9.09)/3 = 9.09(\text{kN})$。

【例题 0-4-3】 检测沥青混合料的动稳定度,共检测 3 个试件,试验数据为(单位:次/mm):2256、2809、3502。当 3 个试件动稳定度要求变异系数小于 20% 时,取其平均值作为结果。变异系数大于 20% 时应分析原因,并追加试验数量。请对试验数据精度进行分析。

解:

平均值 $\qquad X = 2855.7$(次/mm)

标准差 $\qquad S = \sqrt{\dfrac{\sum(X_i - \overline{X})^2}{N-1}} = 624.3$(次/mm)

变异系数 $\qquad C_v = \dfrac{S}{\overline{X}} = 21.9(\%) > 20\%$

3 个试件试验数据的变异系数 C_v 不满足要求,应追加检测一个试件,检测动稳定度为 2756 次/mm。重新计算 4 个数据的统计量:

平均值 $\qquad X = 2843.3$(次/mm)

标准差 $\qquad S = \sqrt{\dfrac{\sum(X_i - \overline{X})^2}{N-1}} = 512.1$(次/mm)

变异系数 $\qquad C_v = \dfrac{S}{\overline{X}} = 18.0(\%) < 20\%$

4 个试件的试验数据满足精度要求。

习题

一、判断题(判断正误)

1. 标准差是衡量样本数据离散程度的指标。标准差越小,表示数据越离散。( )
2. 变异系数反映样本数据的波动大小。变异系数是标准差 S 与算术平均值 $\overline{X}$ 的比值。
( )
3. 国家标准的代号为 DB。( )

二、多选题(每道小题四个选项,有两个或两个以上为正确选项)

1. (　　) 属于无机结合料。
 A. 水泥　　　　B. 沥青　　　　C. 石灰　　　　D. 集料

2. 我国的技术标准按照管理层级,通常包括(　　)。
　　A. 行业标准　　　　B. 地方标准　　　　C. 团体标准　　　　D. 企业标准
3. 材料的破坏模式包括(　　)。
　　A. 受压破坏　　　　B. 剪切破坏　　　　C. 受拉破坏　　　　D. 弯曲破坏

模块1 岩石与集料
MODULE ONE

学习目标：
1. 了解岩石的分类及公路工程中常用的石料制品。
2. 掌握集料的定义及分类。
3. 掌握岩石的技术性质及主要技术指标的测定方法。
4. 掌握集料的技术性质及主要技术指标的测定方法。
5. 能根据工程要求，合理选用粗、细集料，完成矿质混合料组成设计。
6. 能根据相关施工规范和技术标准的要求，对砂石材料进行性能检测，并判断其质量是否符合要求。

1.1 岩石

? 想一想

岩石是道路工程建设中要用到的材料之一，我们平时见到的岩石有哪些类型呢？看似致密的岩石其实存在孔隙，怎样获得岩石的孔隙率呢？工程上的岩石强度范围很广，有的低至十几兆帕，有的高达一百多兆帕，如何检测岩石的强度呢？

岩石是在各种物质条件下，按一定方式结合而成的矿物集合体，它是构成地壳及地幔的主要物质。岩石的性能除决定于岩石所含矿物成分外，还取决于成岩条件。

我国有丰富的天然石材资源，广泛用于道路与桥梁工程中，如高强块状石材是主要的砌体材料，常用于砌筑桥涵基础与墩台、挡土墙、护坡、沟渠等。岩石经人工加工成不同粒径的碎石及在自然条件作用下形成的卵石,广泛用作混凝土集料。

1.1.1 岩石的分类

1. 按岩石的形成条件

(1)岩浆岩

岩浆岩是由高温熔融的岩浆冷凝而形成的岩石,也称火成岩。如花岗岩、正长岩、辉长岩、辉绿岩、闪长岩、橄榄岩、玄武岩、安山岩、流纹岩等。

(2)沉积岩

沉积岩是由先前存在的岩石(岩浆岩、变质岩和早已形成的沉积岩)在地表经风化剥蚀而产生的物质,经过搬运、沉积、胶结和压密等成岩作用而形成的岩石,又称水成岩。如石灰岩、页岩、砂岩、砾岩、石膏等。

(3)变质岩

变质岩是岩浆岩或沉积岩在高温、高压或其他因素作用下,经变质所形成的岩石。如大理岩、石英岩、片麻岩、板岩等。

2. 按二氧化硅含量

岩石依据其二氧化硅(SiO_2)含量多少划分为酸性、碱性及中性岩石三种,见表1-1-1。

岩石酸碱性分类 表1-1-1

岩石类型	二氧化硅含量(%)	常见岩石
酸性岩石	>65	花岗岩、石英岩
中性岩石	52~65	辉绿岩、闪长岩
碱性岩石	<52	石灰岩、玄武岩

由于碱性岩石与沥青的黏附性更好,并且石灰岩的开采成本较低,所以碱性的石灰岩是一种常见的沥青路面材料。

1.1.2 公路工程中常用的石料制品

石料制品是指根据道路工程结构物部位的不同需要,将石料加工成不同形状的产品。

1. 片石

片石(图1-1-1)由岩石打眼放炮采得,其形状不规则。一般片石的厚度应不小于150mm,当用作镶面时,应选择表面较平整、尺寸较大者,并应稍加修整。

片石主要用于砌筑挡土墙(图1-1-2)、桥涵基础、堤坝以及护坡等,还可制成片石混凝土。

2. 块石

块石是在成层岩中打眼放炮开采获得的,如图1-1-3所示。块石形状应大致方正,上下面应大致平整,厚度应为200~300mm,宽度应为厚度的1.0~1.5倍,长度应为厚度的1.5~3.0倍。块石如有锋棱锐角,应敲除。

块石主要用于砌筑桥涵、挡墙、护坡(图 1-1-4)等工程结构物。

图 1-1-1　片石

图 1-1-2　浆砌片石挡土墙

图 1-1-3　块石

图 1-1-4　浆砌块石护坡

3. 粗料石

粗料石是由采石场开采出的石块,再经手工或机械凿琢而成的比较规则的石材。粗料石的外形应方正,呈六面体,厚度应为 200~300mm,宽度应为厚度的 1.0~1.5 倍,长度应为厚度的 2.5~4.0 倍,表面凹陷深度不大于 20mm。

粗料石常用于砌筑拱圈(图 1-1-5)、墩台,其中硬度大、耐磨、强度高的料石,可用于铺筑路面(图 1-1-6)。

图 1-1-5　石拱桥

图 1-1-6　石砌路面

1.1.3 岩石的基本物理性质

1. 物理常数

常用的岩石物理常数有密度和孔隙率等,它与岩石的技术性质有着密切的联系,是反映材料矿物组成、结构状态和特征的重要参数。

岩石内部结构主要由矿质实体和孔隙(包括与外界连通的开口孔隙和不与外界连通的闭口孔隙)组成,如图 1-1-7a)所示。岩石各部分质量与体积的关系如图 1-1-7b)所示。

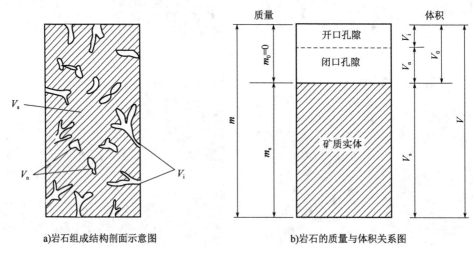

a)岩石组成结构剖面示意图　　b)岩石的质量与体积关系图

图 1-1-7　岩石组成结构示意图

(1)真实密度

岩石的真实密度是指在规定条件下,烘干岩石矿质实体单位体积(不包括开口与闭口孔隙体积)的质量,用 ρ_t 表示。

$$\rho_t = \frac{m_s}{V_s} \tag{1-1-1}$$

式中:ρ_t——岩石的真实密度(g/cm^3);

m_s——岩石矿质实体的质量(g);

V_s——岩石矿质实体的体积(cm^3)。

岩石真实密度的测定方法,按《公路工程岩石试验规程》(JTG E41—2005),将岩石样品粉碎磨细后,在 105~110℃条件下烘干至恒重,称得其质量,然后装入密度瓶中加水经煮沸或真空抽气后,使水充分进入闭口孔隙中,通过"置换法"测定其矿质实体体积。

(2)毛体积密度

毛体积密度是指在规定条件下,包括烘干岩石和孔隙在内的单位体积固体材料的质量。用 ρ_b 表示。

$$\rho_b = \frac{m_s}{V_s + V_n + V_i} \tag{1-1-2}$$

式中:ρ_b——岩石的毛体积密度(g/cm^3);

m_s、V_s——意义同式(1-1-1);

V_n、V_i——岩石闭口孔隙和开口孔隙的体积(cm^3)。

根据岩石含水状态,毛体积密度可分为干密度、饱和密度和天然密度。按《公路工程岩石试验规程》(JTG E41—2005)规定,岩石毛体积密度的试验可分为水中称量法、蜡封法和量积法。

(3)孔隙率

岩石的孔隙率是指岩石孔隙体积占岩石总体积(包括孔隙体积在内)的百分率,可按式(1-1-3)计算。

$$n = \frac{V_0}{V} \times 100 \qquad (1\text{-}1\text{-}3)$$

式中:n——岩石的孔隙率(%);

V_0——岩石的孔隙(包括开口孔隙和闭口孔隙)的体积(cm^3);

V——岩石的总体积(cm^3)。

岩石的孔隙率一般不能实测,经转换,可采用岩石的真实密度和毛体积密度计算其孔隙率,见式(1-1-4)。

$$n = \left(1 - \frac{\rho_b}{\rho_t}\right) \times 100 \qquad (1\text{-}1\text{-}4)$$

式中:n——岩石的孔隙率(%);

ρ_b——岩石的毛体积密度(g/cm^3);

ρ_t——岩石的真实密度(g/cm^3)。

岩石的物理常数(真实密度、毛体积密度和孔隙率)不仅反映岩石的内部组成结构状态,而且间接地反映岩石的力学性质,例如相同矿物组成的岩石,孔隙率越低,其强度越高。尤其是岩石的孔结构,会影响其所轧制成的集料在水泥混凝土(或沥青混合料)中对水泥浆(或沥青)的吸收、吸附等化学交互作用的程度。

2. 吸水性

吸水性是指岩石在规定条件下吸水的能力,可采用吸水率和饱和吸水率两项指标来表示。岩石的吸水率和饱和吸水率能有效地反映岩石微裂缝的发育程度,可用来判断岩石的抗冻和抗风化等能力。

吸水率是指岩石在常温(20℃±2℃)、常压条件下,最大吸水质量占烘干试样质量的百分率;饱和吸水率是指岩石在常温和强制饱和(真空抽气或煮沸)条件下,最大吸水质量占烘干试样质量的百分率。岩石的吸水率和饱和吸水率分别采用式(1-1-5)和式(1-1-6)计算。

$$w_a = \frac{m_1 - m}{m} \times 100 \qquad (1\text{-}1\text{-}5)$$

$$w_{sa} = \frac{m_2 - m}{m} \times 100 \qquad (1\text{-}1\text{-}6)$$

式中:w_a——岩石吸水率(%);

w_{sa}——岩石饱和吸水率(%);

m——烘至恒重时的试样质量(g);

m_1——吸水至恒重时的试样质量(g);

m_2——试样经强制饱和后的质量(g)。

岩石吸水率的大小与其孔隙率的大小及孔隙构造特征有关。岩石内部独立且封闭的孔隙实际上是不能吸水的,只有那些开口且以毛细管连通的孔隙才能吸水。孔隙构造相同的岩石,孔隙越大,吸水率越大。

石料吸水后,矿物颗粒的黏结力降低,会破坏岩石的结构,降低石料的强度,所以吸水性强、易被水溶蚀的岩石,耐水性较差。

1.1.4 耐久性

岩石的耐久性是指岩石抵抗自然因素作用的性能,主要表现为岩石的抗冻性,测定方法有抗冻性试验和坚固性试验。

(1) 抗冻性试验

当岩石处于潮湿环境中,岩石孔隙中的水会在冬季低温时结冰,水结冰后体积膨胀约9%。如果孔隙处于吸水饱和状态,水结冰会给孔隙壁很大的内压力,严重时将导致岩石的边角崩裂。岩石抗冻性是用来评估岩石在吸水饱和状态下经受规定次数的冻融循环后抵抗破坏的能力。岩石抗冻性对于不同的工程环境有不同的要求,冻融次数规定:在严寒地区(最冷月的月平均气温低于-15℃)为25次;在寒冷地区(最冷月的月平均气温低于-15~-5℃)为15次。

试验时首先将规则的岩石试件吸水达到饱和后,在-15℃的冰箱中冻结4h,然后放入20℃±5℃水中融解4h,如此反复冻融至规定次数为止。每隔一定的冻融循环次数(如10次、15次、25次等)详细检查试件有无剥落、裂缝、分层及掉角等现象,并记录检查情况。将冻融试验后的试件再烘干至恒重,称其质量,然后测定岩石的抗压强度,并按式(1-1-7)和式(1-1-8)分别计算岩石冻融后的质量损失率和冻融系数。

$$L = \frac{m_1 - m_2}{m_1} \times 100 \qquad (1\text{-}1\text{-}7)$$

式中:L——冻融后的质量损失率(%);

m_1——试验前烘干试件的质量(g);

m_2——试验后烘干试件的质量(g)。

$$K_f = \frac{R_f}{R_s} \qquad (1\text{-}1\text{-}8)$$

式中:K_f——冻融系数;

R_s——未经冻融试验的试件饱水抗压强度(MPa);

R_f——经若干次冻融试验后的试件饱水抗压强度(MPa)。

一般认为质量损失率小于2%、抗冻系数大于75%时,为抗冻性好的岩石。

(2) 坚固性试验

坚固性试验是确定岩石试样经饱和硫酸钠溶液多次浸泡与烘干循环后,不发生显著破坏或强度降低的性能,是测定岩石抗冻性的一种简易方法。由于硫酸钠结晶后体积膨胀,使岩石孔隙壁受到压力,产生与水结冰相似的作用。

试验时将烘干岩石试件置于饱和硫酸钠溶液中浸泡20h后,将试件取出置于105~110℃的烘箱中烘烤4h,如此反复浸烘5次,以质量损失率表征岩石的坚固性。

1.1.5 岩石的抗压强度

公路与桥梁工程结构物中用石料,除了受上述性质影响外,还受到外力的作用,所以石料还应具备一定的力学性质。力学性质主要由强度表示。石料的强度主要取决于石料内部矿料组成与结构,石料内部孔隙及构造不同,其强度也有较大差异,一般石料密度越小,孔隙率越大,其强度越低。石料的强度值用石料的标准试件通过试验测定。

《公路工程岩石试验规程》(JTG E41—2005)规定,采用饱水状态下的岩石立方体(或圆柱体)试件的抗压强度来评定岩石的强度(包括碎石或卵石的原始岩石强度)。路面工程用石料采用圆柱体或立方体试件,其直径或边长和高均为 50mm±2mm;桥梁工程用石料采用立方体试件,边长为 70mm±2mm;建筑地基用石料采用圆柱体试件,直径为 50mm±2mm、高径比为 2∶1。按标准方法对试件进行饱水处理后施加单轴压力,直至破坏。岩石的单轴抗压强度按式(1-1-9)计算。

$$R = \frac{P}{A} \tag{1-1-9}$$

式中:R——岩石的抗压强度(MPa);
P——试件破坏时的荷载(N);
A——试件的截面面积(mm^2)。

注:在应用此类计算强度的公式中,若所有破坏荷载单位换算为 N、所有试件尺寸单位换算为 mm,则计算的结果为 MPa。

岩石的单轴抗压强度是反映岩石力学性质的主要指标之一,它主要取决于岩石本身的矿物组成、结构构造、裂隙分布和含水状态等,另外也受试验条件的影响,如试件形状、大小、高径比及加工精度、加荷速度等。

岩石的软化系数 K_p 按式(1-1-10)计算。

$$K_p = \frac{R_w}{R_d} \tag{1-1-10}$$

CZ1-岩石单轴抗压强度

式中:K_p——软化系数;
R_w——岩石饱和状态下的单轴抗压强度(MPa);
R_d——岩石烘干状态下的单轴抗压强度(MPa)。

【例题 1-1-1】 某桥梁工程所用石料单轴抗压强度试验数据见表 1-1-2,试计算该石料的抗压强度及软化系数。计算结果见表 1-1-2。

单轴抗压强度试验数据及计算结果　　　　表 1-1-2

试件编号	试件状态	顶面面积(mm^2)	底面面积(mm^2)	承压截面面积(算术平均值)$A(mm^2)$	破坏荷载$P(kN)$	抗压强度$R(MPa)$
1	烘干状态	4900.0	4886.0	4893.0	357.41	73.0
2		4900.0	4893.0	4896.5	396.15	80.9
3		4907.0	4900.0	4903.5	424.95	86.7

（中间列"抗压强度"合并值为 80.2）

续上表

试件编号	试件状态	顶面面积（mm²）	底面面积（mm²）	承压截面面积（算术平均值）A(mm²)	破坏荷载 P(kN)	抗压强度 R(MPa)	
4	饱和状态	4893.0	4914.0	4903.5	323.19	65.9	67.0
5		4907.0	4928.0	4917.5	344.29	70.0	
6		4921.0	4921.0	4921.0	319.86	65.0	
软化系数	0.84						

注：《公路工程岩石试验规程》（JTG E41—2005）规定，岩石单轴抗压强度每组试件共6个。

1.1.6 【知识拓展】 天下第一桥——赵州桥

赵州桥（图1-1-8），位于河北省石家庄市赵县城南洨河之上，是世界上现存年代久远、跨度最大、保存最完整的单孔坦弧敞肩石拱桥。赵州桥建造工艺独特，在世界桥梁史上首创"敞肩拱"结构形式，具有较高的科学研究价值，雕琢刀法苍劲有力，艺术风格新颖豪放，显示了隋代浑厚、严整、俊逸的石雕风貌，桥体饰纹雕刻精细，具有较高的艺术价值。

图1-1-8 赵州桥

赵州桥始建于隋代，宋代改名安济桥，由匠师李春设计建造，已有1400余年历史。李春系隋代匠师，赵郡（今赵县）人。隋开皇十一至十九年（591—599年）他担任总设计师，率能工巧匠李通等建造赵州桥。在世界桥梁史上首创敞肩拱学派。

赵州桥非常雄伟。桥长五十多米，有九米多宽，中间行车马，两旁走人。这么长的桥，全部用石头砌成，下面没有桥墩，只有一个拱形的大桥洞，横跨在三十七米多宽的河面上。大桥洞顶上的左右两边，还各有两个拱形的小桥洞。平时，河水从大桥洞流过，发大水的时候，河水还可以从四个小桥洞流过。

赵州桥在建造中选用了附近州县生产的质地坚硬的青灰色砂石作为石料，采用圆弧拱形式，使石拱高度降低。主孔净跨径为37.02m，而拱高只有7.23m，拱高和跨径之比为1:5左右，这样就实现了低桥面和大跨度的双重目的。

在没有水泥和钢筋混凝土的古代,李春采用纯石料修建了这么大跨度的桥梁,并保存千年之久,这便是赵州桥被誉为"天下第一桥"的骄傲所在。

1.2 集料的技术性质

? 想一想

河流中的砂是一种细集料,砾石是一种粗集料,它们的分界尺寸是多少?粗集料有两个非常重要的密度概念:表观密度和毛体积密度,分别适用水泥混凝土和沥青混合料,这两个概念的定义有什么不同?岩石制成边长5cm的立方体试件测试单轴抗压强度,而对于通常粒径范围在1~3cm的粗集料采用什么方法测试强度呢?有两堆粗集料,最大粒径一样,一堆颗粒较为均匀,另外一堆尺寸大小不一样,哪种更适合拌制沥青混合料呢?

1.2.1 集料的基本概念与粒径划分

1. 集料的基本概念

集料是不同粒径的碎石、砾石、砂等粒状材料的总称。集料在各种混合料中起骨架和填充作用,依据不同方式可将集料划分成不同类型。

根据形成过程不同集料可分为经自然风化、地质作用形成的卵石、砂砾石和人工或机械加工而成的碎石、机制砂等。

WK1-集料的基本概念

集料根据粒径大小可分为粗集料、细集料。粗集料、细集料以及规格更细的填料(如常用的矿粉),统称为矿料。

集料和填料具体类型有下列几种:

砾石,指由自然风化、水流搬运和分选,堆积形成的颗粒状材料,如图1-2-1所示。

碎石,指通过机械或人工方式,将天然岩石或砾石轧制、筛选得到的粒状材料,如图1-2-2所示。

图1-2-1 砾石

图1-2-2 碎石

天然砂,指由自然风化、水流冲刷、堆积形成的粒径小于4.75mm的颗粒状材料。常见的天然砂有河砂(图1-2-3)、海砂、山砂等。

人工砂,包括机制砂、矿渣砂、煅烧砂等,指经人工操作,如轧制、分选等,并除去其中大部分的土和细粉等成分,加工制得的粒径小于一定尺寸的粒状材料,或将石屑水洗得到的洁净的细集料。

石屑,采石场加工碎石时通过最小筛孔(通常为2.36mm或4.75mm)的筛下部分,也称筛屑,如图1-2-4所示。

图1-2-3 河砂

图1-2-4 石屑

矿粉属于填料,填料是采用碱性石灰岩或碱性基性岩加工磨细的粉状材料。填料粒径小于0.075mm,包括矿粉、水泥、石灰、粉煤灰等,常用于沥青混合料。工程中常见的填料主要为矿粉。

2. 集料的粒径划分

在水泥混凝土中,粗集料是指粒径大于4.75mm的碎石、砾石和破碎砾石。在沥青混合料中,粗集料是指粒径大于2.36mm的碎石、破碎砾石、筛选砾石和矿渣等。需要说明的是,沥青玛碲脂碎石混合料(简称SMA),其粗细粒径划分随该混合料中粗集料的粒径大小,采用不同粗细划分界限。其中SMA-10的划分界限是2.36mm,而SMA-13、SMA-16和SMA-20的划分界限则为4.75mm。

表示集料最大颗粒的概念通常有两个,分别为:集料最大粒径和集料公称最大粒径。

(1)集料最大粒径:集料颗粒能够100%通过的最小标准筛筛孔尺寸。

(2)集料公称最大粒径:集料可能全部通过或允许有少量筛余(筛余量不超过10%)的最小标准筛筛孔尺寸。

涉及集料最大颗粒的两个概念有明显区别,通常集料最大粒径比公称最大粒径要大一个粒级。沥青混合料的集料规格一般采用公称最大粒径表示,如沥青混凝土AC-16,16表示集料的公称最大粒径为16mm。

【例题1-2-1】 表1-2-1为两种集料的筛分结果,请分别指出1号料和2号料的最大粒径和公称最大粒径。

集料筛分结果表 表1-2-1

序号	各筛孔通过百分率(%)							
	31.5mm	26.5mm	19mm	16mm	13.2mm	9.5mm	4.75mm	2.36mm
1号料	100	100	92.7	78.5	46.7	34.2	15.3	0
2号料	100	100	84.9	68.5	45.3	28.9	8.9	0

解：

1号料的最大粒径为26.5mm，公称最大粒径为19mm。

2号料的最大粒径为26.5mm，公称最大粒径为26.5mm。

1.2.2 粗集料的技术性质

1. 粗集料的基本物理性质

（1）物理常数

集料的体积组成除了包括颗粒内部矿质实体及孔隙（开口孔隙和闭口孔隙）外，还包括颗粒之间的空隙。集料体积与质量的关系如图1-2-5所示。

WK2-粗集料的技术性质

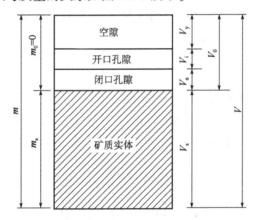

图1-2-5 集料体积与质量关系图

① 表观密度。

表观密度是指单位体积（含材料的实体矿物成分及闭口孔隙体积）物质颗粒的干质量，可由式（1-2-1）求得。

$$\rho_a = \frac{m_s}{V_s + V_n} \tag{1-2-1}$$

式中：ρ_a——集料的表观密度（g/cm³）；

m_s——集料颗粒矿质实体质量（g）；

V_s——矿质实体体积（cm³）；

V_n——闭口孔隙体积（cm³）。

② 毛体积密度。

毛体积密度是指单位体积（含材料的实体矿物成分及其闭口孔隙、开口孔隙等颗粒表面轮廓线所包围的毛体积)物质颗粒的干质量,可由式(1-2-2)求得。

$$\rho_b = \frac{m_s}{V_s + V_n + V_i} \tag{1-2-2}$$

式中:ρ_b——集料的毛体积密度(g/cm^3);
　　m_s——集料颗粒矿质实体质量(g);
V_s、V_n、V_i——集料矿质实体、闭口孔隙和开口孔隙体积(cm^3)。

③表干密度。

集料的表干密度又称饱和面干毛体积密度,它的计算体积与毛体积密度相同,但计算质量以表干质量(饱和面干状态,包括吸入开口孔隙中的水)为准,可由式(1-2-3)求得。

$$\rho_s = \frac{m_f}{V_s + V_n + V_i} \tag{1-2-3}$$

式中:ρ_s——集料的表干密度(g/cm^3);
　　m_f——集料颗粒的表干质量(矿质实体质量与吸入开口孔隙中水的质量之和)(g);
V_s、V_n、V_i——集料矿质实体、闭口孔隙和开口孔隙体积(cm^3)。

④堆积密度。

堆积密度是指单位体积(含物质颗粒固体及其闭口、开口孔隙体积及颗粒间空隙体积)物质颗粒的质量,可由式(1-2-4)求得。

$$\rho_f = \frac{m_s}{V_s + V_n + V_i + V_v} \tag{1-2-4}$$

式中:　ρ_f——集料的堆积密度(g/cm^3);
　　　m_s——集料颗粒矿质实体质量(g);
V_s、V_n、V_i、V_v——集料矿质实体、闭口孔隙、开口孔隙及颗粒间空隙体积(cm^3)。

⑤空隙率。

空隙率是指粗集料颗粒之间的空隙体积占总体积的百分率,计算公式见式(1-2-5)。

$$VV = \left[1 - \frac{\rho_f}{\rho_a(\rho_b)}\right] \times 100 \tag{1-2-5}$$

式中:VV——空隙率(%);
　　ρ_f——粗集料的堆积密度(g/cm^3);
　　$\rho_a(\rho_b)$——粗集料的表观密度或毛体积密度(g/cm^3),水泥混凝土的粗集料空隙率计算采用表观密度,沥青混合料的粗集料空隙率计算采用毛体积密度。

(2)级配

级配是指集料中各种粒径颗粒的分级与搭配情况。如果集料中的大小颗粒搭配恰当,就会使空隙不断地被填充,空隙率达到最小,可得到密实的骨架;同时使集料总表面积减小,还可节约结合料(水泥或沥青)用量。级配对水泥混凝土及沥青混合料的强度、耐久性及施工和易性有着显著的影响。

级配采用筛分试验确定,对水泥混凝土用粗集料采用干筛法,对沥青混合料及基层用粗集料采用水洗法。其方法是取一定数量的集料试样,在一套标准筛上(标准筛为方孔筛,筛孔尺寸依次为 75mm、63mm、53mm、37.5mm、31.5mm、26.5mm、19mm、16mm、13.2mm、9.5mm、

4.75mm、2.36mm、1.18mm、0.6mm、0.3mm、0.15mm、0.075mm)按照筛孔大小排序逐个将集料过筛,分别称量试样在各筛上的筛余质量。根据集料试样的质量与存留在各筛孔上的集料质量,计算分计筛余百分率、累计筛余百分率和通过百分率等级配参数。计算方法与细集料筛分试验基本相同,详见"细集料技术性质"相关内容。

(3)坚固性

集料的坚固性是指集料在气候、环境变化或其他物理因素作用下抵抗碎裂的能力。可采用规定级配的各粒级集料,按《公路工程集料试验规程》(JTG E42—2005),选取规定数量,分别装在金属网篮中浸入饱和硫酸钠溶液中进行干湿循环试验。经过5次循环后,观察其表面破坏情况,并用质量损失百分率来表示其坚固性。

CZ2-粗集料的筛分

WK3-粗集料的坚固性试验

2.粗集料的力学性质

(1)压碎值

压碎值是指集料在逐渐增加的荷载下抵抗压碎的能力,以压碎试验后小于2.36mm的细料质量百分率表示。它是反映集料强度的相对指标,在集料的抗压强度不便测定时,常用此方法来评价集料的力学性能。

按《公路工程集料试验规程》(JTG E42—2005)的规定,取9.5~13.2mm集料试样约3kg装入压碎值测定仪,在10min左右时间内均匀地加荷至400kN,稳压5s后卸载,称取通过2.36mm筛孔的全部细料的质量。压碎值按式(1-2-6)计算。

$$Q'_a = \frac{m_1}{m_0} \times 100 \qquad (1\text{-}2\text{-}6)$$

式中:Q'_a——集料的压碎值(%);
m_0——试验前试样质量(g);
m_1——试验后通过2.36mm筛孔的细料质量(g)。

(2)磨耗率

磨耗性是指粗集料抵抗摩擦、撞击的能力,以磨耗率表示,是集料使用性能的重要指标。尤其对于沥青混合料,粗集料的磨耗率与沥青路面的抗车辙能力、耐磨性、耐久性密切相关。

DH1-粗集料的压碎值试验

《公路工程集料试验规程》(JTG E42—2005)中规定粗集料的磨耗率可采用洛杉矶法进行测定,该法也称为搁板式试验法。试验时将规定质量且有一定级配的试样和钢球置于洛杉矶磨耗试验机中,以30~33转/min的速度转至要求次数后停止,取出试样,用1.7mm的方孔筛筛去试样中的细屑,用水洗净留在筛上的试样,烘至恒重并称其质量。磨耗率按式(1-2-7)计算。

$$Q = \frac{m_1 - m_2}{m_1} \times 100 \qquad (1\text{-}2\text{-}7)$$

式中:Q——洛杉矶磨耗率(%);
m_1——装入圆筒中的试样质量(g);

m_2——试验后在特制 1.7mm 筛上洗净烘干的试样质量(g)。

(3)磨光值

磨光值是反映集料抵抗轮胎磨光作用能力的指标,它是决定某种集料能否用于沥青路面抗滑磨耗层的关键性指标。用高磨光值的集料铺筑道路路面表层,可以提高路表的抗滑能力,保障车辆安全行驶。

磨光值试验采用路用加速磨光机进行,基本方法是将 9.5~13.2mm 干净烘干集料颗粒单层紧密地排列在试模中,并用环氧树脂砂浆固定,制成试件,经养护后拆模。将集料试件与标准集料试件依顺序排列在道路轮上,先用 30 号金刚砂对试件磨蚀 3h,再用 280 号金刚砂细砂磨蚀试件 3h 后停机。取出试件后,用摆式摩擦系数测定仪测得试件的磨光值读数(摩擦系数×100),集料的磨光值按式(1-2-8)计算。

$$PSV = PSV_{ra} + 49 - PSV_{bra} \quad (1\text{-}2\text{-}8)$$

式中:PSV——集料的磨光值(BPN);
　　　PSV_{ra}——试验集料试件磨光值读数平均值;
　　　PSV_{bra}——标准试件磨光值读数平均值。

WK4-粗集料的磨光试验

粗集料的磨光值越大,表示集料越耐磨。典型岩石的磨光值见表 1-2-2。

典型岩石的磨光值　　　　表 1-2-2

岩石类型		石灰岩	角闪岩	斑岩	石英岩	花岗岩	玄武岩	砂岩
磨光值	平均值	43	45	56	58	59	62	72
	范围	30~70	40~50	43~71	45~67	45~70	45~81	60~82

1.2.3　细集料的技术性质

细集料的物理常数主要有表观密度、堆积密度和空隙率等,其含义与粗集料完全相同,具体数值可通过试验测定。细集料的物理常数计算方法与粗集料相同,详见"粗集料的技术性质"。

WK5-细集料的技术性质

细集料的级配和粗细程度通过筛分试验确定。对水泥混凝土用细集料可采用干筛法,如有需要也可采用水洗法筛分;对沥青混合料及基层用细集料必须采用水洗法进行筛分。水洗法可以精准地得到 0.075mm 以下粉料的含量。

干筛法是将预先通过 9.5mm 筛的烘干试样,称取约 500g(m)置于一套孔径分别为 4.75mm、2.36mm、1.18mm、0.6mm、0.3mm、0.15mm、0.075mm 的标准筛上,摇筛后分别称量各筛筛余试样的质量,然后计算其级配参数。

WK6-细集料的筛分试验

水洗法是将预先通过 9.5mm 筛(水泥混凝土用天然砂)或 4.75mm 筛(沥青路面及基层用天然砂、石屑、机制砂等)的烘干试样,称取约 500g(m)置于洁净容器中用洁净水清洗,洗去小于 0.075mm 的颗粒后再将试样烘干并称其质量(m_1),最后置于一套孔径分别为 4.75mm、2.36mm、1.18mm、0.6mm、0.3mm、0.15mm 的标准筛上,摇筛后分别称量各筛筛余试样的质量。

1. 级配参数

(1) 分计筛余百分率

分计筛余百分率指某号筛上的筛余质量占试样总质量的百分率,准确至 0.1%,按式(1-2-9)计算。

$$a_i = \frac{m_i}{m} \times 100 \qquad (1\text{-}2\text{-}9)$$

式中:a_i——某号筛的分计筛余百分率(%);
m_i——试样某号筛上的筛余质量(g);
m——试样的总质量(g)。

(2) 累计筛余百分率

累计筛余百分率指某号筛的分计筛余百分率和大于该号筛的各号筛的分计筛余百分率之和,准确至 0.1%,按式(1-2-10)计算。

$$A_i = a_1 + a_2 + \cdots + a_i \qquad (1\text{-}2\text{-}10)$$

式中: A_i——累计筛余百分率(%);
$a_1、a_2、\cdots、a_i$——各号筛的分计筛余百分率(%)。

(3) 质量通过百分率

各号筛的质量通过百分率等于 100 减去该号筛的累计筛余百分率,准确至 0.1%,按式(1-2-11)计算。

$$P_i = 100 - A_i \qquad (1\text{-}2\text{-}11)$$

式中:P_i——某号筛的质量通过百分率(%);
A_i——某号筛的累计筛余百分率(%)。

集料的 3 个级配参数可用图 1-2-6 表示。

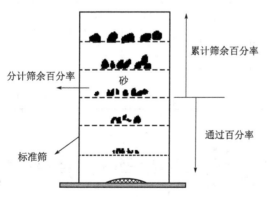

图 1-2-6 集料三个级配参数示意图

2. 粗度

粗度是评价天然砂粗细程度的一种指标,通常可用细度模数表示,可按式(1-2-12)计算,精确至 0.01。

$$M_x = \frac{(A_{2.36} + A_{1.18} + A_{0.6} + A_{0.3} + A_{0.15}) - 5A_{4.75}}{100 - A_{4.75}} \tag{1-2-12}$$

式中： M_x——砂的细度模数(无量纲)；

$A_{4.75}$、$A_{2.36}$、…、$A_{0.15}$——4.75mm、2.36mm、…、0.15mm 各筛上的累计筛余百分率(%)。

细度模数越大，表示天然砂越粗。砂按细度模数分为粗、中、细三种规格，其相应的细度模数为：

$$M_x = 3.1 \sim 3.7 \text{ 为粗砂}$$

$$M_x = 2.3 \sim 3.0 \text{ 为中砂}$$

$$M_x = 1.6 \sim 2.2 \text{ 为细砂}$$

细度模数虽能表示砂的粗细程度，但不能完全反映出砂的颗粒级配情况，因为相同细度模数的砂可有不同的颗粒级配。因此，要全面表征砂的颗粒性质，必须同时使用细度模数和级配参数两项指标。

【例题 1-2-2】 某水泥混凝土用天然河砂，取试样 500g 进行筛分试验，各号筛上的筛余质量见表 1-2-3，试计算其级配参数和细度模数。

已知筛分条件 表1-2-3

筛孔尺寸(mm)	9.5	4.75	2.36	1.18	0.6	0.3	0.15	0.075
筛余质量(g)	0	25	35	90	140	115	70	25

解：

(1) 砂的三个级配参数计算列于表 1-2-4。

细集料筛分试验的计算示例 表1-2-4

筛孔尺寸(mm)	9.5	4.75	2.36	1.18	0.6	0.3	0.15	0.075
筛余质量(g)	0	25	35	90	140	115	70	25
分计筛余百分率(%)	0	5	7	18	28	23	14	5
累计筛余百分率(%)	0	5	12	30	58	81	95	100
质量通过百分率(%)	100	95	88	70	42	19	5	0

(2) 砂的细度模数计算：

$$M_x = \frac{(A_{2.36} + A_{1.18} + A_{0.6} + A_{0.3} + A_{0.15}) - 5A_{4.75}}{100 - A_{4.75}} = \frac{(12 + 30 + 58 + 81 + 95) - 5 \times 5}{100 - 5}$$

$$= 2.64$$

由于细度模数为 2.3~3.0，所以此砂为中砂。

1.3 矿质混合料组成设计

? 想一想

矿料的级配必须符合一定的级配范围,才能用于拌制混合料。而实际工程中,一般很难买到级配符合要求可以直接用于拌制混合料的矿料。工程单位技术员购买若干种不同规格的粗细集料(又称单级配),按照一定的比例掺配,构建符合级配要求的混合料(又称合成级配),这就是矿质混合料组成设计。那么,如何确定各档粗细集料的比例呢?

矿质混合料是指不同粒径的集料或填料(矿粉)组成的混合材料,一般简称为矿料。矿质混合料一般和各种结合料(如水泥或沥青等)组成混合料用于工程中,如用于水泥混凝土、沥青混合料和无机结合料稳定材料中,但也有单独使用的,如级配碎石。

为使混合料具有优良的路用性能,不同粒径的各级矿料必须按一定的比例搭配,使矿质混合料达到最小空隙率,各级集料紧密排列,密实度达到最大,形成一个多级空间骨架结构,具有最大的摩擦力。因此,在配制混合料时首先需要对矿质混合料进行组成设计,以确定组成混合料各矿料的比例。

1.3.1 级配类型和级配曲线

1. 级配类型

各种不同粒径的集料,按一定比例搭配,要达到较小的空隙率和较大的内摩擦力,可以采用两种级配方法。

(1)连续级配

连续级配是指在矿质混合料中,颗粒的尺寸由大到小连续分级,每一级集料都占适当比例,绘制出的级配曲线平顺圆滑,如图 1-3-1 中曲线 A 所示。

WK7-级配类型

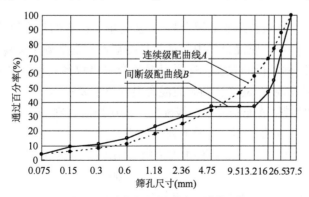

图 1-3-1 连续级配和间断级配曲线比较

(2)间断级配

间断级配是指在矿质混合料中,缺少一级或几个粒级的颗粒,形成的一种不连续的级配。其级配曲线如图1-3-1中曲线 B 所示。间断级配集料能较好地发挥集料的骨架作用,但在施工过程中易于离析。

2. 级配曲线

级配曲线可以直观形象地表示集料各粒径的颗粒分布情况。以通过颗粒质量百分率为纵坐标,以筛孔尺寸为横坐标,将各筛通过百分率绘制在坐标图中,然后用曲线将各点连接起来,即为级配曲线,如图1-3-1所示。

由于标准套筛中小筛孔径相差较小,按照常数坐标绘制筛孔位置时,会造成前疏后密的问题,以致无法清楚表示小孔筛网位置,所以在绘制级配曲线的横坐标时常采用对数坐标,而相应纵坐标仍采用常数坐标,这就是所谓的半对数坐标图。级配曲线可利用计算机的电子表格功能绘制,其横坐标为筛孔尺寸的0.45次方(表1-3-1),纵坐标为普通常数坐标。

级配曲线的横坐标(按 $x = d_i^{0.45}$ 计算) 表1-3-1

筛孔 d_i(mm)	0.075	0.15	0.3	0.6	1.18	2.36	4.75
横坐标 x	0.312	0.426	0.582	0.795	1.077	1.472	2.016
筛孔 d_i(mm)	9.5	13.2	16	19	26.5	31.5	37.5
横坐标 x	2.745	3.193	3.482	3.762	4.370	4.723	5.109

1.3.2 矿料组成设计方法

天然的或机械(人工)轧制的单档集料的级配一般很难完全符合某一合适级配范围的要求,因此,必须采用几种集料按照一定比例进行搭配才能达到级配范围的要求,这就需要对矿质混合料进行组成设计。确定矿质混合料组成比例的方法有很多,目前工程上主要采用的是试算法和计算机法。

在进行矿质混合料组成设计之前必须先完成以下资料的收集:①各种集料的筛分结果;②技术文件要求的矿质混合料的级配范围。

1. 试算法

(1)基本原理

试算法适用于2~3种集料组成的混合料,方法简单。试算的基本思路是在确定混合料各组成集料的比例时,先假定矿质混合料中某种粒径的颗粒只是来源于该粒径占优势的集料,而忽略其他集料所含的这种粒径的颗粒。这样根据各个主要粒径去试算各种集料的大致比例,如果比例不合适,则加以调整,最终达到矿质混合料的级配要求。

现有 A、B、C 三种集料,欲配制成某一级配要求的矿质混合料 M。确定这三种集料在矿质混合料 M 中的配合比例(即配合比)时做下列两点假设。

①设 A、B、C 三种集料在矿质混合料 M 中的用量比例分别为 X、Y、Z,则:

$$X + Y + Z = 100 \qquad (1\text{-}3\text{-}1)$$

②设矿质混合料 M 中某一级粒径 i 要求的含量为 $a_{M(i)}$,A、B、C 三种集料中该粒径的含量

分别为 $a_{A(i)}$、$a_{B(i)}$、$a_{C(i)}$。则：

$$a_{A(i)}X + a_{B(i)}Y + a_{C(i)}Z = a_{M(i)} \qquad (1\text{-}3\text{-}2)$$

(2) 计算步骤

① 计算 A 集料在矿质混合料中的用量。

在 A 集料中选取某一占优势的粒径(i)，忽略其他集料中该粒径的含量(即 $a_{B(i)} = a_{C(i)} = 0$)，则由式(1-3-2)可得：

$$X = \frac{a_{M(i)}}{a_{A(i)}} \times 100 \qquad (1\text{-}3\text{-}3)$$

② 计算 C 集料在矿质混合料中的用量。

在 C 集料中选取某一占优势的粒径(j)，忽略其他集料中该粒径的含量(即 $a_{A(j)} = a_{B(j)} = 0$)，则由式(1-3-3)可得：

$$Z = \frac{a_{M(j)}}{a_{C(j)}} \times 100 \qquad (1\text{-}3\text{-}4)$$

③ 计算 B 集料在矿质混合料中的用量。

$$Y = 100 - (X + Z) \qquad (1\text{-}3\text{-}5)$$

④ 校核调整。

对以上计算的混合料比例必须进行校核，经校核，如不在要求的级配范围内，应调整混合比例并重新计算和复核，直到符合要求为止。如经调整确实不能满足级配要求时，应调整或增加集料品种。

【例题 1-3-1】 采用试算法计算某矿质混合料的配合比。

(1) 已知条件

碎石、石屑和矿粉的筛分试验结果列于表 1-3-2 中第 2~4 列；设计级配范围列于表 1-3-2 中第 5 列。

WK8-试算法

集料的分计筛余和矿质混合料要求的级配范围　　表 1-3-2

筛孔尺寸 (mm)	各集料的筛分试验结果			设计级配范围及中值			
	碎石分计筛余百分率 $a_{A(i)}$(%)	石屑分计筛余百分率 $a_{B(i)}$(%)	矿粉分计筛余百分率 $a_{C(i)}$(%)	设计级配范围 $P(i)$(%)	通过百分率中值 $P_{M(i)}$(%)	累计筛余百分率中值 $A_{M(i)}$(%)	分计筛余百分率中值 $a_{M(i)}$(%)
(1)	(2)	(3)	(4)	(5)	(6)	(7)	(8)
13.2	5.2	—	—	90~100	95	5	5
9.5	41.7	—	—	68~85	76.5	23.5	18.5
4.75	50.5	1.6	—	38~68	53	47	23.5
2.36	2.6	24.0	—	24~50	37	63	16
1.18	—	22.5	—	15~38	26.5	73.5	10.5
0.6	—	16.0	—	10~28	19	81	7.5
0.3	—	12.4	—	7~20	13.5	86.5	5.5
0.15	—	11.5	—	5~15	10	90	3.5
0.075	—	10.8	13.2	4~8	6	94	4
<0.075	—	1.2	86.8	—	0	100	6

(2) 计算要求

按试算法确定碎石、石屑和矿粉在矿质混合料中所占比例,校核矿质混合料合成级配计算结果是否符合规范要求的级配范围。

解:

(1) 将矿质混合料设计级配范围由通过百分率转换为分计筛余百分率,计算结果列于表1-3-3中第(6)~(8)列。

(2) 计算碎石在矿质混合料中的用量 X

分析表1-3-3中碎石的筛分结果可知,碎石中4.75mm粒径颗粒含量占优势。假设混合料中4.75mm粒径颗粒全部由碎石组成,则 $a_{B(i)}=a_{C(i)}=0$,由式(1-3-3)可得:

$$X = \frac{a_{M(4.75)}}{a_{A(4.75)}} \times 100 = \frac{23.5}{50.5} \times 100 = 46.5$$

(3) 计算矿粉在矿质混合料中的用量 Z

同理,根据表1-3-3可知,矿粉中<0.075mm粒径颗粒含量占优势,忽略碎石和石屑中此粒径颗粒的含量,即 $a_{A(j)}=a_{B(j)}=0$,则由式(1-3-4)可得:

$$Z = \frac{a_{M(<0.075)}}{a_{C(<0.075)}} \times 100 = \frac{6}{86.8} \times 100 = 6.9$$

(4) 计算石屑在矿质混合料中的用量 Y

$$Y = 100 - (X + Z) = 100 - (46.5 + 6.9) = 46.6$$

(5) 合成级配的计算与校核

根据以上计算,矿质混合料中各种集料的比例为碎石:石屑:矿粉 = 46.5% : 46.6% : 6.9%。按表1-3-3计算合成级配并校核,根据矿质混合料的通过百分率与要求级配范围比较可知,该合成级配符合设计级配范围要求。

矿质混合料组成计算校核表 表1-3-3

筛孔尺寸 d_i (mm)	碎石			石屑			矿粉			矿质混合料合成级配			设计级配范围 $P(i)$ (%)
	碎石分计筛余百分率 $a_{A(i)}$ (%)	用量比例 X (%)	占混合料百分率 $a_{A(i)}X$ (%)	石屑分计筛余百分率 $a_{B(i)}$ (%)	用量比例 Y (%)	占混合料百分率 $a_{B(i)}Y$ (%)	矿粉分计筛余百分率 $a_{C(i)}$ (%)	用量比例 Z (%)	占混合料百分率 $a_{C(i)}Z$ (%)	分计筛余百分率 $a_{M(i)}$ (%)	累计筛余百分率 $A_{M(i)}$ (%)	通过率 $P_{M(i)}$ (%)	
13.2	5.2		2.4	—		—	—		—	2.4	2.4	97.6	90~100
9.5	41.7		19.4	—		—	—		—	19.4	21.8	78.2	68~85
4.75	50.5		23.5	1.6		0.7	—		—	24.2	46.0	54.0	38~68
2.36	2.6	46.5	1.2	24.0	46.6	11.2	—	6.9	—	12.4	58.4	41.6	24~50
1.18	—		—	22.5		10.5	—		10.5	10.5	68.9	31.1	15~38
0.6	—		—	16.0		7.5	—		7.5	7.5	76.4	23.6	10~28
0.3	—		—	12.4		5.8	—		5.8	5.8	82.2	17.8	7~20

续上表

筛孔尺寸 d_i (mm)	碎石			石屑			矿粉			矿质混合料合成级配			设计级配范围 $P(i)$ (%)
	碎石分计筛余百分率 $a_{A(i)}$ (%)	用量比例 X (%)	占混合料百分率 $a_{A(i)}X$ (%)	石屑分计筛余百分率 $a_{B(i)}$ (%)	用量比例 Y (%)	占混合料百分率 $a_{B(i)}Y$ (%)	矿粉分计筛余百分率 $a_{C(i)}$ (%)	用量比例 Z (%)	占混合料百分率 $a_{C(i)}Z$ (%)	分计筛余百分率 $a_{M(i)}$ (%)	累计筛余百分率 $A_{M(i)}$ (%)	通过率 $P_{M(i)}$ (%)	
0.15	—		—	11.5		5.4	—		—	5.4	87.6	12.4	5~15
0.075	—	46.5	—	10.8	46.6	5.0	13.2	6.9	0.9	5.9	93.5	6.5	4~8
<0.075	—		—	1.2		0.5	86.8		6.0	6.5	100	—	—

2. 计算机法

试算法适用于 2~3 档集料,但在工程中集料的规格往往多于 3 档,此时采用传统的试算法,如列表手算,速度非常慢。在实际工作中,多采用 Excel 表格进行计算,充分利用 Excel 的快速计算功能,实时调整配合比。采用计算机法进行配合比设计的原理与试算法基本一样,如拟定初步配合比也是从特征筛网开始,并借鉴一定的经验。计算机法充分利用了计算机的快速计算特点,并能同步生成级配曲线,直观形象,效率较高。

【例题 1-3-2】 试用计算机法设计某高速公路用细粒式沥青混凝土的矿料配合比。

(1) 已知条件

现有碎石、石屑、砂和矿粉四种集料,筛分试验得到的各筛通过百分率列于表 1-3-4。选用的细粒式沥青混凝土的矿质混合料设计级配范围也列于表 1-3-4。

矿料级配与设计级配范围   表 1-3-4

材料名称	通过下列筛孔尺寸(方孔筛,mm)百分率(%)									
	16.0	13.2	9.5	4.75	2.36	1.18	0.6	0.3	0.15	0.075
碎石	100	93	17	0	—	—	—	—	—	—
石屑	100	100	100	84	14	8	4	0	—	—
砂	100	100	100	100	92	82	42	21	11	4
矿粉	100	100	100	100	100	100	100	100	96	87
设计级配范围	100	90~100	68~85	38~68	24~50	15~38	10~28	7~20	5~15	4~8
级配范围中值	100	95	76.5	53	37	26.5	19	13.5	10	6

(2) 设计要求

采用计算机法进行矿质混合料配合比设计,确定各集料的用量,并校核矿质混合料的合成级配是否符合设计级配范围的要求。

解:

(1) 输入已知数据及合成级配计算式

打开 Microsoft 的 Excel 软件,建立数据工作表:

①在 Excel 工作表的 3~6 行输入表中原材料各档集料的筛分结果,在第 12 行和第 13 行

中输入设计级配范围和设计级配中值。

②在 C7~C10 单元格中存储 4 档集料在矿质混合料中的级配;在第 7~10 行、D~M 列的单元格中存储各档矿质混合料在 0.075~16mm 筛上的通过百分率,在 Excel 工作表中输入方式为:

在单元格 E7 中输入"=E3*C7/100";

在单元格 G8 中输入"=G4*C8/100";

在单元格 H9 中输入"=H5*C9/100";

……

同理,可以利用 Excel 的公式命令计算得到其他单元格中的数值。

③在单元格 D11~M11 中存储矿质混合料的合成级配,在 Excel 工作表中输入方式为:

在 D11 单元格中输入"=SUM(D7:D10)";

在 E11 单元格中输入"=SUM(E7:E10)";

……

在 M11 单元格中输入"=SUM(M7:M10)"。

④完成上述步骤后,根据初算结果和工作经验在 C7~C10 单元格内输入各档集料在矿质混合料中所占的比例,此时根据已编写好的公式,其他空白单元格会自动生成相关数据。

(2)绘制级配曲线,校核计算结果

根据设计级配范围和设计级配中值及计算所得的合成级配,运用 Excel 绘图命令绘制级配曲线,通过级配曲线校核配合比设计。

①选取图 1-3-2 中的数据 D2~M2、D11~M11、D13~M13、D14~M14、D15~M15 单击"插入",选择"图表",再选择散点图中的平滑线散点图,则自动生成如图 1-3-3 所示的 4 条级配曲线。

	A	B	C	D	E	F	G	H	I	J	K	L	M
1	材料及组成			通过下列筛孔尺寸(mm)质量百分率(%)									
2	集料规格		比例(%)	16	13.2	9.5	4.75	2.36	1.18	0.6	0.3	0.15	0.075
3	原材料级配	碎石	100	100	93	17	0	0	0	0	0	0	0
4		石屑	100	100	100	100	84	14	8	4	0	0	0
5		砂	100	100	100	100	100	92	82	42	21	11	4
6		矿粉	100	100	100	100	100	100	100	100	100	96	87
7	各档集料在矿质混合料中的级配	碎石	35	35	32.55	5.95	0	0	0	0	0	0	0
8		石屑	32	32	32	32	26.88	4.48	2.56	1.28	0	0	0
9		砂	27	27	27	27	27	24.84	22.14	11.34	5.67	2.97	1.08
10		矿粉	6	6	6	6	6	6	6	6	6	5.76	5.22
11	合成级配			100	97.55	70.95	59.88	35.32	30.7	18.62	11.67	8.73	6.3
12	设计级配范围			100	90~100	68~85	38~68	24~50	15~38	10~28	7~20	5~15	4~8
13	设计级配中值			100	95	76.5	53	37	26.5	19	13.5	10	6
14	设计级配上限			100	90	68	38	24	15	10	7	5	4
15	设计级配下限			100	100	85	68	50	38	28	20	15	8

图 1-3-2 Excel 级配设计表

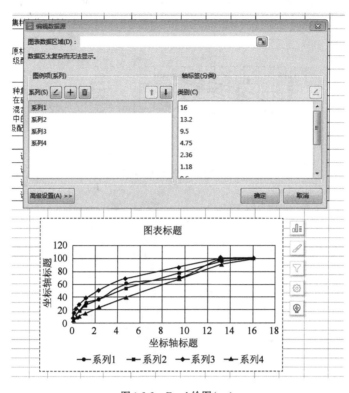

图 1-3-3 Excel 绘图(一)

②选中图片点击右键,出现如图 1-3-4 所示对话框,单击"选择数据",分别对系列 1~系列 4 进行编辑命名(根据 Y 轴系列值)。如系列 1 改名为合成级配、系列 2 改名为设计级配中值(图 1-3-5)、系列 3 改名为设计级配上限、系列 4 改名为设计级配下限。

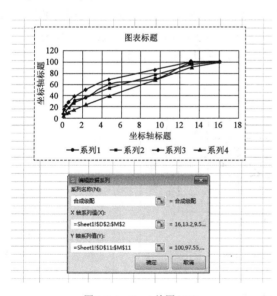

图 1-3-4 Excel 绘图(二)

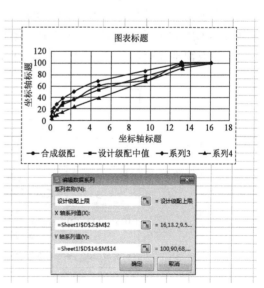

图 1-3-5 Excel 绘图(三)

③点击右上侧"图表元素",出现如图 1-3-6、图 1-3-7 所示界面,分别对坐标轴、轴标题、图表标题进行编辑。

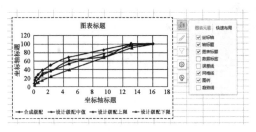

图 1-3-6　Excel 绘图(四)

图 1-3-7　Excel 绘图(五)

④根据生成的级配曲线图(图 1-3-8),校核配合比设计结果。如果配合比不合理,可直接调整 C7～C10 单元格中的数据,则其他单元格中的各数据和级配曲线会随之改变。重复上述步骤直至级配曲线达到要求,此时 C7～C10 单元格中的数据即为设计配合比。

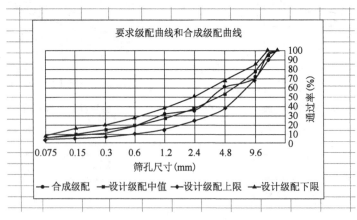

图 1-3-8　Excel 生成的级配曲线图

1.4 粗集料试验

想一想

工程上对粗集料的应用有具体的技术指标要求,如密度、压碎值、针片状颗粒含量等,那么如何检测这些技术指标呢? 例如,已知质量的球体(图 1-4-1)可以通过几何公式计算其体积,然后得出其相应的密度,而对于形状不规则的集料(图 1-4-2),如何检测与计算得到其密度?

图 1-4-1 规则的球体

图 1-4-2 不规则的集料

1.4.1 粗集料堆积密度及空隙率试验

本试验方法依据《公路工程集料试验规程》(JTG E42—2005) T 0309 编写。

1. 适用范围

测定粗集料的堆积密度,包括自然堆积状态、振实状态、捣实状态下的堆积密度,以及堆积状态下的空隙率。

2. 仪器设备

(1)电子天平:感量不大于称量的 0.1%。

(2)容量筒:适用于粗集料堆积密度测定的容量筒应符合表 1-4-1 的要求,容量筒形状如图 1-4-3 所示。

WK9-粗集料的堆积密度

CZ3-粗集料的堆积密度

容量筒的规格要求 表 1-4-1

粗集料公称最大粒径(mm)	容量筒容积(L)	容量筒规格(mm)			筒壁厚度(mm)
		内径	净高	底厚	
≤4.75	3	155±2	160±2	5.0	2.5
9.5~26.5	10	205±2	305±2	5.0	2.5
31.5~37.5	15	255±5	295±5	5.0	3.0
≥53	20	355±5	305±5	5.0	3.0

图 1-4-3 容量筒

(3)平头铁锹。

(4)烘箱:能控温在 105℃±5℃。

(5)振动台:频率为 3000 次/min±200 次/min,负荷下的振幅为 0.35mm,空载时的振幅应为 0.5mm。

(6)捣棒:直径 16mm、长 600mm,一端为圆头的钢棒。

3. 试验准备

按规定方法取样、缩分,质量应满足试验要求,在 105℃±5℃ 的烘箱中烘干,也可以摊在清洁的地面上风干,拌匀后分成两份备用。

4. 试验步骤

(1)测定自然堆积密度

取 1 份试样,置于平整干净的水泥地(或铁板)上,用平头铁锹铲起试样,使石子自由落入容量筒内。此时,从铁锹的齐口至容量筒上口的距离应保持为 50mm 左右,装满容量筒并除去凸出筒口表面的颗粒,并以合适的颗粒填入凹陷空隙,使表面稍凸起部分和凹陷部分的体积大致相等,称取试样和容量筒总质量(m_2)。

(2)测定振实密度

按堆积密度试验步骤,将装满试样的容量筒放在振动台上,振动 3min,或者将试样分三层装入容量筒:装完一层后,在筒底垫放一根直径为 25mm 的圆钢筋,将筒按住,左右交替颠击地面各 25 下;然后装入第二层,用同样的方法颠实(但筒底所垫钢筋的方向应与第一层放置方向垂直);然后再装入第三层,按照以上方法颠实;待三层试样装填完毕后,加料填到试样超出容量筒口,用钢筋沿筒口边缘滚转,刮下高出筒口的颗粒,用合适的颗粒填平凹处,使表面稍凸起部分和凹陷部分的体积大致相等,称取试样和容量筒总质量(m_2)。

(3)测定捣实密度

根据沥青混合料的类型和公称最大粒径,确定起骨架作用的关键性筛孔(通常为 4.75mm 或 2.36mm 等)。将矿料混合料中此筛孔以上的颗粒筛出,作为试样装入符合要求规格的容器中达 1/3 的高度,由边至中用捣棒均匀捣实 25 次。再向容器中装入 1/3 高度的试样,用捣棒均匀地捣实 25 次,捣实深度约至下层的表面。然后重复上一步骤,加最后一层,捣实 25 次,使集料与容器口齐平。用合适的集料填充表面的大空隙,用直尺大体刮平,目测估计表面凸起部分与凹陷部分的容积大致相等,称取容量筒与试样的总质量(m_2)。

(4)容量筒容积的标定

用水装满容量筒,测量水温,擦干筒外壁的水分,称取容量筒与水的总质量(m_w),并按水的密度对容量筒的容积作校正。

5. 计算

(1)容量筒的容积按式(1-4-1)计算。

$$V = \frac{m_w - m_1}{\rho_T} \tag{1-4-1}$$

式中:V——容量筒的容积(L);

m_1——容量筒的质量(kg);

m_w——容量筒与水的总质量(kg);

ρ_T——试验温度 T 时水的密度(g/cm³),按表1-4-4选用。

(2)堆积密度(包括自然堆积状态、振实状态、捣实状态下的堆积密度)按式(1-4-2)计算至小数点后2位。

$$\rho = \frac{m_2 - m_1}{V} \tag{1-4-2}$$

式中:ρ——与各种状态相对应的堆积密度(t/m³);

m_1——容量筒的质量(kg);

m_2——容量筒与试样的总质量(kg);

V——容量筒的容积(L)。

(3)水泥混凝土用粗集料振实状态下的空隙率按式(1-4-3)计算。

$$V_c = \left(1 - \frac{\rho}{\rho_a}\right) \times 100 \tag{1-4-3}$$

式中:V_c——水泥混凝土用粗集料的空隙率(%);

ρ_a——粗集料的表观密度(t/m³);

ρ——按振实法测定的粗集料的堆积密度(t/m³)。

(4)沥青混合料用粗集料骨架捣实状态下的间隙率按式(1-4-4)计算。

$$VCA_{DRC} = \left(1 - \frac{\rho}{\rho_b}\right) \times 100 \tag{1-4-4}$$

式中:VCA_{DRC}——捣实状态下粗集料骨架间隙率(%);

ρ_b——用网篮法测定的粗集料的毛体积密度(t/m³);

ρ——按捣实法测定的粗集料的自然堆积密度(t/m³)。

以两次平行试验结果的平均值作为测定值。

6. 试验数据举例

表1-4-2为一组粗集料堆积密度试验数据。(表观密度为2645kg/m³)

粗集料堆积密度试验数据记录　　　　表1-4-2

项目	试验次数	容量筒容积 V （L）	容量筒质量 m_1 （kg）	试样与筒合质量 m_2 （kg）	试样质量 m_0 （kg）	堆积密度 ρ （kg/m³）	堆积密度平均值 $\bar{\rho}$ （kg/m³）
堆积密度	1	10	1.330	15.005	13.675	1370	1380
	2	10	1.330	15.205	13.875	1390	
振实密度	1	10	1.330	16.730	15.400	1540	1565
	2	10	1.330	17.275	15.945	1590	
捣实密度	1	10	1.330	16.620	15.290	1530	1520
	2	10	1.330	16.445	15.115	1510	
空隙率(%)	$V_c = \left(1 - \dfrac{\rho}{\rho_a}\right) \times 100 = \left(1 - \dfrac{1565}{2645}\right) \times 100 = 41$							

1.4.2　粗集料密度及吸水率试验（网篮法）

本试验方法依据《公路工程集料试验规程》(JTG E42—2005) T 0304 编写。

WK10-粗集料的网篮法

CZ4-粗集料的网篮法

DH2-粗集料的网篮法

1.适用范围

本方法适用于测定各种粗集料的表观相对密度、表干相对密度、毛体积相对密度、表观密度、表干密度、毛体积密度，以及粗集料的吸水率。

2.仪器设备

（1）天平或浸水天平（图1-4-4）：可悬挂吊篮测定集料的水中质量，称量应满足试样数量称量要求，感量不大于最大称量的0.05%。

（2）吊篮：耐锈蚀材料制成，直径和高度约为150mm，四周及底部用1～2mm的筛网编制或具有密集的孔眼。

（3）溢流水槽：在称量水中质量时能保持水面高度一定。

（4）烘箱：能控温在105℃±5℃。

（5）毛巾：纯棉制，洁净，也可用纯棉的汗衫布代替。

（6）温度计。

（7）标准筛。

（8）盛水容器（如搪瓷盘）。

图1-4-4　浸水天平

(9)其他:刷子等。

3. 试验准备

(1)将试样用标准筛过筛除去其中的细集料,对较粗的粗集料可用4.75mm筛过筛,对2.36~4.75mm集料,或者混在4.75mm以下石屑中的粗集料,则用2.36mm标准筛过筛,用四分法或分料器法缩分至要求的质量,分两份备用。对沥青路面用粗集料,应对不同规格的集料分别测定,不得混杂,所取的每一份集料试样应基本上保持原有的级配。在测定2.36~4.75mm的粗集料时,试验过程中应特别小心,不得丢失集料。

(2)经缩分后供测定密度和吸水率的粗集料质量应符合表1-4-3的规定。

测定密度试验所需要的试样最小质量　　　　表1-4-3

公称最大粒径(mm)	4.75	9.5	16	19	26.5	31.5	37.5	63	75
每一份试样的最小质量(kg)	0.8	1	1	1	1.5	1.5	2	3	3

(3)将每一份集料试样浸泡在水中,并适当搅动,仔细洗去附在集料表面的尘土和石粉,经多次漂洗干净至水完全清澈为止。清洗过程中不得散失集料颗粒。

4. 试验步骤

(1)取一份试样装入干净的搪瓷盘中,注入洁净的水,水面至少应高出试样20mm,轻轻搅动石料,使附着在石料上的气泡完全逸出。在室温下保持浸水24h。

(2)将吊篮挂在天平的吊钩上,浸入溢流水槽中,向溢流水槽中注水,水面高度至水槽的溢流孔,将天平调零。吊篮的筛网应保证集料不会通过筛孔流失,对2.36~4.75mm粗集料应更换小孔筛网,或在网篮中加放入一个浅盘。

(3)调节水温为15~25℃。将试样移入吊篮中。溢流水槽中的水面高度由水槽的溢流孔控制,维持不变。称取集料的水中质量(m_w)。

(4)提起吊篮,稍稍滴水后,较粗的粗集料可以直接倒在拧干的湿毛巾上。将较细的粗集料(2.36~4.75mm)连同浅盘一起取出,稍稍倾斜搪瓷盘,仔细倒出余水,将粗集料倒在拧干的湿毛巾上,用毛巾吸走从集料中漏出的自由水。此步骤需特别注意不得有颗粒丢失,或有小颗粒附在吊篮上。再用拧干的湿毛巾轻轻擦干集料颗粒的表面水,至表面看不到发亮的水迹,即为饱和面干状态。当粗集料尺寸较大时,宜逐颗擦干。注意对较粗的粗集料,拧湿毛巾时不要太用劲,防止拧得太干,对较细的、含水较多的粗集料,毛巾可拧得稍干些。擦颗粒的表面水时,既要将表面水擦掉,又千万不能将颗粒内部的水吸出。整个过程中不得有集料丢失,且已擦干的集料不得继续在空气中放置,以防止集料干燥。

注:对2.36~4.75mm集料,用毛巾擦拭时容易沾附细颗粒集料从而造成集料损失,此时宜改用洁净的纯棉汗衫布擦拭至表干状态。

(5)立即在保持表干状态下,称取集料的表干质量(m_f)。

(6)将集料置于浅盘中,放入105℃±5℃的烘箱中烘干至恒重。取出浅盘,放在带盖的容器中冷却至室温,称取集料的烘干质量(m_a)。

注:恒重是指相邻两次称量间隔时间大于3h的情况下,其前后两次称量之差小于该项试验要求的精密度,即0.1%。一般在烘箱中烘烤的时间不得少于4~6h。

(7)对同一规格的集料应平行试验两次,取平均值作为试验结果。

5. 计算

(1) 表观相对密度 γ_a、表干相对密度 γ_s、毛体积相对密度 γ_b 按式(1-4-5)、式(1-4-6)、式(1-4-7)计算至小数点后3位。

$$\gamma_a = \frac{m_a}{m_a - m_w} \tag{1-4-5}$$

$$\gamma_s = \frac{m_f}{m_f - m_w} \tag{1-4-6}$$

$$\gamma_b = \frac{m_a}{m_f - m_w} \tag{1-4-7}$$

式中：γ_a——集料的表观相对密度，无量纲；

γ_s——集料的表干相对密度，无量纲；

γ_b——集料的毛体积相对密度，无量纲；

m_a——集料的烘干质量(g)；

m_f——集料的表干质量(g)；

m_w——集料在水中的质量(g)。

(2) 集料的吸水率以烘干试样为基准，按式(1-4-8)计算，精确至0.01%。

$$w_x = \frac{m_f - m_a}{m_a} \times 100 \tag{1-4-8}$$

式中：w_x——粗集料的吸水率(%)。

(3) 粗集料的表观密度(视密度) ρ_a、表干密度 ρ_s、毛体积密度 ρ_b，按式(1-4-9)、式(1-4-10)、式(1-4-11)计算，精确至小数点后3位。不同水温条件下测量的粗集料表观密度需进行水温修正，不同试验温度下水的密度 ρ_T 及水的温度修正系数 α_T 按表1-4-4选用。

$$\rho_a = \gamma_a \times \rho_T \quad \text{或} \quad \rho_a = (\gamma_a - \alpha_T) \times \rho_w \tag{1-4-9}$$

$$\rho_s = \gamma_s \times \rho_T \quad \text{或} \quad \rho_s = (\gamma_s - \alpha_T) \times \rho_w \tag{1-4-10}$$

$$\rho_b = \gamma_b \times \rho_T \quad \text{或} \quad \rho_b = (\gamma_b - \alpha_T) \times \rho_w \tag{1-4-11}$$

式中：ρ_a——粗集料的表观密度(g/cm^3)；

ρ_s——粗集料的表干密度(g/cm^3)；

ρ_b——粗集料的毛体积密度(g/cm^3)；

ρ_T——试验温度 T 时水的密度(g/cm^3)，按表1-4-4取用；

α_T——试验温度 T 时的水温修正系数，按表1-4-4取用；

ρ_w——水在4℃时的密度(1.000g/cm^3)。

不同水温时水的密度 ρ_T 及水温度修正系数 α_T　　表1-4-4

水温(℃)	15	16	17	18	19	20
水的密度 ρ_T(g/cm^3)	0.99913	0.99897	0.99880	0.99862	0.99843	0.99822
水温修正系数 α_T	0.002	0.003	0.003	0.004	0.004	0.005
水温(℃)	21	22	23	24	25	
水的密度 ρ_T(g/cm^3)	0.99802	0.99779	0.99756	0.99733	0.99702	
水温修正系数 α_T	0.005	0.006	0.006	0.007	0.008	

注：水在4℃时，密度最大为1(g/cm³)，不管温度升高还是温度降低，其密度都逐渐变小。

6. 精密度或允许差

重复试验的精密度，对表观相对密度、表干相对密度、毛体积相对密度，两次结果相差不得超过0.02，对吸水率不得超过0.2%。

7. 试验数据举例

表1-4-5为一组粗集料表观密度、表干密度、毛体积密度及吸水率试验数据。（试验时水温18℃）

网篮法试验数据记录　　　　　　　　　　　　　　　　表1-4-5

试验次数	集料干燥质量 m_a (g)	集料在水中的质量 m_w (g)	集料的表干质量 m_f (g)	修正系数 α_T
1	1415.4	881.5	1425.4	0.004
2	1588.1	987.9	1596.7	0.004
集料的表观相对密度 (g/cm³)	2.652	2.649	集料的表观密度 (g/cm³)	2.645
	2.646			
集料的表干相对密度 (g/cm³)	2.621	2.622	集料的表干密度 (g/cm³)	2.618
	2.623			
集料的毛体积相对密度 (g/cm³)	2.602	2.606	集料的毛体积密度 (g/cm³)	2.602
	2.609			
集料的吸水率(%)	0.71	0.63		
	0.54			

1.4.3　水泥混凝土用粗集料针片状颗粒含量试验（规准仪法）

本试验方法依据《公路工程集料试验规程》（JTG E42—2005）T 0311 编写。

CZ5-规准仪测针片状颗粒

WK11-针片状粗集料试验

DH3-粗集料规准仪法

1. 适用范围

(1) 本方法适用于测定水泥混凝土使用的4.75mm以上的粗集料的针状及片状颗粒含量，以百分率计。

(2) 本方法测定的针片状颗粒，是指使用专用规准仪测定的粗集料颗粒的最小厚度（或直径)方向与最大长度(或宽度)方向的尺寸之比小于一定比例的颗粒。

(3)本方法测定的粗集料中针片状颗粒的含量,可用于评价集料的形状及其在工程中的适用性。

2. 仪器设备

(1)水泥混凝土集料片状规准仪和针状规准仪如图1-4-5所示,尺寸应符合表1-4-6的要求。

(2)电子天平:感量不大于称量值的0.1%。

(3)标准筛:孔径分别为 4.75mm、9.5mm、16mm、19mm、26.5mm、31.5mm、37.5mm,根据需要选用。

图1-4-5 针、片状规准仪

水泥混凝土集料针、片状颗粒试验的粒级划分及其相应的规准仪孔宽或间距　　表1-4-6

粒级(方孔筛)(mm)	4.75~9.5	9.5~16	16~19	19~26.5	26.5~31.5	31.5~37.5
针状规准仪上相对应的立柱之间的间距宽(mm)	17.1 (B_1)	30.6 (B_2)	42.0 (B_3)	54.6 (B_4)	69.6 (B_5)	82.8 (B_6)
片状规准仪上相对应的孔宽(mm)	2.8 (A_1)	5.1 (A_2)	7.0 (A_3)	9.1 (A_4)	11.6 (A_5)	13.8 (A_6)

3. 试样准备

将来样在室内风干至表面干燥,并用四分法或分料器法缩分至满足表1-4-7规定的质量,称量(m_0),然后筛分成表1-4-6所规定的粒级备用。

针片状颗粒试验所需的试样最小质量　　表1-4-7

公称最大粒径(mm)	9.5	16	19	26.5	31.5	37.5
试样最小质量(kg)	0.3	1	2	3	5	10

4. 试验步骤

(1)目测挑出接近正方体形状的规则颗粒,将目测有可能属于针片状颗粒的集料按表1-4-6所规定的粒级用规准仪逐粒对试样进行针状颗粒鉴定,挑出颗粒长度大于针状规准仪上相应间距而不能通过者,为针状颗粒。

(2)将通过针状规准仪上相应间距的非针状颗粒逐粒对试样进行片状颗粒鉴定,挑出厚度小于片状规准仪上相应孔宽能通过者,为片状颗粒。

(3)称量由各粒级挑出的针状颗粒和片状颗粒的质量,其总质量为 m_1。

5. 计算

碎石或砾石中针片状颗粒含量按式(1-4-12)计算,精确至0.1%。

$$Q_e = \frac{m_1}{m_0} \times 100 \tag{1-4-12}$$

式中:Q_e——试样的针片状颗粒含量(%);

　　　m_1——试样中所含针状颗粒与片状颗粒的总质量(g);

　　　m_0——试样总质量(g)。

注:如有需要可以分别计算针状颗粒和片状颗粒的含量百分数。

6. 试验数据举例

表1-4-8为一组粗集料针片状颗粒规准仪法试验数据。

规准仪法试验数据记录　　　　　　　　　　　　　　　　表1-4-8

粒级 (mm)	针状颗粒质量 (g)	片状颗粒质量 (g)	针片状颗粒质量 (g)	试样总质量 (g)	针片状颗粒含量 (%)
4.75~9.5	6	0	179	6685	2.7
9.5~16	32	17			
16~19	47	0			
19~26.5	0	0			
26.5~31.5	0	77			

1.4.4　粗集料针片状颗粒含量试验(游标卡尺法)

本试验方法依据《公路工程集料试验规程》(JTG E42—2005) T 0312 编写。

1. 适用范围

(1)本方法适用于测定粗集料的针状及片状颗粒含量,以百分率计。

(2)本方法测定的针片状颗粒,是指用游标卡尺测定的粗集料颗粒的最大长度(或宽度)方向与最小厚度(或直径)方向的尺寸之比大于3倍的颗粒。有特殊要求采用其他比例时,应在试验报告中注明。

CZ6-游标卡尺测针片状颗粒

(3)本方法测定的粗集料中针片状颗粒的含量,可用于评价集料的形状和抗压碎能力,以评定石料生产厂的生产水平及该材料在工程中的适用性。

2. 仪器设备

(1)标准筛:4.75mm方孔筛。

(2)游标卡尺:精密度为0.1mm。

(3)天平:感量不大于1g。

3. 试验步骤

(1)按现行集料随机取样的方法,采集集料试样。

(2)按分料器法或四分法选取1kg左右的试样。对每一种规格的粗集料,应按照不同的公称粒径,分别取样检验。

(3)用4.75mm标准筛将试样过筛,取筛上部分供试验用,称取试样的总质量 m_0,精确至1g,试样数量应不少于800g,并不少于100颗。

注:对2.36~4.75mm级粗集料,由于用卡尺量取有困难,故一般不做测定。

(4)将试样平摊于桌面上,首先用目测挑出接近立方体的颗粒,剩下可能属于针状(细长)和片状(扁平)的颗粒。

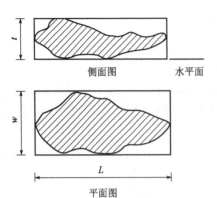

图 1-4-6 针片状颗粒稳定状态

(5)按图 1-4-6 所示的方法将欲测量的颗粒放在桌面上成一稳定的状态,图中颗粒平面方向的最大长度为 L,侧面厚度的最大尺寸为 t,颗粒最大宽度为 w($t<w<L$),用卡尺逐颗测量石料的长度 L 及 t,将 $L/t \geq 3$ 的颗粒(即最大长度方向与最大厚度方向的尺寸之比大于 3 的颗粒)分别挑出作为针片状颗粒。称取针片状颗粒的质量 m_1,准确至 1g。

注:稳定状态是指平放的状态,不是直立状态,侧面厚度的最大尺寸 t 为图中状态的颗粒顶部至平台的厚度,是在最薄的一个面上测量的,但并非颗粒中最薄部位的厚度。

4.计算

按式(1-4-13)计算针片状颗粒含量。

$$Q_e = \frac{m_1}{m_0} \times 100 \qquad (1\text{-}4\text{-}13)$$

式中:Q_e——针片状颗粒含量(%);
m_0——试验用的集料总质量(g);
m_1——针片状颗粒的质量(g)。

5.报告

(1)试验要平行测定两次,计算两次结果的平均值。如两次结果之差小于平均值的 20%,取平均值为试验值;如大于或等于 20%,应追加测定一次,取三次结果的平均值为测定值。

(2)试验报告应报告集料的种类、产地、岩石名称、用途。

6.试验数据举例

表 1-4-9 为一组粗集料针片状颗粒游标卡尺法试验数据。

游标卡尺法试验数据记录　　　　　表 1-4-9

序号	试验质量(g)	针片状颗粒的质量(g)	针片状颗粒的含量(%)	平均值(%)
1	1022	66	6.5	6.6
2	955	64	6.7	

1.4.5 粗集料压碎值试验

本试验方法依据《公路工程集料试验规程》(JTG E42—2005)T 0316 编写。

CZ7-粗集料的压碎值试验

DH1-粗集料的压碎值试验

WK12-粗集料的压碎值试验

1. 适用范围

集料压碎值用于衡量石料在逐渐增加的荷载下抵抗压碎的能力,是衡量石料力学性质的指标,以评定其在公路工程中的适用性。

2. 仪器设备

(1)石料压碎值试验仪:由内径 150mm、两端开口的钢制圆形试筒、压柱和底板组成,其形状如图 1-4-7 所示,尺寸见表 1-4-10。试筒内壁、压柱的底面及底板的上表面等与石料接触的表面都应进行热处理,使表面硬化,达到维氏硬度 65 度并保持光滑状态。

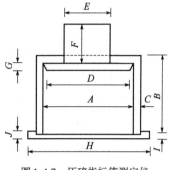

图 1-4-7　压碎指标值测定仪

试筒、压柱和底板尺寸　　　　　　　　表 1-4-10

部位	符号	名称	尺寸(mm)
试筒	A	内径	150 ± 0.3
	B	高度	125 ~ 128
	C	壁厚	≥12
压柱	D	压头直径	149 ± 0.2
	E	压杆直径	100 ~ 149
	F	压柱总长	100 ~ 110
	G	压头厚度	≥25
底板	H	直径	200 ~ 220
	I	厚度(中间部分)	6.4 ± 0.2
	J	边缘厚度	10 ± 0.2

(2)金属棒:直径 10mm,长 450 ~ 600mm,一端加工成半球形。

(3)天平:称量 2 ~ 3kg,感量不大于 1g。

(4)标准筛:筛孔尺寸 13.2mm、9.5mm、2.36mm 的方孔筛各一个。

(5)压力机:500kN,应能在 10min 内达到 400kN。

(6)金属筒:圆柱形,内径 112.0mm,高 179.4mm,容积 1767cm^3,如图 1-4-8 所示。

图 1-4-8　试筒、压柱、底板、金属筒

3. 试验准备

(1)采用风干石料用 13.2mm 和 9.5mm 标准筛过筛,取 9.5 ~ 13.2mm 的试样 3 组各

3000g,供试验用。如过于潮湿需加热烘干时,烘箱温度不得超过100℃,烘干时间不超过4h。试验前,石料应冷却至室温。

(2)每次试验的石料数量应满足按下述方法夯击后石料在试筒内的深度为100mm。

在金属筒中确定石料数量的方法如下:

将试样分3次(每次数量大体相同)均匀装入试模中,每次均将试样表面整平,用金属棒的半球面端从石料表面上均匀捣实25次,最后用金属棒作为直刮刀将表面仔细整平。称取量筒中试样质量(m_0)。以相同质量的试样进行压碎值的平行试验。

4. 试验步骤

(1)将试筒安放在底板上。

(2)将要求质量的试样分3次(每次数量大体相同)均匀装入试模中,每次均将试样表面整平,用金属棒的半球面端从石料表面上均匀捣实25次。最后用金属棒作为直刮刀将表面仔细整平。

(3)将装有试样的试模放到压力机上,同时将压头放入试筒内石料面上,注意使压头摆平,勿楔挤试模侧壁。

(4)开动压力机,均匀地施加荷载,在10min左右的时间内达到总荷载400kN,稳压5s,然后卸荷。

(5)将试模从压力机上取下,取出试样。

(6)用2.36mm标准筛筛分经压碎的全部试样,可分几次筛分,均须筛到在1min内无明显的筛出物为止。

(7)称取通过2.36mm筛孔的全部细料质量(m_1),准确至1g。

5. 计算

石料压碎值按式(1-4-14)计算,精确至0.1%。

$$Q'_a = \frac{m_1}{m_0} \times 100 \tag{1-4-14}$$

式中:Q'_a——石料压碎值(%);

m_0——试验前试样质量(g);

m_1——试验后通过2.36mm筛孔的细料质量(g)。

压碎值越大,说明集料的强度越低。以3个试样平行试验结果的算术平均值作为压碎值的测定值。

6. 试验数据举例

表1-4-11为一组粗集料压碎值试验数据。

粗集料压碎值试验数据记录　　　　表1-4-11

试验次数	试样总质量 m_0 (g)	试验后通过2.36mm筛的细料质量 m_1 (g)	压碎值 (%)	平均值 (%)
1	2517	378	15.02	15.3
2	2487	390	15.68	
3	2468	374	15.15	

1.4.6 粗集料磨耗试验（洛杉矶法）

本试验方法依据《公路工程集料试验规程》（JTG E42—2005）T 0317 编写。

1. 适用范围

用于测定规定条件下粗集料抵抗摩擦、撞击的综合力学能力。洛杉矶磨耗损失是集料使用性能的重要指标，与沥青路面的抗车辙能力、耐磨性和耐久性密切相关。

2. 仪器设备

（1）洛杉矶磨耗试验机，如图 1-4-9 所示。

图 1-4-9 洛杉矶磨耗试验机

CZ8-粗集料磨耗试验

WK13-洛杉矶磨耗试验

（2）套筛：符合要求的标准筛一套，另外准备一个筛孔为 1.7mm 的方孔筛。
（3）台秤：10kg，感量不大于 0.1g。
（4）烘箱：能使温度控制在 105℃±5℃ 的范围。
（5）钢球：直径约 46.8mm，质量在 390g 到 445g 范围内变化，以便组合成符合要求的总质量。

3. 试验准备

（1）将进行试验检测的集料洗净，烘干备用。
（2）对所使用的集料，根据实际情况按照下表规定的粒级组成配制每次试验用材料。其中水泥混凝土用集料宜采用 A 级粒度；当用于沥青路面及各种基层、底基层的粗集料时，表中的 16mm 筛孔也可用 13.2mm 筛孔代替。对非规格材料应根据材料的实际粒度，从表 1-4-12 中选择最接近的粒级类别及试验条件进行试验。

粗集料洛杉矶磨耗试验条件　　　　　　表 1-4-12

粒度类别	粒级组成（mm）	试样质量（g）	试样总质量（g）	钢球数量（个）	钢球总质量（g）	转动次数（转）	使用粗集料 规格	使用粗集料 公称粒径（mm）
A	26.5~37.5 19.0~26.5 16.0~19.0 9.5~16.0	1250±25 1250±25 1250±10 1250±10	5000±10	12	5000±25	500	—	—

续上表

粒度类别	粒级组成（mm）	试样质量（g）	试样总质量（g）	钢球数量（个）	钢球总质量（g）	转动次数（转）	使用粗集料 规格	使用粗集料 公称粒径（mm）
B	19.0~26.5 16.0~19.0	2500±10 2500±10	5000±10	11	4850±25	500	S6 S7 S8	15~30 10~30 10~25
C	9.5~16.0 4.75~9.5	2500±10 2500±10	5000±10	8	3330±20	500	S9 S10 S11 S12	10~12 10~15 5~15 5~10
D	2.36~4.75	5000±10	5000±10	6	2500±15	500	S12 S14	3~10 3~5
E	63~75 53~63 37.5~53	5000±50 5000±50 5000±50	10000±100	12	5000±25	1000	S1 S2	40~75 40~60
F	37.5~53 26.5~37.5	5000±50 5000±25	10000±75	12	5000±25	1000	S3 S4	30~60 25~50
G	26.5~37.5 19~26.5	5000±25 5000±25	10000±50	12	5000±25	1000	S5	20~40

4. 试验步骤

(1) 分级称量(精确至5g)，称取总质量(m_1)。将准备好的试样和满足质量要求的钢球放入磨耗机筒中，加盖密封。调整仪器计数器至零位，对水泥混凝土设定转动次数500转，对其他混合料用集料，转动次数符合表1-4-12的要求。开动磨耗机。以30~33r/min的转速转动规定的次数。

(2) 转动结束后，取出钢球，倒出试样，用1.7mm方孔筛过筛，并用水冲洗留在筛上的试样，将小于1.7mm粒径的部分彻底分离出去。随后将大于1.7mm的颗粒集中起来，烘干至恒重。称出其质量m_2。

5. 计算

粗集料的磨耗损失计算公式为：

$$Q = \left(\frac{m_1 - m_2}{m_1}\right) \times 100 \tag{1-4-15}$$

式中：Q——粗集料的洛杉矶磨耗损失(%)；

m_1——试验前装入筒中的试样质量(g)；

m_2——试验后1.7mm筛上洗净烘干的试样总质量(g)。

以两次平行试验结果的算术平均值作为测定值，要求两次试验误差不大于2%。

6. 试验数据举例

表 1-4-13 为一组粗集料洛杉矶磨耗试验数据。

粗集料洛杉矶磨耗试验数据记录　　　　表 1-4-13

序号	粒级组成（mm）	分级质量（g）	试验前试样总质量 m_1（g）	钢球数（个）	钢球质量（g）	试验后洗净试样质量 m_2（g）	磨耗损失（%）	平均值（%）
1	19~26.5	2505	5010	11	4830	4025	19.7	19.4
1	16~19	2505	5010	11	4830	4025	19.7	19.4
2	19~26.5	2500	5005	11	4830	4045	19.2	19.4
2	16~19	2505	5005	11	4830	4045	19.2	19.4

1.4.7　粗集料坚固性试验

本试验方法依据《公路工程集料试验规程》(JTG E42—2005) T 0314 编写。

1. 适用范围

采用在饱和硫酸钠溶液中多次浸泡与烘干的循环试验,考察粗集料承受硫酸钠在烘干结晶过程中产生的晶胀压力,而集料颗粒不会产生明显破坏或降低强度的性能,用来评价粗集料的坚固性,作为表征粗集料耐候性的一项指标。

CZ9-粗集料坚固性试验

2. 仪器设备

(1)烘箱:能使温度控制在 105℃ ±5℃。
(2)天平:称量 5kg,感量不大于 1g。
(3)标准筛:根据试样粒级,按表 1-4-14 选用。

WK3-粗集料的坚固性试验

坚固性试验所需各粒级试样质量表　　　　表 1-4-14

公称粒级(mm)	2.36~4.75	4.75~9.5	9.5~19	19~37.5	37.5~63	63~75
试样质量(g)	500	500	1000	1500	3000	5000

(4)容器:金属容器,容积不小于 50L,如图 1-4-10 所示。
(5)三角网篮,如图 1-4-11 所示。
(6)硫酸钠试剂;工业用硫酸钠。

3. 试验准备及步骤

(1)硫酸钠溶液的配制:根据所需数量的多少,选取适当容器。加入蒸馏水并加热至 30~50℃,按如下比例配制饱和硫酸钠溶液:每 1000mL 蒸馏水加无水硫酸钠(Na_2SO_4)300~350g 或十水硫酸钠($Na_2SO_4 \cdot 10H_2O$)700~1000g 搅拌促进溶解。

(2)将试样按表 1-4-14 的规定分级,洗净,在 105℃ ±5℃ 的烘箱中烘干 4h,取出冷却,以该表规定的质量称取各粒级的质量(m_i)。

图 1-4-10 容器

图 1-4-11 三角网篮

(3)将不同粒级的试样分别装入三角网篮中,随后浸入饱和硫酸钠溶液中,溶液的体积不小于试样总体积的 5 倍,保持水温在 20~25℃。在网篮浸入溶液时应上下提降 25 次,以排除试样中的气泡,然后静置于该容器中。

(4)浸泡 20h 后,从溶液中提出网篮,稍控水分后放在 105℃ ±5℃ 的烘箱中烘烤 4h,从而完成第一次试验循环。待试样冷却至 20~25℃ 后,开始下次循环试验。从第二次试验开始,在硫酸钠中浸泡的时间及烘烤时间均可为 4h。

(5)完成 5 次循环后,将试样在清水中冲洗掉硫酸钠,再放入 105℃ ±5℃ 烘箱中烘干、冷却至室温。用试样粒级下限筛孔过筛,并称量各粒级过筛后试样的筛余量(m')。

4. 试验结果计算

试样中各粒级的分计质量损失百分率按式(1-4-16)计算。

$$Q_i = \left(\frac{m_i - m'_i}{m_i}\right) \times 100 \tag{1-4-16}$$

式中:Q_i——各粒级的分计筛余质量百分率(%);
m_i——各粒级试验前的烘干质量(g);
m'_i——经硫酸钠浸泡试验后各粒级筛余颗粒烘干质量(g)。

试样总质量筛余百分率(%)按式(1-4-17)计算。

$$Q = \frac{\sum m_i Q_i}{\sum m_i} \times 100 \tag{1-4-17}$$

5. 说明与注意问题

(1)对于粒径大于 19mm 的部分,除了计算该粒级质量损失之外,还需在试验前后分别记录颗粒数量,并做外观检查,描述颗粒的裂缝、剥落、掉边和掉角等情况,以及有瑕疵颗粒所占总颗粒数量,作为分析坚固性时的补充依据。

(2)硫酸钠坚固性试验实质上是一种快速评价集料抵抗低温冻胀破坏能力的一项试验。

通过硫酸钠结晶膨胀产生的晶胀作用,来替代低温水结冰产生的冻胀作用。由于晶胀产生的破坏效果要远大于冻胀,所以可快速简便地达到评价集料抵御低温冻融破坏的耐候性效果。

6. 试验数据举例

表 1-4-15 为一组粗集料坚固性试验数据。

粗集料坚固性试验数据记录　　　　表 1-4-15

集料粒径 (mm)	试验前各粒级分计烘干质量 (g)	试验后各粒级筛余颗粒的烘干质量 (g)	分计质量损失百分率 (%)	总质量损失百分率 (%)	粒径大于19mm 的颗粒分析	
					试验前描述	试验后描述
2.36~4.75	501	462	7.8	5		
4.75~9.5	500	471	5.8			
9.5~19	1002	962	4.0			

计算示例:　　$Q = \dfrac{\sum m_i Q_i}{\sum m_i} \times 100 = \dfrac{501 \times 7.8 + 500 \times 5.8 + 1002 \times 4.0}{501 + 500 + 1002} = 5.40\% \approx 5\%$

1.5　细集料试验

想一想

不是所有的河砂都可以用来拌制水泥混凝土。工程上对细集料有具体的技术指标要求,如何去检测细集料的技术指标呢? 粗集料可以采用网篮法检测密度,细集料无法采用网篮法,那么细集料采用什么方法检测密度呢? 洁净程度(或者说含泥量)是细集料是否合格的一个极为重要的指标,有哪些方法可以检测细集料的洁净程度呢?

1.5.1　细集料筛分试验

本试验方法依据《公路工程集料试验规程》(JTG E42—2005) T 0327 编写。

1. 适用范围

测定细集料(天然砂、人工砂、石屑)的颗粒级配及粗细程度。对水泥混凝土用细集料可采用干筛法,如果需要也可采用水洗法筛分;对沥青混合料及基层用细集料必须用水洗法筛分。

注:当细集料中含有粗集料时,可参照此方法用水洗法筛分,但需特别注意保护标准筛筛面不遭损坏。

CZ10-细集料的筛分

DH4-细集料的筛分

2. 仪器设备

(1) 标准筛(图1-5-1)。
(2) 电子天平:称量1000g,感量不大于0.5g。
(3) 摇筛机。
(4) 烘箱:能控温在105℃±5℃。
(5) 其他:浅盘和硬、软毛刷等。

图1-5-1 标准筛

3. 试验准备

根据样品中最大粒径的大小,选用适宜的标准筛,通常为9.5mm筛(水泥混凝土用天然砂)或4.75mm筛(沥青路面及基层用天然砂、石屑、机制砂等)筛除其中的超粒径材料。然后将样品在潮湿状态下充分拌匀,用分料器法或四分法缩分至每份不少于550g的试样两份,在105℃±5℃的烘箱中烘干至恒重,冷却至室温后备用。

注:恒重系指相邻两次称量间隔时间大于3h(通常不少于6h)的情况下,前后两次称量之差小于该项试验所要求的称量精密度,下同。

4. 试验步骤

1) 干筛法试验步骤

(1) 称取烘干试样约500g(m_1),准确至0.5g,置于套筛的最上面,即4.75mm筛上,将套筛装入摇筛机,摇筛约10min,然后取出套筛,再按筛孔大小顺序,从最大的筛号开始,在清洁的浅盘上逐个进行手筛,直到每分钟的筛出量不超过筛上剩余量的0.1%时为止,将筛出通过的颗粒并入下一号筛,和下一号筛中的试样一起过筛,以此顺序进行至各号筛全部筛完为止。

注:①试样如为特细砂时,试样质量可减少到100g。
②如试样含泥量超过5%,不宜采用干筛法。
③无摇筛机时,可直接用手筛。

(2) 称量各筛筛余试样的质量,精确至0.5g。所有各筛的分计筛余量和底盘中剩余量的总量与筛分前的试样总量,相差不得超过后者的1%。

2) 水洗法试验步骤

(1) 准确称取烘干试样约500g(m_1),准确至0.5g。
(2) 将试样置一洁净容器中,加入足够数量的洁净水,将集料全部淹没。
(3) 用搅棒充分搅动集料,将集料表面洗涤干净,使细粉悬浮在水中,但不得有集料从水中溅出。
(4) 用1.18mm筛及0.075mm筛组成套筛,仔细将容器中混有细粉的悬浮液徐徐倒出,经过套筛流入另一容器中,但不得将集料倒出。

注:不可直接倒至0.075mm筛上,以免集料掉出损坏筛面。

(5) 重复以上(2)~(4)步骤,直至倒出的水洁净且小于0.075mm的颗粒全部倒出。

(6)将容器中的集料倒入搪瓷盘中,用少量水冲洗,使容器上沾附的集料颗粒全部进入搪瓷盘中。将筛子反扣过来,用少量的水将筛上的集料冲洗入搪瓷盘中。操作过程中不得有集料散失。

(7)将搪瓷盘连同集料一起置于105℃±5℃烘箱中烘干至恒重,称取干燥集料试样的总质量(m_2),准确至0.1%。m_1与m_2之差即为通过0.075mm筛的部分。

(8)将全部要求筛孔组成套筛(但不需0.075mm筛),将已经洗去小于0.075mm部分的干燥集料置于套筛上(通常为4.75mm筛),将套筛装入摇筛机,摇筛约10min,然后取出套筛,再按筛孔大小顺序,从最大的筛号开始,在清洁的浅盘上逐个进行手筛,直至每分钟的筛出量不超过筛上剩余量的0.1%时为止,将筛出通过的颗粒并入下一号筛,和下一号筛中的试样一起过筛,这样顺序进行,直至各号筛全部筛完为止。

注:如为含有粗集料的集料混合料,套筛筛孔根据需要选择。

(9)称量各筛筛余试样的质量,精确至0.5g。所有各筛的分计筛余量和底盘中剩余量的总质量与筛分前的试样总量(m_2)的差值不得超过后者的1%。

5. 计算

(1)计算分计筛余百分率。

各号筛的分计筛余百分率为各号筛上的筛余量除以试样总量(m_1)的百分率,精确至0.1%。对沥青路面细集料而言,0.15mm筛下部分即为0.075mm的分计筛余,由步骤(7)测得的m_1与m_2之差即为小于0.075mm的筛底部分。

(2)计算累计筛余百分率。

各号筛的累计筛余百分率为该号筛及大于该号筛的各号筛的分计筛余百分率之和,准确至0.1%。

(3)计算质量通过百分率。

各号筛的质量通过百分率等于100减去该号筛的累计筛余百分率,准确至0.1%。

(4)根据各筛的累计筛余百分率或通过百分率,绘制级配曲线。

(5)天然砂的细度模数按式(1-5-1)计算,精确至0.01。

$$M_X = \frac{(A_{0.15} + A_{0.3} + A_{0.6} + A_{1.18} + A_{2.36}) - 5A_{4.75}}{100 - A_{4.75}} \quad (1\text{-}5\text{-}1)$$

式中: M_X——砂的细度模数;

$A_{0.15}$、$A_{0.3}$、…、$A_{4.75}$——0.15mm、0.3mm、…、4.75mm各筛上的累计筛余百分率(%)。

6. 精度要求

应进行两次平行试验,以试验结果的算术平均值作为测定值。如两次试验所得的细度模数之差大于0.2,应重新进行试验。

7. 试验数据举例

表1-5-1 采用干筛法对河砂进行筛分。

河砂筛分试验(干筛法) 表1-5-1

样品名称		河砂		样品描述				干燥洁净		
试样质量(g)	筛孔尺寸(mm)	筛余量(g)m_i		分计筛余(%)a_i		累计筛余(%)A_i		通过百分率(%)P_i		
		Ⅰ	Ⅱ	Ⅰ	Ⅱ	Ⅰ	Ⅱ	Ⅰ	Ⅱ	平均
试样Ⅰ 质量(g) 500.0	9.5	0	0	0	0	0	0	100	100	100
	4.75	8.5	7.0	1.7	1.4	1.7	1.4	98.3	98.6	98.5
	2.36	45.0	45.0	9.0	9.0	10.7	10.4	89.3	89.6	89.5
	1.18	51.5	57.5	10.4	11.5	21.1	21.9	78.9	78.1	78.5
	0.6	111.5	114.5	22.4	22.9	43.5	44.8	56.5	55.2	56.3
试样Ⅱ 质量(g) 500.0	0.3	180.0	172.5	36.2	34.5	79.7	79.3	20.3	20.7	20.5
	0.15	98.5	99.0	19.8	19.8	99.5	99.1	0.5	0.9	0.7
	0.075	2.0	2.5	0.4	0.5	99.9	99.6	0.1	0.4	0.3
	底筛	0.5	1.5	0.1	0.3	100	99.9	0	0.1	0
	$\sum m_i$	497.5	499.5	100	99.9	—	—	—	—	—
天然砂的细度模数M_x计算										
试验次数	$M_X = \dfrac{(A_{0.15}+A_{0.3}+A_{0.6}+A_{1.18}+A_{2.36})-5A_{4.75}}{100-A_{4.75}}$							平均值		
Ⅰ	2.49							2.51		
Ⅱ	2.52									

1.5.2 细集料表观密度试验(容量瓶法)

本试验方法依据《公路工程集料试验规程》(JTG E42—2005)T 0328 编写。

CZ11-细集料的容量瓶法

WK14-细集料的容量瓶法　　DH5-细集料的容量瓶法

1.适用范围

用容量瓶法测定细集料(天然砂、石屑、机制砂)在23℃时对水的表观相对密度和表观密度。本方法适用于含有少量大于2.36mm部分的细集料。

2.仪器设备

(1)天平:称量1kg,感量不大于1g。

(2)容量瓶,如图 1-5-2 所示。
(3)烘箱:能控温在 105℃±5℃。
(4)烧杯:500mL。
(5)洁净水。
(6)其他:干燥器、浅盘、铝制料勺、温度计等。

3.试样准备

将缩分至 650g 左右的试样在温度为 105℃±5℃的烘箱中烘干至恒重,并在干燥器内冷却至室温,分成两份备用。

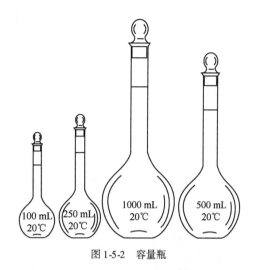

图 1-5-2　容量瓶

4.试验步骤

(1)称取烘干的试样约 300g(m_0),装入盛有半瓶洁净水的容量瓶中。

(2)摇转容量瓶,使试样在已保温至 23℃±1.7℃的水中充分搅动以排除气泡,塞紧瓶塞,在恒温条件下静置 24h 左右,然后用滴管添水,使水面与瓶颈刻度线平齐,再塞紧瓶塞,擦干瓶外水分,称其总质量(m_2)。

(3)倒出瓶中的水和试样,将瓶的内外表面洗净,再向瓶内注入同样温度的洁净水(温度相差不超过 2℃)至瓶颈刻度线,塞紧瓶塞,擦干瓶外水分,称其总质量(m_1)。

注:在砂的表观密度试验过程中应测量并控制水的温度,试验期间的温差不得超过 1℃。

5.计算

(1)细集料的表观相对密度按式(1-5-2)计算至小数点后 3 位。

$$\gamma_a = \frac{m_0}{m_0 + m_1 - m_2} \tag{1-5-2}$$

式中:γ_a——细集料的表观相对密度,无量纲;

m_0——试样的烘干质量(g);

m_1——水及容量瓶总质量(g);

m_2——试样、水及容量瓶总质量(g)。

(2)表观密度 ρ_a 按式(1-5-3)计算,精确至小数点后 3 位。

$$\rho_a = \gamma_a \times \rho_T \quad 或 \quad \rho_a = (\gamma_a - \alpha_T) \times \rho_w \tag{1-5-3}$$

式中:ρ_a——细集料的表观密度(g/cm³);

ρ_w——水在 4℃时的密度(g/cm³);

α_T——试验时水温对水密度影响的修正系数,见表 1-4-4;

ρ_T——试验温度 T 时水的密度(g/cm³),按表 1-4-4 取用。

6.报告

以两次平行试验结果的算术平均值作为测定值,如两次结果之差值大于 0.01g/cm³ 时,应重新取样进行试验。

7.试验数据举例(测定试验时水温为 18℃)

表 1-5-2 为一组细集料容量瓶法测表观密度的试验数据。

容量瓶法试验数据记录 表 1-5-2

试样编号	砂质量(g)	砂+水+瓶总质量(g)	水+瓶总质量(g)	表观相对密度	表观密度(g/cm³) 单值	表观密度(g/cm³) 平均值
1	300	873.4	687.4	2.632	2.628	2.635
2	300	872.0	685.5	2.646	2.642	

1.5.3 细集料堆积密度及紧装密度试验

本试验方法依据《公路工程集料试验规程》(JTG E42—2005) T 0331 编写。

CZ12-细集料的堆积密度

WK15-细集料的堆积密度

1. 适用范围

测定砂自然状态下堆积密度、紧装密度及空隙率。

2. 仪器设备

(1) 电子秤:称量 5kg,感量 5g。

(2) 容量筒:金属制,圆筒形,内径 108mm,净高 109mm,筒壁厚 2mm,筒底厚 5mm,容积约为 1L。

(3) 标准漏斗,如图 1-5-3 所示。

(4) 烘箱:能控温在 105℃±5℃。

(5) 其他:小勺、直尺、浅盘等。

3. 试验准备

(1) 试样制备:用浅盘装来样约 5kg,在温度为 105℃±5℃的烘箱中烘干至恒重,取出并冷却至室温,分成大致相等的两份备用。

注:试样烘干后如有结块,应在试验前先予捏碎。

(2) 容量筒容积的校正方法:以温度为 20℃±5℃的洁净水装满容量筒,用玻璃板沿筒口滑移,使其紧贴水面,玻璃板与水面之间不得有空隙。擦干筒外壁水分,然后称量,用式(1-5-4)计算筒的容积 V。

图 1-5-3 标准漏斗

$$V = m'_2 - m'_1 \quad (1-5-4)$$

式中:V——容量筒的容积(mL);

m'_1——容量筒和玻璃板总质量(g);

m'_2——容量筒、玻璃板和水的总质量(g)。

4. 试验步骤

(1) 堆积密度

将试样装入漏斗中,打开底部的活动门,将砂流入容量筒中,也可直接用小勺向容量筒中装试样,但漏斗出料口或料勺距容量筒筒口均应为 50mm 左右,试样装满并超出容量筒筒口后,用直尺将多余的试样沿筒口中心线向两个相反方向刮平,称取质量(m_1)。

（2）紧装密度

取试样 1 份，分两层装入容量筒。装完一层后，在筒底垫放一根直径为 10mm 的钢筋，将筒按住，左右交替颠击地面各 25 下，然后再装入第二层。

第二层装满后用同样方法颠实（但筒底所垫钢筋的方向应与第一层放置方向垂直）。两层装完并颠实后，添加试样超出容量筒筒口，然后用直尺将多余的试样沿筒口中心线向两个相反方向刮平，称其质量（m_2）。

5. 计算

（1）堆积密度及紧装密度分别按式（1-5-5）和式（1-5-6）计算至小数点后 3 位。

$$\rho = \frac{m_1 - m_0}{V} \tag{1-5-5}$$

$$\rho' = \frac{m_2 - m_0}{V} \tag{1-5-6}$$

式中：ρ——砂的堆积密度（g/cm³）；

　　ρ'——砂的紧装密度（g/cm³）；

　　m_0——容量筒的质量（g）；

　　m_1——容量筒和堆积砂的总质量（g）；

　　m_2——容量筒和紧装砂的总质量（g）；

　　V——容量筒容积（mL）。

（2）砂的空隙率按式（1-5-7）计算，精确至 0.1%。

$$n = \left(1 - \frac{\rho}{\rho_a}\right) \times 100 \tag{1-5-7}$$

式中：n——砂的空隙率（%）；

　　ρ——砂的堆积或紧装密度（g/cm³）；

　　ρ_a——砂的表观密度（g/cm³）。

6. 报告

以两次试验结果的算术平均值作为测定值。

7. 试验数据举例

表 1-5-3 为一组细集料堆积密度的试验数据。（该砂表观密度为 2.635g/cm³）

细集料堆积密度试验数据记录　　　　　　　　　表 1-5-3

试验次数		容量筒体积 V（mL）(1)	容量筒质量 m_0（g）(2)	试样+容量筒质量 m_1（或 m_2）（g）(3)	试样质量 m（g）(4)=(3)-(2)	堆积密度或紧装密度 ρ（g/cm³）(5)=(4)/(1)	平均值（g/cm³）(6)	空隙率（%）(7)
堆积密度	1	1000	715	2154	1439	1.439	1.449	45.0
	2	1000	715	2174	1459	1.459		
紧装密度	1	1000	715	2235	1520	1.520	1.541	41.5
	2	1000	715	2277	1562	1.562		

1.5.4 细集料亚甲蓝试验

本试验方法依据《公路工程集料试验规程》(JTG E42—2005)T 0349 编写。

CZ13-细集料的亚甲蓝试验

WK16-细集料的亚甲蓝试验

DH6-细集料的亚甲蓝试验

1. 试验目的

测定细集料中所含膨胀性黏土矿物含量,以评定细集料的洁净程度。适用于 0~2.36mm 的细集料以及小于 0.075mm 矿粉等材料的质量检验,当细集料中的 0.075mm 通过率小于 3% 时,可不进行此项试验,并判定该材料质量合格。

2. 试验用试剂、材料与仪器设备

(1)亚甲蓝试剂($C_{16}H_{18}CN_3S \cdot 3H_2O$):纯度不小于 98.5%。

(2)移液管:5mL、2mL 移液管各一个。

(3)叶轮搅拌机。

(4)鼓风烘箱:能控温在 105℃±5℃。

(5)天平:称量 1000g,感量 0.1g;称量 100g,感量 0.01g。

(6)标准筛:孔径为 0.075mm、0.15mm、2.36mm 的方孔筛各一个。

(7)容器:深度大于 250mm。

(8)其他:1000mL 的烧杯、玻璃搅棒、温度计、滤纸、搪瓷盘、毛刷等。

3. 试验方法和步骤

(1)标准亚甲蓝溶液(10.0g/L±0.1g/L)配制

首先检测亚甲蓝粉末的含水率 w。称取 5g 左右的亚甲蓝粉末,记录质量 m_h,精确至 0.01g,在 100℃±5℃ 的温度下烘干至恒重,在干燥器中冷却,然后称量,记录质量 m_g,精确至 0.01g,按式(1-5-8)计算亚甲蓝粉末的含水率 w。

$$w(\%) = \frac{m_h - m_g}{m_g} \times 100 \tag{1-5-8}$$

式中:m_h——亚甲蓝粉末的质量(g);

m_g——干燥后亚甲蓝粉末的质量(g)。

称取亚甲蓝粉末(图 1-5-4)(100+w)(10g±0.01g)/100(即亚甲蓝试剂中不含水的干粉末质量 10g),精确至 0.01g。加热盛有 600mL 洁净水的烧杯,温度不超过 40℃,然后边搅动边加入称出的亚甲蓝中,持续搅动,直至亚甲蓝全部溶解(图 1-5-5)。将溶解亚甲蓝的溶液倒入 1L 的容量瓶中,用洁净的蒸馏水反复冲洗烧杯,以确保将溶解的亚甲蓝全部转移到容量瓶中,最后在室温条件下定容达到 1000mL。摇匀之后在避光条件下保存,可用时间不超过 28d。

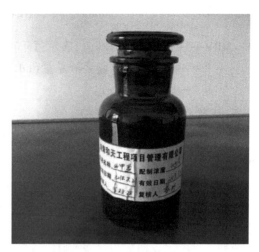

图1-5-4 亚甲蓝粉末　　　　　　　图1-5-5 亚甲蓝溶液

注:①亚甲蓝,常态下为粉末状。又称亚甲基蓝,被用作化学指示剂、染料、生物染色剂和药物使用。是一种解毒药,为深绿色、有铜光的柱状结晶或结晶性粉末。

②亚甲蓝的重要特性:膨胀性黏土矿物由于具有巨大比表面积,对亚甲蓝有很强的吸附作用。本试验应用此特性,由亚甲蓝是否被吸收,判定黏土矿物的存在,即细集料的洁净程度。

(2)制备砂样悬浊液

称取待测砂约400g,烘干后筛除大于2.36mm的颗粒待用,共准备两份。

称取砂样200g,精确至0.1g,倒入盛有500mL±5mL水的烧杯中,用转速600r/min的搅拌器搅拌约5mim,形成悬浊液后,用移液管准确加入5mL亚甲蓝溶液,然后保持400r/min±40r/min的转速持续搅拌到试验结束。

(3)亚甲蓝吸附量测定

取一张滤纸,放置在一个敞口的烧杯上,要求滤纸中心部位不得与任何其他物品接触。在悬浊液中加入亚甲蓝后搅拌1min起,开始在滤纸上进行第一次试验。用玻璃棒蘸取一滴悬浊液滴在滤纸上,使液滴在滤纸上形成一个环状,中间是带有集料的沉淀物,要求液滴的数量能够使沉淀物扩散出的直径为8~12mm。环状外围环绕一圈无色水环。如果沉淀物周围边缘放射出一个宽度约1mm的浅蓝色色晕时,试验结果判为阳性,其含义是待测样品中含有的膨胀性黏土矿物数量较少。

如果第一次加入5mL亚甲蓝没能使滤纸上的环状沉淀物周围出现浅蓝色色晕,则再向悬浊液中加入5mL亚甲蓝溶液,继续搅拌1min。用玻璃棒沾取一滴悬浊液滴于滤纸上,进行第二次色晕试验,若沉淀物周围出现稳定的浅蓝色色晕,则停止滴加亚甲蓝溶液,但继续搅拌悬浊液,每1min进行一次色晕试验。若形成的色晕在最初的4min内消失,再加入5mL亚甲蓝溶液;若色晕在第5min消失,再补加2mL亚甲蓝溶液,直至色晕可持续5min为止。

记录色晕持续5min时所加入的亚甲蓝溶液总体积,精确至1mL。

4.结果计算

细集料砂的亚甲蓝值MBV按式(1-5-9)计算,精确至0.1。

$$MBV = \frac{V}{m} \times 10 \tag{1-5-9}$$

式中：MBV——亚甲蓝值（g/kg），表示每千克 0～2.36mm 粒级试样所消耗的亚甲蓝克数；

V——加入的亚甲蓝溶液总量（mL）；

m——试样质量（g）。

5. 试验数据举例

进行细集料亚甲蓝试验，添加了 2 次亚甲蓝溶液，每次 5mL，沉淀物周围才出现了持续 5min 的色晕，计算亚甲蓝值 MBV。数据见表 1-5-4。

亚甲蓝试验数据记录　　　　　　　　　　表 1-5-4

试样的质量 m（g）	所加入的亚甲蓝溶液的总量（mL）			色晕试验		亚甲蓝值 MBV（g/kg）
	加入次数	加入的亚甲蓝溶液质量（mL）	总量（mL）	试验次数	试验结果	
200.0	1	5	10	1	无	0.5
	2	5		2	阳性	
	—	—		3	阳性	
	—	—		4	阳性	
				5	阳性	
				6	阳性	
				—	—	

1.5.5　细集料砂当量试验

本试验方法依据《公路工程集料试验规程》（JTG E42—2005）T 0334 编写。

CZ14-细集料的砂当量试验　　WK17-细集料的砂当量试验

DH7-细集料的砂当量试验

1. 试验目的

通过测定天然砂、人工砂，石屑等各种细集料中所含黏性土或杂质的含量，以评价细集料的洁净程度。

2. 主要试验仪器、用具与材料

（1）透明圆柱形试筒（图 1-5-6）：盛放试验过程中的砂试样。

（2）冲洗管：试验过程用来冲洗砂样，将其中的黏性土颗粒与砂颗粒分离开。

（3）透明玻璃或塑料桶：容积约 5L，盛放试验过程所需的冲洗液，有一根虹吸管放置桶中,桶底面高出工作台约1m。

(4)橡胶管(或塑料管):长约1.5m,内径约5mm,同冲洗管连在一起吸液用,配有金属夹,以控制冲洗液流量。

(5)配重活塞(图1-5-6):由底座(下面平坦、光滑、垂直杆轴)、套筒和配重组成。

(6)套筒:黄铜或不锈钢制,大小适合试筒并且引导活塞杆,能标记筒中活塞下沉的位置。套筒上有一个螺钉用以固定活塞杆,配重为1kg±5g。

(7)机械振荡器(图1-5-7):可以使试筒产生横向的直线运动振荡,振幅203mm±1.0mm,频率180次/min±2次/min。

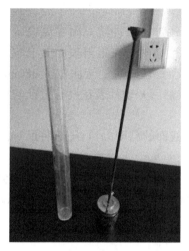

图1-5-6 透明圆柱形试筒和配重活塞

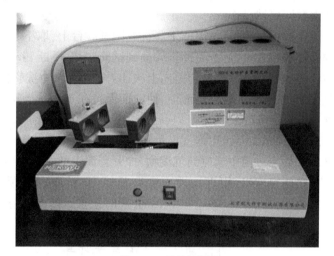

图1-5-7 机械振荡器

(8)天平:称量1kg,感量不大于0.1g。

(9)化学试剂:无水氯化钙、丙三醇(甘油)、甲醛,均为分析纯。

(10)其他:烘箱、秒表、4.75mm标准筛、温度计、广口漏斗、钢板直尺、量筒、烧杯、塑料桶、刷子、盘子、刮刀、勺子等。

3.试验方法和步骤

(1)试样准备

取待测砂样不少于1000g,充分分散,筛除大于4.75mm的颗粒。测定砂样含水率,根据含水率称取干燥砂样为120g时的含水砂样质量,计算公式为:

$$m_1 = \frac{120 \times (100 + w)}{100} \tag{1-5-10}$$

式中:w——砂样的含水率(%);

m_1——待测砂样质量(g)。

(2)配制冲洗液

每升冲洗液中所需各种试剂的数量为:氯化钙2.79g、甘油12.12g、甲醛0.34g。根据试验次数的多少,配制所需冲洗液数量,但一次不得少于2L。

配制5L冲洗液做法为:先称取所需氯化钙14.0g,放入烧杯中,加洁净水30mL,充分溶解,需要时滤去不溶解的杂质。随后加入60.6g甘油,再加入1.7g甲醛,充分搅拌后倒入1L

量筒中,并用少量水清洗冲洗配制洗液的容器;最后定容至 1L。

将配制好的冲洗液转移至塑料桶中,随后再加入 4L 清净水使总体积量达到 5L。该溶液可在 2 周内使用,超过 2 周则应废弃。

(3)试验步骤

用冲洗管将冲洗液加入试筒中至 80~100mm 刻度处,把准备好的砂样(相当于 120g 干砂样)用漏斗仔细倒入试筒中,用拍打方式排除气泡,放置 10min。

10min 后,用橡胶塞堵住试筒,横向固定在专用振荡机上。开动机械振荡器,在 30s±1s 的时间内振荡 90 次。也可采用手动方式,但注意手动时要横向振荡而非大幅度晃动,振荡时间和次数同机械操作。

完成振荡后,将试筒取下竖直放回试验台上,取下橡胶塞,用冲洗液冲洗黏附在试筒壁上的砂样颗粒,然后迅速将冲洗管插到试筒底部,不断转动冲洗管,使附着在集料表面的土粒杂质浮游上来。随后缓慢匀速向上拔出冲洗管,当冲洗管抽出液面,且试筒中液面位于 380mm 刻度线时,切断冲洗管的液流,使液面保持在 380mm 刻度线处,然后开动秒表在没有扰动的情况下静置 20min±15s。

静置 20min 后,用钢直尺量取从试筒底部到絮状凝结物上液面的高度(h_1);随后将配重活塞缓缓插入试筒中至碰到沉淀物,拧紧套筒上的固定螺钉。

将活塞取出,用直尺插入套筒开口中,量取套筒顶面至活塞底面的高度(h_2),精确至 1mm,同时记录试筒内的温度,精确至 1℃。砂当量读数示意图如图 1-5-8 所示。

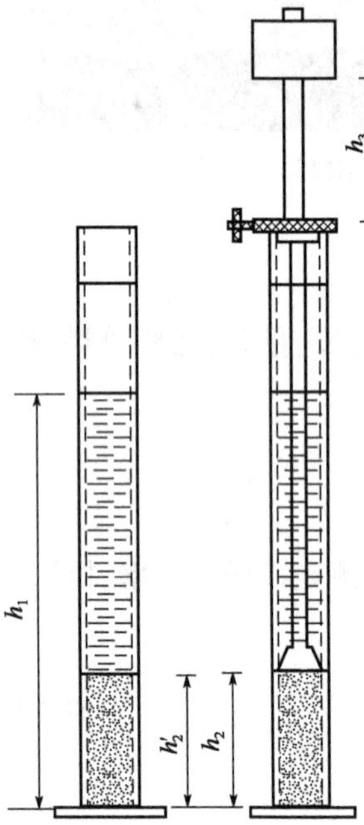

4. 结果计算

试样的砂当量值按式(1-5-11)计算。

$$SE = \frac{h_2}{h_1} \times 100 \tag{1-5-11}$$

式中:SE——试样的砂当量(%);

h_2——试筒中用活塞测定的集料沉淀物的高度(mm);

h_1——试筒中絮凝物和沉淀物的总高度(mm)。

图 1-5-8 砂当量读数示意图

5. 说明与注意问题

(1)砂当量越大,说明砂中小于 0.075mm 的颗粒中黏性土所占的数量越少,对应砂的洁净度越高,则砂的品质越好。

(2)砂中含泥量(筛洗法)试验、砂当量试验和亚甲蓝试验都是针对砂洁净度的评价方法,不同方法各有特点。其中筛洗法简便易操作,但会将不属于泥的矿物细粉一并冲洗掉,将其当作泥来对待;砂当量法也有这样的问题存在,因为试验中被搅拌分离出形成悬浊液的颗粒也有可能存在一定的石粉;而亚甲蓝法可以排除石粉对试验结果的影响,所以能够更加准确地评价砂样中黏性土存在的状况。

6. 试验数据举例

表 1-5-5 为一组细集料砂当量试验数据。

砂当量试验数据记录 表1-5-5

序号	干燥试样120g时的潮湿试样质量 m_1 (g)	试筒中絮凝物和沉淀物总高度 h_1 (mm)	试筒中用活塞测定的集料沉淀的高度 h_2 (mm)	试筒内温度 (℃)	砂当量SE (%)	平均值 (%)
1	123.6	117	99	20.5	85	84
2	123.6	119	100	20.3	84	

本章小结

砂石材料是公路工程建设中用量最大的材料,包括各种石料制品(岩石)和集料。石料制品主要用于砌筑基础、挡土墙、护坡等构造物,集料则主要用于配制水泥混凝土、沥青混合料、砂浆、无机结合料稳定材料等。

岩石的主要力学指标是其在饱水状态下的单轴抗压强度;岩石的物理性质主要包括物理常数(密度、毛体积密度和孔隙率)和吸水性;在严寒(或寒冷)地区,岩石还应具有良好的抗冻性。

集料是指在混合料中起骨架和填充作用的粒料。集料的物理常数主要有表观密度、毛体积密度、堆积密度和空隙率等。粗集料的力学指标主要包括压碎值和洛杉矶磨耗率,用于表面层的粗集料为保证路面的抗滑性,还需要考虑其磨光值。

级配是集料最重要的物理性质,良好的级配可使集料获得密实的结构,级配对水泥混凝土及沥青混合料的强度、耐久性及施工和易性均有着显著的影响。矿质混合料组成设计的目的就是确保混合料必须满足一定的级配要求。矿质混合料组成设计方法主要包括试算法和电算法。

集料的密度试验、粗集料的强度试验(压碎值试验等)、细集料的洁净程度试验(亚甲蓝试验和砂当量试验等)都是与集料有关的重要试验。

习题

一、判断题(判断正误)

1. 级配良好的集料,要求其密实度最大且总表面积较小。 （　　）
2. 为保证路面的抗滑性,粗集料的磨光值不宜太大。 （　　）
3. 砂的细度模数越大,砂颗粒就越细。 （　　）
4. 一般来说,石料在进行强度试验时,其饱水状态下的强度总是小于干燥状态下的强度。
 （　　）

5. 相同细度模数的砂,其颗粒级配必然相同。（   ）
6. 磨耗率小的集料抗磨耗能力差。（   ）
7. 对某一颗粒,找出一个相对平整且面积较大的面作为基准面(即底面),然后用游标卡尺测出该面的最长尺寸l,再测量该集料底面到颗粒的最低点记为t。将$l/t\geq3$的颗粒判定为针片状颗粒。（   ）
8. 当采用烘干法测定细集料的含水率时,为了缩短烘干时间,可以提高烘干温度,这对试验结果不会有影响。（   ）
9. 集料的吸水率就是含水率。（   ）
10. 相比连续级配,间断级配容易离析。（   ）

二、单选题（每道小题四个选项,只有一个正确选项）

1. 岩石通常采用(   )状态下的立方体(或圆柱体)试件的抗压强度来评定其强度。
   A. 饱水   B. 干燥   C. 自然风干   D. 饱和面干
2. 粗集料抵抗冲击、剪切和摩擦等综合作用的性能称为(   )。
   A. 抗压强度   B. 抗磨光性   C. 坚固性   D. 磨耗值
3. 下列不属于粗集料的是(   )。
   A. 钢渣   B. 碎石   C. 卵石   D. 石屑
4. 集料的磨光值越大,说明其越(   )。
   A. 不易磨光   B. 易磨光   C. 强度高   D. 强度低
5. 下列(   )指标不属于集料的级配参数。
   A. 分计筛余百分率   B. 累计筛余百分率
   C. 通过百分率   D. 细度模数
6. 用于高速公路沥青路面表面层的粗集料,除满足沥青混合料粗集料要求的一般技术性质外,还应满足的指标是(   )。
   A. 冲击值   B. 磨光值   C. 磨耗损失率   D. 压碎值
7. 在沥青混合料中,细集料是指粒径小于(   )mm的天然砂、人工砂、石屑等。
   A. 4.75   B. 2.36   C. 5   D. 2.5
8. 在水泥混凝土中,粗、细集料的划分界线是(   )。
   A. 4.75mm   B. 2.36mm   C. 1.18mm   D. 0.6mm
9. 粗集料的压碎值试验结果较小,说明该粗集料有(   )。
   A. 较好的耐磨性   B. 较差的耐磨性   C. 较高的强度   D. 较低的强度
10. 为保证沥青混合料中沥青与集料的黏附性,在选用石料时应优先选用(   )集料。
    A. 酸性   B. 碱性   C. 中性   D. 无要求
11. 细集料筛分试验的目的是确定砂样的(   )。
    A. 强度   B. 空隙率   C. 含泥量   D. 级配和细度模数
12. 在细集料筛分试验中,所有各筛的分计筛余量和底盘中剩余量的总质量与筛分前的试样总量,相差不得超过后者的(   )。
    A. 0.3%   B. 0.5%   C. 1%   D. 2%

13. 细集料筛分试验中,两次试验所得的细度模数之差大于( ),应重新进行试验。
    A.0.1   B.0.2   C.0.3   D.0.5
14. 级配是集料大小颗粒的搭配情况,它是影响集料( )的重要指标。
    A.化学性质   B.压碎值   C.洁净程度   D.空隙率
15. 粗集料表观密度试验中,将试样浸水24h,是为了消除( )的影响。
    A.空隙   B.杂质   C.开口孔隙   D.闭口孔隙
16. 粗集料的堆积密度、表观密度、毛体积密度的大小顺序为( )。
    A.毛体积密度>表观密度>堆积密度   B.堆积密度>毛体积密度>表观密度
    C.堆积密度>表观密度>毛体积密度   D.表观密度>毛体积密度>堆积密度
17. 现称量500g砂样进行筛分试验,应要求所有各筛的分计筛余质量和筛底的总质量与500g砂样之差不得超过( )g,否则应重新进行试验。
    A.0.5   B.1   C.2   D.5
18. 用游标卡尺测量颗粒最大长度方向与最大厚度方向的尺寸之比,大于( )的颗粒为针片状颗粒。
    A.2   B.3   C.4   D.5
19. 用网篮法测定粗集料密度,三个质量的称量顺序依次为( )。
    A.烘干质量、水中质量、表干质量   B.水中质量、表干质量、烘干质量
    C.表干质量、烘干质量、水中质量   D.水中质量、烘干质量、表干质量

三、多选题(每道小题四个选项,有两个或两个以上为正确选项)

1. 集料的堆积密度是指单位堆积体积集料的质量,堆积体积包括( )。
    A.集料矿质实体体积   B.集料颗粒的闭口孔隙体积
    C.集料颗粒的开口孔隙体积   D.集料颗粒间空隙体积
2. 集料的表观密度是指单位表观体积集料的质量,表观体积包括( )。
    A.矿质实体体积   B.开口孔隙体积
    C.闭口孔隙体积   D.集料颗粒间空隙体积
3. 要全面表征砂的颗粒性质,必须同时使用的两个指标是( )。
    A.级配   B.压碎值   C.空隙率   D.细度模数
4. 细集料的表观密度试验需要测定以下( )数据。
    A.烘干后试样的质量   B.水和容量瓶的总质量
    C.试样、水和容量瓶的总质量   D.水的试验温度
5. 表征集料的级配参数有( )。
    A.分计筛余百分率   B.累计筛余百分率
    C.通过百分率   D.细度模数

四、综合题(每道小题共四个选项,有一个或一个以上的正确答案)

1. 某水泥混凝土用天然河砂,取试样500g进行筛分试验,各号筛上的筛余质量见下表,请完成相关回答。

筛孔尺寸(mm)	9.5	4.75	2.36	1.18	0.6	0.3	0.15	底盘
筛余质量(g)	0	16	61	95	112	124	80	12

(1)细集料筛分后,所有各筛的分计筛余量加上底盘中剩余量,其总量应该在下面( )数值范围,试验数据才有效。

  A.500g   B.495~500g   C.500~505g   D.495~505g

(2)根据试验结果,1.18mm 筛孔的分计筛余百分率为( )。

  A.3.2%   B.12.2%   C.19.0%   D.34.4%

(3)根据试验结果,0.3mm 筛孔的通过百分率为( )。

  A.84.6%   B.18.4%   C.2.4%   D.34.4%

(4)该砂的细度模数为( )。

  A.2.79   B.2.79%   C.3.21   D.3.21%

(5)细集料筛分试验采用干筛法时,需要用到下列( )仪器。

  A.标准筛   B.电子天平   C.烘箱   D.摇筛机

2.进行粗集料压碎值单次试验,取样约为3000g,金属筒标定质量为2685g。将试样装入试筒后,按照规定压力承压后,采用2.36mm筛网过筛,筛下质量为368g。请根据以上条件完成以下问题。

(1)压碎值试验,其试样粒径范围为( )。

  A.9.5~13.2mm   B.9.5~16mm   C.13.2~16mm   D.13.2~19mm

(2)每次试验的石料数量应满足夯击后石料在试筒内的深度为( )mm。

  A.25~28   B.50~56   C.100   D.125

(3)试样分( )次装入试模中,每次将试样表面整平后,用金属棒从石料表面均匀捣实( )次。

  A.3,20   B.2,25   C.3,25   D.2,20

(4)该次试验的压碎值为( )。

  A.12.3%   B.13.7%   C.87.7%   D.86.3%

(5)关于粗集料压碎值试验,下列( )说法是不正确的。

  A.需要用到下列标准筛:筛孔尺寸13.2mm、4.75mm、2.36mm 方孔筛各一个

  B.将3000g试样分3次均匀装入试模中,每次均将试样表面整平,用金属棒的半球面端从石料表面上均匀捣实25次

  C.开动压力机,均匀地施加荷载,在10min左右的时间内达到总荷载200kN,稳压10s,然后卸荷

  D.以3个试样平行试验结果的算术平均值作为压碎值的测定值

模块2 MODULE TWO
水泥及其他无机结合料

学习目标：
1. 了解水泥的生产工艺、熟料的矿物组成及凝结硬化过程；
2. 熟悉水泥的腐蚀类型和防治措施；
3. 掌握水泥的技术性质及技术标准要求；
4. 熟悉常用水泥品种的特性及其适用范围；
5. 了解石灰的生产工艺、消化和硬化过程；
6. 掌握石灰的技术性质及其应用，熟悉其技术标准要求；
7. 熟悉粉煤灰的种类、主要的技术性质以及掺入混凝土的作用；
8. 掌握水泥标准稠度用水量、凝结时间、安定性试验方法和水泥胶砂强度试验方法（ISO法），熟悉水泥细度试验（负压筛析法）和水泥比表面积试验（勃氏法）。

2.1 水泥

想一想

土木工程中，人们常说"人造石头"，水泥混凝土就是一种常见的人造石头，即采用水泥作为结合料，将松散的集料黏结成一个整体。那么，水泥是怎么生产的？水泥是什么颜色和形状？受潮的水泥，其质量明显下降，为什么？水泥用在工程中，有哪些具体技术要求呢？图2-1-1 水泥包装袋上，P·O 42.5是什么意思？

图2-1-1 袋装水泥

在土木工程中,凡是经过一系列物理、化学作用,能将散粒材料或块状材料黏结成一个整体的材料称为胶凝材料。按其化学成分的不同,胶凝材料分为有机和无机两大类。有机胶凝材料主要有沥青、树脂等;无机胶凝材料按照硬化条件分为气硬性胶凝材料和水硬性胶凝材料。气硬性胶凝材料只能在空气中凝结、硬化并保持和增长强度,如石灰、石膏、菱苦土和水玻璃等。水硬性胶凝材料不仅能在空气中凝结和硬化,而且能在水中继续保持和增长强度,如各种水泥等。

WK18-水泥概述

水泥是土木工程中应用最广的无机胶凝材料。采用水泥与砂石材料拌和而成的混凝土,由于在组成上可进行针对性的调整和改变,能够表现出不同的性能和特点,适应和满足各种工程的实际需要,成为土木工程领域中最为重要的工程材料。

2.1.1 常用水泥品种

水泥品种有很多,用于路桥工程中的主要为通用硅酸盐水泥,它是以硅酸盐水泥熟料、适量的石膏及规定的混合材料制成。按混合材料的品种和掺量不同,常用的有以下六个品种。

1. 硅酸盐水泥

硅酸盐水泥是指在硅酸盐水泥熟料中掺入0~5%的石灰石或粒化高炉矿渣、适量石膏磨细制成的水硬性胶凝材料。其中不掺混合材料的称Ⅰ型硅酸盐水泥,代号P·Ⅰ;掺加不超过水泥质量5%的石灰石或粒化高炉矿渣的称Ⅱ型硅酸盐水泥,代号P·Ⅱ。

2. 普通硅酸盐水泥

普通硅酸盐水泥是指在硅酸盐水泥熟料中掺入6%~20%的活性混合材料、适量石膏磨细制成的水硬性胶凝材料,简称普通水泥,代号P·O。其中活性混合材料允许采用0~5%的石灰石代替。

3. 矿渣硅酸盐水泥

矿渣硅酸盐水泥是指在硅酸盐水泥熟料中掺入粒化高炉矿渣、适量石膏磨细制成的水硬性胶凝材料,简称矿渣水泥。矿渣水泥分两种类型,一种掺加>20%且≤50%的粒化高炉矿渣,代号为P·S·A;另一种掺加>50%且≤70%的粒化高炉矿渣,代号为P·S·B。均允许用不超过水泥质量8%的其他活性混合材料、非活性混合材料或窑灰中的任一种材料代替矿渣。

4. 火山灰质硅酸盐水泥

火山灰质硅酸盐水泥是指在硅酸盐水泥熟料中掺入>20%且≤40%的火山灰质混合材料、适量石膏磨细制成的水硬性胶凝材料,简称火山灰水泥,代号P·P。

5. 粉煤灰硅酸盐水泥

粉煤灰硅酸盐水泥是指在硅酸盐水泥熟料中掺入>20%且≤40%的粉煤灰、适量石膏磨细制成的水硬性胶凝材料,简称粉煤灰水泥,代号P·F。

6. 复合硅酸盐水泥

复合硅酸盐水泥是指在硅酸盐水泥熟料中掺入两种或两种以上的活性或非活性混合材

料、适量石膏磨细制成的水硬性胶凝材料,其中混合材料掺加量＞20%且≤50%,允许用不超过水泥质量8%的窑灰代替,简称复合水泥,代号P·C。掺矿渣时混合材料掺量不得与矿渣硅酸盐水泥重复。

2.1.2 通用硅酸盐水泥的生产工艺

通用硅酸盐水泥原料主要有三部分:石灰质原料、黏土质原料和校正原料。石灰质原料指石灰石、白垩、凝灰岩等,主要提供水泥生产中所需的 CaO;黏土质原料指黄土、黏土、页岩、泥岩、粉砂岩及河泥等,主要提供 SiO_2、Al_2O_3 和少量 Fe_2O_3;为了补充黏土中铁质含量的不足,有时还要加入铁质校正原料,如铁矿石等,其主要成分为 Fe_2O_3。

通用硅酸盐水泥的生产分为三个阶段。

1. 生料制备与磨细

将石灰质原料、黏土质原料及少量校正原料破碎后,按一定比例配合、磨细,并调配成成分合适、质量均匀的生料粉。

2. 熟料煅烧

将生料在水泥窑内经1450℃高温煅烧至部分熔融,得到以硅酸钙为主要成分的硅酸盐水泥熟料。

3. 水泥粉磨

水泥熟料冷却后,与适量石膏和规定的混合材料共同磨细,即得到各种通用硅酸盐水泥。通用硅酸盐水泥的生产工艺概括起来就是"两磨一烧",如图 2-1-2 所示。

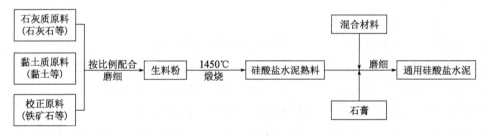

图 2-1-2　水泥生产工艺流程图

2.1.3 通用硅酸盐水泥的组成材料

1. 硅酸盐水泥熟料

硅酸盐系列水泥生料在煅烧过程中,各种原料脱水并分解出 CaO、SiO_2、Al_2O_3、Fe_2O_3。在更高的温度下这些氧化物相互反应,形成硅酸盐水泥熟料中的主要矿物成分:硅酸三钙、硅酸二钙、铝酸三钙、铁铝酸四钙。此外,熟料中还含有少量的游离氧化钙、游离氧化镁以及杂质。游离氧化钙和游离氧化镁是水泥中的有害成分,会在硬化的水泥石内部造成局部膨胀导致开裂。

熟料矿物经过磨细之后均能与水发生化学反应,表现出较强的水硬性。硅酸盐水泥熟料的主要矿物组成及其特性见表 2-1-1。

硅酸盐水泥熟料主要矿物组成及其特性 表 2-1-1

矿物名称	化学式	代号	含量(%)	主要特性				
				水化速度	水化热	强度	干缩性	抗侵蚀性
硅酸三钙	$3CaO \cdot SiO_2$	C_3S	37~60	快	大	高	中	中
硅酸二钙	$2CaO \cdot SiO_2$	C_2S	15~37	慢	小	早期低，后期高	中	好
铝酸三钙	$3CaO \cdot Al_2O_3$	C_3A	7~15	最快	最大	低	最大	差
铁铝酸四钙	$4CaO \cdot Al_2O_3 \cdot Fe_2O_3$	C_4AF	10~18	较快	中	低	最小	最好

水泥由各种矿物成分组成，不同的矿物组成有不同的特性，改变生料配料及各种矿物组成的含量比例，可以生产出各种性能的水泥。

2. 石膏

在水泥熟料中加入3%左右的石膏可用来调节水泥的凝结速度，使水泥水化速度的快慢适应实际使用的需要。因此，石膏是水泥组成中必不可少的缓凝剂。但石膏的用量必须严格控制，否则过量的石膏必会造成水泥在水化过程中体积上的不安定现象。

3. 混合材料

为了改善水泥的性能，调节水泥强度等级，提高水泥的产量，扩大水泥品种，降低成本，在生产水泥时加入的矿物质材料，称为混合材料。混合材料主要分为两大类：活性混合材料和非活性混合材料。

（1）活性混合材料

将活性混合材料磨成细粉与水泥或石灰（或石灰和石膏）拌和在一起，加水后在常温下，生成的具有胶凝性的水化产物，既能在潮湿的空气中硬化，也能在水中硬化的混合材料，称为活性混合材料。这类混合材料有粒化高炉矿渣、火山灰质混合材料和粉煤灰等。

粒化高炉矿渣是将炼铁高炉的熔融矿渣，经急速冷却而得到的疏松、多孔颗粒。其主要化学成分是 CaO、SiO_2、Al_2O_3，另外有少量的 MgO、Fe_2O_3 和一些硫化物。粒化高炉矿渣磨成细粉后，其中的活性氧化硅（SiO_2）和活性氧化铝（Al_2O_3）可以与 $Ca(OH)_2$ 化合，生成具有胶凝性的水化产物。

火山灰质混合材料是指天然的或人工的以 SiO_2 和 Al_2O_3 为主要成分的矿物质原料，如火山灰、凝灰岩、硅藻石、烧黏土、煤渣、煤矸石等。

粉煤灰是火力发电厂以煤为燃料发电，煤粉燃烧后，从烟气中收集下来的灰渣，又称飞灰。粉煤灰通常呈灰白色或黑色，以 SiO_2 和 Al_2O_3 为主要成分，含有少量的 CaO。

（2）非活性混合材料

非活性混合材料掺入水泥中，主要起填充作用，可以提高水泥的产量、降低水化热、降低强度等级，对水泥其他性能影响不大。常用的非活性混合材料有不符合要求的粒化高炉矿渣、火山灰质混合材料、粉煤灰、石灰石和砂岩，其中石灰石中的 Al_2O_3 含量应不大于2.5%。

2.1.4 硅酸盐水泥的凝结硬化

水泥与水拌和后,颗粒表面的熟料矿物开始溶解并与水发生化学反应,生成一系列的水化产物,并放出一定的热量。经过充分水化、硬化后形成水泥石,其中水化硅酸钙(C-S-H)凝胶约占70%,$Ca(OH)_2$晶体约占20%,水化硫铝酸钙晶体(包括高硫型和单硫型)约占7%,未水化的熟料残余物和其他组分大约占3%。

水泥的水化与凝结硬化是一个连续的过程。在水泥加水后,未水化的水泥颗粒分散在水中,形成水泥浆,如图2-1-3a)所示。水泥颗粒与水接触后立即发生水化反应,使水泥颗粒表面覆盖一层以水化硅酸钙(C-S-H)凝胶为主的膜层,水化反应变得缓慢,如图2-1-3b)所示。随着时间的推移,附着于水泥颗粒的水化物逐渐增多,大量的C-S-H凝胶及其他水化晶体不断填充空隙,结构渐趋密实,使水泥浆逐渐失去塑性产生凝结,如图2-1-3c)所示。水泥继续水化,水化物进一步填充孔隙,水泥浆体逐渐产生强度,进入硬化阶段,如图2-1-3d)所示。

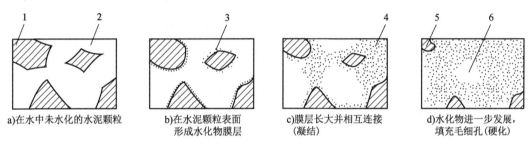

图2-1-3 水泥凝结硬化过程示意图
1-水泥颗粒;2-水分;3-凝胶;4-晶体;5-水泥颗粒的未水化内核;6-毛细孔

2.1.5 水泥石的腐蚀与防止

1. 水泥石的腐蚀

水泥硬化后,在正常环境条件下,可以有较好的耐久性。但在某些腐蚀性介质的长期作用下,水泥石将会发生一系列的物理、化学变化,使水泥石的结构遭到破坏,强度逐渐降低,甚至全部溃裂破坏,这种现象称为水泥石的腐蚀。水泥石被腐蚀的类型有:

(1)溶析性侵蚀(软水腐蚀)

溶析性侵蚀,又称软水腐蚀,是指硬化水泥石中的水化物被软水溶解而带走,从而造成混凝土孔隙率增大、强度降低的一种侵蚀现象。

在软水(如雨水、雪水及许多河水和湖水等钙离子浓度很低的水)中,水泥石中的$Ca(OH)_2$会被不断溶解。在静水无压的情况下,水中的$Ca(OH)_2$很快达到饱和浓度,使溶出作用停止。但在流动水中,特别是有水压作用时,$Ca(OH)_2$就会不断被流水带走;同时,水泥石中$Ca(OH)_2$的浓度降低,还会导致水化硅酸钙和水化铝酸钙的不断分解,最终可能导致整个结构物的破坏。

(2)硫酸盐的侵蚀

当水泥混凝土结构物位于海水、沼泽水、工业污水中时,常会受到其中易溶硫酸盐的侵蚀。

硫酸盐会与水泥石中的 $Ca(OH)_2$ 作用形成硫酸钙,在孔隙中结晶且体积膨胀,并能再与水泥石中的水化铝酸钙反应生成钙矾石,体积增大 1.5 倍,使水泥石内产生很大的结晶压力,造成膨胀开裂以致破坏。

(3) 镁盐侵蚀

在海水或地下水中,常含有较多的镁盐,主要是氯化镁、硫酸镁。它们与水泥石中的氢氧化钙发生反应。

$$MgCl_2 + Ca(OH)_2 \longrightarrow CaCl_2 + Mg(OH)_2$$

$$MgSO_4 + Ca(OH)_2 + 2H_2O \longrightarrow CaSO_4 \cdot 2H_2O + Mg(OH)_2$$

生成的氢氧化镁松软而无胶凝能力,氯化钙易溶于水,二水石膏则引起硫酸盐的破坏作用。因此,硫酸镁对水泥石起着镁盐和硫酸盐的双重腐蚀作用。

(4) 碳酸侵蚀

在某些工业废水、地下水和沼泽水中,常溶解有 CO_2 及其盐类,它们会与水泥石中的 $Ca(OH)_2$ 发生化学反应。

$$CO_2 + H_2O + Ca(OH)_2 \longrightarrow CaCO_3 + 2H_2O$$

当水中的 CO_2 含量较低时,由于 $CaCO_3$ 沉淀到水泥石表面的孔隙中而使腐蚀停止;当水中的 CO_2 含量较高时,上述反应还会继续进行。

$$CaCO_3 + CO_2 + H_2O \longrightarrow Ca(HCO_3)_2$$

生成的碳酸氢钙易溶于水,造成水泥石密实度下降,强度降低,甚至结构破坏。

2. 防止腐蚀的措施

水泥石的腐蚀是一个极为复杂的过程,往往是几种腐蚀共同作用的结果。引起水泥石腐蚀的主要内因是水泥石中含有易被腐蚀的成分,即氢氧化钙和水化铝酸钙;另一方面,水泥石本身不密实,导致腐蚀介质容易侵入。为防止或减轻水泥石的腐蚀,通常可采取以下措施。

(1) 根据腐蚀环境特点,合理选用水泥品种

对可能接触腐蚀介质的混凝土,选用水化物中 $Ca(OH)_2$ 含量少的水泥,以降低氢氧化钙溶失对水泥石的危害;选用 C_3A 含量低的水泥,降低硫酸盐类的腐蚀作用。

(2) 提高水泥石的密实度

通过改善施工工艺、降低水胶比、掺加外加剂等方式,提高水泥的密实度,增强其抗腐蚀性能。

(3) 表面敷设保护层

当腐蚀作用较强时,可在水泥混凝土表面敷设一层耐腐蚀性强且不透水的保护层(通常可采用耐酸石料、耐酸陶瓷、玻璃、塑料或沥青等),以杜绝或减少腐蚀介质渗入水泥石内部。

WK19-水泥的基本性质

2.1.6 通用硅酸盐水泥的技术性质

1. 化学指标

水泥的化学指标主要用来控制水泥中有害的化学成分,要求其不超过一定的限值,否则可能对水泥的性能和质量带来损害。

（1）氧化镁含量

在水泥熟料中，常含有少量未与其他矿物结合的游离氧化镁。它是高温时形成的方镁石结晶，其水化速度很慢，通常要经历几个月甚至几年才明显水化，生成的氢氧化镁体积膨胀，导致水泥石结构产生开裂。因此，氧化镁是引起水泥安定性不良的原因之一。

（2）三氧化硫

水泥中的三氧化硫主要来自水泥生产过程中掺入的石膏，或者是煅烧水泥熟料时加入的石膏矿化剂。如果石膏掺量超出一定限度，在水泥硬化后，它会继续水化并产生膨胀，导致结构物破坏。因此，三氧化硫也是引起水泥安定性不良的原因之一。

（3）烧失量

水泥煅烧不佳或受潮后，均会导致烧失量增加。烧失量测定是以水泥试样在 950℃ ± 25℃ 下灼烧 15～20min，冷却至室温称量，如此反复灼烧，直至恒重，计算灼烧前后质量损失百分率。

CZ15-水泥的烧失量

（4）不溶物

将水泥试样先以盐酸溶液处理，滤出不溶残渣后再以氢氧化钠溶液处理，以盐酸中和、过滤后，残渣经灼烧后称量。灼烧后不溶物质量占试样总质量的百分率即为不溶物。不溶物越多，水泥活性越低。

（5）氯离子

水泥中的氯离子含量过高，主要原因是掺加了混合材料和外加剂（如工业废渣、助磨剂等）。氯离子会侵蚀混凝土中的钢筋导致锈蚀。

（6）碱含量

水泥熟料中含有少量碱性氧化物（Na_2O 及 K_2O），如果采用含有活性二氧化硅（SiO_2）或活性碳酸盐成分的集料配制混凝土，水泥中的碱性氧化物会与集料中活性 SiO_2 或活性碳酸盐发生化学反应，称"碱-集料反应"。其生成物附着在集料与水泥石的界面上，且遇水膨胀，引起水泥石胀裂，导致黏结强度降低，破坏混凝土结构。

2. 物理指标

（1）细度

细度表示水泥颗粒的粗细程度，直接影响水泥的活性和强度。水泥颗粒细，与水反应的表面积大，水化速度快，早期强度高，但硬化时收缩较大，且粉磨时能耗大，成本高；但颗粒过粗，又不利于水泥活性的发挥，且强度低。因此，水泥细度应控制在合理范围内。水泥细度的表示方法有以下两种。

①筛析法。

以 45μm 方孔筛上的筛余量百分率表示。《公路工程水泥及水泥混凝土试验规程》（JTG 3420—2020）规定，筛析法有负压筛法和水筛法两种，有争议时，以负压筛法为准。

②比表面积法（勃氏法）。

比表面积是指 1kg 的水泥所具有的总表面积（m^2/kg），采用比表面积法（勃氏法）测定。比表面积越大，水泥细度越细。比表面积法比筛析法更能精准地反映水泥的细度差别。

水泥细度试验检测过程中，硅酸盐水泥细度以比表面积表示。普通硅酸

DH8-勃氏法

盐水泥、矿渣硅酸盐水泥、粉煤灰硅酸盐水泥、火山灰质硅酸盐水泥、复合硅酸盐水泥以 45μm 方孔筛筛余表示。

(2) 标准稠度用水量

在测定水泥的凝结时间和安定性时，为使测试结果具有可比性，必须采用标准稠度的水泥净浆进行测定。标准稠度用水量是指水泥净浆达到规定稠度时的加水量，以水占水泥质量的百分率表示。

DH9-水泥标准稠度

《公路工程水泥及水泥混凝土试验规程》(JTG 3420—2020) 规定，采用标准法测定时，以试杆沉入净浆并距底板 6mm±1mm 的水泥净浆为标准稠度净浆，如图 2-1-4 所示。

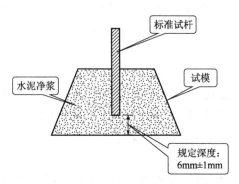

图 2-1-4　水泥标准稠度试验原理图

(3) 凝结时间

水泥的凝结时间分为初凝时间和终凝时间。初凝时间是由水泥全部加入水中至初凝状态所经历的时间；终凝时间是由水泥全部加入水中至终凝状态所经历的时间。《公路工程水泥及水泥混凝土试验规程》(JTG 3420—2020) 规定，从水泥加入拌和水中起，至试针沉入标准稠度的水泥净浆中，并距底板 4mm±1mm 时所经历的时间为初凝时间；从水泥加入拌和水中起至试针沉入水泥浆 0.5mm (即环形附件开始不能在水泥浆体上留下痕迹) 所经历的时间

DH10-水泥凝结时间

为终凝时间。

水泥的凝结时间在施工中有重要意义。为了使混凝土有足够的时间进行施工操作，如拌和、运输、浇筑和成型等，水泥的初凝时间不宜过短。而混凝土成型后，为了使水泥尽快硬化形成强度，以加快施工进度，水泥的终凝时间不宜太长。

(4) 体积安定性

体积安定性是指水泥在凝结硬化过程中体积变化的均匀性。如果在凝结硬化过程中，水泥石内部产生不均匀的体积变化，将会产生破坏应力，使结构物及构件产生裂缝、弯曲，甚至崩坍等现象，造成严重的工程事故。体积安定性不良的原因，一般是熟料中所含的游离氧化钙过多，也可能是熟料中所含的游离氧化镁含量过多或掺入的石膏过多。

《通用硅酸盐水泥》(GB 175—2023) 规定，用沸煮法和压蒸法检验水泥的体积安定性。沸煮法包括标准法 (雷氏夹法) 和代用法 (试饼法)，两者结论有矛盾时以雷氏夹法为准。

①雷氏夹法是将标准稠度的水泥净浆按规定的方法装入雷氏夹的环形试模中，经湿气养

护箱内养护24h后测定指针尖端距离 A[图2-1-5a)],接着放入沸煮箱内加热 30min±5min 至沸腾,继续恒沸 3h±5min。待试样冷却后再测定指针尖端距离 C[图2-1-5b)],当两个试件煮后增加距离($C-A$)平均值不大于5.0mm,即认为该水泥安定性合格。

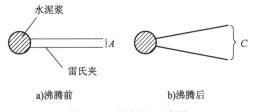

图 2-1-5 雷氏夹法示意图

DH11-雷氏夹法

②试饼法是将标准稠度的水泥净浆在玻璃板上做成直径 70~80mm、中心厚约 10mm 的试饼,在湿气养护箱内养护24h后,将试样脱去玻璃板放入沸煮箱中,在 30min±5min 内加热至沸腾,恒沸 3h±5min 后取出,待试样冷却后,若目测试饼未发现裂缝,用钢直尺检查也没有弯曲(使钢直尺和试饼底部紧靠,以两者间不透光为不弯曲),即为安定性合格。

3. 强度指标

水泥强度是评价水泥质量、确定水泥强度等级的重要指标,其主要取决于水泥熟料的矿物组成和水泥的细度,此外还与水灰比、试件制作方法、养护条件和时间等有关。

《公路工程水泥及水泥混凝土试验规程》(JTG 3420—2020)规定,水泥强度按《水泥胶砂强度检测方法》(ISO 法)进行测定。该法是将水泥和 ISO 标准砂按质量比 1:3、水灰比 0.5 拌制水泥胶砂,用标准方法制成 40mm×40mm×160mm 的小梁试件,脱模后将试件放入 20℃±1℃ 的水中养护至规定龄期(3d,28d),测定其抗折强度和抗压强度。

DH12-水泥胶砂强度

水泥按规定龄期的抗折强度和抗压强度划分其强度等级,根据《通用硅酸盐水泥》(GB 175—2023)规定:

硅酸盐水泥、普通硅酸盐水泥强度等级分为 42.5、42.5R、52.5、52.5R、62.5、62.5R 六个等级。

矿渣硅酸盐水泥、火山灰质硅酸盐水泥、粉煤灰硅酸盐水泥分为 32.5、32.5R、42.5、42.5R、52.5、52.5R 六个等级。

复合硅酸盐水泥分为 42.5、42.5R、52.5、52.5R 四个等级。

其中,R 型水泥为早强型,主要是 3d 强度较同强度等级水泥高,28d 强度要求一样。

2.1.7 通用硅酸盐水泥的技术要求

《通用硅酸盐水泥》(GB 175—2023)对各类通用型水泥提出了如下相关的技术要求。

1. 化学指标

(1)通用硅酸盐水泥化学指标应符合表 2-1-2 的规定。

WK20-水泥的技术要求

通用硅酸盐水泥化学指标要求　　　　　表 2-1-2

品种	代号	不溶物(%)	烧失量(%)	三氧化硫(%)	氧化镁(%)	氯离子(%)
硅酸盐水泥	P·Ⅰ	≤0.75	≤3.0	≤3.5	≤5.0①	≤0.06③
	P·Ⅱ	≤1.50	≤3.5			
普通硅酸盐水泥	P·O	—	≤5.0			
矿渣硅酸盐水泥	P·S·A	—	—	≤4.0	≤6.0②	
	P·S·B	—	—		—	
火山灰质硅酸盐水泥	P·P	—	—	≤3.5	≤6.0②	
粉煤灰硅酸盐水泥	P·F	—	—			
复合硅酸盐水泥	P·C	—	—			

注:①如果水泥压蒸试验合格,则水泥中氧化镁的含量允许放宽至6.0%。
　②如果水泥中氧化镁的含量大于6.0%,需进行水泥压蒸安定性试验并合格。
　③当降低要求时,该指标由买卖双方协商确定。

(2) 碱含量

水泥中的碱含量按 $Na_2O + 0.658K_2O$ 计算值表示。当买方要求提供低碱水泥时,由买卖双方协商确定。

2. 物理指标

(1) 凝结时间

硅酸盐水泥初凝时间应不小于45min,终凝时间应不大于390min;普通硅酸盐水泥、矿渣硅酸盐水泥、火山灰质硅酸盐水泥、粉煤灰硅酸盐水泥和复合硅酸盐水泥初凝时间应不小于45min,终凝时间应不大于600min。

(2) 安定性

沸煮法和压蒸法都要求合格。

(3) 强度

不同品种、不同强度等级的通用硅酸盐水泥,在不同龄期的强度应符合表 2-1-3 的规定。

通用硅酸盐水泥不同龄期强度要求值　　　　　表 2-1-3

强度等级	抗压强度(MPa)		抗折强度(MPa)	
	3d	28d	3d	28d
32.5	≥12.0	≥32.5	≥3.0	≥5.5
32.5R	≥17.0		≥4.0	
42.5	≥17.0	≥42.5	≥4.0	≥6.5
42.5R	≥22.0		≥4.5	

续上表

强度等级	抗压强度(MPa)		抗折强度(MPa)	
	3d	28d	3d	28d
52.5	≥22.0	≥52.5	≥4.5	≥7.0
52.5R	≥27.0		≥5.0	
62.5	≥27.0	≥62.5	≥5.0	≥8.0
62.5R	≥32.0		≥5.5	

(4) 细度

硅酸盐水泥细度以比表面积表示，应不小于 $300m^2/kg$，且不高于 $400m^2/kg$。普通硅酸盐水泥、矿渣硅酸盐水泥、火山灰质硅酸盐水泥、粉煤灰硅酸盐水泥、复合硅酸盐水泥的细度以 $45\mu m$ 方孔筛筛余表示，应不低于 5%。当买方有特殊要求时，由买卖双方协商确定。

3. 判定规则

通用硅酸盐水泥的技术要求除了上述指标外，还包括水泥中水溶性铬(Ⅵ)和放射性核素限量要求。通用硅酸盐水泥不符合组分和材料要求，或不符合任何一项技术要求为不合格品。

2.1.8 通用硅酸盐水泥的特性及适用范围

1. 硅酸盐水泥

硅酸盐水泥凝结硬化速度较快，抗冻性和耐磨性好，适用于早期强度要求高、冬季施工和严寒地区遭受反复冻融的工程及水泥混凝土路面工程中。由于硅酸盐水泥强度等级高，主要用于重要结构的高强度混凝土和预应力混凝土工程。

硅酸盐水泥石中有较多的氢氧化钙，抗软水腐蚀和抗化学腐蚀性较差，故硅酸盐水泥不宜用于经常与软水接触及有水压作用的工程，也不宜用于受海水、矿物水作用的工程。当受热温度为 100~250℃时，水泥石的强度将会有所提高；受热温度为 250~300℃时，水化物开始脱水，水泥浆体收缩，强度开始下降。故硅酸盐水泥不适用于耐热要求较高的工程，更不能用作耐热混凝土。

硅酸盐水泥在水化过程中水化释热量较大，对水泥混凝土生产工艺有着多方面的意义。水化热对冬季混凝土施工是有益的，它可以促进低温下水泥的水化过程；而在基础、坝体、桥墩等大体积混凝土构造物中，水化热是不利因素，由于水化热积聚在大体积混凝土内部不易散发，内外温差很大，所引起的应力可能会导致混凝土产生裂缝，因此水化热较大的硅酸盐水泥不宜用于大体积混凝土结构中。

2. 普通硅酸盐水泥

普通硅酸盐水泥由于掺加的混合材料较少，因此其性能与硅酸盐水泥基本相同。只是其强度等级、水化热、抗冻性、耐磨性等方面较硅酸盐水泥有所降低，耐腐蚀性、耐热性有所提高。

其适用范围与硅酸盐水泥大致相同。普通硅酸盐水泥是土木工程中应用非常广泛的水泥品种之一。

3. 大量掺混合材料的硅酸盐水泥

(1) 大量掺混合材料的硅酸盐水泥水化特点

大量掺混合材料的硅酸盐水泥的水化主要分两步进行,首先是水泥熟料的水化,即水化生成水化硅酸钙、氢氧化钙、水化铝酸钙、水化铁酸钙等。然后是活性混合材料开始水化,熟料矿物成分水化生成的氢氧化钙作为碱性激发剂,石膏作为硫酸盐激发剂,促使混合材料中的活性氧化硅和活性氧化铝的活性发挥,生成水化硅酸钙、水化铝酸钙和水化硫铝酸钙等一些水硬性物质。两次反应是交替进行而又相互制约的。

(2) 大量掺混合材料的硅酸盐水泥的性能及应用

矿渣硅酸盐水泥、火山灰质硅酸盐水泥、粉煤灰硅酸盐水泥、复合硅酸盐水泥因为都加入了大量的混合材料,所以其性能有很多共同点,主要表现在以下几个方面。

① 早期强度低,但后期强度较高。

由于水泥中熟料含量较少,早期水化产物相应减少,而混合材料的水化反应则需在熟料水化之后才开始进行,故早期强度较低,但后期强度发展能够达到同强度等级硅酸盐水泥的强度。这类水泥均不适合有早强要求的混凝土工程,若能采用蒸汽养护等湿热处理,则能加快硬化速度,并且不影响后期强度的增长。

② 抗腐蚀能力强。

在此类水泥水化后的水泥石中,易遭受腐蚀的成分相应减少,一方面是因为混合材料的二次水化反应消耗了易受腐蚀的 $Ca(OH)_2$,致使水泥石中的 $Ca(OH)_2$ 含量减少;另一方面是因为熟料含量少,水化铝酸钙的含量也减少。因此,这类水泥的抗腐蚀能力均比硅酸盐水泥和普通硅酸盐水泥强,可用于受软水腐蚀和硫酸盐腐蚀的混凝土工程中。

③ 水化热低。

由于在水泥中掺加大量的混合材料,熟料含量少,放热量高的矿物成分 C_3S 和 C_3A 的含量也相应减少,水化放热速度慢,放热量低,适宜用于大体积混凝土工程。

④ 抗冻性差。

与硅酸盐水泥相比,由于掺入了较多的混合材料,水泥需水量增加,水分蒸发后造成水泥石中毛细孔通道粗大和增多,对抗冻不利,不宜用于严寒地区,特别是严寒地区水位经常变动的部位。

大量掺混合材料的四种硅酸盐水泥除上述的共性外,由于掺加的混合材料的种类和数量不同,又有各自的一些特点。

① 矿渣硅酸盐水泥。

由于矿渣硅酸盐水泥硬化后 $Ca(OH)_2$ 含量低,而矿渣本身又有一定的耐高温性,所以矿渣水泥具有较好的耐热性,适宜用于高温环境。

粒化高炉矿渣为玻璃体,呈多棱角状,使得矿渣水泥达到标准稠度时需水量较大,且其保水能力较差,易产生泌水。这将在水泥石中形成众多的毛细孔通道或粗大孔隙,而且干缩性较大,如养护不当易产生裂纹。因此,矿渣硅酸盐水泥在干湿循环部位的抗冻性、抗渗性等均不及普通硅酸盐水泥。

②火山灰质硅酸盐水泥。

火山灰质硅酸盐水泥具有较好的抗渗性和耐水性,原因是火山灰颗粒较细,比表面积大,可使水泥石结构密实,又因在水化过程中产生较多的水化硅酸钙凝胶,可增加结构致密程度,因此适用于有抗渗要求的混凝土工程。

火山灰质硅酸盐水泥在干燥环境下易产生干缩裂缝,表面遇 CO_2 会使水化硅酸钙分解成碳酸钙和氧化硅的粉状物,即发生"起粉"现象,所以火山灰水泥不宜用于干热地区的混凝土工程。

③粉煤灰硅酸盐水泥。

粉煤灰颗粒是独特的球状玻璃体结构,表面致密,不易水化,在 $Ca(OH)_2$ 的激发作用下,经过28d到三个月的水化,才能在玻璃体表面形成水化硅酸钙和水化铝酸钙,粉煤灰硅酸盐水泥的早期强度发展比矿渣硅酸盐水泥和火山灰质硅酸盐水泥更低,但后期可以赶上。

此外,粉煤灰吸水能力弱,与其他掺混合材料的水泥比较,标准稠度用水量较小,干缩也小,因此早期干缩所引起的裂纹也少,抗裂性好。

④复合硅酸盐水泥。

复合硅酸盐水泥是一种新型的通用硅酸盐水泥,是掺有两种或两种以上混合材料的水泥,其特性取决于所掺混合材料的种类、掺量及相对比例。将混合材料复合掺配,可以弥补单一混合材料的不足,如矿渣与粉煤灰复掺,可减少矿渣的泌水现象,使水泥石更密实。复合硅酸盐水泥既有矿渣硅酸盐水泥、火山灰质硅酸盐水泥、粉煤灰硅酸盐水泥水化热低的特性,又有普通硅酸盐水泥早期强度较高的特性。但是,复合硅酸盐水泥的性能一般受所用混合材料性能的影响,使用时应针对工程的性质加以选用。

通用硅酸盐水泥是土木工程中应用最广的水泥品种,其主要特性及适用范围见表2-1-4。

通用硅酸盐水泥的主要特性及适用范围　　　　表2-1-4

	品种	硅酸盐水泥	普通硅酸盐水泥	矿渣硅酸盐水泥	火山灰质硅酸盐水泥	粉煤灰硅酸盐水泥	复合硅酸盐水泥
特性	硬化速度	快	较快	慢	慢	慢	慢
	早期强度	高	较高	低	低	低	较低
	水化热	高	高	低	低	低	较低
	抗冻性	好	好	差	差	差	较差
	耐热性	差	较差	好	较差	较差	较差
	干缩性	小	小	较大	较大	较小	跟混合料有关
	抗渗性	较好	较好	差	较好	较好	跟混合料有关
	耐蚀性	较差	较差	较强	除混合材料含 Al_2O_3 较多者抗硫酸盐腐蚀性较弱外,一般均较强		较强
	泌水性	较小	较小	明显	小	小	跟混合料有关

续上表

品种	硅酸盐水泥	普通硅酸盐水泥	矿渣硅酸盐水泥	火山灰质硅酸盐水泥	粉煤灰硅酸盐水泥	复合硅酸盐水泥
适用条件	1.一般地上工程,无腐蚀、无压力水作用工程; 2.要求早期强度较高和低温施工无蒸汽养护的工程; 3.有抗冻性要求的工程		1.一般地上、地下和水中工程; 2.有硫酸盐侵蚀的工程; 3.大体积混凝土工程; 4.有耐热性要求的工程; 5.有蒸汽养护的工程	除不适用于有耐热性要求的工程外,其他与矿渣硅酸盐水泥相同	同火山灰质硅酸盐水泥	1.大体积混凝土结构; 2.普通气候环境下的混凝土; 3.高湿度或水下混凝土; 4.有抗渗要求的混凝土
不适用条件	1.大体积混凝土工程; 2.有腐蚀作用和压力水作用的工程		1.要求早强高的工程; 2.有抗冻性要求的工程	1.与矿渣硅酸盐水泥各项相同; 2.干热地区和耐磨性要求较高的工程	1.与矿渣硅酸盐水泥各项相同; 2.有抗碳化要求的工程	1.要求快硬的混凝土; 2.有抗冻要求的混凝土

2.1.9 【知识拓展】 孔祥忠:2012—2021,这十年,看中国水泥

水泥工业是国民经济发展的重要基础产业,党的十八大以来,我国经济建设快速发展,水泥行业在保障国家基础建设需求的同时,也在绿色高质量发展的道路上稳健前行。

1. 行业供给侧结构性改革成效显著

十年间,向社会提供水泥累计235.6亿t,实现行业营业收入累计94,796亿元,行业利润累计10867亿元。新型干法水泥熟料产能占总产能的比例从2012年的89%,提升到目前的100%。日产4000t及以上水泥熟料生产线产能比重,由2012年的58%提升到2021年的66%。目前中国拥有万吨级水泥熟料生产线17条。水泥年产量连续37年稳居世界第一。

2. 产业集中度和国际影响力持续增强

十年间,产业集中度不断提升,中国建材、海螺水泥和金隅冀东前三家水泥熟料合计产能占总产能的39%。前10家大企业集团的水泥熟料产能占全国总产能的58%。

十年间,国产水泥的国际影响力持续增强,2021年全球水泥企业前50名排行榜中,中国企业有19家;前20名排行榜中,中国企业有9家。中国建材、海螺水泥、金隅冀东分别位列第一、二、四名。自1985年以来,中国水泥产量一直稳居世界第一,约占全球总量56%份额。

3. 科技创新数字赋能取得重大成果

特新品种研发:新型低热水泥用于乌东德超大水利工程,低碳高贝利特硅酸盐水泥在白鹤滩水电站世界级特高拱坝全坝应用,高强核电水泥在华龙1号第三代核电站工程中应用,海工硅酸盐水泥已在舟山港等多个沿海工程成功应用。我国特种水泥研发已跨入世界先进水平行列。

数字化智能化技术应用:海螺水泥、新天山水泥、金隅冀东、华新水泥、华润水泥、天瑞水泥等一大批企业积极推广数字化技术,应用于水泥生产和企业经营管控、供应链和产业链的监管,自动分析的无人化验室也得到广泛推广,使传统制造业与互联网、大数据、人工智能深度融合,加快企业转型升级,全员劳动生产率大幅提升,水泥工业迈入先进制造业行列。

水泥窑协同处置:截至2021年底,全国有395条水泥熟料生产线开展协同处置业务,其中,水泥窑协同处置危险废物能力超4000万t/年,相比2016年增长超过1倍。2020年,全国危险废物第三方处置总量约1200万t,水泥窑协同处置量约占其中21%,与传统焚烧量已基本持平。尤其在我国新冠肺炎疫情发生以来,水泥窑协同处置承担了大量的医疗危险废物处置任务,为疫情防控做出重要贡献。

绿色矿山建设:引入自动控制、3D可视化、5G通信、网络信息和现代化管理技术,建立三维可视化平台是绿色矿山建设转型升级的核心。海螺水泥在全国率先建设数字化智能化矿山,实现矿车无人驾驶,装卸智能调度,数字矿山助力企业提质降耗,单企每年尾矿废料利用量可增加27万t,年柴油消耗降低9%,轮胎消耗降低30%,年节约电能约130万kW·h,石灰石合格率上升11.73%。

4. "一带一路"境外投资国际竞争力显著增强

十年间,中国企业在15个境外国家投资建设了31条水泥熟料生产线,合计熟料产能3538万t,水泥产能5050万t。仅在"十三五"期间,境外投资建设的23条水泥熟料生产线,合计熟料产能2688万t,水泥产能3965万t,中国水泥企业在境外投资的步伐在加快。

2.2 石灰

石灰的应用有近3000年的历史,而水泥的应用约为200年。在未发明水泥之前,石灰长期

作为黏结材料广泛应用于地基、基础、墙体、屋面、饰面等部位。在古代的城墙中，大量使用石灰作为高级黏结材料，如图 2-2-1、图 2-2-2 所示。石灰与水泥有什么不同呢？

图 2-2-1　宋代寿县城墙

图 2-2-2　中国明长城

根据硬化条件划分，石灰属于气硬性胶凝材料，它是只能在空气中凝结、硬化并保持和增长强度的一种胶凝材料。

2.2.1　石灰的生产工艺

生产石灰的主要原料是以碳酸钙为主要成分的天然岩石，如石灰石、白云石等，经过 900～1300℃的高温煅烧，碳酸钙分解释放出 CO_2，得到以氧化钙（CaO）为主要成分的生石灰。其化学反应式如下：

$$CaCO_3 \xrightarrow{900～1300℃} CaO + CO_2\uparrow$$

煅烧情况良好、杂质含量少的生石灰，颜色洁白或带灰色、呈多孔结构、质量较轻（堆积密度为 800～1000kg/m³），这种石灰称为正火石灰。

石灰在烧制时，由于原料尺寸过大或窑中温度不匀等原因，会使得石灰中含有未烧透的内核，这种石灰称为"欠火石灰"。欠火石灰加水消解后，未消化残渣含量较高，在使用时缺乏黏结力。

因煅烧温度过高或时间过长，石灰表面出现裂缝或玻璃状的外壳，块体密度大，与水反应慢，这种石灰称为"过火石灰"。过火石灰用于建筑结构物中仍能继续发生水化作用，以致引起局部体积膨胀，导致产生裂缝等破坏现象。

图 2-2-3　块状生石灰

2.2.2　石灰的产品分类

1. 根据石灰加工方法分类

（1）块状生石灰（图 2-2-3）：由原料煅烧而得的产品，主要成分为 CaO。

（2）生石灰粉：由块状生石灰磨细制得，主要成分仍为 CaO。

（3）消石灰：将生石灰用适量的水消化、干燥制得的粉末，亦称熟石灰，主要成分为 $Ca(OH)_2$。

(4)石灰浆:将生石灰加多量的水(约为石灰体积的 3~4 倍)消化而得的可塑性浆体,主要成分为 $Ca(OH)_2$ 和水。如果水分加得更多,则呈白色悬浊液,称为石灰乳。

2. 按 MgO 含量分类

由于石灰原料中常含有少量碳酸镁成分,煅烧后石灰中会含有氧化镁(MgO)成分。在建材行业标准中,根据石灰中氧化镁含量将石灰分为钙质石灰和镁质石灰两类,见表 2-2-1。

钙质石灰和镁质石灰中氧化镁含量分类界限　　表 2-2-1

石灰种类	生石灰	生石灰粉	消石灰粉
钙质石灰	≤5%	≤5%	≤4%
镁质石灰	>5%	>5%	>4%

2.2.3 石灰的消化和硬化

1. 石灰的消化

生石灰使用前一般都需加水消解,这一过程称为"消化"或"熟化"。其反应式如下:

$$CaO + H_2O = Ca(OH)_2 + 64.9 kJ/mol(热量)$$

生石灰的消化过程有两个特点:第一是水化速度快,放热量大;第二是消化时体积急剧膨胀,块状生石灰消化成松散的消石灰粉,体积可增大 1~2.5 倍。

消化的目的,一方面使生石灰块改变为便于施工操作、又具有黏结和硬化性能的状态,另一方面也便于剔除其中不能消化的杂质成分。

在施工现场常将石灰置于化灰池内加多量水消化成石灰浆,通过筛网流入储灰池,石灰浆在储灰池中沉淀并除去上层水分后成为石灰膏。为了消除"过火石灰"的危害,石灰浆应在储灰池中"陈伏"两周以上。"陈伏"期间,石灰浆表面应保有一层水分,与空气隔绝,以免碳化。

2. 石灰的硬化

石灰浆体的硬化过程包括两个同时进行的部分——结晶作用和碳化作用。

(1)结晶作用

由于游离水分逐渐蒸发,石灰浆体中的氢氧化钙从饱和溶液中结晶析出,产生"结晶强度",并具有胶结性。

(2)碳化作用

氢氧化钙与空气中的二氧化碳在有水分存在的条件下发生反应,生成不溶于水的碳酸钙晶体,释放出水分并被蒸发。其反应式如下:

$$Ca(OH)_2 + CO_2 + nH_2O \longrightarrow CaCO_3 + (n+1)H_2O$$

由于空气中的 CO_2 含量较少,碳化作用主要发生在石灰浆体与空气接触的表面。表面生成的碳酸钙层会阻碍 CO_2 的进一步渗入,同时也妨碍内部水分的蒸发,所以石灰的硬化是一个缓慢的过程。

石灰在硬化过程中,会蒸发掉大量的水分,引起体积显著收缩,易出现干缩裂缝。所以,石灰不宜单独使用,一般要掺入砂、纸筋、麻刀等材料,以减少收缩。

2.2.4 石灰的技术要求和技术标准

1. 石灰的技术要求

用于道路或桥梁工程的石灰,应符合下列技术要求。

(1)有效氧化钙和氧化镁含量

石灰中产生黏结性的有效成分是活性氧化钙和氧化镁,它们的含量是评价石灰质量的主要指标。其含量越多,活性越高,质量也越好。按《公路工程无机结合料稳定材料试验规程》(JTG E51—2009)的规定测定有效氧化钙和氧化镁含量,有效氧化钙含量用中和滴定法测定,有效氧化镁含量用络合滴定法测定。

(2)未消化残渣含量

未消化残渣含量是将生石灰按标准方法消化后,过筛后存留在2.36mm方孔筛上的残渣质量占试样质量的百分率。未消化残渣含量综合反映生石灰中过火石灰、欠火石灰及其他杂质的数量,其含量越多,石灰的质量越差,须加以限制。

(3)游离水含量

游离水含量是指消石灰粉中化学结合水以外的含水量。生石灰在消化过程中加入的水是理论需水量的2~3倍,除部分水被石灰消化过程中放出的热蒸发掉外,多余的水分残留于氢氧化钙中。残余水分蒸发后,留下的孔隙会加剧消石灰粉的碳化作用,以致影响石灰的质量,因此对消石灰粉的游离水含量须加以限制。

(4)细度

细度与石灰的质量有密切联系,过量的筛余物影响石灰的黏结性。《公路路面基层施工技术细则》(JTG/T F20—2015)以0.6mm和0.15mm方孔筛的筛余百分率控制。

2. 石灰的技术标准

根据《公路路面基层施工技术细则》(JTG/T F20—2015)的规定,按技术指标将生石灰和消石灰划分为Ⅰ、Ⅱ、Ⅲ三个等级,具体要求见表2-2-2。

石灰的技术要求　　　　表2-2-2

指标		生石灰						消石灰					
		钙质生石灰			镁质生石灰			钙质消石灰			镁质消石灰		
		Ⅰ	Ⅱ	Ⅲ	Ⅰ	Ⅱ	Ⅲ	Ⅰ	Ⅱ	Ⅲ	Ⅰ	Ⅱ	Ⅲ
有效钙加氧化镁含量(%)		≥85	≥80	≥70	≥80	≥75	≥65	≥65	≥60	≥55	≥60	≥55	≥50
未消化残渣含量(%)		≤7	≤11	≤17	≤10	≤14	≤20						
含水率(%)								≤4	≤4	≤4	≤4	≤4	≤4
细度	0.6mm方孔筛的筛余(%)							0	≤1	≤1	0	≤1	≤1
	0.15mm方孔筛的筛余(%)							≤13	≤20	—	≤13	≤20	—

2.2.5 石灰的应用

1. 配制建筑砂浆

石灰可用来配制石灰砂浆、混合砂浆等,因其是气硬性胶凝材料,主要用于地面以上部分的砌筑工程,并可用于抹面等装饰工程。

2. 加固软土地基

在软土地基中打入生石灰桩,可利用生石灰吸水产生膨胀对桩周土壤起挤密作用,利用生石灰和黏土矿物间产生的胶凝反应使周围的土固结,从而达到提高地基承载力的目的。

3. 用于道路工程的基层

在道路工程中,随着无机结合料稳定材料基层在二级及二级以上路面中的应用,石灰碎石(砾石)土、石灰粉煤灰稳定土及石灰粉煤灰稳定碎石(砾石)等广泛用于路面基层。

4. 配制灰土和三合土

将生石灰粉(或消石灰粉)与黏土拌和,称为石灰土(灰土),若再加入砂石或炉渣、碎砖等则称为三合土。灰土和三合土主要用于建筑物的基础、路面或地面的垫层。

值得注意的是,生石灰在空气中存放时,会吸收空气中的水分并熟化成消石灰粉,再碳化成碳酸钙而失去胶结能力,因此生石灰不宜久存。如需较长时间储存生石灰,最好将其消解成石灰浆,并使表面隔绝空气,以防碳化。

2.2.6 【知识拓展】 古代神奇的粘合剂

提起中国的古建筑,你想到的或许是复杂精巧的木结构古建筑,或许是木结构之间的榫卯组合,但是,古建筑中还有历经沧桑的秦砖汉瓦,以及厚重而古老的城墙。它们是怎样历经千百年依然坚固地屹立在我们的面前呢?

除了巧夺天工的技艺以外,还需要一种类似于现代水泥一样的粘合剂,有了它,古代建筑才能如此坚固,历经风雨,却依然完好地保存至今。这个神奇的粘合剂就是糯米灰浆(图2-2-4)。

早在商代以前,我国古代工匠就开始使用粘合剂,不过那时的粘合剂是黄泥和草的混合泥浆;从周代开始这种粘合剂成分逐渐被石灰取代,由石灰、黏土、砂组合的"三合土"异常受工匠们的喜爱,将这三种材料按比例加水混合用于建筑,干燥后异常坚固。

古代匠人并不满足于粗糙的"三合土",于是一种更加细腻、粘合更牢固的材料就出现了,那就是糯米。距今大约1500年前的南北朝时期,古代的建筑工匠将糯米、熟石灰以及石灰岩混合,制成糯糊,然后将其用于砖石的空隙中,这就是具有超强粘合力的糯米灰浆。

图2-2-4 糯米灰浆砌墙

糯米灰浆是将糯米熬浆掺入陈化的石灰浆中,从而增加灰浆的黏结强度、表面硬度、韧性和防渗性,明显提高砖石砌筑物的牢固程度和耐久性。

当然,这种功能强大的糯米灰浆的成本也是十分昂贵的,最早在南北朝时期是应用于贵族陵墓,到了隋唐年间,开始用来修桥搭庙。唐朝的开元寺就是用糯米灰浆来加固,历经千年屹立不倒。而建于唐代的泉州古塔,也是以糯米灰浆的地基,扛住了7.5级的地震。不过,当时糯米灰浆还是太金贵了,只有在重大工程中才会用上。

糯米灰浆粘合性为什么会如此之强呢?

科学研究发现了一种名为支链淀粉的"秘密原料",因为它的存在让糯米灰浆拥有了神奇的粘合力。支链淀粉来自添加进糯米灰浆中的糯米汤。灰浆中的支链淀粉起到了抑制剂的作用:一方面控制硫酸钙晶体的增长,另一方面生成紧密的微观结构,而后者应该是令这种"有机材料与无机材料混合的砂浆"强度如此之大的原因。

2.3 粉煤灰

想一想

粉煤灰是火力发电厂煤燃烧后排出的工业废渣。随着电力工业的发展,大量排放的粉煤灰若不加处理,就会产生扬尘,污染大气;排入水系则会造成河流淤塞,且其中的有毒化学物质还会对人体和生物造成危害。土木工程师将粉煤灰"变废为宝",把粉煤灰与水泥一起作为混凝土的胶凝材料,可以改善水泥混凝土的许多性能,具体体现在哪些方面呢?

2.3.1 概述

粉煤灰是从煤粉炉烟道气体中收集的粉末,如图2-3-1所示。粉煤灰外观类似水泥,颜色在乳白色到灰黑色之间变化。在火力发电厂,磨细的煤粉在1100~1500℃的炉膛中燃烧后大部分以灰的形式随烟气一起流动,经静电吸附或沉灰水池回收得到的粉状物即粉煤灰。用静电回收的粉煤灰称干排灰,用沉灰水池回收的粉煤灰称湿排灰。湿排灰含水率大,活性降低较多,质量不如干排灰。

图 2-3-1 粉煤灰

粉煤灰按煤种和氧化钙含量的不同分为F类和C类。F类为无烟煤或烟煤燃烧收集的粉煤灰,颜色为灰色或深灰色;C类为褐煤或次烟煤燃烧收集的粉煤灰,其氧化钙含量一般大于或等于10%,属高钙粉煤灰,颜色为褐黄色。

根据用途它又可分为"拌制砂浆和混凝土用粉煤灰"以及"水泥活性混合材料用粉煤灰"两类,拌制砂浆和混凝土用粉煤灰分为三个等级:Ⅰ级、Ⅱ级、Ⅲ级,水泥活性混合材料用粉煤灰不分级。

2.3.2 粉煤灰的化学成分

粉煤灰是由煤粉经高温煅烧后生成的火山灰质材料,经化学分析除含少量未燃尽的煤粉外,主要成分为氧化硅(SiO_2)和氧化铝(Al_2O_3),少量的氧化铁(Fe_2O_3)、氧化钙(CaO)、氧化镁(MgO)与三氧化硫(SO_3)等氧化物。

粉煤灰中SiO_2、Al_2O_3和Fe_2O_3的总含量一般在70%以上,是粉煤灰的主要活性成分。其中活性SiO_2及活性Al_2O_3与水泥或石灰混合后,再加水,则能与$Ca(OH)_2$等发生水化反应,反应后生成水硬性化合物,即水化硅酸钙和水化铝酸钙等,这些水化物决定了混合料的抗压强度。

2.3.3 粉煤灰的技术性质与技术要求

1. 粉煤灰的技术性质

(1)细度

细度是表示粉煤灰粗细程度的指标,粉煤灰越细,水化反应的界面就会增加,容易发挥粉煤灰的活性,增加强度来源。一般认为通过45μm筛孔的颗粒数量,决定着粉煤灰活性的大小。磨细是提高粉煤灰细度,增强其活性的有效途径。《用于水泥和混凝土中的粉煤灰》(GB/T 1596—2017)采用45μm方孔筛筛余(%)表示粉煤灰的细度;《公路路面基层施工技术细则》(JTG/T F20—2015)则规定细度用"比表面积"或0.3mm、0.075mm筛孔的通过率表示。

(2)需水量比

在水泥胶砂流动度仪上,当试验胶砂与对比胶砂的流动度达到同一规定范围时加水量的比值称为粉煤灰的需水量比。需水量比大,则粉煤灰达到相同流动度的需水量大,这样会增加混凝土的单位用水量,从而影响混凝土的强度,因此粉煤灰的需水量比不能过大。影响粉煤灰需水量比的主要因素是其平均粒径和颗粒形状,平均粒径小,非球形颗粒多,需水量比则大。

(3)烧失量

由于煤粉的品种、细度和燃烧条件的影响,在粉煤灰中难免存在一些未充分燃烧的碳粉颗粒,其含量用烧失量表示,即在高温条件下灼烧,驱除水分和二氧化碳,在此过程中粉煤灰的质量损失百分率称为烧失量。未烧尽的碳粉颗粒在粉煤灰中是有害物质,碳粒多孔,比表面积大,吸附性强,强度低,带入混凝土后,不但影响混凝土的需水量,还会导致外加剂用量大幅度增加;对硬化后的混凝土来说,碳粉颗粒不仅影响水泥浆的黏结强度,还会增大混凝土的干缩,同时碳粉颗粒本身是惰性颗粒,会降低粉煤灰的活性。因此烧失量是粉煤灰品质中的一项重要指标。

2. 粉煤灰的技术要求

根据《用于水泥和混凝土中的粉煤灰》(GB/T 1596—2017),拌制砂浆和混凝土用粉煤灰应符合表2-3-1的要求。

拌制砂浆和混凝土用粉煤灰技术性能要求 表2-3-1

项目		性能要求		
		Ⅰ级	Ⅱ级	Ⅲ级
细度(45μm方孔筛筛余)(%)	F类粉煤灰 C类粉煤灰	≤12.0	≤30.0	≤45.0
需水量比(%)		≤95	≤105	≤115
烧失量(%)		≤5.0	≤8.0	≤10.0
含水率(%)		≤1.0		
三氧化硫(%)		≤3.0		

续上表

项目		性能要求		
		Ⅰ级	Ⅱ级	Ⅲ级
游离氧化钙(f-CaO)质量分数(%)		F类粉煤灰≤1.0；C类粉煤灰≤4.0		
二氧化硅(SiO_2)、三氧化二铝(Al_2O_3)和三氧化二铁(Fe_2O_3)总质量分数(%)		F类粉煤灰≥70.0；C类粉煤灰≥50.0		
安定性,雷氏夹沸煮后增加距离(mm)		C类粉煤灰≤5		
密度(g/cm³)	F类粉煤灰	≤2.6		
强度活性指数(%)	C类粉煤灰	≥70.0		

2.3.4 粉煤灰掺入混凝土中的作用和效果

粉煤灰为微球状颗粒,具有增大混凝土的流动性、减少泌水、改善和易性的作用。若保持流动性不变,则可起到减水作用。粉煤灰还具有火山灰活性,这种潜在的活性效应对混凝土后期强度增长较为有利,同时可降低水化热,抑制碱-集料反应,提高抗渗、抗化学腐蚀等耐久性能。粉煤灰还可以使硬化混凝土的干缩变形减小、抗裂性能提高。

混凝土中掺入粉煤灰时,常与减水剂或引气剂等外加剂同时掺入,称为双掺技术。减水剂的掺入可以克服某些粉煤灰增大混凝土需水量的缺点；引气剂的掺用,可以解决粉煤灰抗冻性差的问题；在低温条件下施工时,宜掺入早强剂或防冻剂。在混凝土中掺入粉煤灰后,会使混凝土抗碳化性能降低,不利于防止钢筋锈蚀。为改善混凝土抗碳化性能,也应采取双掺措施,或在混凝土中掺入阻锈剂。

2.4 水泥试验

想一想

表2-4-1是某厂家P·O 42.5水泥出厂检测结果,请问这些检测项目具体是怎么检测的呢？

水泥物理性能检测结果　　　　　　　表2-4-1

检测项目		技术要求	检测结果	单项评定
细度	45μm筛余(%)	≥5	7.7	合格
	比表面积(m²/kg)	300~400	—	—
标准稠度(%)		—	28	—
凝结时间（min）	初凝	≥45	130	合格
	终凝	≤600	255	合格

续上表

检测项目		技术要求	检测结果	单项评定
安定性	试饼法	目测试饼无裂缝；钢直尺检测无弯曲	目测试饼无裂缝；钢直尺检测无弯曲	合格
抗折强度（MPa）	3d	≥4.0	6.1	合格
	28d	≥6.5	9.3	合格
抗压强度（MPa）	3d	≥17.0	30.1	合格
	28d	≥42.5	55.7	合格
检测结论		合格		

2.4.1 水泥细度试验（负压筛析法）

本方法依据《公路工程水泥及水泥混凝土试验规程》（JTG 3420—2020）T 0502—2005 编写。

1. 适用范围

本方法适用于通用硅酸盐水泥、道路硅酸盐水泥及指定采用本方法的其他品种水泥与矿物掺合料。

2. 仪器设备

（1）负压筛（图2-4-1）：由圆形筛框和筛网组成，为 $45\mu m$ 方孔筛，并附有透明筛盖，筛盖与筛上口应有良好的密封性。筛网应紧绷在筛框上，筛网和筛框接触处应用防水胶密封，防止水泥嵌入。

（2）负压筛析仪（图2-4-2）：筛析仪负压可调范围为 4000～6000Pa。

CZ16-水泥细度筛析法

WK21-水泥负压筛析法

图2-4-1 负压筛

图2-4-2 负压筛析仪

（3）天平：量程应不小于100g，感量不大于0.01g。

3. 试验准备

水泥样品应充分拌匀，通过0.9mm方孔筛，记录筛余物情况，要防止过筛时混进其他粉体。

4. 试验步骤

(1)筛析试验前,应把负压筛放在筛座上,盖上筛盖,接通电源,检查控制系统,调节负压为 4000~6000Pa。

(2)试验称取试样10g,称取试样精确至0.01g。

(3)将试样置于洁净的负压筛中,盖上筛盖,放在筛座上,开动筛析仪连续筛析120s,在此期间如有试样附着在筛盖上,可轻轻地敲击,使试样落下。筛毕,用天平称量筛余物质量,精确至0.01g。

(4)当工作负压小于4000Pa时,应清理吸尘器内水泥,使负压恢复正常。

注:在试验中,试验筛必须保持洁净、筛孔通畅,使用10次以后要进行清洗。清洗金属框筛、铜丝网筛时应用专门的清洗剂,不可用弱酸浸泡。

5. 计算

水泥试样筛余百分数按式(2-4-1)计算,计算结果精确至0.1%。

$$F = \frac{R_s}{m} \times 100 \tag{2-4-1}$$

式中:F——水泥试样的筛余百分数(%);

R_s——水泥筛余物的质量(g);

m——水泥试样的质量(g)。

6. 结果处理

(1)修正系数的测定,应按"7.水泥试验筛的标定方法"进行。以两次平行试验结果(经修正系数修正)的算术平均值为测定值,结果精确至0.1%;当两次筛余结果相差大于0.3%时,试验数据无效,需重新试验。

(2)负压筛法与水筛法测定的结果存在争议时,以负压筛法为准。

7. 水泥试验筛的标定方法

(1)用一种已知45μm标准筛筛余百分数的粉状试样(该试样不受环境影响,筛余百分数不发生变化)作为标准样,按本试验步骤,测定标准样在试验筛上的筛余百分数。

(2)试验筛修正系数按式(2-4-2)计算,计算结果精确至0.01。

$$C = \frac{F_n}{F_t} \tag{2-4-2}$$

式中:C——试验筛修正系数;

F_n——标准样给定的筛余百分数(%);

F_t——标准样在试验筛上的筛余百分数(%)。

注:修正系数C超出0.80~1.20时,试验筛应予以淘汰,不得使用。

(3)水泥试样筛余百分数结果修正,按式(2-4-3)计算,结果计算精确至0.1%。

$$F_c = C \cdot F \tag{2-4-3}$$

式中:F_c——水泥试样修正后的筛余百分数(%);

C——试验筛修正系数;

F——水泥试样修正前的筛余百分数(%)。

8. 试验数据举例

某水泥细度试验(负压筛析法)结果见表 2-4-2。

水泥细度试验(负压筛析法)　　　　表 2-4-2

试验次数	试样质量(g)	筛余质量(g)	试验结果(%)		修正系数	修正结果(%)
			实测值	平均值		
1	10.00	1.85	18.5	18.6	1.05	19.5
2	10.00	1.86	18.6			

2.4.2　水泥比表面积试验(勃氏法)

本方法依据《公路工程水泥及水泥混凝土试验规程》(JTG 3420—2020) T 0504—2005 编写。

1. 适用范围

本方法适用于通用硅酸盐水泥及指定采用本方法的其他粉状物料,其比表面积为 2000～6000 cm²/g(200～600 m²/kg)。不适用于测定多孔材料及超细粉状物料。

CZ17-水泥比表面积法

WK22-水泥勃氏法

2. 仪器设备

(1)勃氏(Blaine)透气仪(图 2-4-3,图 2-4-4):分为手动型和自动型两种,由透气圆筒、穿孔板、捣器、压力计、抽气装置等五部分组成。

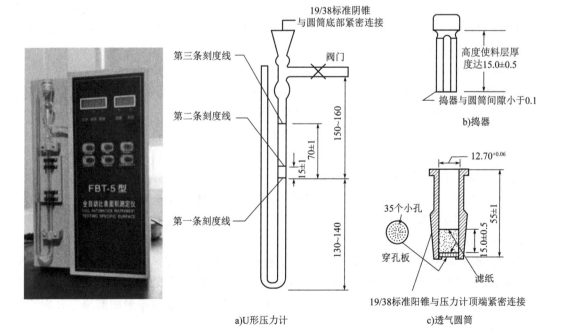

图 2-4-3　勃氏透气仪　　　图 2-4-4　U 形压力计、捣器和透气圆筒的结构及部分尺寸示意图(单位:mm)

(2)滤纸:用中速定量滤纸。

(3)天平:感量为0.001g。

(4)秒表:分度值为0.5s。

(5)压力计液体:压力计液体采用带有颜色的蒸馏水。

(6)基准材料:应采用符合现行《水泥细度和比表面积标准样品》(GSB 14—1511)或相同等级的标准物质,有争议时以现行《水泥细度和比表面积标准样品》(GSB 14—1511)为准。

3.仪器校准

(1)仪器的校准采用符合现行《水泥细度和比表面积标准样品》(GSB 14—1511)或相同等级的其他标准物质,有争议时以前者为准。

(2)圆筒内试料层体积的标定方法,应按《勃氏透气仪》(JC/T 956—2014)中的规定进行。

(3)至少每年进行一次仪器设备的校准。月平均使用次数不少于30次时,应每半年进行一次。仪器设备维修后,应重新标定。

4.试验步骤

(1)试样准备

按规范的规定,测定水泥的密度,并留样备用。

(2)漏气检查

将透气圆筒上口用橡皮塞塞紧,接到压力计上。用抽气装置从压力计一臂中抽出部分气体,然后关闭阀门,观察是否漏气。如发现漏气,宜用活塞油脂加以密封。

(3)空隙率 ε 的确定

空隙率是指试料层中空隙的体积与试料层总体积之比,P·Ⅰ、P·Ⅱ型水泥的空隙率采用0.500%±0.005%,其他水泥和粉料的空隙率选用0.53%±0.005%。当上述空隙率不能将试样压至(5)规定的位置时,则允许改变空隙率。空隙率调整以2000g砝码(5等砝码)将试样压实至本方法(5)规定的位置为准。

(4)确定试样量

校正试验用的标准试样量和被测定水泥的质量,应达到在制备的试料层中的空隙率为0.500%±0.005%,按式(2-4-4)计算,结果计算精确至0.001g。

$$W = \rho V(1-\varepsilon) \tag{2-4-4}$$

式中:W——需要的试样质量(g);

ρ——试样表观密度(g/cm³);

V——按现行《勃氏透气仪》(JC/T 956)测定的试料层体积(cm³);

ε——试料层空隙率。

(5)试料层制备

将穿孔板放入透气圆筒的顶端上,用一根直径比圆筒略小的细棒把一片滤纸送到穿孔板上,边缘压紧。按(4)确定的试样量,精确至0.001g,倒入圆筒。轻敲圆筒的边,使水泥层表面平坦。再放入一片滤纸,用捣器均匀捣实试料直至捣器的支持环紧紧接触圆筒顶边并旋转两周,慢慢取出捣器。

穿孔板上的滤纸,应是与圆筒内径相同、边缘光滑的圆片(直径为12.7mm)。穿孔板上滤纸片比圆筒内径小时,会有部分试样粘于圆筒内壁高出圆板上部;滤纸直径大于圆筒内径时,会引起滤纸片褶皱使结果不准。每次测定需用新的滤纸片。

(6)透气试验

把装有试料层的透气圆筒下锥面涂一薄层油脂,然后连接到压力计顶端锥形口上,旋转1~2周(不应振动所制备的试料层),以保证紧密连接不致漏气。

打开微型电磁泵,慢慢从压力计一臂中抽出空气,直到压力计内液面上升到扩大部下端时关闭阀门。当压力计内液体的弯月液面下降到第一个刻线时开始计时,当液体的弯月面下降到第二条刻线时停止计时,记录液面从第一条刻度线下降到第二条刻度线所需的时间,以秒(s)记录,并记下试验时的温度(℃)。

5.计算

(1)当被测物料的密度、试料层中空隙率与标准试样相同,试验时温差不大于±3℃时,可按式(2-4-5)计算。

$$S_c = \frac{S_s \sqrt{T}}{\sqrt{T_s}} \tag{2-4-5}$$

试验时温差大于±3℃时,可按式(2-4-6)计算。

$$S_c = \frac{S_s \sqrt{T} \sqrt{\eta_s}}{\sqrt{T_s} \sqrt{\eta}} \tag{2-4-6}$$

式中:S_c——被测试样的比表面积(cm^2/g);

S_s——标准试样的比表面积(cm^2/g);

T——被测试样试验时,压力计中液面降落测得的时间(s);

T_s——标准试样试验时,压力计中液面降落测得的时间(s);

η——被测试样试验温度下的空气黏度($\mu Pa \cdot s$);

η_s——标准试样试验温度下的空气黏度($\mu Pa \cdot s$)。

注:$\sqrt{T}$保留小数点后两位。

(2)当被测试样的试料层中空隙率与标准试样试料层中空隙率不同,试验时温差不大于±3℃时,可按式(2-4-7)计算。

$$S_c = \frac{S_s \sqrt{T}(1-\varepsilon_s)\sqrt{\varepsilon^3}}{\sqrt{T_s}(1-\varepsilon)\sqrt{\varepsilon_s^3}} \tag{2-4-7}$$

试验时温差大于±3℃时,则按式(2-4-8)计算。

$$S_c = \frac{S_s \sqrt{T}(1-\varepsilon_s)\sqrt{\varepsilon^3}\sqrt{\eta_s}}{\sqrt{T_s}(1-\varepsilon)\sqrt{\varepsilon_s^3}\sqrt{\eta}} \tag{2-4-8}$$

式中:ε——被测试样试料层中的空隙率;

ε_s——标准试样试料层中的空隙率。

注:$\sqrt{T}$保留小数点后两位,$\sqrt{\varepsilon^3}$保留小数点后三位。

(3)当被测试样的密度和空隙率均与标准试样不同,试验时温差不大于±3℃时,可按式(2-4-9)计算。

$$S_c = \frac{S_s \sqrt{T}(1-\varepsilon_s)\sqrt{\varepsilon^3}\rho_s}{\sqrt{T_s}(1-\varepsilon)\sqrt{\varepsilon_s^3}\rho} \tag{2-4-9}$$

试验时温度相差大于±3℃时,可按式(2-4-10)计算。

$$S_c = \frac{S_s \sqrt{T}(1-\varepsilon_s)\sqrt{\varepsilon^3}\rho_s \sqrt{\eta_s}}{\sqrt{T_s}(1-\varepsilon)\sqrt{\varepsilon_s^3}\rho \sqrt{\eta}} \tag{2-4-10}$$

式中:ρ——被测试样的密度(g/cm³);

ρ_s——标准试样的密度(g/cm³)。

注:$\sqrt{T}$保留小数点后两位,$\sqrt{\varepsilon^3}$保留小数点后三位。

6. 精度要求

(1)水泥比表面积应由两次平行试验结果的算术平均值确定,结果计算精确至10cm²/g。两次试验结果相差超过平均值的2%时,应重新试验。

(2)当同一水泥用手动勃氏透气仪测定的结果与用自动勃氏透气仪测定的结果有争议时,以手动勃氏透气仪测定结果为准。

7. 试验数据举例

某水泥比表面积试验结果见表2-4-3。

水泥比表面积试验　　　　　　表2-4-3

试件编号	1	2
标准样校准温度(℃)	20.9	21.1
试料层体积(cm³)	1.483	1.483
密度(g/cm³)	3.12	3.12
试样质量(g)	2.175	2.175
被测试样的比表面积(m²/kg)	302.64	304.11
平均值(m²/kg)	303	

2.4.3 水泥标准稠度用水量试验

本方法依据《公路工程水泥及水泥混凝土试验规程》(JTG 3420—2020)T 0505—2005编写。

CZ18-水泥标准稠度

WK23-水泥标准稠度测定

1. 适用范围

本方法适用于通用硅酸盐水泥、道路硅酸盐水泥及指定采用本方法的其他品种水泥。

2. 仪器设备

(1)水泥净浆搅拌机(图2-4-5):应符合现行《水泥净浆搅拌机》(JC/T 729)的规定。

(2)标准法维卡仪(图2-4-6):应符合《水泥净浆标准稠度与凝结时间测定仪》(JC/T 727—2005)的规定,标准稠度测定用试杆有效长度为

50mm±1mm,由直径为10mm±0.05mm的圆柱形耐腐蚀金属制成。与试杆联结的滑动杆表面应光滑,能靠重力自由下落,不得有紧涩和旷动现象。

图2-4-5 水泥净浆搅拌机

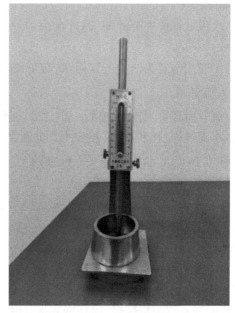
图2-4-6 标准法维卡仪(试杆)

盛装水泥净浆的试模(图2-4-7)应由耐腐蚀的、有足够硬度的金属制成。试模深为40mm±0.2mm,圆锥台顶内径为65mm±0.5mm、底内径为75mm±0.5mm,每只试模应配备一个边长或直径约为100mm、厚度为4~5mm的平板玻璃底板或金属底板。

(3)代用法维卡仪(图2-4-8):应符合现行《水泥净浆标准稠度与凝结时间测定仪》(JC/T 727)的规定。

图2-4-7 盛装水泥净浆的试模

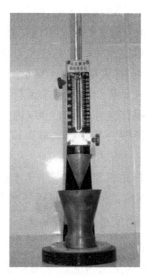
图2-4-8 代用法维卡仪(试锥)

(4)量水器:分度值为 0.5mL。

(5)天平:量程不小于 1000g,感量不大于 1g。

3. 试验准备

(1)水泥试样应充分拌匀,通过 0.9mm 方孔筛,并记录筛余物情况,但要防止过筛时混进其他粉料。

(2)试验用水宜为洁净的饮用水,有争议时可用蒸馏水。

4. 试验环境

(1)试验室环境温度为 20℃±2℃,相对湿度大于 50%。

(2)水泥试样、拌和水、仪器和用具的温度应与试验室内室温一致。

5. 标准稠度用水量的测定(标准法)

(1)试验前的要求

①维卡仪的金属棒能够自由滑动。试模和玻璃底板用湿布擦拭(但不允许有明水),将试模放在底板上。

②调整至试杆接触玻璃板时指针对准零点。

③水泥净浆搅拌机运行正常。

(2)水泥净浆的拌制

用水泥净浆搅拌机搅拌,搅拌锅和搅拌叶片先用湿布擦过,将拌和水倒入搅拌锅中,然后在 5~10s 内小心将称好的 500g 水泥加入水中,防止水和水泥溅出;拌和时,先将锅放在搅拌机的锅座上,升至搅拌位置,启动搅拌机,低速搅拌 120s,停 15s,同时将叶片和锅壁上的水泥浆刮入锅中间,接着高速搅拌 120s 后停机。

(3)标准稠度用水量的测定步骤

①拌和结束后,立即取适量水泥净浆一次性将其装入已置于玻璃底板上的试模中,浆体超过试模上端,用宽约 25mm 的直边刀轻轻拍打超出试模部分的浆体 5 次以排除浆体中的孔隙,然后在试模上表面约 1/3 处,略倾斜于试模分别向外轻轻锯掉多余净浆,再从试模边沿轻抹顶部一次,使净浆表面光滑。在锯掉多余的净浆和抹平的操作过程中,注意不要压实净浆。

②抹平后迅速将试模和底板移到维卡仪上,并将其中心定在试杆下,降低试杆直到与水泥净浆表面接触,拧紧螺钉 1~2s 后,突然放松,使试杆垂直自由地沉入水泥净浆中。在试杆停止沉入或释放试杆 30s 时记录试杆距底板之间的距离,升起试杆后,立即擦净。

③整个操作应在搅拌后 90s 内完成。以试杆沉入净浆并距底板 6mm±1mm 的水泥净浆为标准稠度净浆。其拌和水量为该水泥的标准稠度用水量(P),按水泥质量的百分比计,结果精确至 1%。

④当试杆距玻璃板距离小于 5mm 时,应适当减水,重复水泥浆的拌制和上述过程;若距离大于 7mm,则应适当加水,并重复水泥浆的拌制和上述过程。

6. 标准稠度用水量的测定(代用法)

(1)标准稠度用水量的测定可用调整水量法和不变水量法两种方法中的任一种,发生争议时,以调整水量法为准。采用调整水量法测定标准稠度用水量时,拌和水量应按经验找水;采用不变水量法测定时,拌和水量为 142.5mL,水量精确到 0.5mL。

(2)试验前须检查项目:仪器金属棒应能自由滑动;试锥降至模顶面位置时,指针应对准标尺零点;搅拌机运转应正常等。

(3)水泥净浆的拌制:用符合要求的水泥净浆搅拌机搅拌,搅拌锅和搅拌叶片先用湿棉布擦净,将称好的500g水泥试样倒入搅拌锅内。拌和时,先将锅放到搅拌机锅座上,升至搅拌位置,启动机器,同时徐徐加入水拌和,慢速搅拌120s,停拌15s,接着快速搅拌120s后停机。

(4)标准稠度用水量的测定

①拌和结束后,立即将拌好的净浆装入锥模内,用宽约25mm的直边刀轻轻插捣5次,再轻轻振动5次,刮去多余净浆;抹平后迅速放到试锥下面固定位置上。将试锥降至净浆表面拧紧螺钉处,拧紧螺钉1~2s后,突然放松,让试锥自由沉入净浆中,到试锥停止下沉时记录试锥下沉深度。整个操作应在搅拌后90s内完成。

②用调整水量法测定时,以试锥下沉深度30mm±1mm时的净浆为标准稠度净浆。其拌和水量为该水泥的标准稠度用水量(P),按水泥质量的百分比计。如下沉深度超出范围,须另称试样,调整水量,重新试验,直至达到30mm±1mm时为止。

③用不变水量法测定时,标准稠度用水量按式(2-4-11)计算,结果计算精确至1%。

$$P = 33.4 - 0.185S \qquad (2-4-11)$$

式中:P——水泥标准稠度用水量(%);

S——试锥下沉深度(mm)。

当试锥下沉深度小于13mm时,应改用调整水量法测定。

7.试验数据举例

某普通硅酸盐水泥标准稠度用水量试验结果见表2-4-4。

水泥标准稠度用水量试验 表2-4-4

试验次数	水泥用量(g)	用水量(mL)	试杆距底板距离(mm)	标准稠度用水量P(%)
1	500.0	135	10	—
2	500.0	140	3	—
3	500.0	138	5	28%

2.4.4 水泥凝结时间试验

本方法参照《公路工程水泥及水泥混凝土试验规程》(JTG 3420—2020)T 0505—2005编写。

1.目的与适用范围

本方法适用于通用硅酸盐水泥、道路硅酸盐水泥及指定采用本方法的其他品种水泥。

CZ19-水泥凝结时间试验

2.仪器设备

(1)水泥净浆搅拌机:应符合现行《水泥净浆搅拌机》(JC/T 729)的规定。

(2)标准法维卡仪:应符合《水泥净浆标准稠度与凝结时间测定仪》

WK24-水泥凝结时间测定

(JC/T 727—2005)的规定,测定凝结时间用试针,由钢制成,初凝针(图2-4-9)有效长度为50mm±1mm,终凝针(图2-4-10)有效长度为30mm±1mm,圆柱体直径为1.13mm±0.05mm。滑动部分的总质量为300g±1g。与试杆、试针联结的滑动杆表面应光滑,能靠重力自由下落,不得有紧涩和旷动现象。

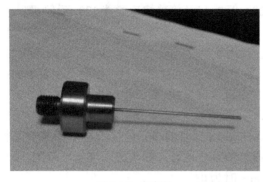

图2-4-9 初凝针

图2-4-10 终凝针

盛装水泥净浆的试模应由耐腐蚀的、有足够硬度的金属制成。试模深为40mm±0.2mm,圆锥台顶内径为65mm±0.5mm、底内径为75mm±0.5mm,每只试模应配备一个边长或直径约为100mm、厚度为4~5mm的平板玻璃底板或金属底板。

(3)量水器:分度值为0.5mL。

(4)天平:最大量程不小于1000g,感量不大于1g。

(5)水泥标准养护箱:温度控制在20℃±1℃,相对湿度大于90%。

(6)秒表:分度值为1s。

3. 试验准备

(1)水泥试样应充分拌匀,通过0.9mm方孔筛,并记录筛余物情况,但要防止过筛时混进其他粉料。

(2)试验用水宜为洁净的饮用水,有争议时可用蒸馏水。

4. 试验环境

(1)试验室环境温度为20℃±2℃,相对湿度大于50%。

(2)水泥试样、拌和水、仪器和用具的温度应与试验室内室温一致。

5. 凝结时间的测定

(1)测定前准备工作:调整凝结时间测定仪的试针接触玻璃板时,指针对准零点。

(2)试件的制备:以标准稠度用水量制成标准稠度净浆(记录水泥全部加入水中的时间作为凝结时间的起始时间),一次装满试模,振动数次刮平,立即放入养护箱中。

(3)初凝时间的测定。

①记录水泥全部加入水中至初凝状态的时间作为初凝时间,用"min"计。

②试件在湿气养护箱中养护至加水后30min时进行第一次测定。测定时,从湿养护箱中取出试模放到试针下,降低试针与水泥净浆表面接触。拧紧螺钉1~2s后,突然放松,使试针垂直自由地沉入水泥净浆中。观察试针停止沉入或释放试针30s时指针的读数。

③临近初凝时每隔5min(或更短时间)测定一次,当试针沉至距底板4mm±1mm时,为水

泥达到初凝状态。

④当达到初凝时应立即重复测一次,当两次结论相同时才能定为达到初凝状态。

(4)终凝时间的测定。

①由水泥全部加入水中至终凝状态的时间为水泥的终凝时间,用"min"计。

②为了准确观察试件沉入的状况,在终凝针上安装了一个环形附件(图2-4-11)。在完成初凝时间测定后,立即将试模连同浆体以平移的方式从玻璃板下,翻转180°,直径大端向上,小端向下放在玻璃板上,再放入湿气养护箱中继续养护。

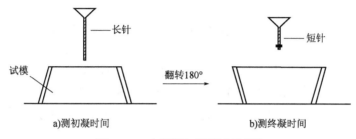

图2-4-11 水泥凝结时间测定示意图

③临近终凝时间时每隔15min(或更短时间)测定一次,当试针沉入试件0.5mm时,即环形附件开始不能在试件上留下痕迹时,为水泥达到终凝状态。

④达到终凝时需要在试体另外两个不同点测试,结论相同时才能确定达到终凝状态。

(5)测定时应注意,在最初测定的操作时应轻轻扶持金属柱,使其徐徐下降,以防止试针撞弯,但结果以自由下落为准;在整个测试过程中试针沉入的位置至少要距试模内壁10mm。每次测定不能让试针落入原针孔,每次测试完毕须将试针擦净并将试模放回湿气养护箱内,整个测试过程要防止试模振动。

6. 试验数据举例

某普通硅酸盐水泥凝结时间试验结果见表2-4-5。

水泥凝结时间试验　　　　　　　　表2-4-5

样品种类		普通硅酸盐水泥(强度等级42.5)					
试验环境		温度:21℃　相对湿度:61%					
起始时间		8:15	初凝时间(min)	165	终凝时间(min)		242
初凝	测试时间	8:45	10:35	10:50	10:55	11:00	11:00
	试针下沉距底板(mm)	0	1	2	2	3	3
终凝	测试时间	11:32	11:47	12:02	12:17	12:17	12:17
	试针下沉深度(mm)(有无环形痕迹)	大于0.5mm(有)	大于0.5mm(有)	大于0.5mm(有)	小于0.5mm(无)	小于0.5mm(无)	小于0.5mm(无)

2.4.5　水泥安定性试验

本方法参照《公路工程水泥及水泥混凝土试验规程》(JTG 3420—2020)T 0505—2005

CZ20-水泥安定性试验

WK25-水泥安定性试验

编写。

1. 目的与适用范围

本方法适用于通用硅酸盐水泥、道路硅酸盐水泥及指定采用本方法的其他品种水泥。

2. 仪器设备

(1)水泥净浆搅拌机:应符合现行《水泥净浆搅拌机》(JC/T 729)的规定。

(2)沸煮箱:应符合现行《水泥安定性试验用沸煮箱》(JC/T 955)的规定。

(3)雷氏夹(图2-4-12):由铜质材料制成。当一根指针的根部先悬挂在一根金属丝或尼龙丝上,另一根指针的根部挂上300g质量的砝码时,两根指针的针尖距离应在17.5mm±2.5mm范围以内,去掉砝码后针尖的距离能恢复至挂砝码前的状态。雷氏夹受力示意,如图2-4-13所示。

图2-4-12 雷氏夹

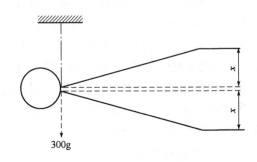

图2-4-13 雷氏夹受力示意图

(4)量水器:分度值为0.5mL。

(5)天平:最大量程不小于1000g,感量不大于1g。

(6)水泥标准养护箱:温度控制在20℃±1℃,相对湿度大于90%。

(7)雷氏夹膨胀值测定仪(图2-4-14):标尺最小刻度为0.5mm。

图2-4-14 雷氏夹膨胀值测定仪

3. 试验准备

(1)水泥试样应充分拌匀,通过0.9mm方孔筛,并记录筛余物情况,但要防止过筛时混进其他粉料。

(2)试验用水宜为洁净的饮用水,有争议时可用蒸馏水。

4. 试验环境

(1)试验室环境温度为20℃±2℃,相对湿度大于50%。

(2)水泥试样、拌和水、仪器和用具的温度应与试验室内室温一致。

5. 安定性的测定(标准法)

(1)测定前的准备工作

每个试样需要两个试件,每个雷氏夹需配备两个边长或直径约80mm、厚度为4~5mm的玻璃板。凡与水泥净浆接触的玻璃板和雷氏夹表面都要稍稍涂上一层油。

(2)雷氏夹试件的制备方法

将预先准备好的雷氏夹放在已稍擦油的玻璃板上,并立刻将已制好的标准稠度净浆装满试模。装模时一只手轻轻扶持试模,另一只手用宽约25mm的直边小刀在浆体表面轻轻插捣3次,然后抹平,盖上稍涂油的玻璃板,接着立刻将试模移至湿汽养护箱内养护$24h \pm 2h$。

(3)沸煮

调整好沸煮箱内的水位,使之在整个沸煮过程中都能没过试件,无须中途添补试验用水,同时又能保证水在$30min \pm 5min$内升温至沸腾。

脱去玻璃板取下试件,先检查试饼是否完整(如已开裂、翘曲,要检查原因,确定无外因时,该试饼已属不合格品,不必沸煮),在试饼无缺陷的情况下,用雷氏法测定时,先测量雷氏夹指针间的距离(A),精确到0.5mm,接着将试件放入沸煮箱中的试件架上,指针朝上,试件之间互不交叉,然后在$30min \pm 5min$内将水加热至沸腾并恒沸$180min \pm 5min$。

(4)结果判别

沸煮结束后,立即放掉沸煮箱中的热水,打开箱盖,待箱体冷却至室温,取出试件进行判别。

测量试件指针尖端间的距离(C),精确至0.5mm,当两个试件煮后增加距离($C-A$)的平均值不大于5.0mm时,即认为该水泥安定性合格;当两个试件煮后增加距离($C-A$)的平均值大于5.0mm时,应用同一样品重做一次试验,以复检结果为准。

6. 安定性的测定(代用法)

(1)试验前准备工作

每个样品需准备两块约100mm×100mm的玻璃板。凡与水泥净浆接触的玻璃板都要稍稍涂上一层油。

(2)试饼的成型方法

将制好的标准稠度净浆取出一部分分成两等份,使之成球形,放在预先准备好的玻璃板上,轻轻振动玻璃板并用湿布擦净的小刀由边缘向中央抹动,做成直径为70~80mm、中心厚约10mm、边缘渐薄、表面光滑的试饼,接着将试饼放入湿汽养护箱内养护$24h \pm 2h$。

(3)沸煮

调整好沸煮箱内的水位,使之在整个沸煮过程中都能没过试件,无须中途添补试验用水,同时保证水在$30min \pm 5min$内能沸腾。

脱去玻璃板取下试件,先检查试饼是否完整(如已开裂、翘曲,要检查原因,确定无外因时,该试饼已属不合格品,不必沸煮),在试饼无缺陷的情况下将试饼放在沸煮箱的水中算板上,然后在$30min \pm 5min$内加热至水沸腾,并恒沸$180min \pm 5min$。

(4)结果判别

沸煮结束后,立即放掉沸煮箱中的热水,打开箱盖,待箱体冷却至室温,取出试件进行判别。目测试饼未发现裂缝,用直尺检查也没有弯曲(使钢直尺和试饼底部紧靠,以两者间不透光为不弯曲)的试饼为安定性合格,反之为不合格。当两个试饼判别结果有矛盾时,该水泥的安定性为不合格。

7. 试验数据举例

某普通硅酸盐水泥安定性试验结果见表 2-4-6。

水泥安定性试验　　　　　　　　表 2-4-6

样品类型	普通硅酸盐水泥(强度等级 42.5)	
试验环境	温度:21℃　　相对湿度:61%	
试样编号	1	2
沸煮前 A(mm)	10.0	10.5
沸煮后 C(mm)	11.0	11.0
增加值 $C-A$(mm)	1.0	0.5
平均值(mm)	1.0	
结果判定	安定性合格	

2.4.6　水泥胶砂强度试验(ISO 法)

本方法参照《公路工程水泥及水泥混凝土试验规程》(JTG 3420—2020)T 0506—2005 和《水泥胶砂强度检验方法(ISO 法)》(GB/T 17671—2021)编写。

CZ21-水泥胶砂强度试验

WK26-水泥胶砂强度试验

ISO,是指国际标准化组织(International Organization for Standardization,ISO),是一个全球性的非政府组织,是国际标准化领域中一个十分重要的组织。统一采用 ISO 创建的水泥胶砂强度试验方法,方便国内水泥与世界的技术交流及货物输出。

1. 目的与适用范围

本方法适用于通用硅酸盐水泥、道路硅酸盐水泥及指定采用本方法的其他品种水泥。

2. 仪器设备与材料

(1)**胶砂搅拌机**(图 2-4-15):胶砂搅拌机属行星式,其搅拌叶片和搅拌锅做相反方向的转动。叶片和锅由耐磨的金属材料制成,叶片与锅底、锅壁之间的间隙为叶片与锅壁最近的距离。

(2)**振实台**:由装有两个对称偏心轮的电动机产生振动,使用时固定于混凝土基座上。座高约 400mm,混凝土的体积约 0.25m^3,质量应大于 600kg。为防止外部振动影响振实效果,可在整个混凝土基座下放一层厚约 5mm 的天然橡胶弹性衬垫。

将仪器用地脚螺钉固定在基座上,安装后设备成水平状态,仪器底座与基座之间要铺一层砂浆以确保他们的完全接触。

(3)**试模**(图 2-4-16)及下料漏斗:试模为可装卸的三联模,由隔板、端板、底座等部分组成,同时成型三条截面为 40mm×40mm×160mm 的棱形试件。下料漏斗由漏斗和模套两部分组成。为了控制料层厚度和刮平,应备有两个布料器和刮平金属直边尺。

图 2-4-15　胶砂搅拌机　　　　图 2-4-16　三联试模

（4）抗折试验机：一般采用双杠杆式的，也可采用性能符合要求的其他试验机。加荷与支撑圆柱必须用硬质钢材制造。三根圆柱轴的三个竖向平面应平行，并在试验时继续保持平行和等距离垂直试件的方向，其中一根支撑圆柱能轻微使圆柱与试件完全接触，以便荷载沿试件宽度方向均匀分布，同时不产生任何扭动应力，如图 2-4-17 所示。

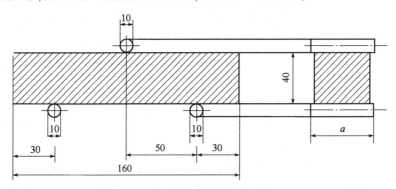

图 2-4-17　抗折强度测定加荷图（单位：mm）

（5）抗压试验机和抗压夹具：抗压试验机量程以 200～300kN 为宜。在较大的 4/5 量程范围内使用时，记录的荷载应有 ±1.0% 的精度，并具有按 2400N/s ±200N/s 速率加荷的能力，应具有一个能指示试件破坏时荷载的指示器。

压力机的活塞竖向轴应与压力机的竖向轴重合，而且活塞作用的合力要通过试件中心。

压力机的下压板表面应与该机的轴线垂直并在加荷过程中一直保持不变。

抗压夹具应由硬质钢材制成，受压面积为 40mm×40mm。

（6）天平：量程不小于 2000g，感量不大于 1g。

（7）水泥：水泥试样从取样到试验要保持 24h 以上时，应将其储存在基本装满和气密的容器中，这个容器不能和水泥反应。

（8）试验用砂：中国 ISO 标准砂，以 1350g±5g 容量的塑料袋包装，如图 2-4-18 所示。

图 2-4-18　包装 ISO 标准砂

(9)试验用水:饮用水。仲裁试验时用蒸馏水。

3. 试验环境

(1)试件成型试验室应保持试验室温度为20℃±2℃(包括强度试验室),相对湿度大于50%。水泥试样、ISO标准砂、拌和水及试模等的温度应与室温相同。

(2)养护箱或雾室温度为20℃±1℃,相对湿度大于90%;养护水的温度为20℃±1℃。

(3)试件成型试验室空气温度和相对湿度应在工作期间早晚至少各记录一次。养护箱或雾室温度和相对湿度至少每4h记录一次。

4. 试件制备

(1)成型前将试模擦净,四周的模板与底座的接触面上应涂黄油,紧密装配,防止漏浆,内壁均匀地刷一薄层机油。

(2)水泥与ISO标准砂的质量比为1:3,水灰比为0.5。火山灰质硅酸盐水泥、粉煤灰硅酸盐水泥、复合硅酸盐水泥和掺火山灰质混合材料硅酸盐水泥的流动度小于180mm时,应以0.01整倍数递增的方法将水灰比调整至胶砂流动度不小于180mm为止。

(3)每成型三条试件需称量的材料及用量为:水泥450g±2g,ISO标准砂1350g±5g,水225mL±1mL或225g±1g。

(4)将水加入锅中,再加入水泥,把锅放在固定架上。然后立即开动机器,低速搅拌30s后,在第二个30s开始的同时均匀将砂子加入,机器再高速搅拌30s。

停拌90s,在第一个15s内用胶皮刮具将叶片和锅壁上的胶砂刮入锅中。在高速下继续搅拌60s。各个阶段的时间误差应控制在±1s内。

(5)用振实台时,将空试模和模套固定在振实台上,用料勺将锅壁上的胶砂清理到锅内并翻转搅拌胶砂使其更加均匀,成型时将胶砂分为两层装入试模。装第一层时,每个槽里约放300g胶砂,先用料勺沿试模长度方向划动胶砂以布满模槽,再用大布料器垂直架在模套顶部,沿每个模槽来回一次将料层布平,接着振实60次。再装入第二层胶砂,用料勺沿试模长度方向划动胶砂以布满模槽,但不能接触已振实胶砂,再用小布料器播平,再振实60次。每次振实时可将一块用水湿过拧干、比模套尺寸稍大的棉纱布盖在模套上以防止振实时胶砂飞溅。

移走模套,从振实台上取下试模,并用金属直边尺以近似90°的角度架在试模顶的一端,沿试模长度方向以横向锯割动作慢慢向另一端移动,将超过试模部分的胶砂刮去。锯割动作的多少和直尺角度的大小取决于胶砂的稀稠程度,较稠的胶砂需要多次锯割,锯割动作要慢以防止拉动已振实的胶砂。

用拧干的湿毛巾将试模端板顶部的胶砂擦拭干净,再利用同一直边尺以近乎水平的角度将试体表面抹平。抹平的次数要尽量少,总次数不应超过3次。最后将试模周边的胶砂擦除干净。

(6)用毛笔或其他方法对试体进行编号。两个龄期以上的试件,编号时应将同一试模中的3条试件分在两个以上的龄期内。

(7)试验前或更换水泥品种时,搅拌锅、叶片和下料漏斗等须抹擦干净。

5. 养护

(1)脱模前的处理和养护。在试模上盖一块玻璃板,也可用相似尺寸的钢板或不渗水、和水泥没有反应的材料制成的板。盖板不应与水泥胶砂接触,盖板与试模之间的距离应控制为2~3mm。为了安全,玻璃板应有磨边。

立即将做好标记的试模放入养护室或湿箱的水平架子上养护,湿空气应能与试模各边接触。养护时不应将试模放在其他试模上。一直养护到规定的脱模时间时取出试模。

(2)脱模。脱模应非常小心。脱模时可以用橡皮锤或脱模器。

对于24h龄期的,应在破型试验前20min内脱模。对于24h以上龄期的,应在成型后20~24h内脱模。

如经24h养护,会因脱模对强度造成损害时,可以延迟至24h以后脱模,但在试验报告中应予以说明。

已确定作为24h龄期试验(或其他不下水直接做试验)的已脱模试体,应用湿布覆盖至做试验时为止。

(3)水中养护。将做好标记的试体立即水平或竖直放在20℃±1℃的水中养护,水平放置时刮平面应朝上。

试体放在不易腐烂的篦子上,并彼此间保持一定间距,让水与试体的六个面接触。养护期间试体之间间隔或试体上表面的水深不应小于5mm。

每个养护池只养护同类型的水泥试体。最初用自来水装满养护池(或容器),随后随时加水保持适当的水位。在养护期间,可以更换不超过50%的水。

6. 试验时间

除24h龄期或延迟至48h脱模的试件外,任何到龄期的试件应在试验(破型)前提前15min从水中取出。抹去试件表面沉淀物,并用湿布覆盖至试验为止。

各龄期(试件龄期从水泥加水搅拌开始算起)的试件必须在下列时间内进行强度试验,详见表2-4-7。

各龄期强度试验时间范围 表2-4-7

龄期时间	试验时间	龄期时间	试验时间
24h	24h±15min	7d	7d±2h
48h	48h±30min	28d	28d±8h
72h	72h±45min		

7. 抗折强度试验

(1)以中心加荷法测定抗折强度。采用杠杆式抗折试验机试验时,在试件放入前,应使杠杆呈水平状态。试件放入后调整夹具,使杠杆在试件折断时尽可能地接近水平位置。

(2)抗折试验加荷速度为50N/s±10N/s,直至折断。保持两个半截棱柱处于潮湿状态直至抗压试验。

(3)抗折强度按式(2-4-12)计算,结果计算精确至0.1MPa。

$$R_f = \frac{1.5 F_f \cdot L}{b^3} \tag{2-4-12}$$

式中:R_f——抗折强度(MPa);
F_f——破坏荷载(N);

L——支撑圆柱中心距(mm);

b——试件断面正方形的边长,为40mm。

(4)取三块试件抗折强度测定值的算术平均值,结果精确至0.1MPa。当三个强度值中有一个超出平均值±10%的值时,应剔除后再取平均值作为抗折强度试验结果。当三个强度值中有两个超出平均值±10%,则以剩余一个作为抗折强度结果。

8.抗压强度试验

(1)抗折试验后的两个断块应立即进行抗压试验。抗压试验须用抗压夹具进行,试件受压面为试件成型时的两个侧面,面积为40mm×40mm。试验前应清除试件受压面与加压板间的砂粒或杂物。试验时以试件的侧面作为受压面,试件的底面靠紧夹具定位销,并使夹具对准压力机压板中心。

(2)压力机加荷速度应控制在2400N/s±200N/s速率范围内,在接近破坏时更应严格掌握。

(3)抗压强度按式(2-4-13)计算,结果计算精确至0.1MPa。

$$R_c = \frac{F_c}{A} \tag{2-4-13}$$

式中:R_c——抗压强度(MPa);

F_c——破坏荷载(N);

A——受压面积(mm²)(40mm×40mm)。

(4)取六个抗压强度测定值的算术平均值,结果精确至0.1MPa。如果六个强度值中有一个值超过平均值±10%,应剔除后再以剩下的五个的平均值为结果。如果五个值中再有超过平均值±10%的,则此组结果作废。当六个测定值中同时有两个或两个以上超出平均值的±10%时,则此组结果作废。

9.试验数据举例

某普通硅酸盐水泥胶砂强度试验结果见表2-4-8。

水泥胶砂强度试验　　　　　　　　　　　　　　　表2-4-8

样品名称			普通硅酸盐水泥			强度等级		42.5R	
试验环境			温度为20℃±2℃,相对湿度大于50%			试验依据		《公路工程水泥及水泥混凝土试验规程》(JTG 3420—2020)T 0506—2005	
制件日期	破型日期	龄期(d)	抗折强度 R_f(MPa)				抗压强度 R_c(MPa)		
			试件编号	破坏荷载 F_f(kN)	单值	均值	试件编号	破坏荷载 F_c(kN)	单值	均值
10.16	10.19	3	1-1	2.77	6.5	6.3	1-1	42.05	26.3	24.9
								41.33	25.8	
			1-2	2.60	6.1		1-2	39.85	24.9	
								39.54	24.7	
			1-3	2.69	6.3		1-3	39.55	24.7	
								37.16	23.2	

续上表

制件日期	破型日期	龄期(d)	抗折强度 R_f(MPa)				抗压强度 R_c(MPa)			
			试件编号	破坏荷载 F_f(kN)	单值	均值	试件编号	破坏荷载 F_c(kN)	单值	均值
10.16	11.13	28	2-1	3.37	7.9	8.0	2-1	72.36	45.2	44.8
								73.05	45.7	
			2-2	3.41	8.0		2-2	69.84	43.7	
								69.33	43.3	
			2-3	3.43	8.0		2-3	72.05	45.0	
								73.25	45.8	

本章小结

通用硅酸盐水泥是土木工程中应用最广的水泥,包括硅酸盐水泥、普通硅酸盐水泥、矿渣硅酸盐水泥、火山灰质硅酸盐水泥、粉煤灰硅酸盐水泥和复合硅酸盐水泥六大品种。它们是在硅酸盐水泥熟料中掺入适量石膏和规定混合材料磨细制成的水硬性胶凝材料。

硅酸盐水泥熟料的矿物成分主要有硅酸三钙、硅酸二钙、铝酸三钙和铁铝酸四钙,熟料矿物经过磨细之后均能与水发生化学反应,表现出较强的水硬性。改变熟料矿物的相对含量可以生产出不同性能的水泥。

硅酸盐系列水泥水化后主要的产物有:水化硅酸钙凝胶、氢氧化钙晶体、水化硫铝酸钙晶体等。随着水泥水化反应的不断进行,水泥由可塑性的浆体逐步凝结硬化成具有一定强度的水泥石。

在水泥中掺入混合材料是为了改善水泥的某些性能,同时达到增加产量和降低成本的目的。常用的活性混合材料有粒化高炉矿渣、火山灰质混合材料、粉煤灰等。

通用硅酸盐水泥的技术性质主要有细度、凝结时间、体积安定性和强度,其中强度是评定水泥强度等级的依据。

石灰是一种气硬性胶凝材料,工程中应用的石灰产品主要有块状生石灰、生石灰粉、消石灰和石灰浆。生石灰加水消化时放出大量热且会产生较大的体积膨胀,为消除过火石灰的危害,石灰浆在使用前必须"陈伏"两周以上。石灰硬化后的强度主要依靠氢氧化钙的结晶和碳化作用。石灰中产生黏结性的有效成分是活性氧化钙和氧化镁,其含量是评价石灰质量的主要指标。

粉煤灰是从煤粉炉烟道气体中收集的粉末。其主要活性成分 SiO_2、Al_2O_3 和 Fe_2O_3 的总含量通常在 70% 以上,与水泥或石灰混合后,再加水,能与 $Ca(OH)_2$ 等发生反应生成水硬性化合物。其主要的技术性质有细度、需水量比、烧失量等。

水泥基本试验包括水泥的细度试验、标准稠度用水量试验、凝结时间试验、安定性试验和胶砂强度试验等。

习题

一、判断题(判断正误)

1. 水泥的安定性要求沸煮法和压蒸法都合格。( )
2. 水泥胶砂强度试件的龄期是从水泥加水搅拌时开始计算。( )
3. 水泥试验用水应为洁净的饮用水,有争议时应以蒸馏水为准。( )
4. 水泥凝结时间测定的起始时间是指第一次测定的时间。( )
5. 比表面积法是一种测定水泥细度的试验方法。( )
6. 石灰中有效氧化镁含量越高,石灰的品质越低。( )
7. 石灰等级是根据石灰中 CaO 的含量进行划分的。( )
8. 生石灰的主要化学成分是 $Ca(OH)_2$,熟石灰的主要化学成分是 CaO。( )
9. 水泥胶砂强度试验(ISO 法)是将水泥和 ISO 标准砂按质量比 1∶3、水灰比 0.5 拌制水泥胶砂。( )
10. 复合硅酸盐水泥的强度等级分为 32.5、32.5R、42.5、42.5R、52.5、52.5R 六个等级。( )
11. 水泥试验的检验指标有细度、不溶物、烧失量、氧化镁、三氧化硫、氯离子、碱含量、初凝时间、终凝时间、安定性及强度,检验结果不符合上述任何一项技术指标要求为不合格品。( )

二、单选题(每道小题四个选项,只有一个正确选项)

1. 当水泥细度检验采用负压筛法和水筛法得到的结果存在争议时,应以( )为准。
   A. 负压筛法 B. 水筛法
   C. 两种方法的算术平均值 D. 结果较小的方法
2. 以下不属于水泥物理性能指标的是( )。
   A. 细度 B. 烧失量 C. 安定性 D. 凝结时间
3. 采用沸煮法测定水泥安定性时,试件在恒沸环境保持( )。
   A. 30min±5min B. 60min±5min
   C. 120min±5min D. 180min±5min
4. 普通硅酸盐水泥的代号是( )。
   A. P·I B. P·O C. P·F D. P·C
5. 水泥中水化速度最快、水化热最大的矿物成分是( )。
   A. 硅酸三钙 B. 硅酸二钙 C. 铝酸三钙 D. 铁铝酸四钙
6. 水泥胶砂强度试验的试件成型温度为( ),相对湿度大于( )。
   A. 20℃±1℃,90% B. 20℃±2℃,90%
   C. 20℃±1℃,50% D. 20℃±2℃,50%

7. 水泥混凝土用硅酸盐水泥,初凝时间不少于( )min,终凝时间不大于( )min。
   A.45,390　　　　B.45,600　　　　C.60,390　　　　D.60,600
8. 水泥胶砂的28d强度应从水泥加水搅拌时算起,在28d±( )内必须进行强度试验。
   A.30min　　　　B.45min　　　　C.4h　　　　D.8h
9. 采用筛析法进行水泥细度检测时,可能造成测试结果偏小的原因是( )。
   A. 水泥样品试验前未过0.9mm的筛
   B. 采用负压筛法时的负压值未达到规定值的最小要求
   C. 采用水筛法时水压高于规定的要求
   D. 在夏季相对较高的环境温度下试验

三、多选题(每道小题四个选项,有两个或两个以上为正确选项)

1. 硅酸盐水泥熟料的主要矿物成分包括( )。
   A. 硅酸二钙　　B. 氧化钙　　C. 硅酸三钙　　D. 二氧化硅
2. 在水泥细度试验检测时,( )以45μm方孔筛筛余表示。
   A. 硅酸盐水泥　　　　　　　　B. 普通硅酸盐水泥
   C. 粉煤灰硅酸盐水泥　　　　　D. 复合硅酸盐水泥
3. 划分水泥强度等级时,需要考虑的因素是( )。
   A. 物理性质　　　　　　　　　B. 有害物质
   C.3d和28d抗折强度　　　　　　D.3d和28d抗压强度
4. 测定水泥体积安定性的试验方法有( )。
   A. 试杆法　　B. 试锥法　　C. 试饼法　　D. 雷氏夹法
5. 以下可以获得水泥细度的试验方法有( )。
   A. 负压筛法　　B. 水筛法　　C. 比表面积法　　D. 雷氏夹法

四、综合题(每道小题四个选项,有一个或一个以上为正确选项)

1. 某工地试验室的试验人员开展水泥标准稠度用水量试验(标准法)。第一次试验,称量500g水泥,加水130mL,试杆沉入净浆距底板9mm;第二次试验,称量500g水泥,加水140mL,试杆沉入净浆距底板5mm。请根据掌握的试验方法回答下列问题。
   (1)开展试验工作的试验室温度为( ),室内相对湿度应不低于( )。
   A.20℃±1℃,50%　　　　　B.20℃±1℃,90%
   C.20℃±2℃,50%　　　　　D.20℃±2℃,90%
   (2)以下关于水泥浆拌制工作的描述正确的有( )。
   A. 搅拌机运行正常　　　　　　B. 搅拌锅内先加水,后加水泥
   C. 搅拌锅内先加水泥,后加水　　D. 低速搅拌120s,停15s,再高速搅拌120s
   (3)标准稠度的水泥净浆是指试杆沉入净浆并距底板( )的水泥净浆。
   A.5mm±1mm　　B.6mm±1mm　　C.3mm±2mm　　D.6mm±2mm
   (4)该水泥试样的标准稠度用水量为( )。
   A.130mL　　　　B.28%　　　　C.27%　　　　D.140mL

(5)以下关于标准法测定标准稠度用水量的描述正确的有( )。

  A.浆体一次性装入试模

  B.整个操作应在搅拌后3min内完成

  C.试验结束后,试杆升起后立即擦净

  D.当试杆距玻璃底板小于5mm时,应适当减水重复试验

2.某工地试验室的试验人员开展水泥胶砂强度试,请根据掌握的试验方法回答下列问题。

(1)测定水泥胶砂强度试件尺寸为( )。

  A.40mm×40mm×100mm   B.40mm×40mm×150mm

  C.40mm×40mm×160mm   D.40mm×40mm×200mm

(2)每成型三条试件所需称量的材料及用量为( )。

  A.水泥450g,ISO标准砂1350g,水225mL

  B.水泥500g,ISO标准砂1350g,水225mL

  C.水泥500g,ISO标准砂1500g,水250mL

  D.水泥450g,ISO标准砂1500g,水250mL

(3)水泥胶砂强度试验用砂是( )。

  A.建筑行业标准砂   B.ISO标准砂

  C.机制标准砂   D.级配标准砂

(4)有关水泥胶砂强度试验,下列( )操作是正确的。

  A.搅拌时,先低速搅拌30s后,在第二个30s开始的同时均匀将砂加入,再完成后续搅拌工作

  B.振实时,用适当的勺子直接从搅拌锅中将胶砂分为两层装入试模

  C.抗折强度试验采用三分点加荷方式

  D.试件受压面为试件成型时的两个侧面,面积为40mm×40mm

(5)三根小梁试件抗折破坏时,荷载分别为3.78kN、3.50kN、3.01kN,则该水泥抗折强度为( )

  A.8.9MPa   B.8.2MPa   C.7.1MPa   D.8.1MPa

模块 3
MODULE THREE
水泥混凝土和砂浆

学习目标：
1. 了解水泥混凝土的特点；
2. 掌握普通水泥混凝土的技术性质及影响因素，其主要技术指标的测定方法；
3. 掌握普通水泥混凝土组成材料的技术要求；
4. 掌握普通混凝土配合比设计的基本步骤和设计方法；
5. 熟悉常用外加剂的经济效果；
6. 熟悉路面水泥混凝土组成材料的技术要求和技术性质；
7. 了解高强高性能混凝土和自密实混凝土的特点及基本要求；
8. 了解砂浆的技术性质；
9. 掌握水泥混凝土拌合物坍落度试验方法、强度试件制作和养护方法、水泥混凝土抗压强度试验和水泥混凝土抗弯拉试验，熟悉水泥混凝土拌合物凝结时间试验方法。

3.1 普通水泥混凝土的特点及技术性质

想一想

水泥混凝土与人类的生活息息相关，不管是耸立的高楼，还是宽广的道路，都需要使用大量的水泥混凝土。水泥混凝土作为一种建筑材料，到底是哪些优点，让土木工程师如此青睐呢？家里修建房屋，拌制水泥混凝土需要使用石、砂、水泥和水，它们各起什么作用呢？

混凝土搅拌运输车（图 3-1-1）到达工地后，采用搅拌筒反向旋转方式倾卸筒中水泥混凝土。但是，有时候水泥混凝土不能顺利卸出，这种现象怎么解释？图纸上设计标号为 C30 混凝土,"C30"是什么意思?

看似坚硬的混凝土结构物其实也有生命周期。一般特大型桥梁(图 3-1-2)设计年限为 100 年,水泥路面设计年限为 20 年。那么,混凝土结构物在使用过程中,存在哪些影响其使用年限的劣化因素呢?

图 3-1-1　混凝土搅拌运输车

图 3-1-2　水泥混凝土桥梁

3.1.1　概述

1. 水泥混凝土的材料组成与强度机理

水泥混凝土(以下简称混凝土)是以水泥为胶结材料与细集料、粗集料及水按适当比例配制,经一定时间硬化而成的一种坚硬的人造石材。在现代混凝土中,为了调节和改善水泥混凝土的某些性能,还加入了外加剂和掺合料等。所以,通常认为水泥混凝土由六大材料组成:粗集料、细集料、水泥、水、外加剂和掺合料,而前面四种是必需的基本材料。

由四种基本材料构建的水泥混凝土的强度机理如图 3-1-3 所示。

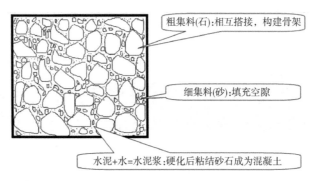

图 3-1-3　混凝土组成材料机理图

2. 水泥混凝土的分类

水泥混凝土按表观密度通常分为以下三类。

(1)普通混凝土

普通混凝土干表观密度为 2000~2800kg/m³,用普通天然砂、石和水泥配制而成,是土木工程中常用的混凝土,主要用作承重结构材料。普通混凝土是本教材的讲解重点。

(2)轻混凝土

轻混凝土干表观密度小于2000kg/m³,是采用陶粒等轻质多孔的集料,或者不采用细集料而掺入加气剂或泡沫剂,形成多孔结构的混凝土。主要用作轻质结构材料和保温材料。

(3)重混凝土

重混凝土干表观密度大于2800kg/m³,采用密度很大的重晶石、铁矿石、钢屑等重集料和钡水泥、锶水泥等重水泥配制而成。重混凝土具有防射线性能,又称防辐射混凝土,主要用作核能工程的屏蔽结构材料。

3. 普通混凝土的特点

普通混凝土用途广泛,是各种建筑物、构造物中用量最大的材料之一,具有以下特点。

(1)主要优点

①原材料来源丰富。混凝土中70%以上的材料是砂石,可就地取材,避免远距离运输,因而价格低廉。

②施工方便。混凝土拌合物具有良好的流动性和可塑性,可根据工程需要浇筑成各种形状尺寸的构件及构造物,既可现场浇筑成型,也可预制。

③性能可根据需要设计调整。通过调整各组成材料的品种和数量,特别是掺入不同的外加剂和掺合料,可获得不同施工和易性、强度、耐久性或具有特殊性能的混凝土。

④抗压强度高。混凝土的抗压强度一般为15～80MPa。当掺入高效减水剂和掺合料时,强度可达100MPa以上。而且,混凝土与钢筋具有良好的匹配性,浇筑成钢筋混凝土后,可以有效地改善抗拉强度低的缺陷,使混凝土能够应用于各种结构部位。

⑤耐久性好。原材料选择正确、配比合理、施工养护良好的混凝土具有优异的抗渗性、抗冻性和耐腐蚀性能,且对钢筋有保护作用,可保持混凝土结构长期使用性能的稳定。

(2)主要缺点

①自重大。1m³混凝土重约2400kg,故构造物自重较大,导致地基处理费用增加。

②抗拉强度低,抗裂性差。混凝土的抗拉强度一般只有抗压强度的1/20～1/10,易开裂。

③收缩变形大,水泥的水化凝结硬化引起自身收缩和干燥收缩,易产生混凝土收缩裂缝。

3.1.2 混凝土拌合物的和易性

1. 和易性的概念

水泥混凝土在尚未凝结硬化以前,称为混凝土拌合物。在混凝土施工过程中,混凝土应具有良好的和易性。

混凝土拌合物的和易性,也称工作性,是指混凝土拌合物易于施工操作(拌和、运输、浇筑、振捣)且成型后质量均匀、密实的性能。和易性是一项综合的技术性质,包括流动性、黏聚性、保水性等三方面的含义。

流动性是指混凝土拌合物在自重及施工机械振捣的作用下,克服内部阻力,能够流满模板、包围钢筋的能力。混凝土拌合物的流动性好,混凝土容易拌匀、捣实、成型。

黏聚性是指混凝土拌合物在施工中各组成材料之间有一定的黏聚力,不致产生分层和离析的现象。离析会使混凝土的组成材料分布不再均匀,粗集料下沉、砂浆上浮,以致造成混凝土出现蜂窝、麻面、薄弱夹层等质量不均匀的缺陷。

保水性是指混凝土拌合物在施工中具有一定的保水能力,不致产生严重的泌水现象。泌水会在混凝土内形成泌水通道,使混凝土的密实性降低,耐久性下降。

2. 测定方法

目前国际上还没有一种能够全面表征混凝土拌合物和易性的测定方法,我国通常采用坍落度试验来测定塑性混凝土的流动性,并观察其黏聚性和保水性;对于干硬性混凝土的和易性则采用维勃稠度试验来测定。

DH13-坍落度试验

(1)坍落度试验

坍落度试验是测试水泥混凝土拌合物稠度最常用的方法,这种方法适用于集料公称最大粒径不大于31.5mm、坍落度不小于10mm的水泥混凝土。

试验采用坍落筒测定。将拌和均匀的水泥混凝土拌合物按规定的方法分三层装入坍落筒,每层捣25次,刮平后立即将筒垂直提起,测量筒高与坍落后水泥混凝土拌合物试体最高点之间的高差,即为坍落度,以mm计,如图3-1-4所示。当拌合物坍落度大于160mm时,用钢尺测量水泥混凝土扩展后最终的最大直径和最小直径,当这两个直径之差小于50mm时,其算术平均值即为水泥混凝土拌合物的坍落扩展度值,如图3-1-5所示。

图3-1-4 坍落度测定　　　　　　　图3-1-5 坍落扩展度测定

坍落度及坍落扩展度越大表示水泥混凝土拌合物流动性越大。进行坍落度试验时,还需根据经验观察判断稠度、黏聚性、保水性等以综合评定混凝土拌合物的工作性。

(2)维勃稠度试验

对于集料最大粒径不超过31.5mm、坍落度值小于10mm的干硬性水泥混凝土拌合物,通常采用维勃稠度试验测定其稠度。

维勃稠度试验是将坍落筒放在直径为240mm、高度为200mm的容器中,容器安装在专门的振动台上。按坍落度试验的方法将混凝土拌合物装入坍落筒内,然后提起坍落筒并将透明圆盘置于拌合物顶部,开动振动台并记录时间,从开始振动至透明圆盘底面被水泥浆布满的瞬间止,所经历的时间,即混凝土拌合物的维勃稠度值,以s表示,如图3-1-6所示。

维勃稠度越大,混凝土拌合物的流动性越小。

WK27-混凝土工作性的影响因素

图 3-1-6　维勃稠度测定

DH14-维勃稠度试验

3. 影响混凝土拌合物和易性的主要因素

(1) 原材料的特性

水泥品种不同时,达到相同流动性的需水量往往不同,从而影响混凝土流动性。另一方面,不同水泥品种对水的吸附作用往往不同,从而影响混凝土的保水性和黏聚性。如火山灰质水泥、矿渣水泥配制的混凝土拌合物的流动性比普通水泥小;火山灰质水泥流动性小,但黏聚性最好。在流动性相同的情况下,矿渣水泥的保水性能较差,黏聚性也较差。同品种水泥越细,流动性越差,但黏聚性和保水性越好。

集料的最大粒径、级配、颗粒形状、表面粗糙程度、吸水性等都将不同程度地影响水泥混凝土拌合物的和易性。随着最大粒径增加,集料的比表面积减小,拌合物流动性提高;具有良好级配的混凝土拌合物具有较好的和易性;在其他条件相同时,由于卵石表面光滑、形状较圆、少棱角,所拌制的水泥混凝土拌合物流动性较好,但强度较表面粗糙、有棱角的碎石低。

在拌制混凝土时,加入少量的外加剂和适量的掺合料能使混凝土拌合物在不增加水泥用量(或减少水泥用量)的条件下,获得很好的和易性,即增大流动性和改善黏聚性,降低泌水性。由于改变了混凝土的结构,还能提高混凝土的耐久性。

(2) 水胶比

水胶比是指水与胶凝材料的质量比。在固定用水量的条件下,水灰比较小时,胶凝材料浆体稠度变大,水泥混凝土拌合物的流动性减小,当水胶比过小时,有可能导致在一定施工条件下水泥混凝土拌合物不能振捣密实;水胶比较大时,胶凝材料浆体稠度较小,拌合物流动性增大,但过大的水胶比可能引起拌合物流浆、泌水,严重影响混凝土强度。

(3) 单位用水量

单位用水量是指在单位体积混凝土中所加入的水的质量,它是混凝土流动性的决定因素。在水胶比一定的条件下,单位用水量变化意味着水泥等胶凝材料用量改变。水泥浆越多,流动性越大,但水泥浆过多,集料则相对减少,将出现流浆现象,拌合物的稳定性变差,不仅浪费水泥,而且会使拌合物的强度和耐久性降低;反之,若水泥浆过少,则无法很好包裹集料表面及填充其空隙,拌合物产生崩塌现象,失去稳定性。

试验表明,当集料一定时,如果用水量不变,若水泥增减量不超过 $50\sim100\text{kg/m}^3$,混凝土拌合物的流动性可基本保持不变,这一规律称为"固定需水量定则"。

(4)砂率

砂率是指混凝土中细集料(砂)的质量占粗、细集料总质量(砂、石总质量)的百分率。砂率反映了粗细集料的相对比例,它影响混凝土集料的空隙率和总表面积。当水泥浆用量一定时,砂率过大,则集料的总表面积增大,包裹砂的水泥浆层变薄,砂粒间的摩阻力加大,拌合物的流动性减小;砂率过小,虽然表面积减小,但由于砂浆量不足,水泥砂浆除填充石的空隙外,包裹在石表面的水泥浆层变薄,拌合物流动性变小,同时因砂量不足,也易导致离析、泌水现象,影响和易性。

混凝土拌合物坍落度与砂率的关系如图3-1-7所示。对一定的集料而言,应有一个合理砂率,即在水泥浆用量一定时,能使混凝土拌合物获得最大流动性,又不离析、不泌水时的砂率。

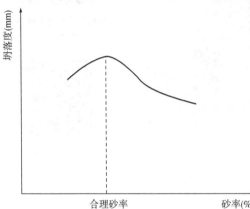

图3-1-7 坍落度与砂率的关系(水泥浆用量一定)

(5)环境温度、湿度与搅拌时间

混凝土拌合物的流动性随着温度的升高而减小,温度越高,水化反应速度越快,拌合物流动性降低速度越快。温度升高10℃,坍落度减小20~40mm,夏季施工必须注意这一点。湿度越小,拌合物中的水分蒸发速度越快,流动性降低越快。另外,搅拌时间长短,也会影响混凝土拌合物的和易性,若搅拌时间不足,拌合物的和易性差,质量也不均匀。规范规定最少搅拌时间为1~3min。

4. 改善混凝土拌合物和易性的措施

(1)调节材料组成

在保证混凝土强度、耐久性和经济性的前提下,适当调整混凝土的组成配合比例以提高和易性。

(2)掺加外加剂

掺加减水剂、流化剂等可提高混凝土拌合物的和易性,同时还可提高强度、耐久性,并节约水泥。

(3)提高振捣机械效能

提高振捣效能,可降低施工条件对混凝土拌合物和易性的要求,因而既能保持原有工作性能亦能达到捣实的效果。

3.1.3 硬化后混凝土的强度

WK28-混凝土的力学性质

混凝土结构物主要承受各种荷载作用,必须具备足够的强度。强度是混凝土硬化后重要的力学指标,也是评定混凝土质量的重要指标。混凝土的强度主要包括立方体抗压强度、抗弯拉强度、轴心抗压强度和劈裂抗拉强度等。

1. 强度

(1) 立方体抗压强度 (f_{cu})

将混凝土拌合物按照标准方法制成边长为 150mm 的立方体试件,在标准养护条件(温度 20℃±2℃、相对湿度 95% 以上)下,养护至 28d 龄期,按照标准的测定方法测得的抗压强度,即为混凝土立方体抗压强度(图 3-1-8),以 MPa 计,按式(3-1-1)计算。

DH15-混凝土受压破坏

$$f_{cu} = \frac{F}{A} \quad (3\text{-}1\text{-}1)$$

式中:f_{cu}——混凝土立方体抗压强度(MPa);
F——极限荷载(N);
A——受压面积(mm^2)。

混凝土立方体抗压强度的测定是以三个试件为一组,取三个试件测值的算术平均值作为该组试件的强度测定值,计算精确至 0.1MPa。三个测值中的最大值或最小值中如有一个与中间值之差超过中间值 15%,则取中间值为测定值;如最大值和最小值与中间值之差均超过中间值的 15%,则该组试验结果无效。

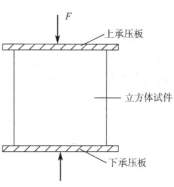

图 3-1-8 立方体抗压强度示意图

【例题 3-1-1】 一组水泥混凝土标准立方体试件进行抗压强度试验,破坏荷载分别为 780kN、710kN、908kN,该组试件的抗压强度为多少?

解:

首先计算三个试件的抗压强度:

$$780000/(150 \times 150) = 34.7(MPa)$$
$$710000/(150 \times 150) = 31.6(MPa)$$
$$908000/(150 \times 150) = 40.4(MPa)$$

因为
$$(40.4 - 34.7)/34.7 = 16.4\%$$
$$(34.7 - 31.6)/34.7 = 8.9\%$$

所以该组试件的抗压强度为 34.7MPa。

同一批混凝土拌合物,制作成不同边长尺寸的试件进行抗压强度试验,其测试强度会有差异,这个现象称为"尺寸效应"。混凝土立方体试件的尺寸应根据粗集料的公称最大粒径确定,当采用非标准尺寸试件时,应将其抗压强度乘以尺寸换算系数,折算为标准试件的立方体抗压强度。当混凝土强度等级小于 C60 时,换算系数见表 3-1-1。当混凝土强度大于等于 C60 时,宜用标准试件,使用非标准试件时,换算系数由试验确定。

混凝土试件尺寸及换算系数 表 3-1-1

集料公称最大粒径(mm)	试件尺寸(mm)	尺寸换算系数
≤26.5	100×100×100	0.95
≤31.5	150×150×150	1.00
≤53	200×200×200	1.05

混凝土的强度等级是根据立方体抗压强度标准值来确定的,用符号"C"和"立方体抗压强度标准值"两项内容来表示,如 C20 即表示混凝土立方体抗压强度标准值为 20MPa。C 是 Concrete(混凝土)的首字母。根据我国《混凝土结构设计规范》(GB 50010—2010)规定,普通

混凝土按立方体抗压强度标准值划分 C15、C20、C25、C30、C35、C40、C45、C50、C55、C60、C65、C70、C75、C80 等 14 个等级。

立方体抗压强度标准值是按标准方法制作和养护的边长为 150mm 的立方体试件，在 28d 以标准试验方法测得的强度总体分布的一个值，强度低于该值的百分率不超过 5%（即具有 95% 保证率的抗压强度值）。立方体抗压强度标准值并不等于立方体抗压强度平均值，后者只有 50% 的保证率。

（2）抗弯拉强度（f_f）

一般混凝土结构物都是抗压破坏，则以立方体抗压强度为设计指标。水泥路面在轮载作用下，属于弯拉破坏，即水泥板下方先开裂，再延伸到表面开裂，如图 3-1-9 所示。所以，水泥路面通常以水泥混凝土的抗弯拉强度作为结构设计和质量控制的强度指标。

DH16-混凝土弯拉破坏

水泥混凝土的抗弯拉强度是以标准方法制备成 150mm × 150mm × 550mm 的梁形试件，经标准养护至 28d 后，按三分点方式加载测定其抗弯拉强度（图 3-1-10），按式（3-1-2）计算。

$$f_f = \frac{FL}{bh^2} \quad (3\text{-}1\text{-}2)$$

式中：f_f——混凝土抗弯拉强度（MPa）；

F——极限荷载（N）；

L——支座间距离（mm），标准试件为 450mm；

b——试件宽度（mm），标准试件为 150mm；

h——试件高度（mm），标准试件为 150mm。

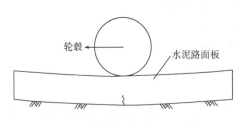

图 3-1-9　水泥路面弯拉破坏示意图

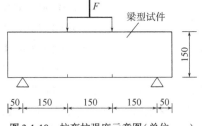

图 3-1-10　抗弯拉强度示意图（单位：mm）

（3）轴心抗压强度（f_{cp}）

在钢筋混凝土结构中，受压构件结构形式实际大部分是棱柱体或圆柱体。为使测得的混凝土强度接近混凝土结构的实际情况，在钢筋混凝土结构计算中，都采用混凝土的轴心抗压强度作为依据。

按《公路工程水泥及水泥混凝土试验规程》（JTG 3420—2020）规定，采用 150mm × 150mm × 300mm 的棱柱体作为标准试件，测定其轴心抗压强度（图 3-1-11、图 3-1-12），按式（3-1-3）计算。

$$f_{cp} = \frac{F}{A} \quad (3\text{-}1\text{-}3)$$

式中：f_{cp}——混凝土抗弯拉强度（MPa）；

F——试件极限破坏荷载（N）；

A——试件受压面积（mm²）。

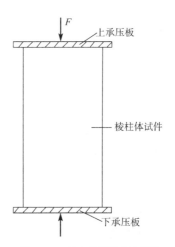

图 3-1-11 混凝土轴心抗压强度试验　　　　图 3-1-12 轴心抗压强度示意图

同一材料的轴心抗压强度小于立方体抗压强度,轴心抗压强度 $f_{cp} = (0.7 \sim 0.8)f_{cu}$。

(4)劈裂抗拉强度(f_{ts})

水泥混凝土直接拉伸试验很难操作,因为试验过程中很难保证拉力的作用线始终与试件轴线严格重合,所以一般采用间接拉伸法(劈裂拉伸)得到混凝土的抗拉强度。《公路工程水泥及水泥混凝土试验规程》(JTG 3420—2020)规定,采用 150mm × 150mm × 150mm 的立方体作为标准试件,在立方体试件中心平面内用圆弧为垫条施加两个方向相反、均匀分布的压力,当压力增大至一定程度时试件就沿此平面劈裂破坏,这样测得的强度称为劈裂抗拉强度(图 3-1-13)。可按式(3-1-4)计算。

$$f_{ts} = \frac{2F}{\pi A} = \frac{0.637F}{A} \qquad (3-1-4)$$

式中:f_{ts}——混凝土劈裂抗拉强度(MPa);

F——试件破坏荷载(N);

A——试件劈裂面面积(mm²)。

实际工作中,更常见的是,从现场混凝土路面结构中取芯,即采用高径比为 1∶1 的圆柱体试件进行劈裂拉伸试验(图 3-1-14)。圆柱体试件劈裂试验与立方体试件劈裂试验,两者计算公式与原理完全一样。

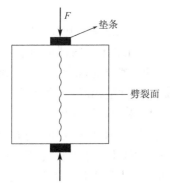
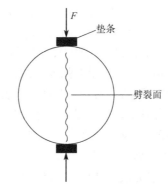

图 3-1-13 立方体试件劈裂抗拉示意图　　　　图 3-1-14 圆柱体试件劈裂抗拉示意图

2. 影响混凝土强度的因素

水泥混凝土受力破坏主要有三种形式:集料破坏、水泥石破坏和界面破坏。因此水泥混凝土的强度与集料强度、水泥石强度及集料与水泥石界面黏结质量有关,水泥混凝土强度的影响因素主要有以下几方面。

WK29-混凝土强度的影响因素

(1)胶凝材料

在混凝土中,胶凝材料很多时候不再是单一的水泥,还包括掺入了适量的粉煤灰、磨细矿渣粉等,它们是混凝土中的活性成分。其中水泥的强度等级和掺合料的质量及数量直接影响混凝土强度的高低。在配合比相同的条件下,所用的水泥强度等级越高,制成的混凝土强度也越高。

(2)水胶比

当采用相同的胶凝材料时,混凝土强度主要取决于水胶比的大小。在拌制混凝土拌合物时,为了获得必要的流动性,掺加的拌和用水通常比水化反应所需的水多。当混凝土硬化后,多余的水分就残留在混凝土中形成水泡,水分蒸发后形成气孔,使混凝土的密实度和强度降低。因此,水胶比越大,水泥混凝土的强度越低。但应说明:如果水胶比太小,拌合物过于干硬,在一定的捣实成型条件下,无法保证浇灌质量,混凝土内部将出现较多的蜂窝、空洞,强度也将下降。

(3)集料特征

集料约占水泥混凝土体积的70%,特别是粗集料,在水泥混凝土中起到骨架的作用。集料中的有害物质含量高,则混凝土强度低;集料自身强度不足,也可能降低混凝土强度;集料的颗粒形状和表面粗糙度对强度影响也较为显著,表面粗糙、有棱角的碎石配制的混凝土要比表面光滑浑圆的卵石配制的混凝土强度高,当粗集料中针片状颗粒含量较高时,混凝土强度降低,对抗弯拉强度的影响更显著。

(4)养护温度和湿度

混凝土拌合物浇筑振捣完毕后,必须保持适当的温度和湿度,使水泥充分水化,以保证混凝土强度不断提高。

养护环境温度高,水泥水化速度加快,混凝土强度发展也快,早期强度高。但当养护温度超过40℃时,对于硅酸盐水泥和普通水泥,会因为水泥水化速率太快,生成的大量水化产物来不及转移、扩散,而使水化反应变慢,混凝土后期强度反而降低;但对于掺入大量混合材料的水泥(如矿渣水泥、火山灰水泥、粉煤灰水泥等),因为有二次水化反应,提高养护温度不但能加快水泥的早期水化速度,而且对混凝土后期强度增长有利。

当养护温度降至冰点以下时,混凝土中的大部分水分结冰,水泥水化反应停止。这时不但混凝土强度停止发展,而且由于孔隙内水分结冰而引起膨胀,混凝土的内部结构遭受破坏,使已经获得的强度受损。混凝土早期强度低,更容易冻坏,所以应特别防止混凝土早期受冻。

混凝土浇筑后,必须有较长时间在潮湿环境中养护。湿度适当时,水泥水化进行顺利,混凝土的强度能充分发展。如果湿度不够,混凝土会失水干燥,影响水泥水化的正常进行,甚至使水化停止,严重降低混凝土的强度。此外,因水化作用未能完成,使混凝土的结构疏松,抗渗性较差,或形成干缩裂缝,影响混凝土的耐久性。根据《公路桥涵施工技术规范》(JTG/T 3650—2020)规定,混凝土浇筑完成后,应在其收浆后尽快予以覆盖并洒水保湿养护。混凝土的洒水保湿时间应不少于7d,对重要工程或有特殊要求的混凝土,应根据环境湿度、温度、水泥品种以及掺用的外加剂和掺合料等情况,酌情延长养护时间,并应使混凝土表面始终保持湿润状态。当气温低于5℃时,应采取保温养护措施,不得向混凝土表面洒水。

(5)龄期

龄期是指混凝土在正常养护下所经历的时间。混凝土在正常养护条件下(保证一定的温度和湿度),强度随龄期的增长而提高,最初的 7d 强度增长较快,而后增幅减少,28d 以后,强度增长更趋缓慢,但如果养护条件得当,则在数十年内仍将有所增长。

在标准养护条件下,混凝土强度的发展大致与其龄期的对数成正比关系。

$$f_{cu,n} = f_{cu,a} \frac{\lg n}{\lg a} \tag{3-1-5}$$

式中:$f_{cu,n}$——n 天龄期混凝土的抗压强度(MPa);

$f_{cu,a}$——a 天龄期混凝土的抗压强度(MPa);

n、a——养护龄期(d)($n > a, a \geq 3$)。

式(3-1-5)表明,在一定条件下养护的混凝土,可根据其早期强度大致估计 28d 的强度。但是,由于影响混凝土强度的因素很多,上式仅适用于普通水泥制作的中等强度的混凝土。

(6)试验条件

在对混凝土试件进行强度测定时,试件的尺寸与形状、表面的平整状况、加荷速率以及含水状态等也会对所测的试件强度有一定影响。

①试验尺寸:大量的试验研究证明,试件的尺寸越小,测得的强度相对越高,原因是大试件内存在孔隙、裂缝或局部缺陷的概率增大,使强度降低。

②试件形状:当受压面积相同,而高度不同时,高宽比越大,抗压强度越小。原因是试件受压面与压力机承压板之间的摩擦力,束缚了试件的横向膨胀作用,有利于强度的提高。由于这种"环箍效应"的影响,棱柱体试件的强度较立方体试件的强度低。

③表面状态:表面平整,则受力均匀,强度较高;而表面粗糙或凹凸不平,则受力不均匀,强度偏低。

④加荷速率:根据混凝土受压破坏理论,混凝土破坏是在变形达到极限值时发生的。当加载速度较快时,材料变形的增长落后于荷载的增加速度,故破坏时的强度值偏高;相反,如果加载速度很慢,混凝土将产生徐变,使强度偏低。

⑤含水状态:当混凝土含水率较高时,由于软化作用,强度较低;而当混凝土干燥时,则强度较高,且混凝土强度等级越低,差异越大。

3. 提高混凝土强度的措施

(1)采用高强度等级水泥或早强型水泥

在混凝土配合比相同的情况下,水泥的强度等级越高,混凝土的强度越高。采用早强型水泥可提高混凝土的早期强度,有利于加快施工进度。

(2)采用低水胶比

采用低的水胶比,可以减少混凝土中的游离水,减少混凝土硬化后的孔隙,提高混凝土的密实度和强度。因此,降低水胶比是提高混凝土强度的最有效途径。但水胶比过小,将影响拌合物的流动性,造成施工困难,一般采取同时掺加减水剂的方法,使混凝土在低水胶比下,仍具有良好的和易性。

(3)采用级配良好的碎石和合理砂率

在混凝土中,级配良好的碎石可充分发挥其骨架作用,而合理的砂率可使混凝土结构能被填充得更加密实。同时,表面粗糙、有棱角的碎石与水泥浆的黏结力较强,有利于提高混凝土的强度。

(4)采用蒸汽养护和蒸压养护

蒸汽养护是将混凝土放在温度低于100℃的常压蒸汽中进行养护。一般混凝土经过16~20h蒸汽养护,其强度可达正常条件下养护28d强度的70%~80%,蒸汽养护最适用于掺活性混合材料的矿渣水泥、火山灰质水泥及粉煤灰水泥制备的混凝土。因为蒸汽养护可加速活性混合材料内的活性SiO_2及活性Al_2O_3与水泥水化析出的$Ca(OH)_2$反应,所以混凝土不仅提高了早期强度,而且后期强度也有所提高,其28d强度可提高10%~20%。而对普通硅酸盐水泥和硅酸盐水泥制备的混凝土进行蒸汽养护,其早期强度也能得到提高,但因在水泥颗粒表面过早形成水化产物凝胶膜层,阻碍水分继续深入水泥颗粒内部,使后期强度增长速度反而减缓,其28d强度比标准养护28d的强度低10%~15%。

蒸压养护是将浇筑完的混凝土构件静置8~10h后,放入蒸压釜内,通入高压(≥8个大气压)、高温(≥175℃)饱和蒸汽进行养护,可加速水泥的水化和硬化,提高混凝土的强度。

(5)掺加外加剂和掺合料

在混凝土中掺入早强剂可提高混凝土早期强度;掺入减水剂可减少用水量,降低水胶比,提高混凝土强度。此外,在混凝土中掺入高效减水剂的同时,掺入磨细的矿物掺合料(如硅灰、优质粉煤灰、超细磨矿渣等),可显著提高混凝土的强度。

3.1.4 混凝土的变形

混凝土的变形,包括非荷载作用下的变形和荷载作用下的变形。非荷载作用下的变形,分为混凝土的化学收缩、干湿变形及温度变形;荷载作用下的变形,分为短期荷载作用下的变形及长期荷载作用下的变形——徐变。

1. 非荷载作用下的变形

(1)化学收缩

在混凝土硬化过程中,由于水泥水化产物的体积比反应前物质的总体积要小,因而产生收缩,称为化学收缩。这种收缩随龄期的延长而增加,在40d内增长较快,以后逐渐减少并趋于稳定。化学收缩是不能恢复的,在混凝土内部可能产生微细裂缝,但对混凝土结构没有破坏作用。

(2)干湿变形

干湿变形主要表现为干缩湿胀。因混凝土内部水分蒸发引起的体积收缩,称为干缩;混凝土吸湿或吸水引起的膨胀,称为湿胀。混凝土收缩值较膨胀值大。在混凝土凝结硬化时,混凝土的干缩往往是表面较大,当收缩值过大,收缩应力超过混凝土的极限抗拉强度时,可导致混凝土产生干缩裂缝。当干缩变形受到约束时,常会引起构件的翘曲或开裂,影响混凝土的耐久性。因此,应通过选择干净的砂石、适当的水泥品种,减少水泥浆用量,采用振动捣实、加强早期养护等措施来减小混凝土的干缩。

(3)温度变形

混凝土与其他材料一样,也会随着温度的变化产生热胀冷缩的变形。混凝土的温度线膨胀系数为$(1\sim1.5)\times10^{-5}℃^{-1}$,即温度每升高1℃,混凝土每米膨胀$0.01\sim0.015$mm。温度变形对大体积混凝土及大面积混凝土工程极为不利,易使这些混凝土形成温度裂缝。

在混凝土硬化初期,水泥水化放出较多热量,而混凝土又是热的不良导体,散热很慢,因此造成混凝土内外温差很大,有时可达50~70℃,这将使混凝土产生内胀外缩,结果在混凝土外表产生很大的拉应力,严重时使混凝土产生裂缝。因此,大体积混凝土施工时,常采用使用低热水泥、减少水泥用量、掺加缓凝剂及采用人工降温等措施,以减少因温度变形而引起的混凝土质量问题。

2. 荷载作用下的变形

(1) 短期荷载作用下的变形

混凝土在短期荷载作用下,其应力与应变的关系呈曲线(图3-1-15),既会产生可以恢复的弹性变形(ε_t),又会产生不可恢复的塑性变形(ε_s),所以混凝土是一种弹塑性材料。

在应力-应变曲线上任一点的应力σ与其应变ε的比值,称作混凝土在该应力下的弹性模量。在混凝土结构或钢筋混凝土结构设计中,常以应力为轴心抗压强度1/3时对应的静力抗压弹性模量,作为混凝土的弹性模量。

在道路路面及机场跑道工程中,水泥混凝土应测定其抗弯拉时的平均弹性模量作为设计参数,取抗弯拉强度50%时的加荷割线模量。

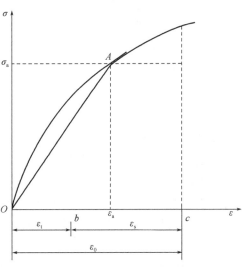

图3-1-15 混凝土应力-应变曲线
ε_0-全部应变;ε_t-弹性应变;ε_s-塑性应变

(2) 长期荷载作用下的变形

混凝土在一定的应力水平(如50%~70%的极限强度)下,保持荷载不变,随着时间的延续而增加的变形称为徐变。加荷早期的徐变增加较快,后期减缓,一般2~3年可以稳定下来。混凝土在卸荷后,一部分变形瞬间恢复,这一变形小于最初加荷时产生的弹塑性变形。在卸荷后一定时间内,变形还会缓慢恢复一部分,称为徐变恢复。最后残留部分的变形称为残余变形。混凝土的变形与荷载作用时间的关系曲线如图3-1-16所示。

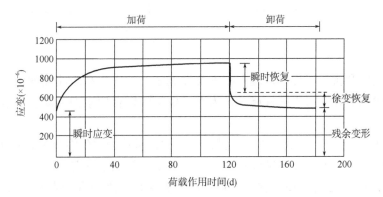

图3-1-16 混凝土的变形与荷载作用时间的关系曲线

在工程中,徐变的意义很大。在预应力钢筋混凝土结构中,由于混凝土的徐变而造成预应力受到损失,所以在预应力钢筋混凝土设计中,必须考虑混凝土的徐变。但徐变可以消除钢筋混凝土内的应力集中,使应力较均匀地重新分布。对大体积混凝土,徐变能消除一部分由温度变形所产生的破坏应力。

3.1.5 混凝土的耐久性

混凝土的耐久性是指在外部和内部不利因素的长期作用下,保持其原有设计性能和使用功能的性质。外部因素包括酸、碱、盐的腐蚀作用,冰冻破坏作用,水压渗透作用,碳化作用,干湿循环引起的风化作用,荷载应力作用和振动冲击作用等;内部因素主要指的是碱-集料反应和自身体积变化。

1. 抗冻性

混凝土抗冻性是指混凝土在饱水状态下,能经受多次冻融循环作用而不破坏、也不严重降低强度的性能,通常以抗冻等级表示。

混凝土的抗冻性试验采用快冻法,试验时以 100mm × 100mm × 400mm 棱柱体混凝土试件,经 28d 的龄期在吸水饱和后,于 -18℃ 和 5℃ 条件下快速冻结和融化。每隔 25 次冻融循环,对试件进行一次横向基频的测试并称重。当冻融至 300 次循环,或试件的相对动弹性模量下降至 60% 以下,或试件的质量损失率达 5%,即可停止试验。根据试件能承受的最大抗冻循环次数即可划分混凝土的抗冻等级,如试件停止试验承受的最大冻融循环次数为 50 次,则其抗冻等级为 F50。根据《混凝土质量控制标准》(GB 50164—2011)规定:混凝土的抗冻等级分为 F50、F100、F150、F200、F250、F300、F350、F400 和 >F400 等。

2. 抗渗性

混凝土的抗渗性是指其抵抗压力液体(水、油、溶液等)渗透作用的能力。混凝土抗渗性好,即混凝土密实性高,外界腐蚀介质不易侵入混凝土内部,从而抗腐蚀性能就好。同样,水不易进入混凝土内部,冰冻破坏作用和风化作用就小。

混凝土的抗渗性能用抗渗等级来表示。采用标准养护 28d 的标准试件,按规定方法进行试验,根据混凝土所能承受最大水压力,混凝土的抗渗等级可分为 P4、P6、P8、P10、P12 和 >P12 等,分别表示混凝土能抵抗 0.4MPa、0.6MPa、0.8MPa、1.0MPa、1.2MPa 和 >1.2MPa 的水压力而不渗漏。

3. 耐磨性

耐磨性是道路和桥梁工程用混凝土的重要性能之一。作为高级路面的水泥混凝土,必须具有抵抗车辆轮胎磨耗和磨光的性能。作为大型桥梁的墩台用水泥混凝土,也需要具有抵抗湍流空蚀的能力。

混凝土的耐磨性评价,以试件单位磨损面上的磨损量作为评价混凝土耐磨性的相对指标。按《公路工程水泥及水泥混凝土试验规程》(JTG 3420—2020)规定,是以 150mm × 150mm × 150mm 立方体试件,养护至 27d 龄期,在 60℃ 烘干至恒重,然后在带有花轮磨头的混凝土磨耗试验机上,在 200N 负荷下磨削 30 转,记下相应质量为试件的原始质量(m_1),然后在 200N 负荷下再磨削 60 转,记录剩余质量(m_2)。按式(3-1-6)计算试件单位面积磨损量。

$$G_c = \frac{m_1 - m_2}{0.0125} \tag{3-1-6}$$

式中:G_c——单位面积的磨损量(kg/m^3);
m_1——试件的原始质量(kg);
m_2——试件磨损后的质量(kg);
0.0125——试件磨损面积(m^2)。

4. 抗碳化性能

混凝土碳化是指混凝土内水化产物 $Ca(OH)_2$ 与空气中的 CO_2 在一定温度条件下发生化学反应,产生 $CaCO_3$ 和水的过程。

碳化作用对混凝土的负面影响主要有两方面:一是碳化作用使混凝土的收缩率增大,导致混凝土表面产生拉应力,从而降低混凝土的抗拉强度和抗折强度,严重时直接导致混凝土开裂,开裂降低了混凝土的抗渗性能;二是碳化作用使混凝土的碱度降低,失去混凝土强碱环境对钢筋的保护作用,导致钢筋易锈蚀膨胀。

5. 碱-集料反应

碱-集料反应是指混凝土内水泥中所含的碱(K_2O 和 Na_2O),与集料中的活性 SiO_2 或活性碳酸盐等发生化学反应,在集料表面形成碱-硅酸凝胶等,吸水后将产生 3 倍以上的体积膨胀,从而导致混凝土膨胀开裂而破坏。碱集料反应引起的破坏,一般要经过若干年后才会被发现,而一旦发生则很难修复,俗称"混凝土癌症"。因此,对水泥中碱含量大于 0.6%、集料中含有活性 SiO_2 且在潮湿环境或水中使用的混凝土工程,必须加以重视。大型水工结构、桥梁结构、高等级公路、飞机场跑道等一般均要求对集料进行碱活性试验或对水泥的碱含量加以限制。

混凝土所处的环境和使用条件不同,对其耐久性的要求也不相同,但影响耐久性的因素却有许多相同之处。混凝土的密实程度是影响耐久性的主要因素,其次是原材料的性质、施工质量等。提高混凝土耐久性的主要措施有:

(1)根据混凝土工程特点和所处环境条件,合理选择水泥品种及掺加适当的掺合料。
(2)选用质量良好、技术条件合格的砂、石材料。
(3)控制水胶比及保证足够的胶凝材料用量,是保证混凝土密实度并提高混凝土耐久性的关键。《普通混凝土配合比设计规程》(JGJ 55—2011)规定了混凝土的最大水胶比和最小胶凝材料用量的限值。
(4)掺入减水剂或引气剂,改善混凝土的孔结构,对提高混凝土的抗渗性和抗冻性有良好作用。
(5)改善施工操作,保证施工质量。

3.1.6 【知识拓展】 "砼"字的来历

"砼",读音 tóng,字面意义为"人工石",即混凝土。"砼"字是著名结构学家蔡方荫教授于 1953 年创造的。当时教学科技落后,没有录音机、复印机,学生上课听讲全靠记笔记。混凝土是建筑工程中最常用的词,但笔画太多,写起来费力又费时。于是思维敏捷的蔡方荫就大胆用人工石三字代替混凝土。因为混凝土三字共有三十笔,而人工石三字才十笔,可省下二十笔,大大加快了笔记速度。后来人工石合成了"砼",构形会意为"人工合成的石头,混凝土坚硬如石",并在大学生中得到推广。1955 年 7 月,中国科学院编译出版委员会名词室审定颁布的《结构工程名词》一书中,明确推荐"砼"与混凝土一词并用。从此,"砼"被广泛应用于各类建筑工程的书刊中,是建筑工程的专用字。

1985 年 6 月 7 日,中国文字改革委员会正式批准了"砼"与混凝土同义并用的法定地位。另外,"砼"的读音正好与法文"BE—TON",德国"Be—ton",俄文"BE—TOH"混凝土一词的发音基本相同。这样,在建设领域中更有利于国际学术交流。

3.2 普通水泥混凝土的组成设计理论

? 想一想

在某混凝土配合比设计报告中,C30 水泥混凝土每立方米材料用量为水泥∶碎石∶砂∶水 = 360∶666∶1244∶154(kg),技术员是如何确定这些数据的呢?即普通水泥混凝土配合比设计有哪些步骤?要达到哪些设计要求呢?

配制混凝土的原材料有哪些要求?碎石和卵石都属于粗集料,配制的混凝土有什么不同?砂根据细度模数分为粗砂、中砂和细砂等,用不同粗度的砂配制混凝土有什么不同?

3.2.1 普通水泥混凝土组成材料的技术要求

WK30-普通水泥混凝土组成材料的技术要求

水泥混凝土的主要组成材料是集料,约占混凝土总体积的 2/3,细集料填充于粗集料的空隙,构成坚实的骨架,在水泥混凝土中起到抑制由于水泥浆干燥硬化而产生收缩的作用。水泥和水形成水泥浆,填充于集料之间,并包裹在集料表面,赋予混凝土拌合物一定的流动性。当水泥浆凝结硬化后,将集料胶结成整体,使混凝土具有一定的强度和耐久性。

为了保证混凝土的质量,各组成材料必须满足相应的技术要求。

1. 水泥

(1)水泥品种的选择

混凝土的性能在很大程度上取决于水泥的质量。配制混凝土时,通常可采用硅酸盐水泥、普通硅酸盐水泥、矿渣硅酸盐水泥、火山灰质硅酸盐水泥、粉煤灰硅酸盐水泥以及复合硅酸盐水泥等品种,在特殊环境下,可采用特种水泥等。在施工时可根据水泥混凝土工程特点、所处环境特点、施工气候条件等因素,结合不同水泥品种的特性,合理选择。表 3-2-1 提供了选择水泥品种的归纳性参考。

水泥品种及其适应性 表 3-2-1

水泥品种		硅酸盐水泥	普通硅酸盐水泥	矿渣硅酸盐水泥	火山灰质硅酸盐水泥	粉煤灰硅酸盐水泥
环境条件	普通气候环境	可以使用	优先选用	可以使用	可以使用	可以使用
	干燥环境	可以使用	优先选用	不得使用	不得使用	不得使用
	高温环境或水下环境	可以使用	可以使用	优先选用	可以选用	可以选用
	严寒地区露天条件或严寒地区处在水位升降范围内的混凝土	优先选用	可以使用	不得使用	不得使用	不得使用
工程特点	厚大体积混凝土	不宜使用	不宜使用	优先选用	优先选用	优先选用
	机场、道路混凝土路面	可以使用	优先选用	不宜使用	不宜使用	不宜使用
	要求快硬的混凝土	优先选用	可以使用	可以使用	可以使用	可以使用
	C40以上的混凝土	优先选用	可以使用	可以使用	可以使用	可以使用
	有抗渗要求的混凝土	可以选用	可以选用	可以选用	优先选用	可以选用
	有耐磨要求的混凝土（强度等级≥42.5）	优先选用	优先选用	可以使用	不得使用	不得使用

(2)水泥强度等级的选择

水泥强度等级应与要求配制的混凝土强度等级相适应。若水泥强度等级选用过高,会使混凝土中水泥用量偏低,混凝土和易性不好,容易离析,混凝土浇筑质量差;反之,若水泥强度等级选用过低,则混凝土中水泥用量偏高,非但不经济,而且水化热大,易产生收缩裂纹。根据经验,普通混凝土强度等级和水泥强度等级之间大致有 1.0~1.5 倍的匹配关系。

2. 粗集料

混凝土所用粗集料宜采用质地坚硬、洁净、级配合理、粒形良好、吸水率小的碎石或卵石,根据《公路桥涵施工技术规范》(JTG/T 3650—2020)技术标准,按技术要求将粗集料分为Ⅰ类、Ⅱ类、Ⅲ类。配制混凝土时,粗集料的质量应满足以下几方面要求。

(1)强度与坚固性

粗集料在混凝土中起骨架作用,其强度和坚固性直接影响着混凝土的强度和耐久性。

粗集料的强度通常采用岩石抗压强度或压碎指标来表示。岩石抗压强度一般在选择采石场或对石子强度有严格要求时才用,对于工程中经常性的生产质量控制,则采用简便实用的压碎指标检验方法。

测定岩石抗压强度时,应从母岩中取 50mm×50mm×50mm 的立方体试件,或直径与高均为 50mm 的圆柱体试件,在水中浸泡 48h 达到饱和状态,然后测定试件的抗压强度。

压碎指标值用于测定石子在逐渐增加的荷载下抵抗压碎的能力,能间接推测其相应的强度。压碎值越小,说明石子抵抗压碎的能力越强。

用饱和硫酸钠溶液法检验粗集料的坚固性,经 5 次干湿循环后测定其质量损失。

强度和坚固性的具体要求见表 3-2-2。

(2)有害杂质

粗集料中的有害杂质包括黏土、淤泥、硫化物及硫酸盐、有机质等,其含量不得超过表 3-2-2 的要求。

粗集料技术指标　　　　　　　　　　　　　　　　　　　　　　　表 3-2-2

项目		I 类	II 类	III 类
碎石压碎指标(%)		≤10	≤20	≤30
卵石压碎指标(%)		≤12	≤14	≤16
坚固性(硫酸钠溶液法试验质量损失值,%)		≤5	≤8	≤12
吸水率(%)		≤1.0		≤2.0
针片状颗粒总含量(按质量计,%)		≤5	≤10	≤15
有害物质限量	含泥量(按质量计,%)	≤0.5	≤1.0	≤1.5
	泥块含量(按质量计,%)	0	≤0.2	≤0.5
	有机物	合格		
	硫化物及硫酸盐(按 SO$_3$ 质量计,%)	≤0.5	≤1.0	
岩石抗压强度(水饱和状态,MPa)		火成岩≥80;变质岩≥60;水成岩≥30		
表观密度(kg/m^3)		≥2600		
连续级配松散堆积孔隙率(%)		≤43	≤45	≤47
碱-集料反应		经碱-集料反应试验后,试件应无裂缝、酥裂、胶体外溢等现象,在规定试验龄期的膨胀率应小于0.10%		

注:1. 粗集料中不应混有草根、树叶、树枝、塑料、煤块、炉渣等杂物。
　2. 混凝土强度等级为 C60 及以上时应进行岩石抗压强度检验。其他情况下,如有必要也可进行岩石的抗压强度检验。岩石的抗压强度除应满足表中要求外,其抗压强度与混凝土强度等级之比对于 C60 及以上的混凝土,应不小于 2,其余不小于 1.5。岩石强度首先应由生产单位提供,在工程中可采用压碎值指标进行质量控制。
　3. 当粗集料中含有颗粒状硫酸盐或硫化物杂质时,应进行专门检验,确认能满足混凝土耐久性要求后,方可采用。
　4. 采用卵石破碎成碎石时,应具有两个及以上的破碎面,且其破碎面应不小于 70%。
　5. 卵石和碎石混合使用时,压碎值应分别按卵石和碎石控制。

(3) 颗粒级配与最大粒径

粗集料的颗粒级配应符合表 3-2-3 的规定。粗集料宜根据混凝土最大粒径采用连续两级配或连续多级配。单粒粒级宜用于组合成满足要求的连续粒级;亦可与连续粒级混合使用,改善其级配或配成较大粒度的连续粒级。

粗集料的颗粒级配　　　　　　　　　　　　　　　　　　　　　　　表 3-2-3

公称粒级(mm)		累计筛余(按质量计,%)										
		方孔筛筛孔边长尺寸(mm)										
		2.36	4.75	9.5	16.0	19.0	2.65	31.5	37.5	53.0	63.0	75.0	90.0
连续级配	5~16	95~100	85~100	30~60	0~10	0							
	5~20	95~100	90~100	40~80		0~10	0						
	5~25	95~100	90~100		30~70		0~5	0					
	5~31.5	95~100	90~100	70~90		15~45		0~5	0				
	5~40		95~100	70~90		30~65			0~5	0			
单粒粒级	5~10	95~100	80~100	0~15	0								
	10~16		95~100	80~100	0~15	0							
	10~20		95~100	85~100		0~15	0						

续上表

公称粒级(mm)		累计筛余(按质量计,%)											
		方孔筛筛孔边长尺寸(mm)											
		2.36	4.75	9.5	16.0	19.0	26.5	31.5	37.5	53.0	63.0	75.0	90.0
单粒粒级	16～25			95～100	55～70	25～40	0～10	0					
	16～31.5		95～100		85～100			0～10	0				
	20～40			95～100		80～100			0～10	0			
	40～80					95～100			70～100		30～60	0～10	0

粗集料的级配和粒径不好,将会加大混凝土的胶凝材料总量和用水量,从而增加混凝土的收缩、增加混凝土的渗透性等不良特性。为了提高混凝土的耐久性,要求采用良好的级配,粗集料的良好级配需要使空隙小、水泥用量少、不易离析及和易性好。连续级配粗集料的分级尺寸互相衔接,每级均占一定数量,天然卵石属此种级配,拌制混凝土时和易性较好,不易发生离析;单粒粒级的集料分级尺寸不相衔接,拌制混凝土时用水泥多,易离析,捣固亦较困难,故一般不考虑采用单粒级配。

为防止集料过大被卡在钢筋的间隙、施工运输设备内,保证混凝土结构物的密实度和外观质量,粗集料最大粒径宜按混凝土结构情况及施工方法选取,但最大粒径不得超过结构最小边尺寸的1/4和钢筋最小净距的3/4;在两层或多层密布钢筋结构中,最大粒径不得超过钢筋最小净距的1/2,同时不得超过75.0mm。混凝土实心板的粗集料最大粒径不宜超过板厚的1/3且不得超过37.5mm。泵送混凝土时的粗集料最大粒径,除应符合上述规定外,对碎石不宜超过输送管径的1/3,对卵石不宜超过输送管径的1/2.5。

(4)颗粒形状及表面特征

为提高混凝土强度和减小集料间的空隙,粗集料的颗粒形状以接近立方体为佳,不宜含有过多的针、片状颗粒。在粗集料中,针、片状颗粒不仅本身受力时容易折断,影响混凝土的强度,而且会增大集料的空隙率,使混凝土拌合物的和易性变差。针状颗粒是指长度大于其所属粒级平均粒径的2.4倍的颗粒;片状颗粒是指厚度小于其平均粒径的2/5的颗粒。混凝土中粗集料中针、片状颗粒含量应符合表3-2-2的规定。

粗集料的表面特征指其表面粗糙程度。与表面光滑和圆形的卵石相比,表面粗糙且多棱角的碎石配制成的混凝土,由于对水泥黏附性好,故具有较高的强度,但是在相同单位用水量(即相同水泥浆用量)条件下,卵石配制的混凝土拌合物具有较好的和易性。

(5)碱活性检验

在混凝土中,集料中碱活性矿物(如活性SiO_2等)与水泥、外加剂中的碱在潮湿环境下会缓慢发生膨胀反应导致混凝土开裂破坏,故施工前宜对所用的碎石或卵石进行碱活性检验,在条件许可时尽量避免采用有碱活性反应的集料,或采取必要的抑制措施。

检验时采用岩相法可判断集料属于什么岩石,含有哪些活性矿物;砂浆长度法则可鉴定活性集料与水泥中的碱反应所引起的膨胀是否具有潜在危害。如果用高碱硅酸盐水泥制成砂浆试件,试件无裂缝、酥裂、胶体外溢等现象,其6个月膨胀率小于0.1%或3个月膨胀率小于0.05%,则可判断为非活性集料。如超过上述数值时,应根据混凝土的试验结果作出最后的评定。

3. 细集料

混凝土用细集料宜采用级配良好、质地坚硬、颗粒洁净的河砂;当河砂不易得到时,可采用符合规定的其他天然砂或机制砂;细集料不宜采用海砂。

根据《公路桥涵施工技术规范》(JTG/T 3650—2020)技术标准,按技术要求将细集料分为Ⅰ类、Ⅱ类、Ⅲ类。配制混凝土时,细集料的质量应满足以下几方面要求。

(1)级配与细度模数

细集料按细度模数将砂分成粗砂、中砂、细砂三种类型。根据《公路桥涵施工技术规范》(JTG/T 3650—2020)规定,混凝土用砂根据0.6mm的累计筛余,分成三个级配区,砂的级配应符合下列表3-2-4的规定。

细集料的颗粒级配　　　　　　表3-2-4

砂的分类	天然砂			机制砂		
级配区	1区	2区	3区	1区	2区	3区
方孔筛	累计筛余(%)					
4.75mm	10~0	10~0	10~0	10~0	10~0	10~0
2.36mm	35~5	25~0	15~0	35~5	25~0	15~0
1.18mm	65~35	50~10	25~0	65~35	50~10	25~0
0.6mm	85~71	70~41	40~16	85~71	70~41	40~16
0.3mm	95~80	92~70	85~55	95~80	92~70	85~55
0.15mm	100~90	100~90	100~90	97~85	94~80	94~75

注:表中除4.75mm和0.6mm筛档外,其余可略有超出,但各级累计筛余的超出值总和应不大于5%。

其中2区砂由中砂和部分偏粗的细砂组成,是配制混凝土时优先选用的级配类型。1区砂属于粗砂范畴,用其拌制混凝土时,应较2区砂提高砂率,并保证足够的水泥用量,否则混凝土拌合物内部摩阻力较大,保水性差,不易捣实成型。3区砂是由细砂和部分偏细的中砂组成,当用其配制混凝土时,混凝土黏性较大,保水性能好,易插捣成型,但其表面积大,宜适当降低砂率以保证混凝土的强度。

(2)含泥量、石粉含量和泥块含量

含泥量是指天然砂中粒径小于0.075mm的颗粒含量;石粉含量是指人工砂中粒径小于0.075mm的颗粒含量;泥块含量是指细集料中原尺寸大于1.18mm,但经水洗、手捏后小于0.6mm的颗粒含量。

石粉等细微颗粒黏附在集料的表面,妨碍水泥与集料黏结;而黏土泥块则因吸水膨胀、干燥收缩,对混凝土形成很大破坏。

天然砂的含泥量、泥块含量应符合表3-2-5的规定,机制砂的石粉含量和泥块含量应符合表3-2-6的规定。

天然砂的含泥量和泥块含量　　　　　　表3-2-5

项目	Ⅰ类	Ⅱ类	Ⅲ类
含泥量(按质量计,%)	≤1.0	≤3.0	≤5.0
泥块含量(按质量计,%)	0	≤1.0	≤2.0

机制砂的石粉含量和泥块含量 表 3-2-6

项目			Ⅰ类	Ⅱ类	Ⅲ类
亚甲蓝试验	MB 值≤1.4 或快速法试验合格	MB 值	≤0.5	≤1.0	≤1.4 或合格
		石粉含量（按质量计,%）	≤10.0		
		泥块含量（按质量计,%）	0	≤1.0	≤2.0
	MB 值>1.4 或快速法试验不合格	石粉含量（按质量计,%）	≤1.0	≤3.0	≤5.0
		泥块含量（按质量计,%）	0	≤1.0	≤2.0

(3) 有害杂质含量

集料中含有妨碍水泥水化，或降低集料与水泥石的黏结，或能与水泥水化产物发生不良化学反应的各种物质，称为有害杂质。细集料中有害杂质主要包括：

① 云母。云母呈薄片状，表面光滑且极易沿节理裂开，因此它与水泥石黏附性极差，会对混凝土拌合物的和易性和硬化后混凝土的抗冻性和抗渗性都有不利的影响。

② 轻物质。砂中的轻物质是指相对密度小于2.0的颗粒，如煤和褐煤等。

③ 有机质。天然砂中有时混有动植物的腐殖质、腐殖土等有机物质，它们会延缓水泥的硬化过程，并降低混凝土的强度，特别是早期强度。

④ 硫化物和硫酸盐。砂中硫化物或硫酸盐含量过多，会与水泥石中的水化铝酸钙发生反应，生成水化硫铝酸钙晶体，体积膨胀，在混凝土内产生破坏作用。

⑤ 氯化物。氯离子会侵蚀混凝土中的钢筋，导致其锈蚀。

对这些有害杂质含量必须加以限制，有害杂质含量应符合表 3-2-7 的规定。

砂有害杂质含量限值 表 3-2-7

项目	Ⅰ类	Ⅱ类	Ⅲ类
云母（按质量计,%）	≤1.0	≤2.0	
轻物质（按质量计,%）	≤1.0		
有机物（比色法）	合格		
硫化物及硫酸盐（按 SO_3 质量计,%）	≤0.5		
氯化物（以氯离子质量计,%）	≤0.01	≤0.02	≤0.06

(4) 压碎值和坚固性

采用机制砂时，为确保其具备一定的强度，需进行压碎指标测定。当对砂的坚固性有怀疑时，应做坚固性试验。砂的坚固性采用饱和硫酸钠溶液法进行试验，以 5 次干湿循环后测得的质量损失来表示。具体规定见表 3-2-8。

砂的压碎指标和坚固性指标 表 3-2-8

项目	Ⅰ类	Ⅱ类	Ⅲ类
机制砂单级最大压碎指标（%）	≤20	≤25	≤30
坚固性（硫酸钠溶液法试验砂的质量损失,%）	≤8		≤10

(5) 表观密度、松散堆积密度、空隙率

砂的表观密度应不小于 $2500kg/m^3$；松散堆积密度应不小于 $1400kg/m^3$；空隙率不大于 44%。

(6)碱-集料反应

经碱-集料反应试验后,由砂制备的试件无裂缝、酥裂、胶体外溢等现象,在规定的试验龄期内膨胀率应小于 0.10%。当碱-集料反应不符合要求时,应采取抑制碱-集料反应的技术措施。

4. 水

水泥混凝土的用水,不得含有影响水泥混凝土正常凝结、硬化的有害杂质,符合国家标准的饮用水可直接作为混凝土的拌制和养护用水。当采用其他水源或对水质有疑问时,应对水质进行检验。被检验水样应与饮用水样进行水泥凝结时间对比试验,对比试验的水泥初凝时间差及终凝时间差均不应大于 30min;同时,初凝和终凝时间应符合现行国家标准的规定。同时还应进行水泥胶砂强度对比试验,被检验水样配制的水泥胶砂 3d 和 28d 强度不应低于饮用水配制的水泥胶砂 3d 和 28d 强度的 90%。

混凝土用水中不应有漂浮明显的油脂和泡沫,以及有明显的颜色和异味。严禁将海水用于结构混凝土的拌制和养护。混凝土用水的品质指标应符合表 3-2-9 规定。

表 3-2-9 混凝土用水的品质指标(JTG/T 3650—2020)

项目	拌制用水			养护用水
	预应力混凝土	钢筋混凝土	素混凝土	
pH 值	≥5.0	≥4.5	≥4.5	≥5.0
不溶物(mg/L)	≤2000	≤2000	≤5000	—
可溶物(mg/L)	≤2000	≤5000	≤10000	—
氯化物(以 Cl^- 计)(mg/L)	≤500	≤1000	≤3500	≤3500
硫酸盐(以 SO_4^{2-} 计)(mg/L)	≤600	≤2000	≤2700	≤2700
碱含量(rag/L)	≤1500	≤1500	≤1500	≤1500

注:1. 对设计使用年限为 100 年的结构混凝土,氯离子含量不得超过 500mg/L;对使用钢丝或经热处理钢筋的预应力混凝土,氯离子含量不得超过 350mg/L。

2. 碱含量按 $Na_2O + 0.658K_2O$ 计算值来表示。采用非碱活性集料时,可不检验碱含量。

3.2.2 普通水泥混凝土的组成设计概述

WK31-混凝土配合比设计概述

1. 混凝土配合比表示方法

(1)单位用量表示法

以每立方米混凝土中各种材料的用量表示。例如,水泥:水:细集料:粗集料 = 340kg:170kg:765kg:1292kg。

(2)相对用量表示法

以水泥的质量为1,并按"水泥:细集料:粗集料;水胶比"的顺序排列表示。例如,1:2.25:3.80;$W/B = 0.50$。

2. 混凝土配合比设计的基本要求

(1)满足结构物设计强度要求。设计强度是混凝土设计过程中必须要达到的指标,为满足这一重要指标,根据施工单位管理水平和强度保证率要求,在配合比设计的实际操作过程中,采用一个比设计强度高一些的"配制强度",以确保最终的结果满足设计强度的要求。

(2)满足施工工作性要求。

(3)满足耐久性要求。配合比设计规范中,通过考虑允许的"最大水灰(胶)比"和"最小水泥用量",保证处于不利环境(如严寒地区、受水影响等)条件下混凝土的耐久性要求。

(4)满足经济性要求。在满足设计强度、工作性和耐久性要求的前提下,在设计中通过合理减少价高材料(如水泥)的用量,多采用当地材料以及利用一些替代物(如工业废渣)等措施,降低混凝土费用,提高经济效益。

3. 混凝土配合比设计的步骤

(1)计算"初步配合比"

根据原始资料,按照我国现行的配合比设计方法,根据经验公式和试验参数计算各种组成材料的用量,得出"初步配合比",即水泥:矿物掺合料:水泥:细集料:粗集料 = $m_{c0}:m_{f0}:m_{w0}:m_{s0}:m_{g0}$。

(2)提出"基准配合比"

采用施工实际使用的材料,按"初步配合比"在试验室进行试拌,测定混凝土拌合物的工作性(坍落度或维勃稠度),根据试验结果调整材料用量,提出一个能够满足工作性要求的"基准配合比",即水泥:矿物掺合料:水泥:细集料:粗集料 = $m_{ca}:m_{fa}:m_{wa}:m_{sa}:m_{ga}$。

(3)确定"试验室配合比"

在基准配合比的基础上,增加和减少水胶比,拟定三组不同水胶比且符合工作性要求的配合比,通过制备试件、测定强度,建立胶水比与强度变化的关系曲线,以此确定能满足混凝土强度要求的配合比,即水泥:矿物掺合料:水泥:细集料:粗集料 = $m_{cb}:m_{fb}:m_{wb}:m_{sb}:m_{gb}$。进一步对该配合比进行密度修正,最终完成"试验室配合比",即水泥:矿物掺合料:水泥:细集料:粗集料 = $m'_{cb}:m'_{fb}:m'_{wb}:m'_{sb}:m'_{gb}$。

试验室配合比,也称为设计配合比。

(4)换算"施工配合比"

在施工现场,根据砂石材料的实际含水率,对试验室配合比进行调整,换算出"施工配合比",即水泥:矿物掺合料:水泥:细集料:粗集料 = $m_c:m_f:m_w:m_s:m_g$。

3.2.3 普通水泥混凝土组成设计方法

1. 计算初步配合比

(1)确定混凝土的试配强度($f_{cu,0}$)

①当混凝土设计强度等级小于C60时,配制强度应按式(3-2-1)确定。

$$f_{cu,0} \geq f_{cu,k} + 1.645\sigma \tag{3-2-1}$$

②当混凝土设计强度等级不小于C60时,配制强度应按式(3-2-2)确定。

$$f_{cu,0} \geq 1.15 f_{cu,k} \tag{3-2-2}$$

式中:$f_{cu,0}$——混凝土配制强度(MPa);
   $f_{cu,k}$——混凝土立方体抗压强度标准值(MPa),取混凝土的设计强度等级值;
   σ——混凝土强度标准差(MPa);当具有近 1~3 个月的同一品种、同一强度等级混凝土的强度资料,且试件组数不小于 30 时,其混凝土强度标准差应按式(3-2-3)计算。

$$\sigma = \sqrt{\frac{\sum_{i=1}^{n} f_{cu,i}^2 - n m_{fcu}^2}{n-1}} \tag{3-2-3}$$

式中:$f_{cu,i}$——第 i 组的试件强度(MPa);
   m_{fcu}——n 组试件的强度平均值(MPa);
   n——试件组数。

对于强度等级不大于 C30 的混凝土,当混凝土强度标准差计算值不小于 3.0MPa 时,应按式(3-2-3)的计算结果取值;当混凝土强度标准差计算值小于 3.0MPa 时,应取 3.0MPa。对于混凝土强度等级大于 C30 且小于 C60 时,当混凝土强度标准差计算值不小于 4.0MPa 时,应按式(3-2-3)的计算结果取值;当混凝土强度标准差计算值小于 4.0MPa 时,应取 4.0MPa。

当没有近期同一品种、同一强度等级混凝土的强度资料时,其强度标准差 σ 可按表 3-2-10 取值。

标准差 σ 值(单位:MPa)　　　　表 3-2-10

混凝土强度等级	≤C20	C25~C45	C50~C55
σ	4.0	5.0	6.0

(2)计算水胶比(W/B)
①当混凝土强度等级小于 C60 时,混凝土水胶比宜按式(3-2-4)计算。

$$W/B = \frac{\alpha_a f_b}{f_{cu,0} + \alpha_a \alpha_b f_b} \tag{3-2-4}$$

式中:W/B——混凝土水胶比;
   α_a、α_b——回归系数,也称集料形状系数,根据工程所使用的原材料,通过试验建立的水胶比与混凝土强度关系式来确定;当不具备试验统计资料时,可按表 3-2-11 选用。

回归系数(α_a、α_b)取值表　　　　表 3-2-11

粗集料品种	碎石	卵石
α_a	0.53	0.49
α_b	0.20	0.13

   f_b——胶凝材料 28d 胶砂抗压强度(MPa),可实测,且试验方法应按现行《水泥胶砂强度检验方法(ISO 法)》(GB/T 17671)执行;无实测值时,可按式(3-2-5)计算。

$$f_b = \gamma_f \gamma_s f_{ce} \tag{3-2-5}$$

式中:γ_f、γ_s——粉煤灰影响系数和粒化高炉矿渣粉影响系数,可按表 3-2-12 选用;
   f_{ce}——水泥 28d 胶砂抗压强度(MPa),可实测;当无实测值时,也可按式(3-2-6)计算。

$$f_{ce} = \gamma_c f_{ce,g} \qquad (3\text{-}2\text{-}6)$$

式中：γ_c——水泥强度等级值的富余系数，可按实际统计资料确定；当缺乏实际统计资料时，也可按表 3-2-13 选用；

$f_{ce,g}$——水泥强度等级值（MPa）。

粉煤灰影响系数（γ_f）和粒化高炉矿渣粉影响系数（γ_s） 表 3-2-12

掺量(%)	粉煤灰影响系数 γ_f	粒化高炉矿渣粉影响系数 γ_s
0	1.00	1.00
10	0.85~0.95	1.00
20	0.75~0.85	0.95~1.00
30	0.65~0.75	0.90~1.00
40	0.55~0.65	0.80~0.90
50	—	0.70~0.85

注：1. 采用 Ⅰ 级、Ⅱ 级粉煤灰宜取上限值；
2. 采用 S75 级粒化高炉矿渣粉宜取下限值，采用 S95 级粒化高炉矿渣粉宜取上限值，采用 S105 级粒化高炉矿渣粉可取上限值加 0.05；
3. 当超出表中的掺量时，粉煤灰和粒化高炉矿渣粉影响系数应经试验确定。

水泥强度等级值的富余系数（γ_c） 表 3-2-13

水泥强度等级值	32.5	42.5	52.5
富余系数	1.12	1.16	1.10

②按耐久性校核水胶比。

按公式（3-2-4）计算所得的水胶比，是按强度要求计算得到的结果。在确定采用的水胶比时，还应根据混凝土所处的环境条件，参考《混凝土结构设计规范》（GB 50010—2010）允许的最大水胶比（表 3-2-14）进行校核。如按强度计算的水胶比大于耐久性允许的最大水胶比，应采用允许的最大水胶比。

结构混凝土材料的耐久性基本要求 表 3-2-14

环境等级	最大水胶比	最低强度等级	最大氯离子含量(%)	最大碱含量（kg/m³）
一	0.60	C20	0.30	不限制
二 a	0.55	C25	0.20	3.0
二 b	0.50(0.55)	C30(C25)	0.15	3.0
三 a	0.45(0.50)	C35(C30)	0.15	3.0
三 b	0.40	C40	0.10	3.0

注：环境等级的划分：
一：指室内干燥环境；无侵蚀性静水浸没环境。
二 a：室内潮湿环境；非严寒和非寒冷地区的露天环境；非严寒和非寒冷地区与无侵蚀性的水或土壤直接接触的环境；严寒和寒冷地区的冰冻线以下与无侵蚀性的水或土壤直接接触的环境。
二 b：干湿交替环境；水位频繁变动环境；严寒和寒冷地区的露天环境；严寒和寒冷地区冰冻线以上与无侵蚀性的水或土壤直接接触的环境。
三 a：严寒和寒冷地区冬季水位变动区环境；受除冰盐影响环境；海风环境。
三 b：盐渍土环境；受除冰盐作用环境；海岸环境。

(3)确定每立方米混凝土用水量(m_{w0})和外加剂用量(m_{a0})

①混凝土水胶比为 0.40~0.80 时,每立方米干硬性或塑性混凝土的用水量(m_{w0})可按表 3-2-15 和表 3-2-16 选取。

干硬性混凝土的用水量(单位:kg/m³)　　　表 3-2-15

维勃稠度 (s)	碎石公称最大粒径(mm)			卵石公称最大粒径(mm)		
	13.2	16	31.5	9.5	16	26.5
16~20	180	170	155	175	160	145
11~15	185	175	160	180	165	150
5~10	190	180	165	185	170	155

注:本表将相关规范中的圆孔筛对应的粒径改为现行交通行业标准方孔筛对应的粒径。(下同)

塑性混凝土的用水量(单位:kg/m³)　　　表 3-2-16

混凝土坍落度 (mm)	碎石公称最大粒径(mm)				卵石公称最大粒径(mm)			
	13.2	16	26.5	31.5	9.5	16	26.5	31.5
10~30	200	185	175	165	190	170	160	150
35~50	210	195	185	175	200	180	170	160
55~70	220	205	195	185	210	190	180	170
75~90	230	215	205	195	215	195	185	175

注:1. 本表用水量系采用中砂时的取值。采用细砂时,每立方米混凝土用水量可增加 5~10kg;采用粗砂时,可减少 5~10kg;
　　2. 掺用矿物掺合料和外加剂时,用水量应相应调整。

②混凝土水胶比小于 0.40 时,每立方米混凝土的用水量(m_{w0})可通过试验确定。

③掺外加剂时,每立方米流动性或大流动性混凝土的用水量(m_{w0})可按式(3-2-7)计算。

$$m_{w0} = m'_{w0}(1 - \beta) \tag{3-2-7}$$

式中:m_{w0}——计算配合比每立方米混凝土的用水量(kg/m³);

m'_{w0}——未掺外加剂时推定的满足实际坍落度要求的每立方米混凝土用水量(kg/m³),以表 3-2-16 中 90mm 坍落度的用水量为基础,按每增大 20mm 坍落度相应增加 5kg/m³用水量来计算,当坍落度增大到 180mm 以上时,随坍落度相应增加的用水量可减少;

β——外加剂的减水率(%),应经混凝土试验确定。

④每立方米混凝土中外加剂用量(m_{a0})应按式(3-2-8)计算。

$$m_{a0} = m_{b0}\beta_a \tag{3-2-8}$$

式中:m_{a0}——计算配合比每立方米混凝土中外加剂用量(kg/m³);

m_{b0}——计算配合比每立方米混凝土中胶凝材料用量(kg/m³);

β_a——外加剂掺量(%),应经混凝土试验确定。

(4)计算胶凝材料、矿物掺合料和水泥用量

①每立方米混凝土的胶凝材料用量(m_{b0})应按式(3-2-9)计算。

$$m_{b0} = \frac{m_{w0}}{W/B} \qquad (3\text{-}2\text{-}9)$$

式中:m_{b0}——计算配合比每立方米混凝土中胶凝材料用量(kg/m³);
m_{w0}——计算配合比每立方米混凝土的用水量(kg/m³);
W/B——混凝土水胶比。

WK32-外加剂
用量的计算

②按耐久性要求校核单位胶凝材料用量。

除配制 C15 及其以下强度等级的混凝土外,混凝土的最小胶凝材料用量应符合表 3-2-17 的规定。

混凝土的最小胶凝材料用量   表 3-2-17

最大水胶比	最小胶凝材料用量(kg/m³)		
	素混凝土	钢筋混凝土	预应力混凝土
0.60	250	280	300
0.55	280	300	300
0.50	320		
≤0.45	330		

③每立方米混凝土的矿物掺合料用量(m_{f0})按式(3-2-10)计算。

$$m_{f0} = m_{b0}\beta_f \qquad (3\text{-}2\text{-}10)$$

式中:m_{f0}——计算配合比每立方米混凝土中矿物掺合料用量(kg/m³);
β_f——矿物掺合料掺量(%),可参考表 3-2-18 确定。

钢筋(预应力)混凝土中矿物掺合料最大掺量   表 3-2-18

矿物掺合料种类	水胶比	最大掺量(%)	
		采用硅酸盐水泥时	采用普通硅酸盐水泥时
粉煤灰	≤0.40	45(35)	35(30)
	>0.40	40(25)	30(20)
粒化高炉矿渣粉	≤0.40	65(55)	55(45)
	>0.40	55(45)	45(35)
钢渣粉	—	30(20)	20(10)
磷渣粉	—	30(20)	20(10)
硅灰	—	10(10)	10(10)
复合掺合料	≤0.40	65(55)	55(45)
	>0.40	55(45)	45(35)

注:1. 表中带括号的数字为预应力混凝土中矿物掺合料最大掺量。
2. 采用其他通用硅酸盐水泥时,宜将水泥混合材料掺量20%以上的混合材料计入矿物掺合料。
3. 复合掺合料各组分的掺量不宜超过单掺时的最大掺量。
4. 在混合使用两种或两种以上矿物时,矿物掺合料总掺量应符合表中复合掺合料的规定。

④每立方米混凝土的水泥用量(m_{c0})按式(3-2-11)计算。

$$m_{c0} = m_{b0} - m_{f0} \tag{3-2-11}$$

式中:m_{c0}——计算配合比每立方米混凝土中水泥用量(kg/m³)。

(5)选定砂率(β_s)

砂率应根据集料的技术指标、混凝土拌合物性能和施工要求,参考既有历史资料凭经验确定。当缺乏砂率的历史资料时,混凝土砂率的确定应符合下列规定。

①坍落度小于 10mm 的混凝土,其砂率应经试验确定;

②坍落度为 10~60mm 的混凝土,其砂率可根据粗集料品种、最大公称粒径及水胶比按表 3-2-19 选取;在表中不能直接查取的,可用内插法计算后选取确定。

③坍落度大于 60mm 的混凝土,其砂率可经试验确定,也可在表 3-2-19 的基础上,按坍落度每增大 20mm、砂率增大 1% 的幅度予以调整。

混凝土的砂率(单位:%)   表 3-2-19

水胶比	卵石最大公称粒径(mm)			碎石最大公称粒径(mm)		
	10.0	20.0	40.0	16.0	20.0	40.0
0.40	26~32	25~31	24~30	30~35	29~34	27~32
0.50	30~35	29~34	28~33	33~38	32~37	30~35
0.60	33~38	32~37	31~36	36~41	35~40	33~38
0.70	36~41	35~40	34~39	39~44	38~43	36~41

注:1.本表数值系中砂的选用砂率,对细砂或粗砂可相应地减少或增大砂率;
  2.采用人工砂配制混凝土时,砂率可适当增大;
  3.只用一个单粒级粗集料配制混凝土时,砂率应适当增大。

(6)计算粗、细集料用量(m_{s0}、m_{g0})

①质量法。此法是假定每立方米混凝土拌合物的质量为一固定值,混凝土拌合物各组成材料的单位用量之和即为该拌合物假定质量。在砂率值为已知的条件下,粗、细集料的单位用量可用式(3-2-12)计算得。

$$\begin{cases} m_{f0} + m_{c0} + m_{g0} + m_{s0} + m_{w0} = m_{cp} \\ \dfrac{m_{s0}}{m_{s0} + m_{g0}} \times 100 = \beta_s \end{cases} \tag{3-2-12}$$

式中:m_{g0}——计算配合比每立方米混凝土中的粗集料用量(kg/m³);

   m_{s0}——计算配合比每立方米混凝土中的细集料用量(kg/m³);

   β_s——砂率(%);

   m_{cp}——每立方米混凝土拌合物的假定质量(kg/m³),可取 2350~2450kg/m³。

②体积法。该法是假定混凝土拌合物的体积等于各组成材料绝对体积和混凝土拌合物中所含空气体积之和。在砂率为已知的条件下,粗、细集料的单位用量可由式(3-2-13)求得。

$$\begin{cases} \dfrac{m_{c0}}{\rho_c} + \dfrac{m_{f0}}{\rho_f} + \dfrac{m_{g0}}{\rho_g} + \dfrac{m_{s0}}{\rho_s} + \dfrac{m_{w0}}{\rho_w} + 0.01\alpha = 1 \\ \dfrac{m_{s0}}{m_{s0} + m_{g0}} \times 100 = \beta_s \end{cases} \tag{3-2-13}$$

式中：ρ_c——水泥密度（kg/m³），可按《水泥密度测定方法》（GB/T 208—2014）测定，也可取 2900～3100kg/m³；

ρ_f——矿物掺合料密度（kg/m³），可按《水泥密度测定方法》（GB/T 208—2014）测定；

ρ_g——粗集料的表观密度（kg/m³）；

ρ_s——细集料的表观密度（kg/m³）；

ρ_w——水的密度（kg/m³），可取 1000kg/m³；

α——混凝土的含气量百分数，在不使用引气剂或引气型外加剂时，α 可取 1。

以上两种确定粗、细集料单位用量的方法，一般认为，质量法比较简便，不需要各种组成材料的密度资料，如施工单位已积累当地常用材料所组成的混凝土拌合物表观密度资料，亦可得到准确的结果。体积法由于是根据各组成材料实测的密度来进行计算的，所以可以获得较为精确的结果。在实际工作中，根据情况采用其中一种方法即可。

2. 提出基准配合比

（1）试配和测定

①试配材料要求。试配混凝土所用各种原材料，要与实际工程使用的材料相同。配合比设计所采用的细集料含水率应小于 0.5%，粗集料含水率应小于 0.2%。

②搅拌方法和拌合物数量。混凝土试配应采用强制式搅拌机进行搅拌，搅拌方法宜与施工采用的方法相同。试拌时，每盘混凝土试配的最小搅拌量应符合表 3-2-20 的规定，并不应小于搅拌机公称容量的 1/4 且不应大于搅拌机公称容量。同时，最小搅拌量应满足坍落度试验和制作试件要求。

混凝土试配的最小搅拌量　　　　　　　　　　　　　　　　　　表 3-2-20

粗集料最大公称粒径（mm）	拌合物数量（L）
≤31.5	20
40.0	25

（2）工作性调整

通过具体的坍落度（或维勃稠度）试验，混凝土的工作性检测结果会有以下几种可能。

①坍落度值（或维勃稠度）达到设计要求，且混凝土的黏聚性和保水性亦良好，则原有初步配合比无须调整，得到的基准配合比与初步配合比一致。

②混凝土的坍落度或维勃稠度不能满足设计要求，但黏聚性和保水性却较好时，此时应在保持原有水灰（胶）比不变的条件下，调整水和水泥用量，直至通过试验证实工作性满足要求。这样得到的基准配合比中砂、石用量仍未发生变化，但水泥、水的用量改变。

③当试拌并实测之后，发现流动性能够达到设计要求，但黏聚性和保水性却不好，此时保持原有水泥和水的用量，在维持砂石总量不变的条件下，适当调整砂率改善混凝土的黏聚性和保水性，直至稠度、黏聚性和保水性均满足要求。经过调整，得到基准配合比，同初步配合比对照，其中水泥和水的用量可能未变（也有可能在改变砂率的同时，要相应调整水泥浆的用量，使水泥和水的用量也发生变化），但砂和石各自的用量肯定发生改变。

④试拌并实测后，如发现拌合物的稠度不能满足要求，且黏聚性和保水性也不好，则应在水灰（胶）比和砂石总量维持不变的条件下，改变用水量和砂率，直到符合设计要求为止。此

时提出的基准配合比与初步配合比完全不同。

根据混凝土拌合物工作性调整合格后的材料用量,修正计算配合比,然后提出"基准配合比",即 $m_{ca}:m_{fa}:m_{wa}:m_{sa}:m_{ga}$。

3. 确定试验室配合比

(1)制备立方体抗压强度试件

为验证混凝土强度,按照基准配合比成型,进行标准的混凝土立方体抗压强度检测。该强度试验至少要采用三种不同的水灰(胶)比,其中一个是基准配合比所确定的水灰(胶)比,另外两个水灰(胶)比分别较基准配合比减少或增加0.05(或0.03),即维持单位用水量不变,增加或减少水泥用量,此时的水灰(胶)比的变化基本不会影响混凝土的流动性。当不同水灰(胶)比混凝土的黏聚性和保水性仍然较好时,砂率也可保持不变。

对三组不同水灰比的混凝土分别进行拌和,检验各自工作性。当不同水灰比的混凝土拌合物坍落度与要求值相差超过允许范围时,可以适当增、减用水量进行调整,砂率也可酌情分别增加或减少1%,以确保混凝土拌合物的工作性满足要求,同时测定混凝土拌合物的表观密度 ρ_t。

(2)强度测定和试验室配合比的确定

按照标准方法,分别成型、养护具有不同水灰(胶)比的三组混凝土立方体并测定其抗压强度。根据强度试验结果,建立水灰(胶)比和强度之间的关系。通过绘制强度对灰(胶)水比关系图,选定能够达到混凝土配制强度($f_{cu,0}$)的灰(胶)水比,再转换成所需的水灰比。随后根据下列方法确定混凝土的试验室配合比。

①单位用水量 m_{wb}:通常应与基准配合比中的单位用水量 m_{wa} 保持一致,但在成型立方体试件的同时检验工作性有变动时,以调整后的用水量为准。

②单位水泥用量 m_{cb}:通过单位用水量 m_{wb} 除以强度试验时选定的水灰(胶)比计算得到。

③单位砂 m_{sb} 和石 m_{gb} 用量:按基准配合比确定的砂率(或在强度检验有变动时,以变动后的结果为准),以及上述由①、②获得的单位水泥用量和单位水用量通过质量法或体积法计算出砂、石的用量。

(3)混凝土配合比的密度调整

①根据强度检验结果修正后定出的混凝土配合比,按式(3-2-14)计算出混凝土拌合物的表观密度计算值($\rho_{c,c}$)。

$$\rho_{c,c} = m_{cb} + m_{fb} + m_{gb} + m_{sb} + m_{wb} \tag{3-2-14}$$

式中:$\rho_{c,c}$——混凝土拌合物的表观密度计算值(kg/m³)。

②混凝土配合比校正系数可按式(3-2-15)计算。

$$\delta = \frac{\rho_{c,t}}{\rho_{c,c}} \tag{3-2-15}$$

式中:δ——混凝土配合比校正系数;

$\rho_{c,t}$——混凝土拌合物的表观密度实测值(kg/m³)。

当混凝土拌合物的表观密度实测值与计算值之差的绝对值不超过计算值的2%时,则 $m_{cb}:m_{fb}:m_{wb}:m_{sb}:m_{gb}$ 的配合比即为确定的试验室配合比;当二者之差超过2%时,应将配合比中每项材料用量均乘以校正系数 δ,即为最终确定的试验室配合比,即水泥:水:细集料:粗集

料 $= m'_{cb} : m'_{wb} : m'_{sb} : m'_{gb}$。

【例题 3-2-1】 某普通水泥混凝土设计配合比为水泥：水：砂：石 = 380：190：622：1286（kg/m³）。经实测，该混凝土的表观密度为 2380kg/m³。请问，该混凝土是否需要进行密度修正？如需要，怎么修正？

解：

该混凝土表观密度计算值为：$380 + 190 + 622 + 1286 = 2478(kg/m^3)$

该混凝土表观密度实测值为：2380kg/m³

因为 $\dfrac{实测值 - 计算值}{计算值} = \dfrac{|2380 - 2478|}{2478} \times 100\% = 4.0\% > 2\%$

所以设计配合比需要进行密度修正。

修正系数 δ：$\delta = \dfrac{\rho_t}{\rho_c} = \dfrac{2380}{2478} = 0.96$

即修正后的设计配合比为：

水泥：水：砂：石
$= 380 \times 0.96 : 190 \times 0.96 : 622 \times 0.96 : 1286 \times 0.96$
$= 365 : 182 : 597 : 1235 (kg/m^3)$

4. 换算施工配合比

在确定上述配合比时，集料均以干燥状态为基准。而施工现场的砂、石材料为露天堆放，都有一定的含水率。因此，施工现场应根据砂、石的实际含水率，将试验室配合比换算为施工配合比。

设施工现场砂的含水率为 $a\%$，石的含水率 $b\%$，则施工配合比的各种材料单位用量为：

$$\left.\begin{array}{ll} 水泥 & m_c = m'_{cb} \\ 矿物掺合料 & m_f = m'_{fb} \\ 砂 & m_s = m'_{sb}(1 + a\%) \\ 石 & m_g = m'_{gb}(1 + b\%) \\ 水 & m_w = m'_{wb} - (m'_{sb} \cdot a\% + m'_{gb} \cdot b\%) \end{array}\right\} \quad (3\text{-}2\text{-}16)$$

最终得到混凝土的施工配合比为水泥：水：砂：石 $= m_c : m_w : m_s : m_g$。

3.3 普通水泥混凝土的组成设计实例

想一想

普通水泥混凝土组成设计理论较为抽象，你理解混凝土配合比设计计算全过程吗？在配合比设计规范中很多经验计算公式，你会准确应用吗？比如计算粗细集料用量的质量法和体积法，你能准确地列出方程式并解算粗细集料用量吗？

本节以一个实例说明普通水泥混凝土组成设计的全过程。

【例题3-3-1】 请根据以下已知条件,按照设计要求完成普通水泥混凝土的配合比设计。

(1) 组成材料

普通硅酸盐水泥42.5级,实测28d抗压强度为47.3MPa,密度 $\rho_c = 3100 \text{kg/m}^3$,且不掺其他胶凝材料。中砂:表观密度 $\rho_s = 2650 \text{kg/m}^3$,施工现场砂含水率为3%。碎石:4.75~31.5mm,表观密度 $\rho_g = 2700 \text{kg/m}^3$,施工现场碎石含水率为1%。水:采用自来水。

(2) 设计要求

某桥梁工程桥台用钢筋混凝土(受冰雪影响),混凝土设计强度等级C40,要求强度保证率为95%,强度标准差为5.0MPa。混凝土采用机械拌和及振捣,施工要求坍落度为55~70mm。试确定该混凝土的设计配合比及施工配合比。

解:从设计已知条件可以看出,组成材料中没有外加剂和掺合料,所以本配合比设计只需要确定四种基本材料的用量:水泥、水、粗集料(碎石)和细集料(中砂)。

WK33-配合比
例题(1)

设计计算详细过程如下。

1. 初步配合比的计算

(1) 计算配制强度($f_{cu,0}$)

根据设计要求混凝土强度等级 $f_{cu,k} = 40\text{MPa}$,强度标准差 $\sigma = 5.0\text{MPa}$,代入式(3-2-1)计算该混凝土的配制强度 $f_{cu,0}$。

$$f_{cu,0} = f_{cu,k} + 1.645\sigma = 40 + 1.645 \times 5 = 48.2(\text{MPa})$$

(2) 计算水灰比(W/C)

由所给资料,水泥实测抗压强度 $f_{ce} = 47.3\text{MPa}$,混凝土配制强度 $f_{cu,0} = 48.2\text{MPa}$,粗集料为碎石,查表3-2-11 得:$\alpha_a = 0.53$,$\alpha_b = 0.20$,代入式(3-2-4),计算混凝土水灰比为:

$$W/C = \frac{\alpha_a f_b}{f_{cu,0} + \alpha_a \alpha_b f_b} = \frac{0.53 \times 47.3}{48.2 + 0.53 \times 0.20 \times 47.3} = 0.47$$

混凝土所处环境为受冰雪影响地区,查表3-2-14 中的二 b,得知最大水灰比为 0.50,按照强度计算的水灰比结果符合耐久性要求,故取计算水灰比 $W/C = 0.47$。

WK34-配合比
例题(2)

(3) 确定单位用水量(m_{w0})

根据设计要求混凝土拌合物坍落度为 55~70mm,碎石最大粒径为31.5mm,且属塑性混凝土。查表3-2-16,选取混凝土的单位用水量为:$m_{w0} = 185\text{kg/m}^3$。

(4) 计算单位水泥用量(m_{c0})

根据单位用水量及计算水灰比 W/C,代入式(3-2-9),计算无其他胶凝材料时的单位水泥用量。

$$m_{c0} = \frac{m_{w0}}{W/B} = \frac{185}{0.47} = 393(\text{kg/m}^3)$$

查表3-2-17,符合耐久性最小水泥用量为 320kg/m^3 的要求。

(5) 确定砂率(β_s)

由碎石的最大粒径31.5mm,水灰比0.47,参考表3-2-19,采用内插方法选取混凝土砂率

$\beta_s = 33\%$。

(6) 计算细集料、粗集料用量（m_{s0} 及 m_{g0}）

按照体积法，将已知的水单位用量 m_{w0}、水泥单位用量 m_{c0}、砂率 β_s 以及各原材料密度代入式(3-2-13)，且属非引气混凝土，取 $\alpha = 1$。

$$\begin{cases} \dfrac{m_{s0}}{2650} + \dfrac{m_{g0}}{2700} = 1 - \dfrac{393}{3100} - \dfrac{185}{1000} - 0.01 \times 1 \\ \dfrac{m_{s0}}{m_{s0} + m_{g0}} \times 100 = 33 \end{cases}$$

求解得：细集料用量 $m_{s0} = 601 \text{kg/m}^3$，粗集料用量 $m_{g0} = 1220 \text{kg/m}^3$。

按体积法计算拌和 1m^3 混凝土初步配合比为 (kg/m^3)：

$$m_{c0} : m_{w0} : m_{s0} : m_{g0} = 393 : 185 : 601 : 1220$$

按质量法，假定混凝土的表观密度为 $m_{cp} = 2410 \text{kg/m}^3$，将 m_{w0}、m_{c0} 和 β_s 代入式(3-2-12)得：

$$\begin{cases} m_{s0} + m_{g0} = 2410 - 393 - 185 \\ \dfrac{m_{s0}}{m_{s0} + m_{g0}} \times 100 = 33 \end{cases}$$

联立求解得：细集料用量 $m_{s0} = 604 \text{kg/m}^3$，粗集料用量 $m_{g0} = 1228 \text{kg/m}^3$。

按质量法确定的混凝土初步配合比为 (kg/m^3)：

$$m_{c0} : m_{w0} : m_{s0} : m_{g0} = 393 : 185 : 604 : 1228$$

看出本例题中两种方法计算结果很接近，表明无论是体积法还是质量法都能很好地计算得到粗、细集料的用量。

2. 基准配合比设计

按初步配合比试拌 0.02m^3 混凝土拌合物用于坍落度试验，采用体积法结果，各种材料用量为：

$$\text{水泥} = 393 \times 0.02 = 7.86(\text{kg})$$
$$\text{水} = 185 \times 0.02 = 3.70(\text{kg})$$
$$\text{砂} = 601 \times 0.02 = 12.02(\text{kg})$$
$$\text{碎石} = 1220 \times 0.02 = 24.40(\text{kg})$$

WK35-配合比例题(3)

将混凝土拌合物搅拌均匀后，进行坍落度试验，测得坍落度为 95mm，高于设计坍落度 55～70mm 的要求。同时，试拌混凝土的黏聚性和保水性表现良好。为此仅针对水泥浆用量加以调整，也就是适当减少水泥浆用量 5%，此例采用水泥浆减少 5% 进行计算。

水泥用量减至　　　　　　$7.86 \times (1 - 5\%) = 7.467(\text{kg})$

水用量减至　　　　　　　$3.70 \times (1 - 5\%) = 3.515(\text{kg})$

再经拌和后重新测得坍落度为 60mm，满足坍落度要求，且黏聚性、保水性良好，所以无须改变原有砂率，也就是说初步配合比的粗、细集料用量保持不变。完成混凝土工作性检验。

此时，对应的基准配合比为 (kg/m^3)：

$$m_{ca} : m_{wa} : m_{sa} : m_{ga} = 373 : 176 : 601 : 1220$$

3. 设计配合比的确定

(1) 强度检验

以计算水灰比 0.47 为基础,分别采用水灰比为 0.42、0.47 和 0.52,基准用水量 176kg/m³ 不变,细集料、粗集料用量亦不变,仅改变水泥掺量,拌制三组混凝土拌合物,分别进行坍落度试验,发现各组混凝土工作性均满足要求。

三组配合比分别成型,在标准条件下养护 28d,按规定方法测定其立方体抗压强度,结果见表 3-3-1。

不同水灰比测得混凝土强度 表 3-3-1

组别	水灰比(W/C)	灰水比(C/W)	28d 立方体抗压强度(MPa)
1	0.42	2.38	56.6
2	0.47	2.13	49.8
3	0.52	1.92	44.5

根据表中数据,绘出 28d 抗压强度与灰水比关系图(图 3-3-1)。

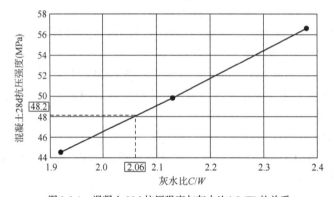

图 3-3-1 混凝土 28d 抗压强度与灰水比(C/W)的关系

由图 3-3-1 可知,达到混凝土配制强度 48.2MPa 要求时对应的灰水比是 2.064,转换为水灰比是 0.48。这就是说,当混凝土水灰比是 0.48 时,配制强度能够满足设计要求。

(2) 设计配合比的确定

按强度试验结果修正混凝土配合比,各种材料用量为:

单位用水量仍为基准配合比用水量,即 $m_{wb} = 176\text{kg/m}^3$,由 0.48 的水灰比得到单位水泥用量为 $m_{cb} = 176 \div 0.48 = 367(\text{kg/m}^3)$;粗、细集料按体积法计算。

$$\begin{cases} \dfrac{m_{sb}}{2650} + \dfrac{m_{gb}}{2700} = 1 - \dfrac{367}{3100} - \dfrac{176}{1000} - 0.01 \times 1 \\ \dfrac{m_{sb}}{m_{sb} + m_{gb}} \times 100 = 33 \end{cases}$$

计算结果为:细集料用量为 $m_{sb} = 617\text{kg/m}^3$;粗集料用量为 $m_{gb} = 1253\text{kg/m}^3$。计算得设计配合比为:

$$m_{cb} : m_{wb} : m_{sb} : m_{gb} = 367 : 176 : 617 : 1253$$

(3) 设计配合比密度修正

混凝土拌合物表观密度计算值为: $\rho_{c,c} = 367 + 176 + 617 + 1253 = 2413 (\text{kg/m}^3)$

实测表观密度: $\rho_{c,t} = 2400 (\text{kg/m}^3)$

计算密度修正系数: $\delta = \rho_{c,t}/\rho_{c,c} = 2400/2413 = 0.99$。由于密度实测值与计算值之差的绝对值未超过计算值的2%,故设计混凝土配合比的材料用量无须进行密度修正。

最后确定试验室混凝土的设计配合比为(kg/m^3):

$$m'_{cb} : m'_{wb} : m'_{sb} : m'_{gb} = 367 : 176 : 617 : 1253$$

或

$$m'_{cb} : m'_{sb} : m'_{gb} = 1 : 1.68 : 3.41 : W/C = 0.48$$

4. 施工配合比的计算

根据施工现场实测结果,砂含水率 w_s 为3%,碎石含水率 w_g 为1%,各种材料现场实际用量:

水泥: $m_c = m'_{cb} = 367 (\text{kg/m}^3)$

细集料: $m_s = m'_{sb}(1 + w_s) = 617 \times (1 + 3\%) = 636 (\text{kg/m}^3)$

粗集料: $m_s = m'_{gb}(1 + w_g) = 1253 \times (1 + 1\%) = 1266 (\text{kg/m}^3)$

水: $m_w = m'_{wb} - (m'_{sb} \cdot w_s + m'_{gb} \cdot w_g) = 176 - (617 \times 3\% + 1253 \times 1\%) = 145 (\text{kg/m}^3)$

WK37-配合比例题(5)

所以,现场施工配合比如下:

$$m_c : m_w : m_s : m_g = 367 : 145 : 636 : 1266 (\text{kg/m}^3)$$

整个配合比设计内容最终完成。

3.4 水泥混凝土外加剂

? 想一想

在配制普通混凝土时,一般用到的是四种基本的原材料:水泥、水、细集料和粗集料,但如果配制的混凝土某些性能达不到我们所需的设计要求,那么我们还可以往其中掺加外加剂来改善混凝土的性能。外加剂作为一种活性物质,品种很多,它们能改善混凝土的哪些性能呢?

外加剂是一种在混凝土搅拌之前或拌制过程中加入的、用以改善新拌混凝土或硬化混凝土性能的材料,其掺量一般不大于水泥质量的5%。在水泥混凝土中,应用外加剂的工程技术经济效益显著,受到国内外工程界的普遍重视,近几十年来,外加剂发展很快,品种越来越多,已成为混凝土四种基本组成材料以外的第五种组分。

外加剂有固体(粉剂)、液体(水剂)之分,如图3-4-1、图3-4-2所示。混凝土外加剂的掺入量百分比以固体为准。

 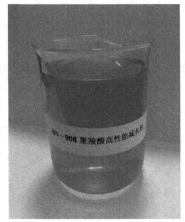

图 3-4-1　外加剂粉剂　　　　图 3-4-2　外加剂水剂

3.4.1　外加剂的分类

混凝土外加剂的种类繁多,按其主要功能归纳起来可分为下列四类。
(1)改善混凝土拌合物流变性能的外加剂,如各种减水剂和泵送剂等;
(2)调节混凝土凝结时间、硬化过程的外加剂,如缓凝剂、早强剂、促凝剂和速凝剂等;
(3)改善混凝土耐久性的外加剂,如引气剂、防水剂和阻锈剂等;
(4)改善混凝土其他性能的外加剂,如膨胀剂、防冻剂和着色剂等。

3.4.2　常用混凝土外加剂

1. 减水剂

减水剂是在混凝土坍落度基本相同条件下,能减少拌和用水的外加剂。

(1)减水剂品种

减水剂根据其减水的效果不同分为以下三种。

①普通减水剂:减水率不小于8%的减水剂。

②高效减水剂:减水率不小于14%的减水剂。

③高性能减水剂:减水率不小于25%,与高效减水剂相比坍落度保持性能好,干燥收缩小,且具有一定引气性能的减水剂。

减水剂根据其兼顾的功能不同,又可分为标准型减水剂、缓凝型减水剂、早强型减水剂、引气型减水剂等。

(2)减水剂的作用机理

水泥混凝土拌合物中需要加水,主要作用有两个方面:①水泥水化用水;②施工流动性用水。根据估算,水灰比大致为0.28就可以满足一般水泥水化用水。但在实际工作中,由于施工流动性的需要,拌合物的水灰比远远大于0.28。多余的水分在水泥凝结硬化时,就会挥发,留下许多孔隙,造成混凝土的强度下降。减水剂就是能在保证混凝土拌合物的流动性满足施工要求的前提下,减少用水,减少孔隙,增强混凝土的致密性,从而提高混凝土强度。

水泥和水拌和后,由于水泥颗粒之间的分子引力作用,形成絮凝结构(图3-4-3)。在这种絮凝结构中,包裹了许多拌和水,降低了混凝土拌合物的流动性。当加入适量的减水剂后,减水剂的憎水基吸附于水泥颗粒表面,亲水基指向水分子,使水泥颗粒表面带上相同的电荷,加大了水泥颗粒之间的静电斥力,导致水泥颗粒相互分散,絮凝结构中的水被释放出来,增加了拌合物的流动性。当水泥颗粒表面吸附足够的减水剂后,水泥颗粒表面形成一层稳定的熔剂化膜层,它阻止了水泥颗粒间的直接接触,并在颗粒间起润滑作用,改善了混凝土拌合物的和易性,如图3-4-4所示。另一方面,由于减水剂对水泥的分散作用,水泥颗粒与水的接触表面增加,水化比较充分,也会提高混凝土的强度。

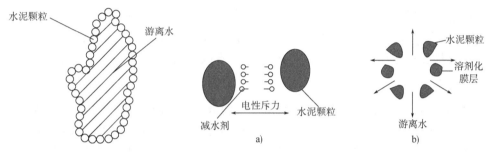

图 3-4-3　水泥浆的絮凝结构　　　　图 3-4-4　减水剂的作用机理

(3)掺入混凝土的经济效果

①在保持用水量和水泥用量不变时,可增大混凝土拌合物的流动性,如采用高效减水剂,可制备大流动性混凝土。

②保持混凝土拌合物的工作性和水泥用量不变,可减少用水量,提高混凝土强度,同时水胶比减小,亦可提高耐久性。根据经验,C50以上的高强度混凝土基本都要使用减水剂。

③在保持混凝土工作性和强度不变的条件下,可节约水泥用量。

2. 引气剂

引气剂是在搅拌混凝土过程中能引入大量均匀分布、稳定而封闭的微小气泡且能保留在硬化混凝土中的外加剂。

对于新拌混凝土,由于这些气泡的存在,可改善工作性,减少泌水和离析。对硬化后的混凝土,由于气泡彼此隔离切断毛细孔通道,水分不易渗入,又可缓冲水分结冰膨胀的作用,因而能提高混凝土的抗冻性、抗渗性和抗蚀性。但是,由于气泡的存在,混凝土强度会有所降低,可以降低水胶比,使混凝土强度得到一定补偿。

引气剂的掺量极微,为 0.005% ~0.01%,引气量约为 3% ~6%。

3. 缓凝剂

缓凝剂是能延缓混凝土的凝结时间,对混凝土后期物理力学性能无不利影响的外加剂。缓凝剂的加入会显著延长混凝土在塑性状态下的凝结时间,从而使得混凝土有较长的时间可以用于输送、浇筑及最后加工。

缓凝剂适用于大体积混凝土、炎热季节施工的混凝土,以及需长时间停放或长距离运输的混凝土,可延缓混凝土的凝结时间,保持和易性。同时对于大体积混凝土,还可延长放热时间,消除或减少裂缝,保证结构的整体性。

4. 早强剂

早强剂是指能加速混凝土早期强度发展的外加剂,主要品种有氯盐类、硫酸盐类及有机胺类等。早强剂适用于蒸养混凝土及常温、低温和最低温度不低于 $-5℃$ 环境中施工的有早强要求的混凝土工程,炎热环境条件下不宜使用早强剂。由于氯盐类早强剂中含有 Cl^- 离子,会引起混凝土中的钢筋锈蚀,因而在大部分钢筋混凝土工程限制使用氯盐类早强剂。

3.4.3 外加剂的掺入方法

外加剂的掺量很少,要保证其在混凝土中均匀分散,一般不能直接加入搅拌机内,其掺入方法对作用效果有较大影响。使用时,应根据外加剂品种及施工条件等具体情况选择合适的掺入方法,以提高外加剂功效。外加剂的掺入方法有以下几种。

1. 溶液法

溶液法是指将外加剂预先溶解成一定浓度的溶液,然后在搅拌时与水一起掺入。对于可溶解的外加剂应提前 1d 配制成均匀一致的溶液,不同品种的外加剂复合使用时,应检验其互溶性,满足要求后,方可共溶。减水剂与其他外加剂共同配制在一种溶液内时,如产生絮凝或沉淀等不相溶现象,不得复配在同一溶液中使用,应更换为可互溶的外加剂,或分别配制溶液分别加入。

2. 后掺法

后掺法是指外加剂不是在搅拌时加入,而是在运输途中或施工现场分一次或几次加入,再经两次或多次搅拌混凝土。为了提高混凝土的流动性和强度,减少坍落度损失,在搅拌运输车运送拌合物时,可在卸料前 2min 将外加剂加入罐内,快速拌和均匀后出料浇筑。

3. 干掺法

干掺法是指将粉状外加剂先与水泥或砂石混合均匀后,再加水搅拌。干掺法仅限于某些不溶于水的外加剂,为保证其在混凝土中拌和均匀,掺粉剂拌合物的搅拌时间应比掺液体外加剂的延长 30s。

外加剂的掺量以胶凝材料用量的百分比表示,其使用效果由产品说明书指明或试验确定。

【例题 3-4-1】 经过试配,某混凝土拌合物的用水量为 $215kg/m^3$,水泥用量为 $300kg/m^3$,粉煤灰用量为 $80kg/m^3$。现决定掺加一种减水剂,其说明书上推荐的掺量为 1.5%,减水率为 25%。试计算减水剂初步掺量以及使用外加剂后的用水量。

解:

减水剂用量: $m_{a0} = m_{b0} \times \beta_a = (300 + 80) \times 1.5\% = 5.7(kg/m^3)$

掺减水剂后混凝土的单位用水量:

$$m_{w,ad} = m_{w0} \times (1 - \beta_{ad}) = 215 \times (1 - 25\%) = 161(kg/m^3)$$

3.5 其他水泥混凝土

? 想一想

水泥混凝土材料发展至今已有百余年之久,已成为土木工程中用途最广、用量最大的一种建筑材料,随着混凝土技术的不断发展,混凝土种类也呈现多样化,那么除了普通混凝土外,你还了解哪些性能不一样的混凝土呢?

譬如,一般结构物混凝土主要是受压破坏,而路面铺装混凝土(图 3-5-1)主要是弯拉破坏,那么路面混凝土与普通混凝土有什么不一样的要求呢?在公园中的许多人行道上,铺设透水性混凝土(图 3-5-2),有什么作用呢?

图 3-5-1 路面水泥混凝土

图 3-5-2 透水性混凝土

3.5.1 路面水泥混凝土

路面水泥混凝土是指满足路面摊铺工作性、弯拉强度、耐久性及经济性等要求的水泥混凝土材料。根据材料组成,路面水泥混凝土分为普通路面混凝土(也称素混凝土)、钢筋混凝土、预应力混凝土、钢纤维混凝土和碾压混凝土等。

由于路面水泥混凝土直接承受车辆荷载的作用,其组成材料选择、配合比设计标准均应根据路面的交通等级确定。在《公路水泥混凝土路面设计规范》(JTG D40—2011)中,按设计基准期内设计车道所承受的标准轴载累计作用次数,将路面所承受的交通轴载作用分为五级,分级范围见表 3-5-1。

水泥混凝土路面的交通荷载分级   表 3-5-1

交通荷载等级	极重	特重	重	中	轻
设计基准期内设计车道承受设计轴载(100kN)累计作用次数 $N_e(10^4)$	$>1×10^6$	$>1×10^6 \sim 2000$	$2000 \sim 100$	$100 \sim 3$	<3

1. 路面混凝土组成材料的技术要求

(1) 水泥

水泥是路面混凝土的重要组成材料，直接影响混凝土的强度、早期干缩、温度变形和抗磨性。极重、特重、重交通荷载等级公路面层水泥混凝土应采用旋窑生产的道路硅酸盐水泥、硅酸盐水泥、普通硅酸盐水泥，中、轻交通荷载等级公路面层水泥混凝土可采用矿渣硅酸盐水泥。高温期施工宜采用普通型水泥，低温期施工宜采用早强型水泥。

面层水泥混凝土所用水泥的技术要求除应满足《道路硅酸盐水泥》(GB/T 13693—2017)或《通用硅酸盐水泥》(GB 175—2007)的规定外，各龄期的实测抗折强度、抗压强度应满足《公路水泥混凝土路面施工技术细则》(JTG/T F30—2014)，即表3-5-2的规定。

面层水泥混凝土用水泥各龄期的实测强度值(JTG/T F30—2014)　　表3-5-2

混凝土设计弯拉强度标准值(MPa)	5.5		5.0		4.5		4.0	
龄期(d)	3	28	3	28	3	28	3	28
水泥实测抗折强度(MPa)≥	5.0	8.0	4.5	7.5	4.0	7.0	3.0	6.5
水泥实测抗压强度(MPa)≥	23.0	52.5	17.0	42.5	17.0	42.5	10.0	32.5

在路面混凝土中，水泥的化学成分对其路用品质影响很大。游离氧化钙与氧化镁含量高会降低混凝土的疲劳寿命；铁铝酸四钙含量过低会降低水泥混凝土弯拉强度，过高会导致路面难以抹面、平整度差；铝酸三钙含量高时，会导致水泥凝结硬化速度过快、发热量过大、易产生裂缝，还会降低抗折强度，同时会过量吸附外加剂，降低水泥对外加剂的适应性。各交通荷载等级公路面层水泥混凝土用水泥的成分应符合表3-5-3的规定。

各交通荷载等级公路面层水泥混凝土用水泥的成分要求(JTG/T F30—2014)　　表3-5-3

水泥成分	极重、特重、重交通荷载等级	中、轻交通荷载等级
熟料游离氧化钙含量(%)	≤1.0	≤1.8
氧化镁含量(%)	≤5.0	≤6.0
铁铝酸四钙含量(%)	15.0~20.0	12.0~20.0
铝酸三钙含量(%)	≤7.0	≤9.0
三氧化硫含量[a](%)	≤3.5	≤4.0
碱含量 $Na_2O + 0.658K_2O$ (%)	≤0.6	怀疑集料有碱活性时，≤0.6 无碱活性集料时，≤1.0
氯离子含量[b](%)	≤0.06	≤0.06
混合料种类	不得掺窑灰、煤矸石、火山灰、烧黏土、煤渣，有抗盐冻要求时不得掺石灰岩粉	

注：a. 三氧化硫含量在硫酸盐腐蚀场合为必测项目，无腐蚀场合为选测项目。
　　b. 氯离子含量在配筋混凝土与钢纤维混凝土面层中为必测项目，在水泥混凝土面层中为选测项目。

各交通荷载等级公路面层水泥混凝土用水泥的物理指标应符合表3-5-4的规定。

各交通荷载等级公路面层水泥混凝土用水泥的物理指标要求（JTG/T F30—2014） 表 3-5-4

水泥物理性能		极重、特重、重交通荷载等级	中、轻交通荷载等级
出磨时安定性		雷氏夹和蒸煮法检验均必须合格	蒸煮法检验必须合格
凝结时间（h）	初凝时间	≥1.5	≥0.75
	终凝时间	≤10	≤10
标准稠度需水量(%)		≤28.0	≤30.0
比表面积(m^2/kg)		300~450	300~450
细度(80μm 筛余)(%)		≤10.0	≤10.0
28d 干缩率(%)		≤0.09	≤0.10
耐磨性(m^2/kg)		≤2.5	≤3.0

（2）粗集料

①质量要求。

粗集料应使用质地坚硬、耐久、干净的碎石、破碎卵石或卵石。极重、特重、重交通荷载等级公路面层混凝土用粗集料质量不应低于表 3-5-5 中 Ⅱ 级的要求；中、轻交通荷载等级公路面层混凝土可使用 Ⅲ 级粗集料。

公路面层混凝土用粗集料质量标准（JTG/T F30—2014） 表 3-5-5

项目		技术要求		
		Ⅰ	Ⅱ	Ⅲ
碎石压碎值(%)		≤18.0	≤25.0	≤30.0
卵石压碎值(%)		≤21.0	≤23.0	≤26.0
坚固性(按质量损失计)(%)		≤5.0	≤8.0	≤12.0
针片状颗粒含量(按质量计)(%)		≤8.0	≤15.0	≤20.0
含泥量(按质量计)(%)		≤0.5	≤1.0	≤2.0
泥块含量(按质量计)(%)		≤0.2	≤0.5	≤0.7
吸水率[a](按质量计)(%)		≤1.0	≤2.0	≤3.0
硫化物及硫酸盐含量[b](按SO_3质量计)(%)		≤0.5	≤1.0	≤1.0
洛杉矶磨耗损失[c](%)		≤28.0	≤32.0	≤35.0
有机物含量(比色法)		合格	合格	合格
岩石抗压强度[b](MPa)	岩浆岩	≥100		
	变质岩	≥80		
	沉积岩	≥60		
表观密度(kg/m^3)		≥2500		
松散堆积密度(kg/m^3)		≥1350		
空隙率(%)		≤47		
磨光值[c]		≥35.0		
碱活性反应[b]		不得有碱活性反应或疑似碱活性反应		

注：a. 有抗冰冻、抗盐冻要求时，应检验粗集料吸水率。
b. 硫化物及硫酸盐含量、碱活性反应、岩石抗压强度在粗集料使用前应至少检验一次。
c. 洛杉矶磨耗损失、磨光值仅在要求制作露石水泥混凝土面层时检测。

②公称最大粒径与级配。

为了提高路面混凝土弯拉强度,防止混凝土拌合物离析,减少对摊铺机的机械磨损,提高混凝土的抗冻性及耐磨性,集料的公称最大粒径不宜过大。各种面层水泥混凝土配合比的不同种类粗集料公称最大粒径宜符合表 3-5-6 的规定。

各种面层水泥混凝土配合比不同种类粗集料公称最大粒径(单位:mm)　表 3-5-6
(JTG/T F30—2014)

交通荷载等级		极重、特重、重		中、轻	
面层类型		水泥混凝土	纤维混凝土、配筋混凝土	水泥混凝土	碾压混凝土、砌块混凝土
公称最大粒径	碎石	26.5	16.0	31.5	19.0
	破碎卵石	19.0	16.0	26.5	19.0
	卵石	16.0	9.5	19.0	16.0
	再生粗集料	—	—	26.5	19.0

为了保证施工质量,防止集料离析,路面混凝土中不得使用没有级配的统货粗集料。粗集料应根据混凝土配合比的公称最大粒径分成 2~4 个单粒级的集料,并进行掺配使用。粗集料的合成级配及单粒级级配范围宜符合表 3-5-7 的要求。

粗集料的级配范围(JTG/T F30—2014)　表 3-5-7

公称粒级 (mm)		累计筛余(按质量计,%)							
		方孔筛筛孔边长尺寸(mm)							
		2.36	4.75	9.5	16.0	19.0	26.5	31.5	37.5
合成级配	4.75~16.0	95~100	85~100	40~60	0~10	—	—	—	—
	4.75~19.0	95~100	85~95	60~75	30~45	0~5	0	—	—
	4.75~26.5	95~100	90~100	70~90	50~70	25~40	0~5	0	—
	4.75~31.5	95~100	90~100	75~90	60~75	40~60	20~35	0~5	0
单粒级级配	4.75~9.5	95~100	80~100	0~15	0	—	—	—	—
	9.5~16.0	—	95~100	80~100	0~15	0	—	—	—
	9.5~19.0	—	95~100	85~100	40~60	0~15	0	—	—
	16.0~26.5	—	—	95~100	55~70	25~40	0~10	0	—
	16.0~31.5	—	—	95~100	85~100	55~70	25~40	0~10	0

路面混凝土对粗集料级配范围的要求更为严格,以保证粗集料形成骨架-密实结构。这是由于粗集料级配对混凝土的弯拉强度影响很大,主要表现在振实后,粗集料能够逐级密实填充,形成高弯拉强度所要求的嵌挤力;另一方面,粗集料级配对混凝土的干缩性较为敏感,逐级密实填充的良好级配有利于减小混凝土的干缩。

(3)细集料

①质量要求。

细集料应使用质地坚硬、耐久、洁净的天然砂或机制砂,不宜使用再生细集料。极重、特重、重交通荷载等级公路面层水泥混凝土用天然砂的质量标准不应低于表 3-5-8 规定的 Ⅱ 级,中、轻交通荷载等级公路面层混凝土可使用Ⅲ级天然砂。

公路面层混凝土用天然砂的质量标准（JTG/T F30—2014）　　　　表 3-5-8

项目	技术要求		
	Ⅰ	Ⅱ	Ⅲ
坚固性(按质量损失计)(%)	≤6.0	≤8.0	≤10.0
含泥量(按质量计)(%)	≤1.0	≤2.0	≤3.0
泥块含量(按质量计)(%)	≤0	≤0.5	≤1.0
氯离子含量[a](按质量计)(%)	≤0.02	≤0.03	≤0.06
云母含量(按质量计)(%)	≤1.0	≤1.0	≤2.0
硫化物及硫酸盐含量[b](按SO_3质量计)(%)	≤0.5	≤0.5	≤0.5
海砂中的贝壳类物质含量(按质量计)(%)	≤3.0	≤5.0	≤8.0
轻物质含量(按质量计)(%)	≤1.0		
吸水率(%)	≤2.0		
表观密度(kg/m^3)	≥2500		
松散堆积密度(kg/m^3)	≥1400		
空隙率(%)	≤45.0		
有机物含量(比色法)	合格		
碱活性反应	不得有碱活性反应或疑似碱活性反应		
结晶态二氧化硅含量[b](%)	≥2.5		

注：a. 碱活性反应、氯离子含量、硫化物及硫酸盐含量在天然砂使用前至少检验一次。
　　b. 按现行《公路工程集料试验规程》(JTG E42)T 0324 岩相法，测定除隐晶质、玻璃质二氧化硅以外的结晶态二氧化硅的含量。

机制砂宜采用碎石作为原料，并用专门设备生产。极重、特重、重交通荷载等级公路面层水泥混凝土用机制砂的质量标准不应低于表 3-5-9 规定的Ⅱ级，中、轻交通荷载等级公路面层混凝土可使用Ⅲ级机制砂。

公路面层混凝土用机制砂的质量标准（JTG/T F30—2014）　　　　表 3-5-9

项目	技术要求		
	Ⅰ	Ⅱ	Ⅲ
机制砂母岩的抗压强度(MPa)	≥80.0	≥60.0	≥30.0
机制砂母岩的磨光值	≥38.0	≥35.0	≥30.0
机制砂单粒级最大压碎指标(%)	≤20.0	≤25.0	≤30.0
坚固性(按质量损失计)(%)	≤6.0	≤8.0	≤10.0
氯离子含量[a](按质量计)(%)	≤0.01	≤0.02	≤0.06
云母含量(按质量计)(%)	≤1.0	≤2.0	≤2.0
硫化物及硫酸盐含量[a](按SO_3质量计)(%)	≤0.5	≤0.5	≤0.5

续上表

项目		技术要求		
		Ⅰ	Ⅱ	Ⅲ
泥块含量(按质量计)(%)		≤0	≤0.5	≤1.0
石粉含量(%)	MB值<1.40或合格	<3.0	<5.0	<7.0
	MB值≥1.40或不合格	<1.0	<3.0	<5.0
轻物质含量(按质量计)(%)		≤1.0		
吸水率(%)		≤2.0		
表观密度(kg/m³)		≥2500		
松散堆积密度(kg/m³)		≥1400		
空隙率(%)		≤45.0		
有机物含量(比色法)		合格		
碱活性反应[a]		不得有碱活性反应或疑似碱活性反应		

注：a.碱活性反应、氯离子含量、硫化物及硫酸盐含量在机制砂使用前至少检验一次。

② 级配和细度。

天然砂的级配范围宜符合表3-5-10的规定。面层水泥混凝土使用的天然砂细度模数宜为2.0~3.7。

面层水泥混凝土使用的天然砂推荐级配范围（JTG/T F30—2014）　　表3-5-10

砂分级	细度模数	方孔筛尺寸(mm)							
		9.5	4.75	2.36	1.18	0.6	0.3	0.15	0.075
		通过各筛孔的质量百分率(%)							
粗砂	3.1~3.7	100	90~100	65~95	35~65	15~30	5~20	0~10	0~5
中砂	2.3~3.0	100	90~100	75~100	50~90	30~60	8~30	0~10	0~5
细砂	1.6~2.2	100	90~100	85~100	75~100	60~84	15~45	0~10	0~5

机制砂的级配范围宜符合表3-5-11的规定。面层水泥混凝土使用的机制砂细度模数宜为2.3~3.1。

面层水泥混凝土使用的机制砂推荐级配范围（JTG/T F30—2014）　　表3-5-11

砂分级	细度模数	方孔筛尺寸(mm)						
		9.5	4.75	2.36	1.18	0.6	0.3	0.15
		通过各筛孔的质量百分率(%)						
Ⅰ级砂	2.3~3.1	100	90~100	80~95	50~85	30~60	10~20	0~10
Ⅱ、Ⅲ级砂	2.8~3.9	100	90~100	50~95	30~65	15~29	5~20	0~10

（4）水

饮用水可直接作为混凝土搅拌与养护用水，非饮用水应进行水质检验，并应符合表3-5-12的规定，还应与蒸馏水进行水泥凝结时间与水泥胶砂强度的对比试验。对比试验的水泥初凝与终凝时间差均不应大于30min，水泥胶砂3d和28d强度不应低于蒸馏水配制的水泥胶砂3d和28d强度的90%。

非饮用水质量标准（JTG/T F30—2014）　　　表3-5-12

项目	钢筋混凝土及钢纤维混凝土	素混凝土
pH值	≥5.0	≥4.5
Cl^-含量（mg/L）	≤1000	≤3500
SO_4^{2-}含量（mg/L）	≤2000	≤2700
碱含量（mg/L）	≤1500	≤1500
可溶物含量（mg/L）	≤5000	≤10000
不溶物含量（mg/L）	≤2000	≤5000
其他杂质	不应有漂浮的油脂和泡沫；不应有明显的颜色和异味	

2. 路面水泥混凝土的技术性质

(1) 弯拉强度

路面水泥混凝土的强度以28d龄期的弯拉强度控制，根据《公路水泥混凝土路面设计规范》(JTG D40—2011)，各级交通荷载等级要求的水泥混凝土弯拉强度标准值不得低于表3-5-13的规定。

水泥混凝土弯拉强度标准值　　　表3-5-13

交通等级	极重、特重、重	中等	轻
水泥混凝土的弯拉强度标准值（MPa）	≥5.0	4.5	4.0
钢纤维混凝土的弯拉强度标准值（MPa）	≥6.0	5.5	5.0

(2) 工作性

路面混凝土施工方式取决于施工机械，通常采用滑模摊铺机、三辊轴机组及小型机具等对混凝土拌合物进行施工。

滑模摊铺机施工方式为不架设边缘固定模板，通过基准线控制，采用滑模摊铺机，一次完成混凝土拌合物的摊铺、振捣密实、挤压成型、抹面修饰等功能。

三辊轴机组施工方式为采用密集振捣棒组和三辊轴整平机施工，在固定模板内由密集振捣棒组振动密实，三辊轴整平机在模板上前后滚动、振动，完成密实、整平和成型。

小型机具施工是一种采用固定模板控制路面几何尺寸，人工摊铺，手持振动棒和振动板振动密实，人工辊轴、修整尺、抹刀整平混凝土路面的施工工艺。

根据《公路水泥混凝土路面设计规范》(JTG D40—2011)规定：碎石混凝土滑模摊铺时的坍落度宜为10~30mm，卵石混凝土滑模摊铺时的坍落度宜为5~20mm，振动黏度系数宜为200~500N·s/m³；三辊轴机组摊铺时，拌合物的现场坍落度宜为20~40mm；小型机具摊铺时，拌合物的现场坍落度宜为5~20mm；拌合楼（机）出口拌合物坍落度值，应根据不同工艺摊铺时的坍落度加上运输过程中坍落度损失值确定。

(3) 耐久性

为保证混凝土的耐久性，各级公路面层水泥混凝土的最大水灰（胶）比和最小单位水泥用量应符合表 3-5-14 的规定。最大单位水泥用量不宜大于 420kg/m³；使用掺合料时，最大单位胶凝材料总量不宜大于 450kg/m³。

各级公路面层水泥混凝土最大水灰(胶)比和最小单位水泥用量 表 3-5-14

公路等级		高速、一级	二级	三、四级
最大水灰(胶)比		0.44	0.46	0.48
有抗冰冻要求时最大水灰(胶)比		0.42	0.44	0.46
有抗盐冻要求时最大水灰(胶)比ª		0.40	0.42	0.44
最小单位水泥用量 (kg/m³)	52.5 级	300	300	290
	42.5 级	310	310	300
	32.5 级	—	—	315
有抗冰冻、抗盐冻要求时最小单位水泥用量(kg/m³)	52.5 级	310	310	300
	42.5 级	320	320	315
	32.5 级	—	—	325
掺粉煤灰时最小单位水泥用量 (kg/m³)	52.5 级	250	250	245
	42.5 级	260	260	255
	32.5 级	—	—	265
有抗冰冻、抗盐冻要求时掺粉煤灰最小单位水泥用量(kg/m³)ᵇ	52.5 级	265	260	255
	42.5 级	280	270	265

注：a. 处在除冰盐、海风、酸雨或硫酸盐等腐蚀性环境中或在大纵坡等加速车道上，最大水灰(胶)比宜比表中数值降低 0.01~0.02。

b. 掺粉煤灰，并有抗冰冻、抗冻盐要求时，面层不应使用 32.5 级水泥。

3.5.2 高强高性能水泥混凝土

自1850年钢筋混凝土问世以来，作为重要的结构材料，混凝土的高强化一直是人们努力的目标。但工程经验表明，高强度混凝土并不能解决一切问题，许多水工、海港、桥梁工程的破坏原因往往不是强度不足，而是耐久性不够。由于结构使用年限短，修复破坏建筑物的工程费用大，人们开始考虑在建造初期，采用高性能混凝土延长结构使用年限。

根据《公路桥涵施工技术规范》(JTG/T 3650—2020)，强度等级 C60 及以上的混凝土称为高强度混凝土。强度等级 C100 以上的混凝土称为超高强度混凝土。采用混凝土的常规材料、常规工艺，在常温下，以低水胶比、大掺量优质掺合料和严格的质量控制措施制作的，具有良好的施工工作性能且硬化后具有高耐久性、高尺寸稳定性及较高强度的混凝土称为高性能混凝土。同时具有上述各性能的混凝土称为高强高性能混凝土。

高强高性能混凝土最大的特点是抗压强度高，一般为普通强度混凝土的 4~6 倍，故可减小构件的截面，因此最适宜用于高层建筑或高墩柱。试验表明，在一定的轴压比和合适的配箍率情况下，高强度混凝土框架柱具有较好的抗震性能。而且柱截面尺寸减小，减轻自重，避免短柱，对结构抗震也有利，而且提高了经济效益。

高强高性能混凝土是一种易于浇注、捣实、不离析，能长期保持高强、韧性与体积稳定性，在严酷环境下使用寿命长的混凝土。

获得高强高性能混凝土的有效途径主要有掺加高性能的外加剂和活性掺合料,并同时采用高强度等级的水泥和优质集料。对于有特殊要求的混凝土,还可掺加纤维材料提高抗拉、抗弯拉性能和冲击韧性,也可掺加聚合物等提高密实度和耐磨性。常用的活性掺合料有优质的粉煤灰、磨细矿渣粉或硅灰等,常用的纤维材料有钢纤维、聚酯纤维和玻璃纤维等。

1. 高强高性能混凝土的原材料

(1) 水泥

水泥宜选用品质稳定、标准稠度低、强度等级不低于42.5的硅酸盐水泥或普通硅酸盐水泥,不宜采用矿渣硅酸盐水泥、火山灰质硅酸盐水泥及粉煤灰硅酸盐水泥。高强度混凝土的水泥用量不宜大于 $500kg/m^3$,胶凝材料总量不宜大于 $600kg/m^3$。

(2) 矿物掺合料

①硅灰:硅灰是高强度混凝土配制中应用最早、技术最成熟、应用较多的一种掺合料。研究结果表明,硅灰对提高混凝土强度的作用十分显著,当外掺6%~8%的硅灰时,混凝土强度一般可提高20%以上;同时,可提高混凝土的抗渗、抗冻、耐磨、耐碱-集料反应等耐久性能。但硅灰对混凝土也有不利影响,如增大混凝土的收缩值、降低混凝土的抗裂性、减小混凝土流动性、加速混凝土的坍落度损失等。

②磨细矿渣粉:磨细矿渣粉具有优质的早期强度和耐久性,掺量一般控制在20%~50%。矿渣粉的细度越大,其活性越高,增强作用越显著,但粉磨成本也大大增加。与硅灰相比,增强作用略逊,但其他性能优于硅灰。

③优质粉煤灰:一般选用Ⅰ级灰,利用其内含的玻璃微珠润滑作用,降低水胶比,以及细粉末填充效应和火山灰活性效应,提高混凝土强度和改善综合性能。掺量一般控制在20%~30%。Ⅰ级粉煤灰的作用效果与矿渣粉相似,且抗裂性优于矿粉。

(3) 外加剂

外加剂应选用高性能减水剂、高效减水剂或复合减水剂,并应选择减水率高、坍落度损失小、适量引气、与水泥之间具有良好的相容性、能明显改善或提高混凝土耐久性能且质量稳定的产品。减水剂一般要求减水率不小于25%,以最大限度降低水胶比,提高混凝土强度。为改善混凝土的施工和易性及提供其他特殊性能,也可同时掺入引气剂、缓凝剂、防水剂、膨胀剂、防冻剂等。引气剂或引气型外加剂应有良好的气泡稳定性。用于提高混凝土抗冻性的引气剂、减水剂或复合外加剂中均不得掺有木质硫酸盐组分,并不得采用含有氯盐的防冻剂。

(4) 粗集料

粗集料宜选用质地均匀坚硬、粒形良好、级配合理、线膨胀系数小的洁净碎石或卵石,不宜采用砂岩加工成的碎石,且应采用连续两级配或连续多级配。粗集料的最大粒径不宜大于26.5mm,含泥量应不大于0.5%,针片状颗粒含量不宜大于5%;配制C80及以上等级混凝土时,最大粒径不宜大于20mm。

(5) 细集料

细集料宜选用质地坚硬、级配良好的中砂,细度模数应为2.6~3.0,含泥量应不大于2.0%,泥块含量应不大于0.5%;配制C70及以上强度等级混凝土时,含泥量应不大于1.5%,且不应有泥块存在,必要时应冲洗后使用。

2. 高强高性能混凝土的主要技术性质

(1) 高强高性能混凝土的早期强度高,但后期强度增长率一般不及普通混凝土,故不能用普通混凝土的龄期与强度的关系式,由早期强度推算后期强度。如 C60～C80 混凝土,3d 强度为 28d 的 60%～70%;7d 强度为 28d 的 80%～90%。

(2) 高强高性能混凝土由于非常致密,故抗渗、抗冻、抗碳化、抗腐蚀等耐久性指标十分优异,可极大地提高混凝土结构物的使用年限。

(3) 由于混凝土强度高,因此构件截面尺寸可大大减小,从而改变"肥梁胖柱"的现状,减轻建筑物自重,简化地基处理,并使高强钢筋的应用和效能得以充分利用。

(4) 高强高性能混凝土的弹性模量高,徐变小,可大大提高构筑物的结构刚度。特别是对预应力混凝土结构,可大大减小预应力损失。

(5) 高强高性能混凝土的抗拉强度增长幅度往往小于抗压强度,即拉压比相对较低,且随着强度等级提高,脆性增加,韧性下降。

(6) 高强高性能混凝土的水泥用量较大,故水化热大,自收缩大,干缩也较大,较易产生裂缝。

3.5.3 自密实混凝土

普通混凝土施工时,根据其流动性大小以及结构物尺寸等具体施工情况,一般需要采用人工或机械振捣的方式使其密实。在某些振捣困难或结构物形状复杂的情况下,混凝土不易密实。由此,土木工程师开发了自密实混凝土。

自密实混凝土是指具有高流动性、均匀性和稳定性,浇筑时无须外力振捣,能够在自重作用下流动并充满模板空间的混凝土。

自密实混凝土作为高性能混凝土的一种,以其卓越的工作性能为最大特征,具有高流动性、高填充性和高抗离析性。混凝土拌合物良好的工作性不仅能满足施工要求,更有利于改善混凝土结构的匀质性,使成型后的混凝土更加密实,减少原始缺陷,从而保证混凝土的长期耐久性能。

1. 自密实混凝土的特性

与普通水泥混凝土相比,自密实混凝土具有以下特性。

(1) 提高生产效率。由于不需要振捣,混凝土浇筑需要的时间大幅度缩短,工人劳动强度大幅度降低,需要工人数量减少,而且可以保证施工质量。

(2) 改善工作环境和安全性。不需要振捣设备,没有振捣噪声,避免工人长时间手持振动器,避免振捣对模板产生磨损。

(3) 改善混凝土的表面质量。不会出现表面气泡或蜂窝麻面,不需要进行表面修补;能够逼真呈现模板表面的纹理或造型。

(4) 增加了结构设计的自由度。不需要振捣,可以浇筑成形状复杂、薄壁和密集配筋的结构。以前,这类结构往往因为混凝土浇筑施工的困难而被限制采用。

2. 自密实混凝土的配制原理

新拌自密实混凝土应具有良好的工作性,包括填充性、间隙通过性和抗离析性,其性状是流动性好、穿越钢筋能力强、不泌水不离析、材料均匀分布。

制备自密实混凝土的原理是通过使用新型混凝土外加剂和掺用大量的活性矿物细掺合料，合理选择搭配胶凝材料和粗细集料，进行精心的配合比设计，使混凝土的屈服应力减小到适宜范围，同时又具有足够的塑性黏度，使集料悬浮于水泥浆中，不出现离析和泌水问题，具有高流动性能，自由流淌并充分填充模板内的空间，形成密实且均匀的结构。

在配制中主要应采取以下措施。

(1) 采用高效减水剂对水泥颗粒产生强烈的分散作用，并阻止分散水泥颗粒凝聚。高效减水剂的减水率应≥25%，并应具有一定的保水功能。

(2) 掺加适量矿物掺合料调节混凝土的流变性能，提高塑性黏度，同时提高拌合物中的浆集比，改善混凝土和易性，使混凝土匀质性得到改善，并减少粗细集料颗粒之间的摩擦力，提高混凝土的通阻能力。

(3) 掺入适量混凝土膨胀剂，可提高混凝土的自密实性及防止混凝土硬化后产生收缩裂缝，提高混凝土抗裂能力，同时提高混凝土黏聚性，改善混凝土外观质量。

(4) 适当增加砂率和控制粗集料最大粒径≤20mm，以减少遇到阻力时浆集分离的可能，增加拌合物的抗离析稳定性。

(5) 在配制强度等级较低的自密实混凝土时可适当使用增黏剂以增加拌合物的黏度。

3. 自密实混凝土的原材料

(1) 水泥

配制自密实混凝土用的水泥可采用硅酸盐水泥或普通硅酸盐水泥。由于自密实混凝土中往往都掺有较大量的粉煤灰或其他矿物掺合料，如果水泥中再含有较多的矿物掺合料，则会引起配合比不准确和混凝土强度发展较缓慢等问题。所以对于自密实混凝土，可优先使用不含矿物掺合料或矿物掺合料含量较少的硅酸盐水泥和普通硅酸盐水泥。

为了保证自密实混凝土在入模之前保持其工作性，配制自密实混凝土所用的水泥细度不宜太细，其比表面积宜在 $320cm^2/g$ 左右。

为了保证自密实混凝土的体积稳定性，提高其在非承载作用下的抗裂性能和耐久性能，除非工程有特殊需要，应尽量避免使用早强水泥，以免造成自密实混凝土产生较大的温度收缩、自生收缩和干燥收缩，在约束状态下产生早期裂缝。

水泥质量的波动对自密实混凝土最终质量的影响显著，因此自密实混凝土宜使用旋窑生产的水泥。混凝土生产单位应是相对固定的水泥生产厂家，便于更好地熟悉水泥的性能，控制好自密实混凝土生产。

(2) 矿物掺合料

为了满足自密实混凝土工作性要求，同时尽量减少水泥用量，应在自密实混凝土中掺入矿物掺合料。配制自密实混凝土可选用粉煤灰、粒化高炉矿渣粉和硅灰等矿物掺合料。

粉煤灰的活性效应、形态效应、微集料效应对自密实混凝土拌合物的工作性、硬化混凝土的力学性能都具有较好的作用，因此优先使用粉煤灰作为自密实混凝土的矿物掺合料。由于自密实混凝土是在低水胶比情况下配制的，用于配制自密实混凝土的粉煤灰的含碳量越低越好，粉煤灰的需水量比越小对自密实混凝土的工作性越有利。配制强度等级不低于 C50 的自密实混凝土的粉煤灰宜选用Ⅰ级粉煤灰，配制强度等级低于 C50 的自密实混凝土的粉煤灰宜选用Ⅱ级以上的粉煤灰。

粒化高炉矿渣粉活性高于粉煤灰,也是较为常用的一种矿物掺合料。掺入矿渣粉会降低混凝土的早期强度和自生收缩。超细的矿渣及其他超细矿物掺合料如硅灰等,其比表面积高而且活性大,掺入混凝土中不能起到降低混凝土的收缩与水化热的作用,反而会增大早龄期混凝土收缩和水化放热速率。所以超细矿渣及其他超细矿物掺合料均不宜单掺使用,而应和活性较低的其他矿物掺合料复合使用。

(3)细集料

自密实混凝土的砂浆量较大,砂率较高,一般宜选用中砂。如果选用细砂,则混凝土的强度和弹性模量等力学性能将会受到不利影响,同时,细砂的比表面积较大将增大拌合物的需水量,对拌合物的工作性产生不利影响;若选用粗砂则会降低混凝土拌合物的黏聚性。细集料的细度模数宜为 2.6~3.0,含泥量不应大于 1.0%,泥块含量不应大于 0.5%。

(4)粗集料

根据自密实混凝土的强度要求,可以采用花岗岩、石灰岩等作为粗集料。粗集料的品种特别是粗集料母体岩石的抗压强度对自密实混凝土的抗压强度及弹性模量有重要影响,因此宜采用质地坚硬、级配良好的碎石。粗集料宜采用连续级配或2个及以上单粒径级配搭配使用。

粗集料针片状颗粒的含量和集料级配状况直接影响自密实混凝土拌合物的用水量和浆体含量,从而影响自密实拌合物的工作性和硬化后混凝土的力学性能,因此应严格控制。粗集料针片状颗粒含量不宜大于 5.0%,含泥量不应大于 1.0%,泥块含量不应大于 0.5%。

由于自密实混凝土往往用于薄壁构件、密集配筋构件等,所以粗集料粒径不宜过大,否则将影响拌合物的间隙通过性,粒径过大也会增大拌合物中粗集料的分层离析概率;而且粒径较大的粗集料会增大内摩擦,从而增大拌合物流动阻力。粗集料公称最大粒径不宜大于 20mm。

(5)外加剂

混凝土外加剂的品种繁多,对混凝土性能的影响很大。应根据实际工程对自密实混凝土的性能要求、施工工艺及气候条件,结合混凝土原材料性能、配合比及对水泥的适应性等因素,通过试验确定复合外加剂的品种和掺量。

除了高效减水剂外,自密实混凝土可能还会用到其他外加剂,如引气剂、缓凝剂、增稠剂等。使用中均应选用与水泥的相容性好,坍落度损失小,符合规范要求的外加剂。

4. 自密实混凝土配合比

自密实混凝土配合比的突出特点是高砂率、低水胶比和高矿物掺合料掺量。

进行配合比设计时,应充分考虑自密实混凝土的流动性、抗离析性、填充性、浆体用量、体积稳定性及其相互关系。

自密实混凝土的配合比设计宜采用绝对体积法,水胶比宜小于 0.45,胶凝材料用量宜控制在 400~550kg/m³,砂率宜为 46%~52%,用水量宜控制在 150~200kg/m³,并宜掺加高效减水剂或高性能减水剂。

3.5.4 透水性混凝土

透水性混凝土也称多孔混凝土。它是由特殊级配的集料、水泥、外加剂和水等经过特定工艺配制而成的,其内部含有很大比例的贯通性孔隙。其内部形成的蜂窝状结构,有助于提高混凝土的透水性能,但同时也对混凝土的强度产生了不良影响。

1. 透水性混凝土的优点

透水性混凝土是一种生态环保型混凝土,它既有一定的强度,又具有一定的透水透气性,可以很好地缓解不透水铺装对环境造成的影响。

透水性混凝土具有以下优点。

(1) 透水性混凝土路面凭借其特有的多孔吸声结构,可以吸收车辆行驶时产生的噪声,从而营造一个安静舒适的交通环境。

(2) 透水性混凝土路面能够消除雨天行车产生的"漂移""飞溅"等现象,缓解了雨天给行车带来的不便。

(3) 透水性混凝土路面能够使雨水迅速渗入地表,还原成地下水,使地下水资源得到及时补充。透水性路基还可以发挥"蓄水池"功能,有利于保持土壤湿度,对改善城市地表植物和土壤微生物的生存环境具有重要意义。

(4) 透水性混凝土具有较大的孔隙率,其自身可以与外部空气和下部透水层相连通,有利于调节城市空间的温度和湿度,有利于维护城市的生态平衡。

(5) 透水性路面可以缓解"热岛效应"。这是因为,一方面透水性混凝土路面表面的自然色对光线具有良好的反射性,另一方面透水性混凝土较大的孔隙能够蓄积较多的热量,有利于减少路面表面对太阳光热量的吸收。

2. 透水性混凝土的缺点

虽然透水性混凝土具有许多优点,但其在强调透水性能和环保效应的同时必然会给其他性能带来负面影响。透水性混凝土存在以下缺点。

(1) 抗压强度和抗折强度较低,修筑的路面不能行驶重型交通车辆。

(2) 对路基要求比较高。

(3) 透水性混凝土路面通常被限制在缓坡地段使用。

(4) 透水性混凝土路面运行成本高且清扫非常困难。垃圾和污物随着雨水渗透到孔隙中后,其孔隙率急剧下降,如果长时间得不到清理,透水性混凝土的渗水作用甚至会完全失效。

3.5.5 彩色混凝土

彩色混凝土是以白色水泥、彩色水泥或在白色水泥中掺入彩色颜料,以及彩色集料和白色或浅色集料按一定比例配制而成的混凝土。彩色水泥混凝土路面通常使用彩色混凝土铺筑而成。彩色混凝土路面具有施工方便、自然美观、立体感强、坚固耐久、保养维修简便等优点,主要适用于人行道、广场、停车场、校园或各种公共场合的休闲道路。

用于生产彩色水泥的颜料,应具备与水泥相容性好、色彩浓厚、颗粒较细、耐碱性强、耐久性好、均匀性好和不含杂质等性能特点。在一般情况下,颜料的掺量约为水泥质量的6%,且最大不超过10%。彩色水泥中的颜料一般使用天然或合成的矿物颜料,它们不会与水泥或集料发生化学反应。有机颜料在使用中容易褪色,一般不予选用。

3.6 砂浆

? 想一想

请观察下列三个示意等式：

$$水泥 + 水 = 水泥浆$$

$$水泥 + 水 + 细集料 = ?$$

$$水泥 + 水 + 细集料 + 粗集料 = 混凝土$$

水泥和水拌和，形成了水泥浆。水泥和水、细集料、粗集料拌和，形成了水泥混凝土。那么水泥和水、细集料拌和，形成什么混合料呢？

3.6.1 砂浆的定义与分类

砂浆是由胶凝材料、细集料、掺合料和水拌和而成的建筑工程材料，必要时也可加入外加剂。常用的胶凝材料为水泥、石灰等，细集料则多采用天然砂，在工程中起着黏结、衬垫和传递应力的作用。在道路和桥隧工程中，砂浆主要用来砌筑桥涵、挡土墙、隧道及排水沟等圬工砌体及砌体表面的抹面。砂浆可以看作是一种没有粗集料的特殊混凝土。

砂浆按其用途不同分为砌筑砂浆和抹面砂浆。道路工程中应用最多的是现场配制砌筑砂浆。

1. 砌筑砂浆

砌筑砂浆是将砖、石、砌块等块材黏结成为整体的砂浆，分为现场配制砂浆和预拌砂浆。

现场配制砂浆是指由水泥、细集料和水，以及根据需要加入的石灰、活性掺合料或外加剂在现场配制的砂浆，分为水泥砂浆和水泥混合砂浆等。

预拌砂浆（商品砂浆）则是指由专业生产厂生产的湿拌砂浆或干混砂浆。湿拌砂浆是指由水泥、细集料、矿物掺合料、外加剂、添加剂和水，按一定比例，在搅拌站经计量、拌制后，运至使用地点，并在规定时间内使用的拌合物。干混砂浆是指由水泥、干燥集料或粉料、添加剂以及根据性能确定的其他组分，按一定比例，在专业生产厂经计量、混合而成的混合物，在使用地点按规定比例加水或配套组分拌和使用。

预拌砂浆的工作性和耐久性优良，生产时不分水泥砂浆和水泥混合砂浆。

2. 抹面砂浆

凡涂抹在建筑物、构筑物或构件表面的砂浆，称为抹面砂浆。抹面砂浆不承受外力，以薄层或多层抹于表面，可以保护墙体不受风雨、潮气等侵蚀，提高墙体的耐久性；同时也使建筑表面平整、光滑、清洁美观。抹面砂浆对强度要求不高，但要求有良好的和易性，与基底的黏附性好。

3.6.2 砌筑砂浆的组成材料

1. 水泥

砌筑砂浆中的水泥宜采用通用硅酸盐水泥或砌筑水泥,水泥强度等级应根据砂浆品种及强度等级的要求进行选择。由于砂浆强度不高,不必选用强度过高的水泥,否则会导致水泥用量太低,引起砂浆的保水性不良。通常M15及以下强度等级的砌筑砂浆宜选用32.5级的通用硅酸盐水泥或砌筑水泥,Ml5以上强度等级的砌筑砂浆宜选用42.5级通用硅酸盐水泥。

2. 细集料

砂浆中所用细集料多为天然砂,应符合《普通混凝土用砂、石质量及检验方法标准》(JGJ 52—2006)的规定。

在公路桥涵砌筑工程中,砂浆所用砂宜采用中砂或粗砂,当缺乏天然中砂或粗砂时,可采用满足质量要求的机制砂取代;在保证砂浆强度的基础上,也可采用细砂,但应适当增加水泥用量。当用于砌筑片石时,砂的最大粒径不宜超过4.75mm;当用于砌筑块石、粗料石时,砂的最大粒径不宜超过2.36mm。

为保证砂浆的质量,应选用洁净的砂。砂中黏土杂质的含量不宜过大,一般规定砂的含泥量不应超过5%。若砂中含泥量过大,不仅会增加砂浆中水泥的用量,还可能使砂浆的收缩值增大,耐久性降低。

3. 掺合料

为了节约水泥,改善砂浆的施工和易性,可在砂浆中掺入各种掺合料,如石灰膏、电石膏、粉煤灰、粒化高炉矿渣粉、硅灰、天然沸石粉等,配制成水泥混合砂浆。

生石灰熟化成石灰膏时,应用孔径不大于3mm×3mm的网过滤,熟化时间不得少于7d;磨细生石灰粉的熟化时间不得少于2d。沉淀池中储存的石灰膏,应采取防止干燥、冻结和污染的措施。严禁使用脱水硬化的石灰膏。消石灰粉不得直接用于砌筑砂浆。

制作电石膏的电石渣应用孔径不大于3mm×3mm的网过滤,检验时应加热至70℃后至少保持20min,并应待乙炔挥发完后再使用。

石灰膏和电石膏试配时的稠度应为120mm±5mm。

粉煤灰、粒化高炉矿渣粉、硅灰、天然沸石粉应分别符合国家现行的有关标准的规定。

4. 外加剂

为使砂浆满足不同施工特点的要求,在配制砂浆时可以加入早强剂、膨胀剂、防水剂等。为了保证施工质量,应对所选择的外加剂进行检测和试配,符合要求才能使用。

5. 水

拌制砂浆用水应采用不含有害物质的洁净水,以免影响水泥的正常凝结,或对钢筋产生锈蚀作用,其水质需符合《混凝土用水标准》(JGJ 63—2006)的要求。

3.6.3 砌筑砂浆的技术性质

新拌的砂浆必须具有良好的和易性,硬化后的砂浆应有足够的强度,并与基底有较强的黏结力,而且变形不宜过大。在外环境中,有良好的耐久性。

1. 新拌砂浆的和易性

新拌砂浆的和易性是指其在搅拌、运输和施工过程中不易产生离析、分层现象,并易于在粗糙的砌体表面上铺成均匀薄层的综合性能。通常包括流动性及保水性两方面要求。

(1) 流动性

图 3-6-1　砂浆稠度仪

流动性是指新拌砂浆在自重或外力作用下是否易于流动的性能。砂浆的流动性用稠度表示,将新拌砂浆均匀装入砂浆筒中,置于砂浆稠度仪台座上(图 3-6-1),标准圆锥体锥尖由试样表面下沉,经 10s 的沉入深度(以 mm 计)即为稠度。

砂浆的流动性与砌体种类、施工方法、气候条件等有关,对于多孔吸水的砌体材料和干热的天气,则要求砂浆的流动性大一些;相反,对于密实不吸水的砌体材料和湿冷的天气,要求砂浆的流动性小一些。砌筑砂浆施工时的稠度宜按表3-6-1选用。

砌筑砂浆的施工稠度(单位:mm)　　表 3-6-1

砌体种类	砂浆稠度
烧结普通砖砌体、粉煤灰砖砌体	70 ~ 90
混凝土砖砌体、普通混凝土小型空心砌块砌体、灰砂砖砌体	50 ~ 70
烧结多孔砖砌体、烧结空心砖砌体、轻集料混凝土小型砌块砌体、蒸压加气混凝土砌块砌体	60 ~ 80
石砌体	30 ~ 50

(2) 保水性

保水性是指新拌砂浆在运输及施工过程中保持水分不流失和各组分不分离的能力。不仅在使用过程中应不易产生离析现象,而且在铺筑后仍能维持必要的水分,以保证胶凝材料在硬化中所需的水分。

砂浆的保水性则用保水率表示。它是通过用滤纸吸水所测得的砂浆中保留水的质量占其原始水量的百分率,砌筑砂浆的保水率应符合表3-6-2的规定要求。

砌筑砂浆的保水率　　表 3-6-2

砂浆种类	水泥砂浆	水泥混合砂浆	预拌砌筑砂浆
保水率(%)	≥80	≥84	≥88

2. 砂浆的强度

根据《建筑砂浆基本性能试验方法标准》(JGJ/T 70—2009)规定,砂浆的强度是以 70.7mm × 70.7mm × 70.7mm 的立方体试件,在标准条件(温度 20℃ ± 2℃,相对湿度为 90% 以上)下养护 28d 后,用标准方法测得的抗压强度,按式(3-6-1)计算。

$$f_{m,cu} = \frac{F_u}{A} \tag{3-6-1}$$

式中:$f_{m.cu}$——砂浆立方体抗压强度(MPa);
F_u——破坏荷载(N);
A——承压面积(mm^2)。

我国《砌筑砂浆配合比设计规程》(JGJ/T 98—2010)规定,水泥砂浆及预拌砌筑砂浆的强度等级可分为 M5、M7.5、M10、M15、M20、M25、M30,水泥混合砂浆的强度等级可分为 M5、M7.5、M10、M15。M 是砂浆 mortar 的首字母。

3. 砂浆的黏结力

为将砌体材料牢固黏结成为一个整体,砂浆应具有较强的黏结力。通常砂浆的强度越高黏结力越大。此外,黏结力大小还与基底材料的表面粗糙程度、润湿程度、清洁程度及养护条件等因素有关。粗糙的、洁净的、润湿的表面黏结力较好。所以,砌筑前应先将砌筑材料清洗干净并浇水润湿,干燥季节应定期洒水养护,以提高砂浆的黏结力,保证砌筑质量。

4. 砂浆的耐久性

水工建筑物和道路建筑物用的砌筑砂浆,经常受环境水的作用,故除强度外,还应考虑抗渗、抗冻、抗侵蚀等性能。提高砂浆的耐久性,主要是要提高其密实度。

3.6.4 砌筑砂浆的配合比设计

1. 水泥混合砂浆配合比设计

(1)计算砂浆试配强度($f_{m,0}$):

$$f_{m,0} = kf_2 \tag{3-6-2}$$

式中:$f_{m,0}$——砂浆的试配强度(MPa),应精确至 0.1MPa;
f_2——砂浆强度等级值(MPa),应精确至 0.1MPa;
k——系数,按表 3-6-3 取值。

砂浆强度标准值 σ 及 k 值   表 3-6-3

施工水平	强度标准差 σ(MPa)							k
	M5	M7.5	M10	M15	M20	M25	M30	
优良	1.00	1.50	2.00	3.00	4.00	5.00	6.00	1.15
一般	1.25	1.88	2.50	3.75	5.00	6.25	7.50	1.20
较差	1.50	2.25	3.00	4.50	6.00	7.50	9.00	1.25

其中砂浆强度标准差的确定应符合以下规定。
① 当有统计资料时,按式(3-6-3)计算。

$$\sigma = \sqrt{\frac{\sum_{i=1}^{n} f_{m,i}^2 - n\mu_{fm}^2}{n-1}} \tag{3-6-3}$$

式中:$f_{m,i}$——统计周期内同一品种砂浆第 i 组试件的强度(MPa);

μ_{fm}——统计周期内同一品种砂浆 n 组试件强度的平均值(MPa);

n——统计周期内同一品种砂浆试件的总组数,$n \geq 25$。

②当无统计资料时,砂浆强度标准差可按表3-6-3取值。

(2)计算水泥用量(Q_C)

①每立方米砂浆中的水泥用量按式(3-6-4)计算。

$$Q_C = \frac{1000(f_{m,0} - \beta)}{\alpha \cdot f_{ce}} \quad (3-6-4)$$

式中:Q_C——每立方米砂浆的水泥用量(kg),应精确至1kg;

f_{ce}——水泥的实测强度(MPa),应精确至0.1MPa;

α、β——砂浆的特征系数,其中 α 取3.03,β 取-15.09。

注:各地区也可用本地区试验资料确定 α、β 值,统计用的试验组数不得少于30组。

②在无法取得水泥的实测强度值时,可按式(3-6-5)计算。

$$f_{ce} = \gamma_c \cdot f_{ce,k} \quad (3-6-5)$$

式中:$f_{ce,k}$——水泥强度等级值(MPa);

γ_c——水泥强度等级值的富余系数,宜按实际统计资料确定;无统计资料时可取1.0。

(3)计算石灰膏用量(Q_D)

$$Q_D = Q_A - Q_C \quad (3-6-6)$$

式中:Q_D——每立方米砂浆的石灰膏用量(kg),应精确至1kg;石灰膏使用时的稠度宜为120mm±5mm;

Q_C——每立方米砂浆的水泥用量(kg),应精确至1kg;

Q_A——每立方米砂浆中水泥和石灰膏总量,应精确至1kg,可为350kg。

(4)计算砂的用量

每立方米砂浆中的砂用量,应按干燥状态(含水率小于0.5%)的堆积密度值作为计算值(kg)。

(5)确定水的用量

每立方米砂浆中的用水量,可根据砂浆稠度等要求选用210~310kg。

注:①混合砂浆中的用水量,不包括石灰膏中的水;

②当采用细砂或粗砂时,用水量分别取上限或下限;

③稠度小于70mm时,用水量可小于下限;

④施工现场气候炎热或干燥季节,可酌量增加用水量。

2. 水泥砂浆配合比设计

(1)水泥砂浆的材料用量可按表3-6-4选用。

(2)水泥粉煤灰砂浆材料用量可按表3-6-5选用。

每立方米水泥砂浆材料用量(单位:kg/m³)   表 3-6-4

强度等级	水泥	砂	用水量
M5	200~230	砂的堆积密度值	270~330
M7.5	230~260		
M10	260~290		
M15	290~330		
M20	340~400		
M25	360~410		
M30	430~480		

注:①对于 M15 及以下强度等级水泥砂浆,水泥强度等级为 32.5 级;对于 M15 以上强度等级砂浆,水泥强度等级为 42.5 级;
②当采用细砂或粗砂时,用水量分别取上限或下限;
③稠度小于 70mm 时,用水量可小于下限;
④施工现场气候炎热或干燥季节,可酌量增加用水量;
⑤试配强度应按式(3-6-2)计算。

每立方米水泥粉煤灰砂浆材料用量(单位:kg/m³)   表 3-6-5

强度等级	水泥和粉煤灰总量	粉煤灰	砂	用水量
M5	210~240	粉煤灰用量可占胶凝材料总量的 15%~25%	砂的堆积密度	270~330
M7.5	240~270			
M10	270~300			
M15	300~330			

注:①表中水泥强度等级为 32.5 级;
②当采用细砂或粗砂时,用水量分别取上限或下限;
③稠度小于 70mm 时,用水量可小于下限;
④施工现场气候炎热或干燥季节,可酌量增加用水量;
⑤试配强度应按式(3-6-2)计算。

3. 砌筑砂浆配合比试配、调整与确定

(1)砌筑砂浆试配时应考虑工程实际要求,采用机械搅拌,搅拌时间应自开始加水算起,并应符合下列规定。

①对水泥砂浆和水泥混合砂浆,搅拌时间不得少于 120s。

②对预拌砌筑砂浆和掺有粉煤灰、外加剂、保水增稠材料等的砂浆搅拌时间不得少于 180s。

(2)按计算或查表所得配合比进行试拌时,应按《建筑砂浆基本性能试验方法标准》(JGJ/T 70—2009)测定砌筑砂浆拌合物的稠度和保水率。当稠度和保水率不能满足要求时,应调整材料用量,直到符合要求为止,然后确定为试配时的砂浆基准配合比。

(3)试配时至少应采用三个不同的配合比,其中一个应为基准配合比,其余两个配合比的水泥用量应按基准配合比分别增加或减少 10%。在保证稠度、保水率合格的条件下,可将用水量、石灰膏、保水增稠材料或粉煤灰等活性掺合料用量作相应调整。

(4)砌筑砂浆试配时稠度应满足施工要求,应按《建筑砂浆基本性能试验方法标准》(JGJ/T

70—2009)分别测定不同配合比砂浆的表观密度及强度,并应选定符合试配强度及和易性要求、水泥用量最低的配合比作为砂浆的试配配合比。

(5)砌筑砂浆试配配合比应按下列步骤进行校正。

①应根据上述内容确定的砂浆配合比材料用量,按式(3-6-7)计算砂浆的理论表观密度值。

$$\rho_t = Q_C + Q_D + Q_S + Q_W \tag{3-6-7}$$

式中:ρ_t——砂浆的理论表观密度值(kg/m^3),应精确至$10kg/m^3$。

②应按式(3-6-8)计算砂浆配合比校正系数δ。

$$\delta = \frac{\rho_c}{\rho_t} \tag{3-6-8}$$

式中:ρ_c——砂浆的实测表观密度值(kg/m^3),应精确至$10kg/m^3$。

③当砂浆的实测表观密度值与理论表观密度值之差的绝对值不超过理论值的2%时,可将试配配合比确定为砂浆设计配合比;当超过2%时,应将试配配合比中每项材料用量均乘以校正系数(δ)后,确定为砂浆设计配合比。

3.7 水泥混凝土试验

?想一想

有些混凝土在振捣的情况下浇筑,仍然出现了蜂窝麻面、浇筑不密实的现象,如图3-7-1所示,这是混凝土拌合物的工作性(和易性)出现了问题,那么怎样检测评价混凝土拌合物的工作性呢?

某混凝土立柱养护到规定龄期后,混凝土出现严重开裂、破损现象,如图3-7-2所示,技术人员认定混凝土的强度未满足设计强度C30的要求,那么如何检测混凝土的强度是否达到了设计要求呢?

图3-7-1 混凝土结构物表面蜂窝病害

图3-7-2 立柱混凝土强度不够

3.7.1 水泥混凝土拌合物稠度试验（坍落度仪法）

本试验方法参照《公路工程水泥及水泥混凝土试验规程》（JTG 3420—2020）T 0522—2005 编写。

CZ22-坍落度仪法

WK38-坍落度试验

DH13-坍落度试验

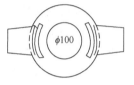
图 3-7-3　坍落度试验用坍落筒
（尺寸单位：mm）

1. 适用范围

本方法适用于坍落度大于 10mm、集料最大粒径不大于 31.5mm 的水泥混凝土坍落度的测定。

2. 主要仪器设备

（1）坍落筒：如图 3-7-3 所示，应符合现行《混凝土坍落度仪》（JG/T 248）的规定。

坍落筒为铁板制成的截头圆锥筒，厚度不小于 1.5mm，内侧平滑，没有铆钉头之类的突出物，在筒上方约 2/3 高度处有两个把手，近下端两侧焊有两个踏脚板，保证坍落筒可稳定操作，坍落筒尺寸见表3-7-1。

坍落筒尺寸　　　　　　　　　　　　　　　表 3-7-1

集料公称最大粒径（mm）	筒的名称	筒的内部尺寸（mm）		
		底部直径	顶部直径	高度
<31.5	标准坍落筒	200±2	100±2	300±2

（2）捣棒：直径为 16mm、长约 600mm，并具有半球形端头的钢质圆棒。

（3）钢尺：分度值为 1mm。

（4）其他：小铲、木尺、抹刀和钢平板等。

3. 试验步骤

（1）试验前将坍落筒内外洗净，放在经水润湿过的平板上（平板吸水时应垫塑料布），并踏紧踏脚板。

（2）将代表样分三层装入筒内，每层装入高度稍大于筒高的 1/3，用捣棒在每一层的横截面上均匀插捣 25 次。插捣在全部面积上进行，沿螺旋线由边缘至中心，插捣底层时插至底部，插捣其他两层时，应插透本层并插入下层约 20～30mm，插捣须垂直压下（边缘部分除外），不得冲击。在插捣顶层时，装入的混凝土高出坍落筒，随插捣过程随时添加拌合物，当顶层插捣完毕后，将捣棒用锯和滚的动作，清除多余的混凝土，用抹刀抹平筒口，刮净筒底周围的拌合物，而后立即垂直地提起坍落筒，提筒宜控制在 3～7s 内完成，并使混凝土不受横向及扭力作用。从开始装料到提出坍落筒整个过程应在 150s 内完成。

（3）将坍落筒放在锥体混凝土试样一旁，筒顶平放木尺，用钢尺量出木尺底面至试样顶面最高点的垂直距离,即为该混凝土拌合物的坍落度,精确至1mm。

(4)当混凝土试件的一侧发生崩坍或一边剪切破坏,则应重新取样另测。如果第二次仍发生上述情况,则表示该混凝土和易性不好,应记录。

(5)当混凝土拌合物的坍落度大于160mm时,用钢尺测量混凝土扩展后最终的最大直径和最小直径,在这两个直径之差小于50mm的条件下,用其算术平均值作为坍落扩展度值;否则,此次试验无效。

(6)进行坍落度试验的同时,可用目测方法评定混凝土拌合物的下列性质,并予记录。

①棍度:按插捣混凝土拌合物时难易程度评定,分"上""中""下"三级。

"上":表示插捣容易;

"中":表示插捣时稍有石子阻滞的感觉;

"下":表示很难插捣。

②黏聚性:观测拌合物各组成分相互黏聚情况。评定方法是用捣棒在已坍落的混凝土锥体侧面轻打,如锥体在轻打后逐渐下沉,表示黏聚性良好;如锥体突然倒坍、部分崩裂或发生石子离析现象,则表示黏聚性不好。

③保水性:指水分从拌合物中析出情况,分"多量""少量""无"三级评定。

"多量":表示提起坍落筒后,有较多水分从底部析出;

"少量":表示提起坍落筒后,有少量水分从底部析出;

"无":表示提起坍落筒后,没有水分从底部析出。

4.结果处理

混凝土拌合物坍落度和坍落扩展值以毫米(mm)为单位,测量值精确至1mm,结果修约至5mm。

5.试验数据举例

某水泥混凝土拌合物坍落度试验结果见表3-7-2。

水泥混凝土拌合物坍落度试验　　　　表3-7-2

材料配合比	水泥:砂:大石子:小石子 = 1.00:2.15:1.56:1.40, $W/C = 0.58$			
坍落度	第1次	144mm	棍度	上
	第2次	142mm	黏聚性	良好
	试验结果	145mm	保水性	少量

3.7.2 水泥混凝土拌合物凝结时间试验

本试验方法参照《公路工程水泥及水泥混凝土试验规程》(JTG 3420—2020) T 0527—2005编写。

CZ23-混凝土凝结时间测定

WK39-混凝土凝结时间测定

1.适用范围

本方法适用于各通用水泥和常见外加剂以及不同水泥混凝土配合比、坍落度值不为零的水泥混凝土拌合物的凝结时间测定。

2. 仪器设备

(1)贯入阻力仪:如图3-7-4所示,最大测量值不应小于1000N,刻度盘分度值为10N。

(2)测针:长约100mm,平头测针圆面积为100mm²、50mm²和20mm²三种,在距离贯入端25mm处刻有标记。

(3)试样筒:上口径为160mm,下口径为150mm,净高为150mm的刚性容器,并配有盖子。

(4)试验筛:筛孔直径为4.75mm。

(5)振动台:应符合现行《混凝土试验用振动台》(JG/T 245)的规定。

图3-7-4 贯入阻力仪示意图

(6)捣棒:直径16mm,长约600mm,并具有半球形端头的钢质圆棒。

(7)其他:铁制拌和板、吸液管和玻璃片等。

3. 试样制备

(1)应用试验筛从混凝土拌合物中筛出砂浆,再经人工翻拌后,装入一个试样筒。每批混凝土拌合物取一个试样,共取3个试样,分装3个试样筒。

(2)对于坍落度不大于90mm的混凝土宜用振动台振实砂浆,振动应持续到表面出浆为止,且应避免过振;对于坍落度大于90mm的混凝土宜用捣棒人工捣实,沿螺旋方向由外向中心均匀插捣25次,然后用橡皮锤轻击试样筒侧壁,以排除在捣实过程中留下的空洞。进一步整平砂浆的表面,使其低于试样筒上沿约10mm,并应立即加盖。

(3)砂浆试样制备完毕,静置于温度为20℃±2℃的环境中待测,并在整个测试过程中,环境温度始终保持20℃±2℃。在整个测试过程中,除吸取泌水或进行贯入试验外,试样筒应始终加盖。在其他较为恒定的温度、湿度环境中进行试验时,应在试验结果中加以说明。

(4)砂浆试样制备完毕后1h,将试件一侧稍微垫高约20mm,使其倾斜静置约2min,用吸管吸去泌水。以后每到测试前约2min,同上步骤用吸管吸去泌水(低温或缓凝的混凝土拌合物试样,静置与吸水间隔时间可适当延长)。若在贯入测试前还有泌水,也应吸干。

(5)凝结时间测定从搅拌加水开始计时。根据混凝土拌合物的性能,确定测针试验时间,以后每隔0.5h测试一次,在临近初凝和终凝时,应缩短测试间隔时间。

4. 试验步骤

(1)测试时,将砂浆试样筒置于贯入阻力仪上,测针端面刚刚接触砂浆表面,然后转动手轮,使测针在10s±2s内垂直且均匀地插入试样内,深度为25mm±2mm,记录最大贯入阻力值,精确至10N;记下从开始加水拌和起所经过的时间(精确至1min)及环境温度(精确至0.5℃)。

(2)测定时,每个试样筒每次测1~2个点,各测点的间距不小于15mm,测点与试样筒壁的距离不小于25mm。

(3)每个试样的贯入测试不少于6次,直至单位面积贯入阻力大于28MPa为止。

(4)根据砂浆凝结状况,在测试过程中应以测针承压面积从大到小顺序更换测针,一般当砂浆表面测孔边出现微裂缝时,应更换较小截面面积的测针。更换测针应按表3-7-3的规定选用。

测针选用规定 表 3-7-3

单位面积贯入阻力(MPa)	0.2~3.5	3.5~20.0	20.0~28.0
平头测针圆面积(mm²)	100	50	20

5. 结果计算

(1) 单位面积贯入阻力,按式(3-7-1)计算,计算结果精确至 0.1MPa。

$$f_{PR} = \frac{P}{A} \tag{3-7-1}$$

式中:f_{PR}——单位面积贯入阻力(MPa);
P——测针贯入深度为 25mm 时的贯入压力(N);
A——贯入测针截面面积(mm²)。

(2) 凝结时间宜按式(3-7-2)通过线性回归方法确定。根据式(3-7-2),当单位面积贯入阻力为 3.5MPa 时,对应的时间应为初凝时间;单位面积贯入阻力为 28MPa 时,对应的时间应为终凝时间。

$$\ln t = a + b\ln f_{PR} \tag{3-7-2}$$

式中:t——单位面积贯入阻力对应的测试时间(min);
a、b——线性回归系数。

(3) 凝结时间也可用绘图拟合方法确定。应以单位面积贯入阻力为纵坐标,测试时间为横坐标,绘制单位面积贯入阻力与测试时间关系曲线。经 3.5MPa 及 28MPa 画两条平行于横坐标的直线,则直线与曲线相交点的横坐标即为初凝及终凝时间。如图 3-7-5 所示。

(4) 以 3 个试样的初凝时间和终凝时间的算术平均值作为此次试样初凝时间和终凝时间的试验结果,凝结时间用 h:min 表示,并精确至 5min。3 个测值中的最大值或最小值,若有一个与中间值之差超过中间值的 10%,则应以中间值为试验结果;若最大值和最小值与中间值之差均超过中间值的 10%,则此试验无效,应重新试验。

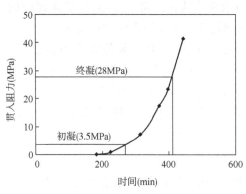

图 3-7-5 贯入阻力-时间曲线

6. 试验数据举例

某水泥混凝土拌合物凝结时间试验结果见表 3-7-4。

水泥混凝土拌合物凝结时间试验 表 3-7-4

样品	初凝(h:min)	终凝(h:min)
1	8:05	10:13
2	8:01	10:08
3	7:56	10:11
平均值	8:00	10:10

3.7.3 水泥混凝土试件制作与养护

本试验方法参照《公路工程水泥及水泥混凝土试验规程》(JTG 420—2020) T 551—2020 编写。

1. 目的与适用范围

本方法适用于普通水泥混凝土及喷射水泥混凝土硬化后试件的现场取样方法,但因其特殊性所引起的对试验设备及方法的特殊要求,均应按对这些水泥混凝土试件制作和取样的有关技术规定进行。

CZ24-混凝土试件制作

WK40-混凝土试件制作

2. 主要仪器设备

(1) 强制搅拌机:应符合现行《混凝土试验用搅拌机》(JG 244) 的规定。

(2) 振动台:应符合现行《混凝土试验用振动台》(JG/T 245) 的规定。

(3) 试模:应符合现行《混凝土试模》(JG 237) 的规定。试模内部尺寸和公称最大粒径规定见表 3-7-5。所有试件承压面的平面度公差不超过 $0.0005d$(d 为边长)。

试件尺寸   表 3-7-5

试件名称	试模内部尺寸(mm)		集料公称最大粒径(mm)
立方体抗压强度试件	标准尺寸	150×150×150	31.5
	非标准尺寸	100×100×100	26.5
		200×200×200	53
抗弯拉强度试件	标准尺寸	150×150×550	31.5
	非标准尺寸	100×100×400	26.5

注:标准试件的最小尺寸不宜小于粗集料公称最大粒径的 3 倍。

(4) 捣棒:直径 16mm,长约 600mm,并具有半球形端头的钢质圆棒。

(5) 橡皮锤:带有质量约 250g 的橡皮锤头。

(6) 磅秤:最大量程不小于 50kg,感量不大于 5g。

(7) 游标卡尺:最大量程不小于 300mm,分度值为 0.02mm。

(8) 其他:铁板、铁铲、抹刀等。

立方体抗压强度标准试模和抗弯拉强度标准试模分别见图 3-7-6 和图 3-7-7。

图 3-7-6 立方体抗压强度标准试模

图 3-7-7 抗弯拉强度标准试模

3. 混凝土拌和

（1）拌和时保持室温 20℃±5℃，相对湿度大于 50%。

（2）拌和前，应将材料放置在温度为 20℃±5℃的室内，且时间不宜少于 24h。

（3）为防止粗集料的离析，可将集料分档堆放，使用时再按一定比例混合。试样从抽样至试验结束的整个过程中，避免阳光直晒和水分蒸发，必要时应采取保护措施。

（4）拌合物的总量至少应比所需量多 20% 以上。拌制混凝土的材料以质量计，称量的精确度：集料为 ±1%，水、水泥、掺合料和外加剂为 ±0.5%。

（5）粗集料、细集料均以干燥状态（含水率小于 0.5% 的细集料和含水率小于 0.2% 的粗集料）为基准，计算用水量时应扣除粗集料、细集料的含水量。

（6）拌制混凝土所用各种用具，如铁板、铁铲、抹刀，应预先用水润湿，使用后必须清洗干净。

（7）使用搅拌机前，应先用少量砂浆进行涮膛，再刮出涮膛砂浆，以避免正式拌和混凝土时水泥砂浆黏附筒壁的损失。涮膛砂浆的水灰比及砂灰比，应与正式的混凝土配合比相同。

（8）用拌和机拌和时，拌和量宜为搅拌机最大容量的 1/4~3/4。

（9）搅拌机搅拌。按规定称好原材料，往搅拌机内顺序加入粗集料、细集料、水泥。开动搅拌机，将材料拌和均匀，在拌和过程中将徐徐加水，全部加料时间不宜超过 2min。水全部加入后，继续拌和约 2min，而后将拌合物倒出在铁板上，再经人工翻拌 1~2min，务必使拌合物均匀一致。

（10）人工拌和。采用人工拌和时，先用湿布将铁板、铁铲润湿，再将称好的砂和水泥在铁板上拌匀，加入粗集料，再混合搅拌均匀。而后将此拌合物堆成长堆，中心扒成长槽，将称好的水倒入约一半，将其与拌合物仔细拌匀，再将材料堆成长堆，扒成长槽，倒入剩余的水，继续进行拌和，来回翻拌至少 10 遍。

4. 试件成型

（1）成型前试模内壁涂一薄层矿物油。

（2）取拌合物的总量至少应比所需量高 20% 以上，并取出少量混凝土拌合物代表样，在 5min 内进行坍落度或维勃试验，认为品质合格后，应在 15min 内开始制件。

（3）当坍落度小于 25mm 时，可采用 $\phi 25mm$ 的插入式振捣棒成型。将混凝土拌合物一次装入试模，装料时应用抹刀沿各试模壁插捣，并使混凝土拌合物高出试模口；振捣时捣棒距底板 10~20mm，且不要接触底板。振动直到表面出浆为止，且应避免过振，以防止混凝土离析，一般振捣时间为 20s。振捣棒拔出时要缓慢，拔出后不得留有孔洞。用刮刀刮去多余的混凝土，在临近初凝时，用抹刀抹平。试件抹面与试模边缘高低差不得超过 0.5mm。

（4）当坍落度大于 25mm 且小于 90mm 时，用标准振动台成型。将试模放在振动台上夹牢，防止试模自由跳动，将拌合物一次装满试模并稍有富余，开动振动台至混凝土表面出现乳状水泥浆时为止，振动过程中随时添加混凝土使试模常满，记录振动时间（约为维勃秒数的 2~3 倍，一般不超过 90s）。振动结束后，用金属直尺沿试模边缘刮去多余混凝土，用抹刀将表面初次抹平，待试件收浆后，再次用抹刀将试件仔细抹平，试件表面与试模边缘的高低差不得超过 0.5mm。

(5)当坍落度大于90mm时,用人工成型。将拌合物分厚度大致相等的两层装入试模。捣固时按螺旋方向从边缘到中心均匀地进行。插捣底层混凝土时,捣棒应到达模底;插捣上层时,捣棒应贯穿上层后插入下层20~30mm处。插捣时应用力将捣棒压下,保持捣棒垂直,不得冲击,捣完一层后,用橡皮锤轻轻击打试模外端面10~15下,以填平插捣过程中留下的孔洞。每层插捣次数100cm²面积内不少于12次。试件抹面与试模边缘高低差不得超过0.5mm。

5. 养护

(1)试件成型后,用湿布覆盖表面(或其他保持湿度办法),在室温20℃±5℃、相对湿度大于50%的情况下,静放一个到两个昼夜,如图3-7-8所示。然后拆模并做第一次外观检查、编号。对有缺陷的试件应除去,或加工补平。

(2)将完好试件放入标准养护室进行养护,标准养护室温度为20℃±2℃,相对湿度在95%以上,试件宜放在铁架或木架上,间距至少10~20mm。试件表面应保持一层水膜,并避免用水直接冲淋,如图3-7-9所示。当无标准养护室时,将试件放入温度20℃±2℃的饱和氢氧化钙溶液中养护。

图3-7-8 试件成型(拆模前)

图3-7-9 试件养护(拆模后)

(3)标准养护龄期为28d(以搅拌加水开始),非标准的龄期为1d、3d、7d、60d、90d、180d。混凝土试件应同龄期者为1组,每组为3个同条件制作和养护的混凝土试块。

3.7.4 水泥混凝土抗压强度试验

本试验方法参照《公路工程水泥及水泥混凝土试验规程》(JTG 3420—2020)T 0553—2005编写。

CZ25-混凝土抗压强度试验   WK41-混凝土抗压强度试验   DH15-混凝土受压破坏

1. 目的与适用范围

本办法适用于各类水泥混凝土立方体试件的抗压强度试验,也适用于高径比1∶1的钻芯试件。

2. 主要仪器设备

(1) 压力机或万能试验机:压力机应符合现行《液压式万能试验机》(GB/T 3159)及《试验机 通用技术要求》(GB/T 2611)的规定,其测量精度为±1%,试件破坏荷载应大于压力机全程的20%且小于压力机全程的80%。压力机同时应具有加荷速度指示装置或加荷速度控制装置,上下压板平整并有足够刚度,可均匀地连续加荷卸荷,可保持固定荷载,开机停机均灵活自如,能够满足试件破型吨位要求。

(2) 球座:钢质坚硬,面部平整度要求在100mm距离内的高低差值不超过0.05mm,球面及球窝粗糙度Ra=0.32μm,研磨、转动灵活。不应在大球座上做小试件破型,球座宜放置在试件顶面(特别是棱柱试件),并凸面朝上,当试件均匀受力后,不宜再敲动球座。

(3) 当混凝土强度等级大于或等于C50时,试件周围应设置防崩裂网罩。

3. 试验步骤

(1) 至试验龄期时,自养护室取出试件,应尽快试验,避免其湿度变化。

(2) 取出试件,检查其尺寸及形状,相对两面应平行。量出棱边长度,精确至1mm。试件受力截面面积按其与压力机上下接触面的平均值计算。在破型前,保持试件原有湿度,在试验时擦干试件。

(3) 以成型时侧面为上下受压面,试件中心应与压力机几何对中。圆柱体应对端面进行处理,确保端面的平行度。

(4) 混凝土强度等级小于C30时取0.3~0.5MPa/s的加荷速度;混凝土强度等级大于或等于C30小于C60时,取0.5~0.8MPa/s的加荷速度;混凝土强度等级大于或等于C60混凝土时,取0.8~1.0MPa/s的加荷速度。当试件接近破坏而开始迅速变形时,应停止调整试验机油门,直至试件破坏,记下破坏极限荷载F。

4. 结果计算

(1) 混凝土试件抗压强度按式(3-7-3)计算,结果计算精确至0.1MPa。

$$f_{cu} = \frac{F}{A} \tag{3-7-3}$$

式中: f_{cu}——混凝土立方体抗压强度(MPa);

F——极限荷载(N);

A——受压面积(mm²)。

(2) 混凝土强度等级小于C60时,用非标准试件的抗压强度应乘以尺寸换算系数(表3-7-6),并应在报告中注明。

立方体抗压强度尺寸换算系数 表3-7-6

试件尺寸	尺寸换算系数
100mm×100mm×100mm	0.95
150mm×150mm×150mm	1.00
200mm×200mm×200mm	1.05

(3) 当混凝土强度等级大于或等于C60时,宜采用150mm×150mm×150mm标准试件,使用非标准试件时,换算系数由试验确定。

（4）以三个试件测量值的算术平均值为测定值,结果精确至0.1MPa。三个试件测量值的最大值或最小值中如有一个与中间值之差超过中间值的15%,则取中间值为测定值;如最大值和最小值与中间值的差值均超过中间值的15%,则该组试验结果无效。

5. 试验数据举例

某水泥混凝土抗压强度试验结果见表3-7-7。

水泥混凝土抗压强度试验　　　　　　　　　　　表3-7-7

成型日期	试压日期	试件尺寸（mm）	龄期（d）	破坏荷载（kN）	单值强度（MPa）	平均强度（MPa）	换算系数	换算强度（MPa）
2022.4.8	2022.5.6	150×150×150	28	1102.45	49.0	49.1	1.00	49.1
		150×150×150		1098.19	48.8			
		150×150×150		1112.06	49.4			

3.7.5 水泥混凝土抗弯拉强度试验

本试验方法参照《公路工程水泥及水泥混凝土试验规程》(JTG 3420—2020)T 0558—2005编写。

CZ26-混凝土抗弯拉强度试验

WK42-混凝土抗弯拉强度试验

DH16-混凝土弯拉破坏

1. 目的与适用范围

本办法适用于测定各类水泥混凝土棱柱体试件的抗弯拉强度。

2. 主要仪器设备

（1）压力机或万能试验机:应符合T 0553中的规定。

（2）弯拉试验装置（即三分点处双点加荷和三点自由支承式混凝土弯拉强度与弯拉弹性模量试验装置）,如图3-7-10所示。

3. 试件制备和养护

试件尺寸应符合T 0551中(本书表3-7-5)的规定,同时在试件长向中部1/3区段内表面不得有直径超过5mm、深度超过2mm的孔洞。

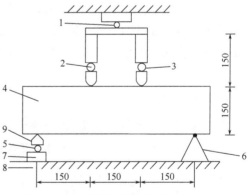

图3-7-10　抗弯拉试验装置图(尺寸单位:mm)
1、2—一个钢球;3、5—两个钢球;4-试件;6-固定支座;7-活动支座;8-机台;9-活动船形垫块

4. 试验步骤

（1）试件取出后,用湿毛巾覆盖并及时进行试验,保持试件干湿状态不变。在试件中部量出其宽度和高度,精确至1mm。

(2)调整两个可移动支座,将试件安放在支座上,试件成型时的侧面朝上,几何对中后,应使支座及承压面与活动船形垫块的接触面平稳、均匀,否则应垫平。

(3)加荷时,应保持均匀、连续。当混凝土的强度等级小于 C30 时,加荷速度为 0.02 ~ 0.05MPa/s;当混凝土的强度等级大于或等于 C30 且小于 C60 时,加荷速度为 0.05 ~ 0.08MPa/s;当混凝土的强度等级大于或等于 C60 时,加荷速度为 0.08 ~ 0.10MPa/s。当试件接近破坏而开始迅速变形时,不得调整试验机油门,直至试件破坏,记下破坏极限荷载。

(4)记录下最大荷载和试件下边断裂的位置。

5. 结果计算

(1)当断面发生在两个加荷点之间时,试件的弯拉强度按式(3-7-4)计算,结果计算精确至 0.01MPa。

$$f_f = \frac{FL}{bh^2} \tag{3-7-4}$$

式中:f_f——试件的弯拉强度(MPa);

F——极限荷载(N);

L——支座间距离(mm);

b——试件宽度(mm);

h——试件高度(mm)。

(2)采用 100mm × 100mm × 400mm 非标准试件时,在三分点加荷的试验方法同前,但所取得的弯拉强度值应乘以尺寸换算系数 0.85。当混凝土强度等级大于或等于 C60 时,应采用 150mm × 150mm × 550mm 标准试件。

(3)以三个试件测量值的算术平均值为测定值。三个试件测量值的最大值或最小值中如有一个与中间值之差超过中间值的 15%,则把最大值和最小值舍去,以中间值作为试件的弯拉强度。如有两个测量值与中间值的差值均超过 15% 时,则该组试验结果无效。

(4)三个试件中如有一个断裂面位于加荷点外侧,则混凝土弯拉强度按另外两个试件的试验结果计算。如这两个测量值的差值不大于这两个测量值中最小值的 15%,则以两个测量值的平均值为测试结果,否则结果无效。如有两试件均出现断裂面位于加荷点外侧,则该组结果无效。

6. 试验数据举例

某水泥混凝土抗弯拉强度试验结果见表 3-7-8。

水泥混凝土抗弯拉强度试验 表 3-7-8

龄期 (d)	试件编号	试件尺寸 (mm)	破坏荷载 (kN)	单值强度 (MPa)	断面位于两个 集中荷载	平均强度 (MPa)
28	1-1	150×150×550	48.992	6.5	中间	7.4
	1-2	150×150×550	61.458	8.2	中间	
	1-3	150×150×550	56.838	7.6	中间	

本章小结

普通混凝土由水泥、水、细集料和粗集料组成,必要时可掺入一定的外加剂和适量的掺合料。水泥混凝土的主要技术性质有:满足施工要求的和易性、符合设计要求的强度、与工程所处环境相适应的耐久性等。

混凝土拌合物的和易性包括流动性、黏聚性和保水性三方面,通常采用坍落度试验和维勃稠度试验进行评定。水泥混凝土强度分为抗压强度、抗弯拉强度、劈裂抗拉强度等,混凝土强度等级采用"立方体抗压强度标准值"确定。工程中混凝土的质量一般以立方体抗压强度来评定,抗弯拉强度用于道路路面和机场道面结构设计和质量控制。

水泥混凝土的耐久性包括抗冻性、抗渗性、耐磨性、抗碳化能力、碱-集料反应等,受混凝土的密实程度影响显著,与水胶比和胶凝材料密切相关。因此在水泥混凝土配合比设计时,应按照其使用条件对混凝土的最大水胶比和最小胶凝材料用量进行校核。

混凝土配合比设计的基本要求:①结构物设计强度要求;②施工工作性要求;③耐久性要求;④经济性要求。混凝土配合比设计共四个步骤:①计算"初步配合比";②提出"基准配合比";③确定"试验室配合比";④换算"施工配合比"。混凝土配合比设计的主要参数是水胶比、单位用水量和砂率。

外加剂是一种在混凝土搅拌之前或拌制过程中加入的、用以改善新拌混凝土或硬化混凝土性能的材料,其掺量一般不大于水泥质量的5%。外加剂包括减水剂、引气剂、早强剂和缓凝剂等。

路面水泥混凝土是指满足路面摊铺工作性、弯拉强度、耐久性及经济性等要求的水泥混凝土材料,包括普通路面混凝土、钢筋混凝土、预应力混凝土、钢纤维混凝土和碾压混凝土等。高强高性能混凝土、自密实混凝土等是工程用混凝土的发展方向。

砂浆在建筑结构中起黏结、传递应力、衬垫防护和装饰作用。对砂浆的主要技术要求有施工和易性、抗压强度、黏结力、耐久性等。

水泥混凝土最重要的试验包括坍落度试验、立方体抗压强度试验等。

习题

一、判断题(判断正误)

1. 随着砂率的提高,水泥混凝土的坍落度将会降低。( )
2. 砂率是砂的质量占水泥混凝土总质量的百分率。( )
3. 水泥混凝土强度等级越高,力学试验加载时要求的标准加载速率就应越快。( )
4. 路面面层水泥混凝土配合比设计标准采用28d龄期的抗压强度。( )
5. 水胶比是指水与胶凝材料的质量比。( )

6. 单位用水量是指在单位体积混凝土中所加入的水的质量,它是混凝土流动性的决定因素。( )

7. 卵石表面光滑、形状较圆、少棱角,所拌制的水泥混凝土拌合物流动性较好,但强度相比表面粗糙、有棱角的碎石低。( )

8. 在同样的条件下,水胶比越大,水泥混凝土的强度越大。( )

9. 做水泥混凝土抗压强度试验时,其破坏荷载宜在压力机全量程的10%~90%。( )

10. 做水泥混凝土的密实程度是决定水泥混凝土耐久性的重要指标。( )

11. 做混凝土立方体抗压强度试验时,当加载速度较快时,破坏时的强度值偏低。( )

12. 水泥混凝土拌合物砂率过小,砂浆数量不足,会使混凝土拌合物的黏聚性和保水性降低,易产生离析和流浆现象。( )

13. 水泥混凝土试件拆模后应立即放入温度为20℃±2℃、相对湿度为95%以上的标准养护室中养护,或放入温度为20℃±2℃的$Ca(OH)_2$饱和溶液中养护。( )

14. 在混凝土中使用减水剂,保持混凝土拌合物的工作性和水泥用量不变,可减少用水量,提高混凝土强度。( )

二、单选题(每道小题有四个选项,只有一个正确选项)

1. 坍落度法测水泥混凝土拌合物稠度的适用条件是( )。
   A. 坍落度大于15mm,集料最大粒径不大于31.5mm
   B. 坍落度小于15mm,集料最大粒径不小于31.5mm
   C. 坍落度大于10mm,集料最大粒径不大于31.5mm
   D. 坍落度小于10mm,集料最大粒径不小于31.5mm

2. 如分别测得新拌混凝土单位面积贯入阻力是2.8MPa、3.5MPa、28MPa、35MPa,用于判断混凝土初凝时间和终凝时间的贯入阻力是( )。
   A. 初凝3.5MPa,终凝28MPa   B. 初凝2.8MPa,终凝28MPa
   C. 初凝3.5MPa,终凝35MPa   D. 初凝2.8MPa,终凝35MPa

3. 当拌合物坍落度大于( )时,用钢尺测量水泥混凝土扩展后最终的最大直径和最小直径,即测量水泥混凝土拌合物的坍落扩展度值。
   A. 90mm   B. 160mm   C. 240mm   D. 260mm

4. 对一组水泥混凝土标准立方体试件进行抗压强度试验,极限荷载分别为780kN、710kN、900kN。该组试件的抗压强度为( )。
   A. 35.4MPa   B. 34.7MPa   C. 33.1MPa   D. 作废

5. 做坍落度试验,将拌和均匀的水泥混凝土拌合物按规定的方法分( )层装入坍落筒,每层捣( )次。
   A. 三、25   B. 两、25   C. 三、15   D. 两、15

6. 立方体抗压强度试件的标准尺寸的边长为( )mm。
   A. 50   B. 100   C. 150   C. 200

7. 对一组标准水泥混凝土抗弯拉强度试验用小梁,采用标准方法测得的最大抗弯拉荷载分别是31.20kN、35.55kN、36.75kN,则该试验结果为( )。

A. 4.60MPa B. 4.82MPa C. 4.74MPa D. 作废

8. 在坍落度仪法测定水泥混凝土拌合物稠度试验中,从开始装料到提出坍落筒整个过程应在( )时间内完成。
   A. 60s B. 90s C. 120s D. 150s

9. 在水泥混凝土抗压强度试验中,当试验结果的最大值和最小值与中间值的差值均超过( )的15%时,该组试件的试验结果无效。
   A. 平均值 B. 中间值 C. 最大值 D. 最小值

10. 水泥混凝土的标准养护条件为( )。
    A. 温度20℃±2℃、相对湿度95%以上
    B. 温度20℃±2℃、相对湿度50%以上
    C. 温度20℃±1℃、相对湿度95%以上
    D. 温度20℃±1℃、相对湿度50%以上

11. 做水泥混凝土立方体抗压强度试验,试件受压面为( )。
    A. 顶面 B. 底面 C. 侧面 D. 任意面

三、多选题(每道小题四个选项,有两个或两个以上为正确选项)

1. 下列针对混凝土成型不正确的操作方式有( )。
   A. 坍落度10mm,采用人工插捣成型
   B. 坍落度23mm,采用插入式捣棒成型
   C. 坍落度95mm,采用振动台成型
   D. 坍落度120mm,采用人工插捣成型

2. 提高水泥混凝土强度的措施包括( )。
   A. 选用高强度水泥   B. 提高浆集比
   C. 提高粗集料的最大粒径   D. 降低水灰比

3. 水泥混凝土配合比设计的基本步骤包括( )。
   A. 计算初步配合比   B. 提出基准配合比
   C. 确定实验室配合比   D. 换算工地配合比

4. 以下在水泥混凝土拌合物凝结时间试验中用到的仪器设备包括( )。
   A. 阻力贯入仪 B. 测针 C. 坍落度仪 D. 计时器

5. 影响水泥混凝土工作性的因素有( )。
   A. 工作环境条件 B. 拌和设备 C. 水灰比 D. 砂率

6. 混凝土配合比设计的基本要求为( )。
   A. 满足设计强度要求   B. 满足工作性要求
   C. 满足耐久性要求   D. 满足经济性要求

7. 以下影响水泥混凝土强度试验结果的因素有( )。
   A. 水泥强度 B. 养护条件 C. 试验条件 D. 试件尺寸

8. 为保证水泥混凝土的耐久性,应对混凝土的( )进行限定。
   A. 最大水灰比 B. 最小水泥用量 C. 最小水灰比 D. 最大水泥用量

9. 水泥混凝土拌合物拌和时,下列室温满足试验要求的有(　　)。
   A. 26℃　　　　　B. 22℃　　　　　C. 20℃　　　　　D. 17℃

10. 水泥混凝土抗压强度试验用压力机或万能试验机应满足(　　)。
    A. 压力机或万能试验机量程应选择试件破坏荷载大于压力机全量程的20%且小于压力机全量程的80%
    B. 压力机应具有加荷速度指示装置或加荷速度控制装置,上下压板平整并有足够刚度,可均匀地连续加荷卸荷,可保持固定荷载,开机停机均灵活自如,能够满足试件破型吨位要求
    C. 当混凝土强度等级大于或等于C50时,试件周围应设置防崩裂网罩
    D. 压力机或万能试验机的测量精度为±2%

11. 有一盘水泥混凝土拌合物,目测离析,造成该情况的可能原因有(　　)。
    A. 水灰比的大小　　　　　　　　　B. 单位用水量多少
    C. 原材料的特性　　　　　　　　　D. 砂率过小,砂浆数量不足

12. 试验检测人员对强度等级为C40的150mm×150mm×150mm水泥混凝土立方体标准试件进行抗压强度试验,下面的试验操作描述正确的有(　　)。
    A. 至试验龄期时,从养护室取出试件,应尽快试验,避免其湿度变化
    B. 取出试件,检查其尺寸及形状,相对两面应平行,量出棱边长度
    C. 以成型时正面为受压面,试件中心应与压力机几何对中
    D. 当试件接近破坏而开始迅速变形时,应停止调整试验机油门,直至试件破坏,记下破坏极限荷载

四、综合题(每道小题四个选项,有一个或一个以上为正确选项)

1. 已知试验室某水泥混凝土配合比为水泥:砂:石 = 1:1.70:3.40, $W/C = 0.50$, 单位用水量为170kg/m³,现需要对配料进行相关性能的试验检测。已知设计坍落度为70~90mm。根据资料,请回答以下问题。

   (1) 试验员计划一次拌制25L水泥混凝土,则各材料用量分别为(　　)。(保留2位小数)
      A. 水:4.25kg,水泥:8.50kg,砂:14.45kg,石:28.90kg
      C. 水:42.50kg,水泥:85.00kg,砂:144.50kg,石:289.00kg
      B. 水:2.13kg,水泥:4.25kg,砂:7.23kg,石:14.45kg
      D. 水:21.30kg,水泥:42.50kg,砂:72.30kg,石:144.50kg

   (2) 拌和机出现故障,决定采用人工拌和,则正确的拌料顺序是(　　)。
      A. 先将石和砂一起拌匀,然后加入水泥拌匀,再加入所需全部水量,拌和均匀
      B. 先将石和水泥一起拌匀,然后加入砂拌匀,再将料堆的中心扒开,倒入所需的水的一半,拌匀后,再倒入剩余的水,拌和均匀
      C. 先一次性将石子、砂和水泥一起拌匀,然后加入所需水量,拌和均匀
      D. 先将水泥和砂一起拌匀,然后加入石子拌匀,再将料堆的中心扒开,倒入所需的水的一半,拌匀后,再倒入剩余的水,拌和均匀

   (3) 做坍落度试验时,发现流动性满足要求,但是黏聚性和保水性不好,随即决定将砂率提

高 2 个百分点,而水和水泥的用量不变,则砂和石的每立方米用量为多少? (保留整数)(　　)
  A. 砂:578kg;石:1156kg　　　　　　B. 砂:607kg;石:1127kg
  C. 砂:578kg;石:1127kg　　　　　　D. 砂:607kg;石:1156kg

(4) 对该水泥混凝土拌合物进行凝结时间测定,下列哪些操作步骤是正确的? (　　)
  A. 用 9.5mm 的标准筛尽快过筛,筛去 9.5mm 以上的粗集料
  B. 将过筛后的砂浆料装入圆形试模,采用振动台振实,振动应持续到表面出浆为止,但要避免振动过度
  C. 约 1h 后,通过倾斜试模,将表面泌出的水集中起来,用吸管吸出。在以后的操作过程中要进行类似的吸水工作,以免影响贯入阻力仪的使用
  D. 根据测试时间的长短,依此从细到粗选择合适的测针进行贯入阻力试验

(5) 为验证混凝土的强度,按照基准配合比成型,进行标准的混凝土立方体抗压强度检测。该强度试验采用三种不同的水灰比,其中一个是基准配合比所确定的水灰比,另外两个分别较基准配合比减少或增加 0.05。请问,如果水灰比增加 0.05,则水泥和水的每立方米用量分别是多少? (保留整数)(　　)
  A. 水:170kg;水泥:309kg　　　　　　B. 水:187kg;水泥:340kg
  C. 水:179kg;水泥:357kg　　　　　　D. 水:153kg;水泥:340kg

2. 试验室进行 C25 的普通水泥混凝土组成设计,用于挡土墙的墙身,设计坍落度为 70~90mm。已确定水泥混凝土水灰比为 0.5,每立方米混凝土用水量为 176kg,砂率为 32%,混凝土拌合物表观密度假定为 2400kg/m³。采用标准尺寸试件完成立方体抗压强度试验。请回答下列相关问题。

(1) 已知标准差 σ 为 5.0MPa,则混凝土配合比设计时计算的配制强度为(　　)。
  A. 16.8MPa B. 25.0MPa C. 30.0MPa D. 38.2MPa

(2) 根据已知条件,计算每立方米混凝土各材料用量,下列(　　)选项正确。
  A. 水 m_w:176(kg);水泥 m_c:352(kg);砂 m_s:599(kg);石 m_g:1273(kg)
  B. 水 m_w:176(kg);水泥 m_c:88(kg);砂 m_s:683(kg);石 m_g:1453(kg)
  C. 水 m_w:176(kg);水泥 m_c:352(kg);砂 m_s:454(kg);石 m_g:1418(kg)
  D. 水 m_w:176(kg);水泥 m_c:88(kg);砂 m_s:518(kg);石 m_g:1618(kg)

(3) 下列有关坍落度试验,(　　)操作或说法是不正确的。
  A. 坍落度试验适用于坍落度值大于 10mm,集料公称最大粒径不大于 31.5mm 的集料
  B. 装填完拌合物后,立即提起坍落筒,操作过程在 5~10s 内完成
  C. 将坍落筒放在已坍落的拌合物一旁,筒顶平放一个朝向拌合物的直尺,用钢尺量出直尺底面到试样最低点的垂直距离,该距离定义为坍落度,以 mm 为单位
  D. 测量的坍落度为 85mm,说明该混凝土拌合物的工作性满足要求

(4) 下列有关该混凝土拌合物试件制作的操作或说法,(　　)是正确的。
  A. 立方体抗压强度的标准试件尺寸为 150mm×150mm×150mm,3 个为一组
  B. 该混凝土拌合物用标准振动台成型试件
  C. 该混凝土试件成型后的高度应该在 149.5mm~150.5mm
  D. 养护室的温度为 (20±1)℃、相对湿度为 90% 以上

(5)规范规定:对于强度等级小于 C30 的混凝土,取 0.3~0.5MPa/s 的加载速度;对于强度等级大于 C30、小于 C60 的混凝土,取 0.5~0.8MPa/s 的加载速度;对于强度等级大于 C60 的混凝土,取 0.8~1.0MPa/s 的加载速度。试验时,压力计上可读的加载速率为(   )。

  A. 0.3~0.5MPa/s   B. 6.75~11.25kN/s

  C. 3~5kN/s   D. 3~5MPa/s

模块4 MODULE FOUR

沥青

> **学习目标：**
> 1. 了解沥青的分类。能够用石油沥青的化学组分解释沥青胶体结构类型。
> 2. 掌握石油沥青的针入度、延度、软化点三大技术指标的含义。会计算针入度指数。熟悉石油沥青的其他指标。
> 3. 熟悉道路石油沥青的技术要求与分级。
> 4. 熟悉乳化沥青的组成、工程特点与分类，了解技术要求，理解道路标准黏度试验。熟悉改性沥青的分类和技术要求，理解储存稳定性试验和弹性恢复试验的原理。
> 5. 掌握道路石油沥青的针入度试验、延度试验和软化点试验的原理和方法。

4.1 沥青概述

想一想

沥青路面（图4-1-1）是黑色的，比灰白的水泥混凝土路面美观、干净、降噪。沥青是一种很好的防水材料。在涵洞填土前，在其表面涂刷一层沥青（图4-1-2），就能起到防水作用。另外，"世界上时间最长的实验"就是一个与沥青有关的故事。沥青如此神奇，它是一种什么样的材料？它是怎么获得的？沥青的成分是什么呢？

图 4-1-1　沥青路面

图 4-1-2　涵洞涂刷沥青

4.1.1　沥青的定义与分类

WK43-沥青的分类

沥青是一种有机胶凝材料。它是由极其复杂的高分子碳氢化合物及这些碳氢化合物的非金属(氧、硫、氮)衍生物所组成的混合物。沥青在常温下可分为固体沥青、黏稠沥青(半固体沥青)和液体沥青，颜色为深褐色或黑色，如图 4-1-3 所示。

a)固体沥青

b)黏稠(半固体)沥青

c)液体沥青

图 4-1-3　常温下沥青的形态

沥青属于温度敏感性材料，同一种沥青，在常温下是半固态，随着温度的下降，很快就会变成固态，而如果温度上升，沥青很快就会具备流动性。因此，讨论沥青的技术性质、检测沥青的技术指标，都必须在一定的温度下进行，否则毫无意义。

沥青具有良好的黏性、塑性、耐腐蚀性和憎水性。沥青与矿料的黏结力强，两者拌和而成的沥青混合料是道路工程中重要的筑路材料。沥青混合料具有良好的力学性能及一定的高温稳定性和低温抗裂性。

沥青按其在自然界中获得的方式不同，可分为地沥青和焦油沥青两大类。

1. 地沥青

地沥青是地下石油经加工或演变而得到的沥青，又可分为石油沥青和天然沥青。

(1)石油沥青，是石油原油分馏出各种油产品后的残渣经加工而制成的产品。对石油进行分馏时,最先分馏的是相对分子质量最轻的汽油,然后依次是相对分子质量逐渐增大的煤油、柴油等,剩下相对分子质量最大的黏稠物质就是石油沥青,石油沥青的来源如图 4-1-4 所示。石油沥青按照用途的不同,可进一步划分为道路石油沥青和建筑石油沥青。

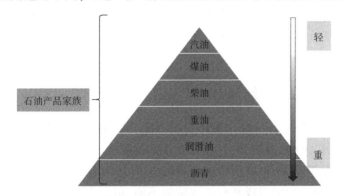

图 4-1-4　石油沥青来源示意图

石油沥青在常温下一般都是黏稠(半固态)状,在石油沥青中,添加汽油、煤油、柴油等溶剂进行稀释,便得到液体沥青,也称轻制沥青或稀释沥青。

(2)天然沥青,是石油在自然界长期受地壳挤压并与空气、水接触逐渐变化而形成的,以天然形态存在的沥青产物,其中常混有一定比例的矿物质。按形成的环境可分为岩沥青、湖沥青和海底沥青等。

2. 焦油沥青

焦油沥青是干馏各类有机燃料(如煤、页岩、木材等)所得的焦油,再经加工制得的产物。按干馏的原料不同,焦油沥青可分为煤沥青、木沥青、页岩沥青等。

石油沥青的产量大,可加工改性的程度高,并能较好地满足现代道路交通运输特点,是目前道路工程中应用最多的沥青品种,也是本课程的学习重点。煤沥青和天然沥青在道路工程中也有一定的应用。

4.1.2　石油沥青的化学组分

世界各国的石油沥青性能差别较大,同一个国家不同油田的石油沥青,其性能也有所不同。工程技术人员曾尝试从化学成分和微观结构的不同解释石油沥青的不同性能,最终失败了。其原因就是石油沥青的化学成分非常复杂,很难把其中的化合物逐个分离出来。为了解释不同石油沥青所表现的性能差异,通常将石油沥青分离为化学成分和物理性质相近,并具有某些共同特征的几个组,这些组就称为"组分"。常用的有三组分分析法和四组分分析法。其中四组分分析法包括以下组分。

WK44-沥青的组分与结构

(1)沥青质。沥青质是不溶于正庚烷而溶于苯的黑褐色无定形固体物,占沥青质量的 5%~25%。沥青质和沥青的热稳定性、流变性及黏滞性有很大的关系。其含量越高,沥青软化点越高,黏度越大,沥青在常温下表现得就越硬、越脆。

(2)胶质。胶质能够溶于正庚烷,是深棕色固体或半固体,有很强的极性,影响沥青质的分散效果，突出的特征是具有很强的黏附力。胶质和沥青质之间的比例决定了沥青的胶体结构类型。

(3) 芳香分。芳香分是由沥青中分子量最低的环烷芳香化合物组成的黏稠状液体，占沥青总量的 20%~50%，呈深棕色，对其他高分子烃类物质有较强的溶解能力。

(4) 饱和分。饱和分含量占沥青质量的 5%~20%，是非极性稠状油类，色泽浅。随饱和分含量增加，沥青的稠度降低，温度感应性增大。

4.1.3 石油沥青的胶体结构

根据沥青组分分布特点，沥青属于胶体材料。现代胶体理论认为：沥青的胶体结构，是以沥青质作为胶核，在其表面吸附胶质，形成胶体体系的胶团，成为分散相。芳香分和饱和分构成分散介质，胶团分散于其中，形成所谓的沥青胶体。

根据沥青中各组分的化学组成和相对含量的不同，可以形成不同的胶体结构。沥青的胶体结构可分为下列三种类型。

(1) 溶胶型结构。当沥青中沥青质含量较少，同时有一定数量的胶质使胶团能够完全胶溶而分散在液态的芳香分和饱和分介质中，此时，沥青质胶团相距较远，它们之间的吸引力很小，胶团在胶体结构中运动较为自由，如图 4-1-5a) 所示，这种胶体结构称为溶胶型结构。

这种沥青的特点是黏滞性小、流动性大、塑性好、温度稳定性较差，具有较好的自愈性和低温变形能力。

(2) 凝胶型结构。当沥青中沥青质含量较高，并有相当数量的胶质来形成胶团，沥青质胶团之间的相互距离缩短，吸引力增加，胶团移动较为困难，如图 4-1-5b) 所示，这种胶体结构称为凝胶型结构。

这种类沥青的弹性和黏性较好，温度敏感性较小，流动性、塑性较低，虽具有较好的温度稳定性，但低温变形能力较差。

(3) 溶-凝胶型结构。当沥青中沥青质含量适当，并有较多数量的胶质，这样形成的胶团数量较多，胶体中胶团的浓度增加，胶团距离相对靠近，如图 4-1-5c) 所示。它们之间有一定的吸引力。这种介于溶胶与凝胶之间的结构，称为溶-凝胶型结构。

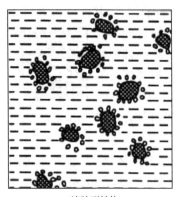 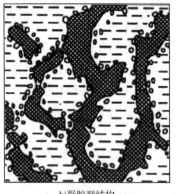 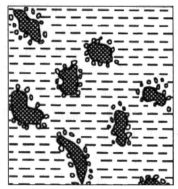

a) 溶胶型结构　　　　b) 凝胶型结构　　　　c) 溶-凝胶型结构

图 4-1-5　沥青的胶体结构示意图

这类沥青的路用性能较好,在高温时具有较低的感温性,低温时又具有较好的变形能力。优质道路石油沥青多为溶-凝胶型结构。

4.1.4 【知识拓展】 世界上时间最长的实验——沥青滴漏实验

科学家做实验是为了证明某一个科学道理,一般来说实验的时间或长或短,但是用几十年时间做一个实验真的非常少见,然而有一个实验,已做了近百年,如今还在继续,被称为世界上时间最长的实验,它就是沥青滴漏实验,如图 4-1-6 所示。

沥青滴漏实验最初由澳大利亚的帕内尔教授发起,旨在证明物质的性质并没有看上去那样简单,有些看起来像是固体的物质,其实是黏性极高的液体,比如沥青。1927 年帕内尔将沥青样本放入一个封了口的漏斗内。三年后把漏斗的封口切开让沥青开始缓慢流动,每滴沥青大概需要 10 年时间才能滴入漏斗下方的烧杯,直到帕内尔 60 岁去世他也只等到了 3 滴。

图 4-1-6　沥青滴漏实验

但是当时没有摄像机,人也不可能 24 小时盯着看,所以一直没人目睹沥青的滴落。随后接管实验的另一位物理学家约翰梅因斯通,用了 50 多年的时间也只迎来了 5 滴滴漏的沥青。但是由于种种原因,这 5 滴来之不易的沥青,全部被他郁闷地错过了。1988 年梅因斯通在实验装置旁边装上了摄像头,24 小时监控记录实验的进展。结果在 2000 年 11 月沥青真正滴落的时候,存储设备却出现了故障。

摄像头拍摄的画面没有被记录下来,这让他气急败坏沮丧万分,第一时间就升级了监控系统,并且装上了 3 个独立的摄像头,而此时梅因斯通已经从一个 27 岁的年轻人,变成了一个两鬓斑白的老人,第 9 滴沥青滴漏的时间和梅因斯通的猜测很接近。2014 年年初滴落摄像机终于记录下了这个画面。遗憾的是他在 2013 年 8 月 23 日就去世了。梅因斯通曾说过,自然界的伟大之处就在于它的不可预测,这也是我们生活的调味品。

4.2　道路石油沥青

想一想

沥青路面一般都要加热摊铺施工(图 4-2-1),这是为什么呢?图 4-2-2 所示为 90 号道路石油沥青,90 号是代表什么呢?将道路石油沥青应用到工程中,具体要检验哪些技术指标?

图 4-2-1　沥青路面加热施工

图 4-2-2　90 号道路石油沥青

道路石油沥青在常温下呈黏稠态或固态，经过氧化、脱溶、调和等工艺措施处理后，沥青在黏稠程度、温度敏感性、蜡含量等一些关键技术指标上能够很好地满足道路工程的需要。评价道路石油沥青的技术指标有很多，本节主要介绍《公路沥青路面施工技术规范》（JTG F40—2004）中的技术指标及技术要求。

4.2.1　黏度与针入度

WK45-沥青的黏滞性

黏度用于表征沥青的黏滞性。黏滞性是指沥青在外力作用下抵抗变形的能力。沥青的黏滞性随沥青的化学组分和温度的变化而变化。当沥青中的油分减少或沥青质数量增加，沥青的黏滞性就增加。在一定的温度范围内，当温度升高时，黏滞性随之降低，反之则增大。

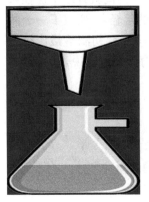
图 4-2-3　漏斗示意图

黏滞性是黏稠物质或液体的一种属性。如图 4-2-3 所示，在同一个大小的漏斗中装满油和水，水肯定先漏完，原因就是油的黏滞性大于水。沥青是温度敏感性材料，常温下沥青的黏滞性可能是水的 1000 亿倍，将沥青加热到 200℃左右，其黏滞性与水相当。沥青路面加热施工的目的，就是降低其黏滞性，才能使沥青与集料拌匀并能碾压密实。

黏度的表达和测定方法有多种，可分为两类：一类为绝对黏度，另一类为相对黏度（或称条件黏度）。由于相对黏度指标测试简便、直观，工程上多测定沥青的相对黏度。

1. 绝对黏度

（1）沥青动力黏度

动力黏度属于绝对黏度的一种表达方式，以帕·秒（Pa·s）为单位，采用真空减压毛细管法测定。该法是沥青在规定的试验条件下（温度为 60℃，真空度为 40kPa），通过选定型号的真空减压毛细管黏度计（通常采用美国沥青学会式，即 AI 式，如图 4-2-4 所示），测定流经规定体积所需的时间（以 s 计）。

按式（4-2-1）计算动力黏度。动力黏度很好地反映了沥青在一定温度条件下的黏滞性，所以一些国家以 60℃时测定的动力黏度作为沥青分级依据。

$$\eta = kt \qquad (4\text{-}2\text{-}1)$$

式中：η——沥青在试验规定温度下的动力黏度（Pa·s）；
  k——黏度计常数（Pa·s/s）；
  t——沥青流经规定体积所需时间（s）。

WK46-沥青动力
黏度试验

CZ27-沥青动力
黏度试验

DH17-沥青动力
黏度试验

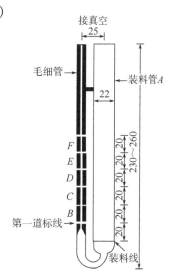
图4-2-4 真空减压毛细管黏度计
（尺寸单位：mm）

（2）沥青表观黏度
表观黏度是表征沥青绝对黏度的另一种方式，同样以帕·秒（Pa·s）为单位，采用布洛克菲尔德黏度计测定。一般测试时，道路沥青的温度在45℃以上。试验时，将少量沥青样品盛于恒温控制的试样筒中，转子在沥青试样中转动，测定相应的转动阻力所反映出来的扭矩。扭矩计读数乘以仪器参数即可得到沥青的黏度，如图4-2-5所示。

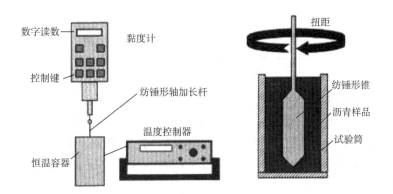

图4-2-5 布洛克菲尔德黏度计

试验通过将不同温度条件下测定的黏度，绘于图4-2-6所示的黏度-温度曲线中，确定沥青混合料的施工温度。当使用石油沥青时，宜以黏度为0.17Pa·s±0.02Pa·s的温度作为拌和温度范围；以0.28Pa·s±0.03Pa·s时的温度作为压实成型温度范围。在图4-2-6所示沥青中，拌和温度宜为165～172℃，压实温度宜为152～158℃。

2. 相对黏度——针入度 P

相对黏度，也称条件黏度。针入度试验是经常用来测定黏稠沥青相对黏度的一种方法，采用针入度仪测定，其原理如图4-2-7所示。

WK47-沥青的
布氏黏度

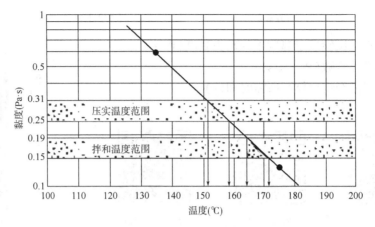

图 4-2-6　沥青黏度-温度曲线确定施工温度

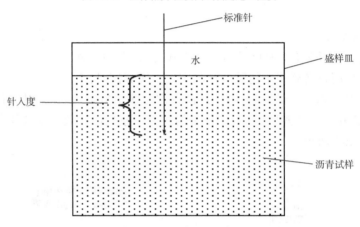

图 4-2-7　针入度原理示意图

针入度是指沥青材料在规定的温度条件下,附加一定质量的标准针经过规定时间垂直贯入沥青试样的深度,以 0.1mm 表示。试验条件以 $P_{T,m,t}$ 表示,其中 P 表示针入度,T 表示试验温度(℃),m 表示荷重(g),即标准针(包括连杆及砝码)的质量,t 表示贯入时间(s)。我国《公路工程沥青及沥青混合料试验规程》(JTG E20—2011)规定,标准的试验条件为:温度 25℃,荷重 100g,贯入时间 5s。

针入度是道路石油沥青重要的技术指标,也是我国道路石油沥青的划分依据。我国道路石油沥青共 7 个标号:30 号、50 号、70 号、90 号、110 号、130 号、160 号。如 70 号沥青就是针入度为 60~80(0.1mm)的沥青,110 号沥青就是针入度为 100~120(0.1mm)的沥青。可见,沥青标号越大,说明标准针扎入沥青的深度越大,沥青越软,稠度越小。

WK48-沥青针入度试验

CZ28-沥青针入度试验

DH18-沥青针入度试验

4.2.2 延度

延度表征沥青的塑性。塑性是指沥青在外力作用下发生变形而不破坏的能力。塑性的大小与沥青的化学组分和温度有关,温度升高时,塑性较大。

延度采用延度仪测定。我国《公路工程沥青及沥青混合料试验规程》(JTG E20—2011)规定:延度是将沥青试样制成∞字形标准试件(中间最小截面面积为 $1cm^2$),在规定温度(25℃、15℃、10℃或5℃)和规定速度(5cm/min)条件下进行拉伸,直至试件断裂时测出试件的伸长值,以 cm 表示,如图 4-2-8 所示。

图 4-2-8 延度测定示意图

沥青的延度与沥青的低温抗裂性有一定的关系。低温下测得的沥青延度值越大,则沥青路面的开裂性相对较小。

WK49-沥青延度试验　　CZ29-沥青延度试验　　DH19-沥青延度试验

4.2.3 软化点

软化点是沥青软化至规定状态时的温度,用于表征沥青的高温敏感性。

我国《公路工程沥青及沥青混合料试验规程》(JTG E20—2011)规定,沥青软化点试验采用环球法测定。将沥青试样装入规定尺寸的铜环中,再将规定质量的钢球(质量3.5g)置于其上,然后放入有水或甘油的烧杯中,以 5℃/min 的升温速度加热,使沥青软化下垂达到试验底板的温度,即为沥青的软化点,以℃表示。其测定示意图如图 4-2-9 所示。

软化点越高,表明沥青的耐热性越好,即温度稳定性越好。通常情况下,普通道路石油沥青软化点为 40~50℃,而聚合物改性沥青软化点可以达到 70℃甚至更高。

另一方面,试验研究发现,不同的沥青在软化点时的针入度值都为 800(0.1mm)左右,所以认为软化点是沥青呈现相同黏度时所要达到的温度——等黏温度。因此,软化点既是反映沥青热稳定性的指标,也是表征沥青条件黏度的指标。

针入度、延度和软化点,传统上称为沥青的"三大指标",是目前我国针对沥青性能评价的核心指标,因为这三个指标已经可以基本全面表征沥青的技术性质。

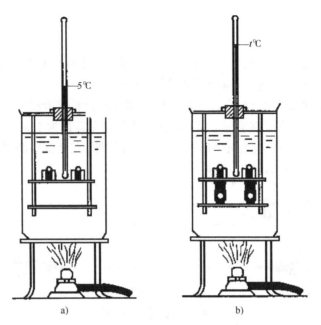

图 4-2-9 软化点测定示意图

WK50-沥青软化点试验

CZ30-沥青软化点试验

DH20-沥青软化点试验

4.2.4 针入度指数 PI

针入度指数 PI 用于表征沥青对温度变化的敏感性，属于沥青感温性指标。为了理解针入度指数 PI，先看一个具体的例子。假设有 1 号和 2 号两种沥青的针入度试验结果，见表 4-2-1。

两种沥青不同温度下的针入度试验结果对比　　　　　表 4-2-1

温度(℃)	1 号沥青	2 号沥青
30	105	121
25	70	70
15	34	22

根据表 4-2-1 的数据画图。以沥青针入度的对数值 $\lg P$ 为纵坐标，相应的温度 T 为横坐标，则在半对数坐标图上可得到两条直线，如图 4-2-10 所示。从图中可以看出，1 号沥青和 2 号沥青在 25℃ 时针入度相同，都是 70 号沥青，但是，两种沥青对温度的敏感性明显不同。当温度升高时，2 号沥青的针入度变得更大；当温度降低时，2 号沥青的针入度变得更小。即 2 号沥青对温度变化更敏感，表现为直线的斜率 A 值较大。

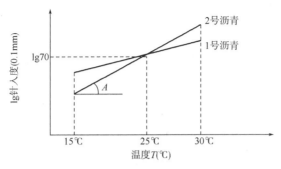

图 4-2-10　两种沥青在不同温度下的针入度试验结果对比图

WK51-沥青的感温性

在半对数坐标图 4-2-11 上,针入度对数直线可以式(4-2-2)表示。

$$\lg P = AT + K \tag{4-2-2}$$

式中：P——沥青针入度；

　　　T——温度；

　　　K——截距,即直线在纵轴上交点高度,加常数；

　　　A——针入度温度感应性系数,即直线的斜率,乘常数。

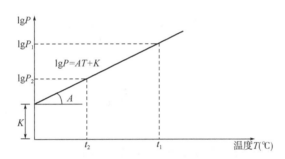

图 4-2-11　沥青针入度的对数-温度关系图

A 为针入度温度感应性系数,在图上表现为直线的斜率。A 越大,表示沥青的针入度对温度的变化越敏感。因为 A 值为小数,为了使用方便,改用针入度指数 PI 表示,见式(4-2-3)。针入度指数 PI 是无量纲的。

$$\text{PI} = \frac{30}{1+50A} - 10 \tag{4-2-3}$$

针入度指数 PI 越大,即 A 越小,表示沥青对温度的敏感性越小,温度稳定性越好。但针入度指数 PI 太大,沥青路面容易开裂。因此,规范要求将针入度指数控制在一定的范围。如前所述,沥青的胶体结构与其路用性能有密切的关系。工程上,通常采用针入度指数 PI 划分沥青的胶体结构类型,见表 4-2-2。

沥青的针入度指数和胶体结构类型　　　　表 4-2-2

沥青的针入度指数(PI)	< -2	-2 ~ +2	> +2
沥青胶体结构类型	溶胶	溶-凝胶	凝胶

针入度指数 PI 的计算方法通常有两种。

1. 简易计算

两点确定一条直线,只要知道不同的两个温度下对应的针入度,就可以构建方程组,求出 A 和 K。如前所述,不同的沥青在软化点时的针入度值都为 800(0.1mm) 左右,则可以由针入度试验结果(25℃ 和 $\lg P_{(25℃,100g,5s)}$)和软化点试验结果($T_{R\&B}$ 和 lg800)求出 A。

$$\begin{cases} \lg P_{(25℃,100g,5s)} = A \times 25 + K \\ \lg 800 = A \times T_{R\&B} + K \end{cases}$$

由此,由上面方程组计算得到 A,进一步即可计算得到 PI。

$$A = \frac{\lg 800 - \lg P_{(25℃,100g,5s)}}{T_{R\&B} - 25} \tag{4-2-4}$$

【例题 4-2-1】 已知某道路石油沥青完成了针入度试验和软化点试验。针入度试验结果为 68(0.1mm)。软化点试验结果为 48℃。假定软化点对应的针入度为 800(0.1mm),请计算该沥青的温度感应性系数 A 和针入度指数 PI。

解:

(1) 温度感应性系数 A:

$$A = \frac{\lg 800 - \lg P_{(25℃,100g,5s)}}{T_{R\&B} - 25} = \frac{\lg 800 - \lg 68}{48 - 25} = 0.0465$$

(2) 针入度指数 PI:

$$\text{PI} = \frac{30}{1 + 50A} = \frac{30}{1 + 50 \times 0.0465} = -0.977$$

2. 回归计算

为了得到更加精确的沥青针入度指数 PI,规范要求在 15℃、25℃、30℃ 等 3 个或 3 个以上温度条件下测定针入度后,再回归计算得到针入度指数。若 30℃ 时的针入度值过大,可采用 5℃ 代替。用于仲裁试验时,温度条件应为 5 个。

【例题 4-2-2】 某沥青试样针入度试验结果见表 4-2-3,试计算该沥青的温度敏感系数 A、针入度指数 PI。

不同温度下的针入度试验结果　　　　　　表 4-2-3

温度(℃)	15	25	30
针入度 P(0.1mm)	17.7	37.0	53.5
针入度对数 $\lg P$	1.2480	1.5682	1.7284

解:

(1) 计算温度敏感系数 A 和 K:

首先将数据源输入 EXCEL 表格,如图 4-2-12 所示。

选择两列数据,插入散点图,并添加趋势线,同时显示公式和相关系数 R,如图 4-2-13 所示。(为方便整齐好看,下图的坐标轴在原图上稍做调整修改)

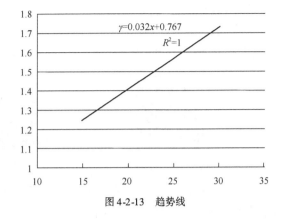

图 4-2-12　输入数据源　　　　图 4-2-13　趋势线

所以温度敏感系数 $A = 0.032, K = 0.767$。

(2) 计算针入度指数 PI：

$$\text{PI} = \frac{30}{1+50A} - 10 = \frac{30}{1+50 \times 0.032} - 10 = 1.539$$

4.2.5　蜡含量

在沥青的芳香分和饱和分中，存在一个需要引起重视的成分——蜡。蜡在常温下呈白色晶体，当温度达到45℃时就会由固态转变为液态。在沥青中，蜡几乎百害而无一益，具体表现如下。

(1) 影响沥青高温稳定性。蜡随着温度升高极易融化，使沥青的黏度降低，加大沥青的温度敏感性。

(2) 影响沥青低温抗裂性。蜡在低温下结晶析出后分散在沥青中，减少沥青分子之间的紧密程度，使沥青的低温延展能力明显降低。

(3) 降低沥青与集料的黏附性。蜡能使沥青与集料表面的黏附性降低，在水的存在下易引起沥青膜从石料表面脱落，造成沥青路面的水损害。

(4) 影响路面抗滑性。沥青中蜡的存在易引起沥青路面抗滑性能的衰减。

所以，沥青中的蜡成分是对沥青路面性能极为不利的物质，目前对于道路石油沥青中蜡的含量有严格的限制。道路石油沥青的等级划分，主要指标之一就是蜡含量。蜡含量越低越好。现行规范中采用蒸馏法测定沥青中的蜡含量。

沥青中的蜡来自原油，称为石蜡(区别于动物蜡和植物蜡)。生活中的蜡烛多是石蜡制造的。沥青蜡含量的高低取决于原油中蜡的含量和石油炼制工艺。按原油成分中所含蜡的数量多少，石油可划分为：①石蜡基原油(含蜡量>5%)；②中间基原油(含蜡量2%~5%)；③环烷基原油(含蜡量<2%)。

4.2.6　抗老化指标

抗老化指标用于评价沥青的耐久性。路用沥青在使用过程中受到储运、加热、拌和、摊铺、碾压、交通荷载以及自然因素的作用，会发生一系列的物理化学变化，从而使沥青逐渐改变其原有组成成分，引起路用性能的劣化，这种变化称为沥青的老化。老化后的沥青，又硬又脆，针入度变小,软化点升高,延度变小。

沥青的老化过程一般分为两个阶段:沥青在施工阶段,由于加热施工引起的老化,称为短期老化;沥青路面在长期使用过程中,由于各种自然因素和交通荷载引起的老化,称为长期老化。

WK52-沥青的耐久性　　　WK53-沥青加热老化试验　　　CZ31-沥青薄膜加热试验

现行公路沥青路面施工技术规范只对沥青短期老化做了具体的指标规定,包含两个试验:沥青薄膜加热试验(TFOT)和沥青旋转薄膜加热试验(RTFOT)。

(1)沥青薄膜加热试验(TFOT)

在4个盛样皿中各装入50g沥青,使沥青成为约3.2mm的薄膜。在163℃±1℃通风烘箱的条件下,以5.5r/min的速率水平旋转,经过5h老化后取出沥青试样,如图4-2-14所示。

(2)沥青旋转薄膜加热试验(RTFOT)

准备通常不少于8个开口玻璃瓶,在每个玻璃瓶中装入35g沥青试样。将玻璃瓶插入旋转烘箱中,一边吹入热空气,一边在163℃±0.5℃的高温下以15r/min的速度旋转,经过75min老化后取出沥青试样,如图4-2-15所示。

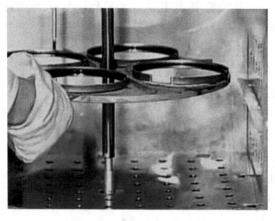 

图4-2-14　沥青薄膜加热试验　　　　图4-2-15　沥青旋转薄膜加热试验

两个试验可以互相代替,采用同一个评价标准。沥青试样经老化后,测定质量变化、残留针入度比、残留延度等抗老化指标。现行规范要求,质量变化为±0.8%。质量变化为正,代表不仅没有损失,而且还有一定增加,原因在于加热过程中沥青与空气中某些成分发生了反应。残留针入度比是沥青老化后的针入度与老化前的针入度之比,越大越好,说明沥青抗老化性好。

4.2.7　其他技术指标

1.闪点与燃点

闪点与燃点属于沥青施工的安全性指标。沥青属于高温施工,施工时拌和站的沥青温度经常为 140～160℃，甚至更高，从沥青中挥发出的可燃性气体与空气混合，当达到一定浓度后，遇火即会发生闪火、燃烧等安全事故。长隧道中一般不设计沥青路面，主要也是预防发生交通事故时，沥青会起到助燃作用。为保证沥青加热质量和施工安全，需测定沥青的闪点和燃点。

道路石油沥青闪点与燃点采用克利夫兰开口杯式闪点仪（图4-2-16）测定。将沥青试样盛于试验杯中，按规定加热速度进行加热。当点火器扫拂过沥青试样表面，出现一瞬即灭的蓝色火焰时，此时温度即为闪点。继续加热，至点火器扫拂过沥青试样表面发生燃烧火焰，并持续 5s 以上，此时的温度即为燃点。燃点一般比闪点高 10℃ 左右。闪点与燃点越高，沥青施工越安全。

图 4-2-16　克利夫兰开口杯式闪点仪

2. 密度

密度是沥青在规定温度下（15℃或25℃）单位体积所具有的质量，单位为 kg/m^3 或 g/cm^3，也可用相对密度来表示。相对密度是指在规定温度下，沥青质量与同体积水的质量之比。相对密度没有单位，乘以相应温度下水的密度，便得到沥青的密度。

通常黏稠沥青的密度为 $0.96～1.04g/cm^3$，与水的密度相当。大多数沥青的密度稍大于水的密度，少数沥青的密度略小于水的密度。沥青的密度大小与沥青的路用性能一般没有必然的联系。所以不能说，沥青的密度越大，沥青的质量越好。实测沥青的密度，主要有两个目的：

①15℃的密度，用于沥青的体积与质量之间的换算。

②25℃的相对密度，用于沥青混合料配合比设计时，混合料的理论最大相对密度值的计算。采用相对密度，是为了计算的方便，此时，集料也统一采用相对密度。

沥青的密度采用比重瓶测定，如图 4-2-17 所示。

图 4-2-17　比重瓶

CZ32-沥青密度

WK54-沥青密度试验

3. 溶解度

溶解度是沥青溶于三氯乙烯的比例,反映了沥青的洁净程度。三氯乙烯(图 4-2-18)是沥青的有机溶剂,沥青完全溶于三氯乙烯。如果出现不溶物,则说明沥青中混入了杂质。溶解度越大,说明沥青越洁净。规范要求,道路石油沥青的溶解度不小于 99.5%。

图 4-2-18　三氯乙烯

4.2.8　技术要求

《公路沥青路面施工技术规范》(JTG F40—2004)规定,根据沥青生产和使用水平,道路石油沥青分为 A、B、C 三个等级,各个等级的适用范围见表 4-2-4 的规定。

道路石油沥青的等级与适用范围　　表 4-2-4

沥青等级	适用范围
A 级沥青	各个等级的公路,适用于任何场合和层次
B 级沥青	1. 高速公路、一级公路沥青下面层及以下的层次,二级及二级以下公路的各个层次; 2. 用作改性沥青、乳化沥青、改性乳化沥青、稀释沥青的基质沥青
C 级沥青	三级及三级以下公路的各个层次

道路石油沥青按针入度划分为 160 号、130 号、110 号、90 号、70 号、50 号、30 号七个标号,各标号沥青的技术指标具体要求见表 4-2-5。

WK55-沥青技术要求

道路石油沥青技术要求

表 4-2-5

指标	单位	等级	160号[4]	130号[4]	110号	90号	70号[3]	50号	30号[4]	试验方法[1]
针入度(25℃,100g,5s)	0.1mm		140~200	120~140	100~120	80~100	60~80	40~60	20~40	T 0604
适用的气候分区			注[4]	注[4]	2-1 2-2 2-3 3-2	1-1 1-2 1-3 2-2 2-3 3-2	1-3 1-4 2-2 2-3 2-4	1-4	注[4]	原规范附录A
针入度指数 PI[2]		A			−1.5 ~ +1.0					T 0604
		B			−1.8 ~ +1.0					
软化点(R&B)不小于	℃	A	38	40	43	45	46	49	55	T 0606
		B	36	39	42	43	44	46	53	
		C	35	37	41	42	43	45	50	
60℃动力黏度[2] 不小于	Pa·s	A	—	60	120	160	180	200	260	T 0620
10℃延度[2] 不小于	cm	A	50	50	40	45	30	20	15	T 0605
		B	30	30	30	20	20	15	10	
		C	20	20	20	15	15	10	8	
15℃延度 不小于	cm	A、B	80	80	60	50	40	30	20	
		C	\	\	\	100			80	50	
蜡含量(蒸馏法)不大于	%	A				2.2					T 0615
		B				3.0					
		C				4.5					
闪点 不小于	℃		230	230	230	245	260	260	260	T 0611

续上表

指标	单位	等级	沥青标号						试验方法[1]
			160号[4]	130号[4]	110号	90号	70号[3]	50号	30号[4]	
溶解度不小于	%		99.5							T 0607
密度(15℃)	g/cm³		实测记录							T 0603
			TFOT(或RTFOT)后[5]							T 0610 或 T 0609
质量变化不大于	%		±0.8							
残留针入度比不小于	%	A	48	54	55	57	61	63	65	T 0604
		B	45	50	52	54	58	60	62	
		C	40	45	48	50	54	58	60	
残留延度(10℃)不小于	cm	A	12	12	10	8	6	4	—	T 0605
		B	10	10	8	6	4	2	—	
残留延度(15℃)不小于	cm	C	40	35	30	20	15	10	—	T 0605

注：[1] 试验方法按照《公路工程沥青及沥青混合料试验规程》(JTJ E20—2011)规定的方法执行。
[2] 经建设单位同意，表中PI值、60℃动力黏度、10℃延度可作为选择性指标，也可不作为施工质量检验指标。
[3] 70号沥青可根据需要要求供应商提供针入度范围为60~70或70~80的沥青，50号沥青可要求提供针入度范围为40~50或50~60的沥青。
[4] 30号沥青仅适用于沥青稳定基层。130号和160号沥青除严寒冷地区可直接在中低级公路上直接应用外，通常用作乳化沥青、稀释沥青、改性沥青的基质沥青。
[5] 老化试验以TFOT为准，也可以RTFOT代替。

4.3 其他沥青

想一想

道路石油沥青一般都要加热施工,加热施工有许多危害,如消耗能源、污染环境、加快机械磨损、烫伤工人等。那么有没有常温下可以施工的沥青呢？用作路面黏层或结构防水的乳化沥青就是一种常温施工用沥青(图4-3-1),其工程特点是什么？在工地上,经常听说"SBS改性沥青"(图4-3-2),这又是一种什么沥青呢？沥青是一个大家族,你还听说过其他什么沥青呢？

图4-3-1 常温下涂刷乳化沥青防水

图4-3-2 SBS改性沥青

4.3.1 乳化沥青

道路石油沥青加热施工是为了降低沥青黏度而不得已采用的办法,加热施工有许多危害:加速沥青的老化、污染环境、烫伤员工、加快机械的磨损、能耗成本较高等。乳化沥青是一种较早开发的可以在常温下施工的沥青。

1. 乳化沥青的组成与机理

乳化沥青是将黏稠石油沥青加热至流动态,经机械作用(胶体磨)使沥青形成细小的微粒(粒径为 2~5μm),再均匀分散在含有乳化剂和稳定剂的水中,形成水包油(O/W,沥青在行业界俗称"油")的沥青乳液。乳化沥青是一种液态沥青,其外观为茶褐色,在常温下具有良好的流动性。

乳化沥青主要由沥青、乳化剂、稳定剂和水等组分组成,其形成机理如图4-3-3所示。沥青本身并不相溶于水。乳化剂是一种表面活性剂,具有两个基团,一个基团亲水,一个基团亲油。乳化剂包裹沥青微粒,在其表面形成一个界面膜,对沥青微粒起保护作用,使沥青微粒在相互碰撞时不易再次聚结。稳定剂对乳化剂起到协同作用,相当于进一步增强其分散沥青的力量。

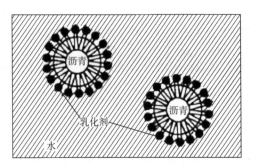

图 4-3-3 乳化沥青机理图

乳化剂按其亲水基在水中是否电离分为离子型和非离子型两大类,离子型乳化剂又分为阴离子型、阳离子型和两性离子型三类。工程上常用的是阳离子型乳化沥青,因为实践证明,阳离子型乳化沥青与大多数集料的吸附性更好。

2. 乳化沥青的工程特点

与加热施工的道路石油沥青相比较,乳化具有以下明显的特点。

(1) 乳化沥青的优点

①可常温施工。通常道路石油沥青需加热至 140~160℃ 才能用于施工。乳化沥青可以在常温下进行喷洒、贯入或拌和摊铺,现场无须加热,操作程序简单。

②可延长施工季节。为了保证热拌沥青与集料、结构物的黏结力,热拌沥青不得在气温低于 10℃(高速公路和一级公路)或 5℃(其他等级公路),以及雨天、路面潮湿的情况下施工。乳化沥青施工受低温多雨季节影响较小,因为它可以直接与湿集料拌和,在潮湿的基层上铺筑,施工方便且黏结力不降低。

③可改善施工环境。乳化沥青无毒、无嗅、不燃,施工安全,不污染环境,且对操作人员无有害影响。

(2) 乳化沥青的缺点

①稳定性差。乳化沥青储存期不能超过半年,储存期过长容易引起凝聚分层,储存温度应在 0℃ 以上。

②路面成型期长。乳化沥青修筑的路面,待乳化沥青破乳且水分蒸发后才能发挥沥青的黏结作用,故路面成型期较长。

③混合料的路用性能较差。由乳化沥青拌制的沥青混合料与热拌沥青混合料相比,路用性能整体较差,这也是现在路面施工仍然大量采用热拌沥青路面施工的原因。

乳化沥青的使用方式分为两种:喷洒用,如用于黏结层,以及层铺法的沥青表处、碎石封层等;拌和用,如稀浆混合料、冷再生混合料等。在路面的维修与养护中,乳化沥青扮演着重要的角色。

3. 乳化沥青的技术指标与技术要求

(1) 蒸发残留物含量

蒸发残留物含量是将一定量的乳液加热脱水后,求出其蒸发残留物占乳液的百分比,用以检验乳液中实际的沥青含量。乳化沥青中的沥青含量占 55%~70%。乳液中沥青含量过高,会使乳液黏度变大,储存稳定性不好,不利于施工和储存。乳液中沥青含量过低,乳液黏度较低,施工时容易流失,不能保证要求的沥青用量。

(2)黏度

乳化沥青常温下是液态沥青,无法采用针入度试验测定其条件黏度。我国采用道路沥青标准黏度计或恩格拉黏度计测定乳化沥青的黏度。这里介绍一下标准黏度试验。

标准黏度试验适用于采用标准黏度计(图4-3-4)测定液体石油沥青、煤沥青、乳化沥青等材料流动状态时的黏度。黏度是液态沥青在标准黏度计中,于规定的温度条件下,通过规定直径的流孔,流出50mL所需的时间(s)。黏度常以符号 $C_{t,d}$ 表示,其中 d 为流孔孔径(mm),t 为试验时沥青的温度(℃)。在我国现行技术规范中,乳化沥青的标准黏度试验,要求流孔孔径 d 为3mm,沥青的温度 t 为25℃。乳化沥青的黏度主要取决于其沥青含量,因为沥青含量要求在一定的范围,则乳化沥青的黏度应该处在一个合理的范围。

(3)储存稳定性

非经注明,乳液的储存温度为乳液制造时的室温。将乳液在容器中置放规定的时间后,检验容器上下乳液的沥青含量变化。一般采用5d的储存稳定性,当生产的乳液计划在5d内用完,则检测乳液1d的储存稳定性。沥青含量变化越小,乳液储存越稳定。

(4)破乳速度

乳化沥青施工后,随着水分的蒸发,沥青液滴从乳液中分裂出来,聚集在集料的表面而形成连续的沥青薄膜,这一过程称为"分裂",俗称"破乳"。"破乳"的外观特征是乳化沥青的颜色由棕褐色变为黑色(图4-3-5)。乳化沥青破乳后,才开始逐渐形成黏结强度。

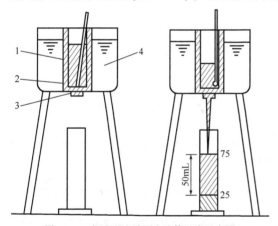

图4-3-4 标准黏度计测定液体沥青示意图
1-沥青试样;2-活动球杆;3-流孔;4-水

图4-3-5 乳化沥青破乳前后的颜色对比

通过乳化沥青破乳速度试验,乳化沥青可分为快裂、中裂、慢裂三种类型。通常情况下,对于喷洒用的乳化沥青,我们希望它的破乳速度快一些,在喷洒后尽快形成油水分离,因此一般多用快裂或中裂型的乳化沥青。对于拌和用的乳化沥青,由于要与石料搅拌、摊铺,需要充足的可操作时间,以免在尚未完全搅拌均匀前破乳,因此一般多用慢裂或中裂型乳化沥青。乳化沥青破乳速度的快慢主要取决于乳化剂的类型。

其他技术指标见表4-3-1。

道路用乳化沥青技术要求 表 4-3-1

试验项目		单位	品种及代号										试验方法
			阳离子				阴离子				非离子		
			喷洒用			拌和用	喷洒用			拌和用	喷洒用	拌和用	
			PC-1	PC-2	PC-3	BC-1	PA-1	PA-2	PA-3	BA-1	PN-2	BN-1	
破乳速度			快裂	慢裂	快裂或中裂	慢裂或中裂	快裂	慢裂	快裂或中裂	慢裂或中裂	慢裂	慢裂	T 0658
粒子电荷			阳离子(+)				阴离子(−)				非离子		T 0653
筛上残留物(1.18mm 筛)不大于		%	0.1				0.1				0.1		T 0652
黏度	恩格拉黏度计 E_{25}		2~10	1~6	1~6	2~30	2~10	1~6	1~6	2~30	1~6	2~30	T 0622
	道路标准黏度计 $C_{25,3}$	s	10~25	8~20	8~20	10~60	10~25	8~20	8~20	10~60	8~20	10~60	T 0621
蒸发残留物	残留分含量,不小于	%	50	50	50	55	50	50	50	55	50	55	T 0651
	溶解度,不小于	%	97.5				97.5				97.5		T 0607
	针入度(25℃)	0.1 mm	50~200	50~300	45~150		50~200	50~300	45~150		50~300	60~300	T 0604
	延度(15℃),不小于	cm	40				40				40		T 0605
与粗集料的黏附性,裹覆面积不小于			2/3			—	2/3			—	2/3	—	T 0654
与粗、细粒式集料拌和试验			—			均匀	—			均匀	—	—	T 0659
水泥拌和试验的筛上剩余不大于		%	—			—	—			—	—	3	T 0657
常温储存稳定性:1d,不大于 5d,不大于		%	1 5				1 5				1 5		T 0655

注:1. P 为喷洒型,B 为拌和型,C、A、N 分别表示阳离子、阴离子、非离子乳化沥青。
2. 黏度可选用恩格拉黏度计或沥青标准黏度计之一测定。
3. 表中的破乳速度与集料的黏附性、拌和试验的要求,所使用的石料品种有关,质量检验时应采用工程上实际的石料进行试验,仅进行乳化沥青产品质量评定时可不要求此三项指标。
4. 储存稳定性根据施工实际情况选用试验时间,通常采用 5d,乳液生产后能在当天使用时也可用 1d 的稳定性。
5. 当乳化沥青需要在低温冰冻条件下储存或使用时,尚需按 T 0656 进行 −5℃ 低温储存稳定性试验,要求没有粗颗粒、不结块。
6. 如果乳化沥青是将高浓度产品运到现场经稀释后使用时,表中的蒸发残留物等各项指标指稀释前乳化沥青的要求。

4.3.2 改性沥青

1. 改性沥青的分类

从广义上讲,改性沥青是指采用各种措施使沥青性能得到改善的沥青,如对沥青轻度氧化、掺加橡胶、树脂、高分子聚合物、天然沥青、磨细的橡胶粉或者其他材料等外掺剂(改性剂)制成的沥青结合料。从狭义上讲,改性沥青就是指掺加了聚合物改性剂的沥青。

聚合物改性沥青分为三类。

（1）橡胶类

典型代表为丁苯橡胶（SBR）。SBR 作为改性剂，目前主要用于乳化沥青，因为 SBR 是胶乳，在常温下是液态的，用于乳化沥青改性时非常方便，但是用于热沥青改性则比较麻烦。SBR 对沥青的低温性能改善十分显著。

（2）热塑性树脂类

典型代表为聚乙烯（PE）和乙烯-乙酸乙烯共聚物（EVA）。PE 是我国早期经常使用的沥青改性剂之一。PE 在我们日常生活中随处可见，例如塑料水管、奶瓶、方便袋等都是 PE 做成的。简单地讲，PE 是一种塑料。PE 主要对沥青高温性能有帮助，而对低温性能改善有限。

（3）热塑性橡胶类

典型代表为苯乙烯-丁二烯-苯乙烯（SBS 改性剂），见图 4-3-6。SBS 是日常生活中经常用到的一种材料，如常见的鞋子牛筋底。SBS 对沥青的高温性能、低温性能、耐老化性能等都有明显的改善，已成为改性沥青领域中主要使用的改性剂，在实际工程中最常见。

2. 改性沥青的试验

工程界习惯将改性前的沥青称为基质沥青。由于改性沥青具有不同的技术特点，除基质沥青常规试验的针入度、延度、软化点、黏度等指标外，改性沥青还采用了几项不同的技术指标。

（1）聚合物改性沥青离析试验

这里介绍一下 SBS 改性沥青离析试验。SBS 密度小于沥青，在改性沥青高温储存过程中，聚合物可能上浮，出现离析状态。SBS 越密集，沥青软化点越高。如果聚合物改性沥青在生产后不能立即使用，而需经过储运再加热等过程使用时，需进行离析试验，以评价改性剂与基质沥青的相溶性。

改性沥青离析试验的盛样管（图 4-3-7）与生活中的牙膏铝管非常相似，其下部大端开口，用于灌入沥青试样。试验时是将约 50g 试样置于盛样管中，并在 163℃ 烘箱中放置 48h 后从聚合物改性沥青的顶部和底部分别取样，测定其软化点，以软化点差值表示离析程度。SBS 聚集在顶部，所以顶部改性沥青的软化点高于底部改性沥青。在现行规范中，储存稳定性离析试验要求 48h 软化点差不大于 2.5℃。软化点差越小，说明 SBS 改性剂与基质沥青越相溶，改性沥青的稳定性越好。

图 4-3-6　SBS 改性剂

图 4-3-7　改性沥青离析试验盛样管

CZ33-沥青离析试验

(2) 沥青弹性恢复试验

该试验用于评价热塑性橡胶类聚合物改性沥青的弹性恢复性能。试验中采用延度试验所用试模,但中间部分换为直线侧模,俗称一字试模(延度试验的试模俗称8字试模),如图4-3-8及图4-3-9所示。试件在延度试验机中,水温保持在25℃条件下,以5cm/min速度拉伸10cm后停止。立即剪断沥青试样,保持在水中1h,然后将两个半截试件对至尖端刚好接触,测量试件的长度,按式(4-3-1)计算弹性恢复率,即延度试件拉长至10cm后的可恢复变形的百分率,用 D 表示。

$$D = \frac{10-X}{10} \times 100\% \tag{4-3-1}$$

式中:D——试样的弹性恢复率(%);

X——试样的残留长度(cm)。

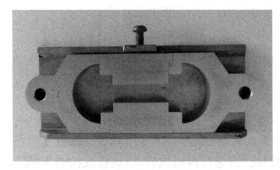
图4-3-8 一字试模

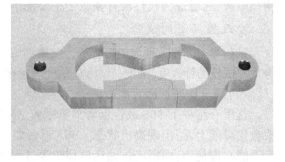
图4-3-9 8字试模

3. 改性沥青的技术要求

CZ34-沥青弹性恢复

我国聚合物改性沥青性能评价方法基本沿用了道路石油沥青质量标准体系,所以改性沥青的许多试验方法与道路石油沥青一样。另外,改性沥青增加了一些评价指标,如弹性恢复、离析和黏韧性等。聚合物改性沥青性能评价方法,首先根据聚合物类型将改性沥青分为Ⅰ(SBS类)、Ⅱ(SBR类)、Ⅲ(EVA、PE类)三类,按照针入度的不同,Ⅰ和Ⅲ类将聚合物改性沥青分为A、B、C和D四个等级,Ⅱ类分为A、B和C三个等级,以适应不同的气候条件。由A至D表示改性沥青针入度减少,黏度增加,即高温性能提高,但低温性能下降。对于南方高温地区,实际工程中SBS改性沥青常见的类型为Ⅰ-D型。

从表4-3-2中可以看出,SBS、SBR改性沥青的低温性能明显得到改善,所以要求检测5℃的延度,而普通道路石油沥青是检测10℃或15℃的延度。温度越低,对延度的检测越苛刻。

聚合物改性沥青技术要求　　表4-3-2

指标	单位	SBS类(Ⅰ类)				SBR类(Ⅱ类)			EVA、PE类(Ⅲ类)				试验方法
		Ⅰ-A	Ⅰ-B	Ⅰ-C	Ⅰ-D	Ⅱ-A	Ⅱ-B	Ⅱ-C	Ⅲ-A	Ⅲ-B	Ⅲ-C	Ⅲ-D	
针入度25℃,100g,5s	0.1 mm	>100	80~100	60~80	30~60	>100	80~100	60~80	>80	60~80	40~60	30~40	T 0604
针入度指数PI,不小于	—	-1.2	-0.8	-0.4	0	-1.0	-0.8	-0.6	-1.0	-0.8	-0.6	-0.4	T 0604

续上表

指标	单位	SBS 类（I 类）				SBR 类（II 类）			EVA、PE 类（III 类）				试验方法
		I-A	I-B	I-C	I-D	II-A	II-B	II-C	III-A	III-B	III-C	III-D	
延度 5℃，5cm/min，不小于	cm	50	40	30	20	60	50	40	—				T 0605
软化点 $T_{R\&B}$，不小于	℃	45	50	55	60	45	48	50	48	52	56	60	T 0606
运动黏度 135℃，不大于	Pa·s	3											T 0625 / T 0619
闪点，不小于	℃	230				230			230				T 0611
溶解度，不小于	%	99				99			—				T 0607
弹性恢复 25℃，不小于	%	55	60	65	75	—			—				T 0662
黏韧性，不小于	N·m	—				5			—				T 0624
韧性，不小于	N·m	—				2.5			—				T 0624
储存稳定性离析，48h 软化点差，不大于	℃	2.5				—			无改性剂明显析出、凝聚				T 0661
TFOT（或 RTFOT）后残留物													
质量变化，不大于	%	±1.0											T 0610 或 T 0609
针入度比 25℃，不小于	%	50	55	60	65	50	55	60	50	55	58	60	T 0604
延度 5℃，不小于	cm	30	25	20	15	30	20	10	—				T 0605

当前许多高速公路的表面层要求采用改性沥青，如 SBS 改性沥青，不管是高温稳定性，还是低温抗裂性以及耐久性，都明显高于道路石油沥青。

4.3.3 泡沫沥青

泡沫沥青，是将热沥青和水在专用的发泡装置内混合、膨胀，形成的含有大量均匀分散气泡的沥青材料，其发泡原理见图 4-3-10。如果将乳化沥青比作水包油结构（O/W），则泡沫沥青是油包水结构（W/O）。泡沫很容易崩溃，沥青的发泡状态只能维持很短时间（几十秒），几乎是昙花一现，之后便尘埃落定，水分蒸发或流失，只剩下沥青。所以，泡沫沥青是一个过程产品，不是一个最终产品，市场上可以买到制备泡沫沥青的设备，但是买不到泡沫沥青。泡沫沥青需要随时制备随时使用。

泡沫沥青采用膨胀率和半衰期两个评价指标。膨胀率是指沥青发泡达到的最大体积与泡沫完全消失时的体积之比，它可以反映泡沫沥青的黏度大小。半衰期是指泡沫沥青从最大体积降到最大体积一半所需的时间，以 s 计，它反映了泡沫沥青的稳定性。这个两指标越大越好。

泡沫沥青采用对沥青发泡方式，本质上降低沥青的黏度，使沥青能在常温下施工，而不需要加热施工。目前，泡沫

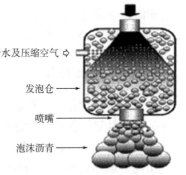

图 4-3-10 泡沫沥青发泡原理

沥青在公路工程中主要有两种用途：一种是用作冷再生的结合料；另外一种是用于生产温拌沥青混合料。

4.3.4 煤沥青

煤沥青(俗称柏油)是用煤在隔绝空气的条件下干馏，制取焦炭和煤气的副产品——煤焦油炼制而成的。在煤焦油加工过程中，经过蒸馏去除液体馏分以后的残余物称为煤沥青，煤沥青是煤焦油的主要成分，约占总量的50%~60%。

煤沥青是人造沥青的一种，主要由碳、氢、氧、硫和氮元素所组成，仍然是一种碳氢化合物，符合沥青的属性定义。煤沥青的碳氢比(C/H)要比石油沥青大得多，所以，煤沥青呈现不同的特点。在一般室温下，煤沥青多为黑色脆性块状物，有的也呈黏稠的液态或半固态，有光泽，臭味，熔融时易燃烧，并有毒。煤沥青的温度稳定性较低，气候稳定性较差(随天气冷热稳定性变化大)，以及含对人体有害成分较多。煤沥青的优点是与矿质集料的黏附性较好，渗透性能好。

在我国石油沥青供应相对紧张的年代，煤沥青在道路工程中应用较多，用于公路铺筑表面处治或贯入式路面，民间俗称柏油路。如今，煤沥青在道路工程中的实际应用已很少了。煤沥青可以用在公路基层上做透层油，另外在液体抗剥落剂中会掺入一些，以改善原材料的黏附性。

4.3.5 天然沥青

天然沥青是地壳中的石油在热、压力、氧化、细菌等各种因素亿万年长期作用下，其轻质油分逐步蒸发，经浓缩形成的沥青类物质。可以简单地这样理解，石油沥青是将石油开采出来后，人工分馏提炼后得到的沥青，而天然沥青是石油在地壳中，经过大自然提炼加工后得到的沥青。人类开采出来的不是石油，直接就是沥青。天然沥青常混有一定比例的矿物质。

按形成环境的不同，天然沥青可分为岩沥青(图4-3-11)、湖沥青、海底沥青等。岩沥青在我国主要分布在四川广元龙门山一带，以及新疆、青海等地。最为知名的湖沥青是产于特立尼达和多巴哥的湖沥青。

图4-3-11 岩沥青

天然沥青具有软化点高、黏度大、耐老化性能强、与石油沥青相溶性好等优点。天然沥青目前在公路工程中主要是作为沥青的添加剂或者改性剂使用。此外，天然沥青不含蜡，将其加入高含蜡沥青中能够在一定程度上削弱蜡对沥青的消极影响。

4.3.6 彩色沥青

彩色沥青路面作为一种新型的铺面技术，具有美化环境、诱导交通等特殊功能，在市政道路和公园与社区道路中应用逐渐广泛。

彩色沥青，又称浅色沥青，一般是采用现代石油化工产品，如芳香油、聚合物、树脂等产品，调配出与普通沥青性能相当的结合料。因此，彩色沥青是一种人造沥青，与普通沥青的主要区别是颜色浅，呈半透明状，施工时添加不同的颜料调配不同的混合料颜色。

彩色沥青路面的开发与应用,经历了一个长期的摸索过程。起初,人们采用了下列技术方案。

(1)彩色石料和普通沥青。这种路面铺筑后仍然是黑色的,只是随着行车的磨耗,石子的颜色才慢慢显现出来,不过其颜色是很暗淡的。

(2)在普通沥青路面上涂覆彩色油漆。这样可以获得所需要的颜色,但是,油漆的价格昂贵,不可能大面积应用。而且油漆的厚度很薄,在车辆和行人的磨损下很快被磨掉,难以持久保持路面颜色。

(3)在普通沥青混合料中加颜料。由于普通沥青的黑色屏蔽作用,只有加入大量颜料后混合料的色彩才能显现出来,效果不好。

因此,人们认识到,铺筑彩色沥青路面最好使用浅色胶结料,同时添加不同的颜料。颜料主要分为无机颜料和有机颜料。无机颜料耐光、热老化性能好,而且价格比有机颜料便宜,因此大多数情况选用无机颜料。如采用氧化铁红颜料,可铺筑红色沥青路面;采用铬绿颜料,可铺筑绿色沥青路面。

4.3.7 【知识拓展】 沥青与癌症的关系

长时间以来,道路工作者对使用沥青是否影响人类身体健康,尤其是会不会致癌,一直有所顾虑。以前,经常有说法将石油沥青和煤沥青混为一谈,但实际上,无论是物理性质,还是致癌性,二者均有严格的区别。特别是在致癌性这点上,通过动物试验,以及免疫调查,都证明煤沥青和煤焦油对人体有强烈的致癌性。

1968年,两个学者在25个炼油厂对在石油沥青车间工作的462人按健康状况与379个不在沥青车间工作的人进行了比较。沥青车间的工人的工作年限,最少5年,最长15.1年,对两组进行对照比较的结果表明,两组人群的健康状况没有任何显著差别。

在煤沥青中含有致癌物质苯丙芘($C_{20}H_{12}$),而在石油沥青中,苯丙芘($C_{20}H_{12}$)的含量与煤沥青相比,非常少。据德国福格勒公司的测定,致癌物质三四苯丙芘的含量,在石油沥青中是1ppm以下,在煤沥青中是10000ppm。

国际卫生组织(WHO)的关于沥青对人体健康的影响系列报告认为,石油沥青与煤沥青截然不同,石油沥青对人体是没有致癌性的。

4.4 沥青试验

想一想

《公路工程沥青及沥青混合料试验规程》(JTG E20—2011)中列举了50多个沥青试验。《公路沥青路面施工技术规范》(JTG F40—2004)有关道路石油沥青技术要求中,要求检验11个技术指标。根据前面所学知识,我们作为初学者,最先需要掌握哪几个重要的沥青试验呢?A-70表示70号道路石油沥青,你能通过试验给道路石油沥青划分标号吗?

4.4.1 沥青针入度试验

本试验方法参照《公路工程沥青及沥青混合料试验规程》(JTG E20—2011)T 0604—2011 编写。

WK48-沥青针入度试验　　CZ28-沥青针入度试验　　DH18-沥青针入度试验

1. 目的与适用范围

本方法适用于测定道路石油沥青、聚合物改性沥青针入度以及液体石油沥青蒸馏或乳化沥青蒸发后残留物的针入度,以 0.1mm 计。标准试验条件为温度25℃,荷重100g,贯入时间5s。

2. 主要仪器设备

(1)针入度仪(图4-4-1):为提高测试精度,针入度试验宜采用能自动计时的针入度仪进行测定,要求针和针连杆必须在无明显摩擦下垂直运动,针的贯入深度必须准确至 0.1mm。针和针连杆组合件总质量为50g±0.05g,另附50g±0.05g砝码一只,试验时总质量为100g±0.05g。仪器应有放置平底玻璃保温皿的平台,并有调节水平的装置,针连杆应与平台相垂直。应有针连杆制动按钮,使针连杆可自由下落。针连杆易于装拆,以便检查其质量。仪器还设有可自由转动与调节距离的悬臂,其端部有一面小镜或聚光灯泡,借以观察针尖与试样表面接触情况。温度应采用温度传感器测定,针入度值采用位移计测定,并能自动显示或记录测定结果,且应对装置的准确性经常校验。当采用其他试验条件时,应在试验结果中注明。

(2)标准针(图4-4-2):针及针杆总质量2.5g±0.05g,针杆上应打印有号码标志,针应设有固定用装置盒(筒),以免碰撞针尖。每根针必须附有计量部门的检验单,并定期进行检验。

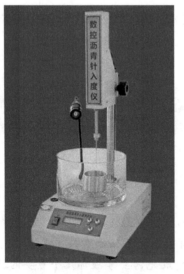 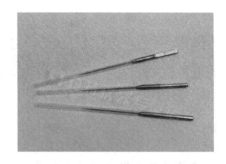

图4-4-1　沥青针入度仪　　　　　　图4-4-2　标准针

(3)盛样皿(图4-4-3):金属制,圆柱形平底。小盛样皿的内径55mm,深35mm(适用于针入度小于200的试样);大盛样皿内径70mm,深45mm(适用于针入度200~350的试样);对针入度大于350的试样需使用特殊盛样皿,其深度不小于60mm,容积不少于125mL。

(4)恒温水槽(图4-4-4):容量不少于10L,控温的准确度为0.1℃。水槽中应设有一带孔的搁架,位于水面下不得少于100mm,距水槽底不得少于50mm处。

图4-4-3 盛样皿

图4-4-4 恒温水槽

(5)平底玻璃皿:容量不少于1L,深度不少于80mm。内设有一不锈钢三脚支架,能使盛样皿稳定。

(6)温度计或温度传感器:精度为0.1℃。

(7)计时器:精度为0.1s。

(8)位移计或位移传感器:精度为0.1mm。

(9)盛样皿盖:平板玻璃,直径不小于盛样皿开口尺寸。

(10)溶剂:三氯乙烯等。

(11)其他:电炉或砂浴、石棉网、金属锅或瓷把坩埚等。

3. 试验准备

(1)按规程规定方法准备试样。

(2)按试验要求将恒温水槽调节到要求的试验温度25℃,或15℃、30℃(或5℃)等,保持稳定。

(3)将试样注入盛样皿中,试样高度应超过预计针入度值10mm,并盖上盛样皿,以防落入灰尘。盛有试样的盛样皿在15~30℃室温中冷却不少于1.5h(小盛样皿)、2h(大盛样皿)或3h(特殊盛样皿)后,应移入保持规定试验温度±0.1℃的恒温水槽中,并应保温不少于1.5h(小盛样皿)、2h(大试样皿)或2.5h(特殊盛样皿)。

(4)调整针入度仪使之水平。检查针连杆和导轨,以确认无水和其他外来物,无明显摩擦。用三氯乙烯或其他溶剂清洗标准针,并擦干。将标准针插入针连杆,用螺钉固紧。按试验条件,加上附加砝码。

4. 试验步骤

(1)取出达到恒温的盛样皿,并移入水温控制在试验温度±0.1℃(可用恒温水槽中的水)

的平底玻璃皿中的三脚支架上,试样表面以上的水层深度不小于10mm。

(2)将盛有试样的平底玻璃皿置于针入度仪的平台上。慢慢放下针连杆,用适当位置的反光镜或灯光反射观察,使针尖恰好与试样表面接触,将位移计或刻度盘指针复位回零。

(3)开始试验,按下释放键,这时计时与标准针落下贯入试样同时开始,至5s时自动停止。

(4)读取位移计或刻度盘指针的读数,精确至0.1mm。

(5)同一试样平行试验至少3次,各测试点之间及与盛样皿边缘的距离不应少于10mm。每次试验后应将盛有盛样皿的平底玻璃皿放入恒温水槽,使平底玻璃皿中水温保持试验温度。每次试验应换一根干净标准针或将标准针取下用蘸有三氯乙烯溶剂的棉花或布揩净,再用干棉花或布擦干。

(6)测定针入度大于200的沥青试样时,至少用3支标准针,每次试验后将针留在试样中,直至3次平行试验完成后,才能将标准针取出。

5. 报告

同一试样3次平行试验结果的最大值和最小值之差在下列允许偏差范围内时,计算3次试验结果的平均值,取整数作为针入度试验结果,以0.1mm计。针入度(0.1mm)分别为0~49、50~149、150~249、250~500时,允许差值(0.1mm)分别为2、4、12、20。

当试验值不符合此要求时,应重新进行试验。

6. 试验数据举例

道路石油沥青的针入度一般小于200(0.1mm),试验室采用小盛样皿。每个样品测试3个数据,见表4-4-1。

针入度试验结果　　　　　　　　　　　　　　　　　　　　　表4-4-1

试样编号	试验温度(℃)	试验时间(s)	试验荷载(g)	针入度读数(0.1mm)			
				第一次	第二次	第三次	平均值
1号沥青	25	5	100	68.1	68.8	71.4	69

4.4.2 沥青延度试验

本试验方法参照《公路工程沥青及沥青混合料试验规程》(JTG E20—2011)T 0605—2011编写。

WK49-沥青延度试验

CZ29-沥青延度试验

DH19-沥青延度试验

1. 目的与适用范围

本方法适用于测定道路石油沥青、聚合物改性沥青、液体石油沥青蒸馏残留物和乳化沥青蒸发残留物等材料的延度。

沥青延度的试验温度与拉伸速率可根据要求采用,通常采用的试验温度为 25℃、15℃、10℃ 或 5℃,拉伸速度为 5cm/min ± 0.25cm/min。当低温采用 1cm/min ± 0.05cm/min 拉伸速度时,应在报告中注明。

2. 仪器设备

(1)延度仪:延度仪的测量长度不宜大于 150cm,仪器应有自动控温、控速系统。应满足试件浸没于水中,能保持规定的试验温度及规定的拉伸速度拉伸试件,且试验时应无明显振动。该仪器的形状及组成如图 4-4-5 和图 4-4-6 所示。

图 4-4-5 延度仪外观

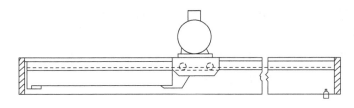

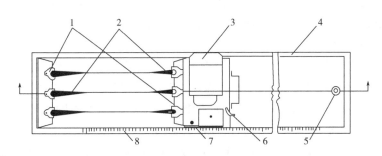

图 4-4-6 延度仪
1-试模;2-试样;3-电机;4-水槽;5-泄水孔;6-开关柄;7-指针;8-标尺

(2)试模:黄铜制,由两个端模和两个侧模组成。其形状如图 4-4-7 所示,俗称 8 字试模。

图 4-4-7 延度仪 8 字试模

(3)试模底板:玻璃板或磨光的铜板、不锈钢板。

(4)恒温水槽:容量不少于 10L,控制温度的准确度为 0.1℃,水槽中应设有带孔搁架,搁架距水槽底不得少于 50mm。试件浸入水中深度不小于 100mm。

(5)温度计:量程 0~50℃,分度值 0.1℃。

(6)砂浴或其他加热炉具。

(7)甘油滑石粉隔离剂(甘油与滑石粉的质量比2:1)。

(8)其他:平刮刀、石棉网、酒精、食盐等。

3. 试验准备

(1)将隔离剂拌和均匀,涂于清洁干燥的试模底板和两个侧模的内侧表面,并将试模在试模底板上装妥。

(2)按规定的方法准备试样,然后将试样仔细自试模的一端至另一端往返数次缓缓注入模中,最后略高出试模。灌模时不得使气泡混入。

(3)试件在室温中冷却不少于1.5h,然后用热刮刀刮除高出试模的沥青,使沥青面与试模面齐平。沥青的刮法应自试模的中间刮向两端,且表面应刮得平滑。将试模连同底板再放入规定试验温度的水槽中保温1.5h。

(4)检查延度仪延伸速度是否符合规定要求,然后移动滑板使其指针正对标尺的零点。将延度仪注水,并保温达到试验温度 ±0.1℃。

4. 试验步骤

(1)将保温后的试件连同底板移入延度仪的水槽中,然后将盛有试样的试模自玻璃板或不锈钢板上取下,将试模两端的孔分别套在滑板及槽端固定板的金属柱上,并取下侧模。水面距试件表面应不小于25mm。

(2)开动延度仪,并注意观察试样的延伸情况。此时应注意,在试验过程中,水温应始终保持在试验温度规定范围内,且仪器不得有振动,水面不得有晃动,当水槽采用循环水时,应暂时中断循环,停止水流。在试验中,如发现沥青细丝浮于水面或沉入槽底时,应在水中加入酒精或食盐,调整水的密度至与试样相近后,重新试验。

(3)试件拉断时,读取指针所指标尺上的读数,以 cm 表示。在正常情况下,试件延伸时应呈锥尖状,拉断时实际断面接近于零。如不能得到这种结果,则应在报告中注明。

5. 数据处理原则

(1)同一样品,每次平行试验不少于3个,如3个测定结果均大于100cm,试验结果记作">100cm";有特殊需要也可分别记录实测值。3个测定结果中,当有一个以上的测定值小于100cm 时,若最大值或最小值与平均值之差满足重复性试验要求,则取3个测定结果的平均值的整数作为延度试验结果;若平均值大于100cm,记作">100cm";若最大值或最小值与平均值之差不符合重复性试验要求时,试验应重新进行。

(2)当试验结果小于100cm 时,重复性试验的允许误差为平均值的20%;再现性试验的允许误差为平均值的30%。

6. 试验数据举例

下面为4组沥青延度试验的测定结果:①108、120、141(cm);②113、102、97(cm);③106、96、92(cm)、④104、86、62(cm),其精度分析及结果记录见表4-4-2。

延度试验数据分析　　　　表 4-4-2

测定结果（cm）	精度分析	结果记录（cm）	说明
108、120、141	—	>100	3 个数据都大于 100cm,无须精度分析
113、102、97	(113 − 104)/104 = 8.6% <20%	>100	有 1 个以上数据小于 100cm,做精度分析,平均值大于 100cm,记为 >100cm
106、96、92	(106 − 98)/98 = 8.2% <20%	98	有 1 个以上数据小于 100cm,做精度分析,平均值小于 100cm,记平均值
104、86、62	(104 − 84)/98 = 23.8% >20%	重新试验	

4.4.3　沥青软化点试验

本试验方法参照《公路工程沥青及沥青混合料试验规程》(JTG E20—2011) T 0606—2011 编写。

WK50-沥青软化点试验

CZ30-沥青软化点试验

DH20-沥青软化点试验

1. 目的与适用范围

本方法适用于测定道路石油沥青、聚合物改性沥青的软化点,也适用于测定液体石油沥青、煤沥青蒸馏残留物或乳化沥青蒸发残留物的软化点。

2. 仪器设备

(1) 软化点试验仪:如图 4-4-8、图 4-4-9 所示,由下列部件组成。

图 4-4-8　软化点试验仪

图 4-4-9　试样环和钢球定位环

①钢球:直径9.53mm,质量3.5g±0.05g。
②试样环:由黄铜或不锈钢等制成。
③钢球定位环:由黄铜或不锈钢等制成。
④金属支架:由两个主杆和三层平行的金属板组成。上层为一圆盘,直径略大于烧杯直径,中间有一圆孔,用以插放温度计。中层板上有两个孔,各放置金属环,中间有一小孔可支持温度计的测温端部。一侧立杆距环上面51mm处刻有水高标记。环下面距下层底板为25.4mm,而下底板距烧杯底不少于12.7mm,也不得大于19mm。三层金属板和两个主杆由两螺母固定在一起。
⑤耐热玻璃烧杯:容量800~1000mL,直径不小于86mm,高不小于120mm。
⑥温度计:量程0~100℃,分度值0.5℃。
(2)装有温度调节器的电炉或其他加热炉具(液化石油气、天然气等)。应采用带有振荡搅拌器的加热电炉,振荡子置于烧杯底部。
(3)当采用自动软化点仪时,各项要求应与上述要求相同,温度采用温度传感器测定,并能自动显示或记录,且应对自动装置的准确性经常校验。
(4)试样底板:金属板或玻璃板。
(5)恒温水槽:控温的准确度为±0.5℃。
(6)甘油、滑石粉隔离剂(甘油与滑石粉的比例为质量比2:1)。
(7)其他:石棉网、平直刮刀、蒸馏水或纯净水等。

3. 试验准备

(1)将试样环置于涂有甘油滑石粉隔离剂的试样底板上。按规定方法将准备好的沥青试样徐徐注入试样环内至略高出环面为止。

如估计试样软化点高于120℃,则试样环和试样底板(不用玻璃板)均应预热至80~100℃。

(2)试样在室温冷却30min后,用热刮刀刮除环面上的试样,使其与环面齐平。

4. 试验步骤

(1)对于试样软化点在80℃以下者:

①将装有试样的试样环连同试样底板置于5℃±0.5℃水的恒温水槽中至少15min;同时将金属支架、钢球、钢球定位环等亦置于相同水槽中。

②在烧杯内注入新煮沸并冷却至5℃的蒸馏水或纯净水,水面略低于立杆上的深度标记。

③从恒温水槽中取出盛有试样的试样环放置在支架中层板的圆孔中,套上定位环;然后将整个环架放入烧杯中,调整水面至深度标记,并保持水温为5℃±0.5℃。环架上任何部分不得附有气泡。将0~100℃的温度计由上层板中心孔垂直插入,使端部测温头底部与试样环下面齐平。

④将盛有水和环架的烧杯移至放有石棉网的加热炉具上,然后将钢球放在定位环中间的试样中央,立即开动电磁振荡搅拌器,使水微微振荡。并开始加热,使杯中水温在3min内调节至维持每分钟上升5℃±0.5℃,在加热过程中,应记录每分钟上升的温度值,如温度上升速度

超出此范围,则试验应重做。

⑤试样受热软化逐渐下坠,至与下层底板表面接触时,立即读取温度,精确至0.5℃。

(2)对于试样软化点在80℃以上者:

①将装有试样的试样环连同试样底板置于装有32℃±1℃甘油的恒温槽中至少15min;同时将金属支架、钢球、钢球定位环等亦置于甘油中。

②在烧杯内注入预先加热至32℃的甘油,其液面略低于立杆上的深度标记。

③从恒温槽中取出装有试样的试样环,按上述(1)的方法进行测定,精确至1℃。

说明,道路石油沥青软化点一般均不超过80℃,但聚合物改性沥青、建筑沥青等的软化点可能高于80℃,甚至高于水的沸点100℃。所以,为了测试结果的准确,要求软化点高于80℃,统一采用甘油。

5. 数据处理原则

同一试样平行试验两次,当两次测定值的差值符合重复性试验允许误差要求时,取其平均值作为软化点试验结果,精确至0.5℃。

当试样软化点小于80℃时,重复性试验的允许误差为1℃,再现性试验的允许误差为4℃。

当试样软化点大于或等于80℃时,重复性试验的允许误差为2℃,再现性试验的允许误差为8℃。

6. 试验数据举例

沥青软化点试验结果样例见表4-4-3。

沥青软化点试验结果 表4-4-3

烧杯内液体种类	纯净水							起始温度(℃)	5
样品编号	烧杯中液体温度上升记录(℃)							软化点(℃)	平均值(℃)
	1min末	2min末	3min末	4min末	5min末	6min末	7min末	8min末	9min末		
1号	9.4	15.2	19.8	25.1	30.0	34.7	39.7	44.6	—	44.6	44.5
2号	9.4	15.2	19.8	25.1	30.0	34.7	39.7	44.8	—	44.8	

本章小结

沥青是一种有机胶凝材料,对温度相当敏感,具有良好的黏性、塑性、耐腐蚀性和憎水性。石油沥青是由石油原油分馏出各种油产品后的残渣经加工而制成的产品。石油沥青分为沥青质、胶质、芳香分、饱和分四种组分,由于组分的相对含量不同,石油沥青呈现溶胶型、凝胶型和溶-凝胶型三种胶体结构类型。

道路石油沥青的技术指标有:黏度、延度、软化点、针入度指数、蜡含量、抗老化、闪点、密度、溶解度等技术指标。其中,黏度分为绝对黏度指标和条件黏度指标,针入度属于条件黏度指标。沥青的三大指标:针入度、延度、软化点。

乳化沥青主要由沥青、乳化剂、稳定剂和水等组分组成。工程上常用的是阳离子型乳化沥青。聚合物改性沥青分为三类:橡胶类(代表 SBR)、热塑性树脂类(代表 PE 和 EVA)、热塑性橡胶类(代表 SBS)。离析试验和弹性恢复试验是聚合物改性沥青的两个重要试验。泡沫沥青是一种油包水(W/O)的结构。煤沥青是一种人造沥青,有毒,但黏附性和渗透性能好。天然沥青目前在公路工程中主要是作为沥青的添加剂或者改性剂使用。彩色沥青是一种人造浅色沥青。

沥青的针入度试验、延度试验和软化点试验是需要掌握的三个核心试验。

 习题

一、判断题(判断正误)

1. 采用布洛克菲尔德黏度计测定沥青的表观黏度,用于确定沥青的拌和和碾压温度。 (　　)
2. 标准的沥青针入度试验条件为:温度30℃,荷重100g,贯入时间5s。 (　　)
3. 60℃的动力黏度是我国道路石油沥青的划分依据。 (　　)
4. 延度是将沥青试样制成一字形标准试件(中间最小截面面积为$1cm^2$)。 (　　)
5. 针入度指数 PI 反映了沥青的高温稳定性。 (　　)
6. 沥青标号越大,说明标准针扎入沥青的深度越大,沥青越软,稠度越小。 (　　)
7. 石油沥青中的蜡含量越低越好。 (　　)
8. 根据现行规范要求,沥青老化试验后,质量变化为 −0.8% 以内。 (　　)
9. 工程上常用的是阳离子型乳化沥青。 (　　)
10. 乳化沥青施工后,随着水分的蒸发,沥青液滴从乳液中分裂出来,聚集在集料的表面而形成连续的沥青薄膜,这一过程称为"分裂",俗称"破乳"。 (　　)
11. SBS 对沥青的高温性能、低温性能、耐老化性能等都有明显的改善。 (　　)
12. I-D 是 SBR 类聚合物改性沥青。 (　　)
13. 泡沫沥青中,沥青的发泡状态只能维持很短时间(几十秒)。 (　　)
14. 煤沥青有毒,但与矿质集料的黏附性较好,渗透性能好。 (　　)
15. 天然沥青目前在公路工程中主要是作为沥青的添加剂或者改性剂使用。 (　　)

二、单选题(每道小题有四个选项,只有一个正确选项)

1. 下列(　　)不是地沥青。
   A. 石油沥青　　　B. 湖沥青　　　C. 煤沥青　　　D. 岩沥青
2. 沥青外观为黑色,是(　　)组分呈现的颜色。
   A. 芳香分　　　B. 饱和分　　　C. 胶质　　　D. 沥青质
3. 沥青弹性和黏性较好,温度敏感性较小,流动性、塑性较低,虽具有较好的温度稳定性,但低温变形能力较差。这种特性属于(　　)沥青。

A. 溶胶型结构　　　　B. 凝胶型结构　　　　C. 溶-凝胶型结构　　　D. 都有可能

4. 采用真空减压毛细管法测定沥青的动力黏度,沥青温度为( )℃。
   A. 15　　　　　　　B. 25　　　　　　　C. 60　　　　　　　D. 136

5. 针入度的单位为( )。
   A. 1mm　　　　　　B. 0.1mm　　　　　C. 0.01mm　　　　　D. 0.001mm

6. 软化点试验时,水温的上升速率为( )。
   A. 1℃/min　　　　　B. 2℃/min　　　　　C. 5℃/min　　　　　D. 10℃/min

7. 70号沥青的针入度为( )。
   A. 70(mm)　　　　　B. 70(0.1mm)　　　　C. 60~80(mm)　　　D. 60~80(0.1mm)

8. 沥青针入度试验时,试样表面以上的水层深度要求( )。
   A. 不小于10mm　　　B. 不小于10cm　　　C. 不大于10mm　　　D. 不大于10cm

9. 沥青的针入度试验,要求平行试验至少( )次。
   A. 2　　　　　　　　B. 3　　　　　　　　C. 5　　　　　　　　D. 6

10. 沥青针入度试验,当针入度为50~149(0.1mm),平行试验的允许差值为( )。
    A. 2　　　　　　　　B. 4　　　　　　　　C. 12　　　　　　　D. 20

11. 延度的单位为( )。
    A. mm　　　　　　　B. 0.1mm　　　　　C. cm　　　　　　　D. m

12. 针入度试验和延度试验,要求试验时水温控制在试验温度( )。
    A. ±1℃　　　　　　B. ±0.5℃　　　　　C. ±5℃　　　　　　D. ±0.1℃

13. 延度试验的三个测定结果为:114、102、96(cm),则结果记为( )。
    A. 104cm　　　　　　B. 102cm　　　　　　C. >100cm　　　　　D. 96cm

三、多选题(每道小题四个选项,有两个或两个以上为正确选项)

1. 沥青的三大指标通常是指( )。
   A. 黏度　　　　　　　B. 针入度　　　　　C. 软化点　　　　　D. 延度

2. 石油沥青的密度试验,一般试验温度为( )。
   A. 5℃　　　　　　　B. 15℃　　　　　　C. 25℃　　　　　　D. 60℃

3. 乳化沥青的组成包括( )。
   A. 乳化剂　　　　　　B. 稳定剂　　　　　C. 水　　　　　　　D. 沥青

4. 石油沥青的四组分包括( )。
   A. 沥青质　　　　　　B. 胶质　　　　　　C. 芳香分　　　　　D. 蜡

5. 针入度试验的适用范围包括( )。
   A. 乳化沥青　　　　　　　　　　　　　　B. 道路石油沥青
   C. 聚合物改性沥青　　　　　　　　　　　D. 液体石油沥青

四、综合题(每道小题四个选项,有一个或一个以上为正确选项)

某沥青针入度、延度、软化点试验结果见下表,请回答以下问题。

试样编号	技术指标		
	针入度(0.1mm)	延度(cm)	软化点(℃)
1	87	101	50.3
2	90	102	50.5
3	88	103	—
试验结果	88.3	102	50.4

(1)有关沥青针入度试验,说法正确的是( )。
  A. 其标准试验条件为温度25℃,荷重100g,贯入时间为5s
  B. 试验开始前,如针尖距离试样表面有一点缝隙,则测量的针入度偏小
  C. 各测试点之间及与盛样皿边缘的距离不应少于10mm
  D. 测定针入度大于200的沥青试样时,每次试验应将标准针取下用蘸有三氯乙烯溶剂的棉花或布擦干净,再用干棉花或布擦干

(2)沥青的延度试验注意事项包括( )。
  A. 将隔离剂拌和均匀,涂于清洁干燥的试模底板和试模的内侧表面
  B. 用热刮刀自试模的中间向两端刮除高出试模的沥青,使沥青面与试模面齐平
  C. 在试验过程中,仪器不得有振动,水面不得有晃动
  D. 当试样上浮时,应添加食盐调整水的密度

(3)做沥青软化点试验时,起始水温为( )。
  A. 0℃   B. 5℃   C. 25℃   D. 32℃

(4)有关沥青针入度、延度、软化点、针入度指数指标说法正确的有( )。
  A. 针入度值越大,表示沥青的黏度越低
  B. 延度值越大,表示沥青的低温抗裂性越好
  C. 软化点越高,表示沥青的高温稳定性越好
  D. 针入度指数越小,表示沥青的温度敏感性越低

(5)关于结果处理,说法正确的是( )。
  A. 针入度结果应该取整数,记为88
  B. 延度结果102是对的
  C. 软化点结果应该记为50.5
  D. 该沥青的温度感应性系数A为0.038,针入度指数为0.345(保留3位小数)

模块 5
MODULE FIVE
沥青混合料

学习目标:
1. 熟悉沥青混合料的分类。掌握沥青混合料的结构类型。
2. 熟悉热拌沥青混合料的技术性质。了解热拌沥青混合料的技术要求。
3. 掌握并能独立计算热拌沥青混合料的体积参数。
4. 掌握热拌沥青混合料的理论配合比设计方法。理解配合比设计例题中的每一个数据来源。
5. 了解 SMA 沥青玛琋脂碎石混合料的结构特点,熟悉沥青析漏试验和肯塔堡飞散试验。了解稀浆封层和微表处的区别。了解再生沥青混合料。
6. 重点掌握下列热拌沥青混合料试验:试件制作方法(击实法和轮碾法)、沥青混合料试件密度试验(表干法)、沥青混合料理论最大相对密度试验(真空法)、马歇尔稳定度试验、车辙试验、沥青与矿料黏附性试验。

5.1 沥青混合料的分类与结构类型

? 想一想

沥青混合料与水泥混凝土都是铺筑路面的高级材料,你所看到的沥青路面(图 5-1-1)与水泥路面(图 5-1-2)有什么不同呢?水泥混凝土主要由 4 种基本材料组成:水泥、水、粗集料和细集料,沥青混合料由哪些材料组成呢?沥青混合料包括哪些种类呢?压实成型后的沥青混合料,其内部结构是什么样的?

图 5-1-1 沥青路面

图 5-1-2 水泥路面

5.1.1 沥青混合料的定义与路面特点

沥青混合料是由矿料与沥青结合料拌和而成的混合料总称,其中矿料包括粗集料、细集料和填料。粗集料主要粒径范围 >2.36mm,细集料主要粒径范围为 0.075~2.36mm,填料主要粒径范围为 <0.075mm。

沥青混合料一般主要是指密级配沥青混合料 AC、沥青稳定碎石 ATB、沥青玛琋脂碎石 SMA 等,但是广义上沥青混合料还包括微表处、稀浆封层、碎石封层等。大多数沥青混合料都是热态施工,混合料中不含水。但某些采用乳化沥青等拌制的常温沥青混合料中含有水。

沥青混合料铺筑的路面称为沥青路面。与水泥路面相比较,沥青路面具有以下特点。

1. 沥青路面的优点

(1)无接缝,噪声低,行车舒适。沥青混合料是一种黏弹性材料,具有良好的力学性能,铺筑的路面平整无接缝,行车噪声低。水泥路面必须每隔 3~5m 切缝,否则水泥混凝土的干缩和温缩,会引起水泥路面不规则的裂缝。

(2)黑色路面,无强烈反光。一般称水泥路面为白色路面,沥青路面为黑色路面。黑色路面不管是在白天还是在夜晚,视觉效果都更好。

(3)压实成型后,具有一定的构造深度,行车安全。水泥路面成型后,必须表面拉毛,或者刻槽,才能够提高路面与轮胎间的摩擦系数,有利于行车的安全。沥青混合料施工完后,细料下沉,粗颗粒凸出,自然形成表面粗糙度,无须再拉毛或者刻槽。

(4)施工可全部采用机械化。沥青混合料路面施工,从拌和、运输、摊铺到压实,机械化程度很高,有利于质量的控制。而一些低等级公路的水泥路面,还可能使用小型机具施工。

(5)可以马上通车。水泥路面需要 28d 的养护及强度成型时间,如采用早强剂等技术措施,一般也需要两周以上才能通车。沥青混合料路面一般只需要冷却一个晚上,即路面温度降到 50℃ 以下,即可开放交通。

(6)养护维修简便,适宜于分期修建。水泥路面破坏修补,一般不论破损大小,需要将整个板块凿除重铺,且等待混凝土养护、强度达到要求后,才可以开放交通。沥青路面不论坑洞大小,都可以按照实际坑洞大小形状修补,压实冷却后即可开放交通。许多农村公路,由于经济原因,先修建水泥路面,后期加铺沥青路面较为方便。

以上沥青路面的优点,解释了为什么城市中心都是沥青路面,很少修建水泥路面的原因。

2. 沥青路面的缺点

(1) 温度稳定性差。沥青混合料是一种温度敏感性材料,夏季高温时混合料容易软化,在长时间荷载作用下,路面易产生车辙、波浪等现象。这就是沥青路面在收费站处要修建水泥路面的原因。沥青混合料在冬季容易脆裂。

(2) 易老化。沥青混合料更容易受到气候因素的作用,发生老化,产生裂纹。在设计寿命上,沥青路面要短于水泥路面。

(3) 助燃。一般在长隧道中修建水泥路面,交通事故引起火灾时,沥青路面起到助燃的作用。

5.1.2 沥青混合料的分类

1. 按级配组成及空隙率分类

(1) 密级配沥青混合料

按密实级配原理设计组成的各种粒径颗粒的矿料与沥青结合料拌和而成,设计空隙率较小(对不同交通及气候情况、层次可做适当调整)的密实式沥青混凝土混合料(以 AC 表示)和密实式沥青稳定碎石混合料(以 ATB 表示)。设计空隙率不大于6%。

(2) 半开级配沥青混合料

由适当比例的粗集料、细集料及少量填料(或不加填料)与沥青结合料拌和而成的沥青碎石混合料(以 AM 表示)。设计空隙率为6%~12%。

(3) 开级配沥青混合料

矿料级配主要由粗集料嵌挤组成,细集料及填料较少,如排水式沥青磨耗层混合料(OGFC)等。设计空隙率不小于12%。

2. 按矿料的级配类型分类

(1) 连续级配沥青混合料

沥青混合料中的矿料按级配原则,从大到小各级粒径都有,按比例互相搭配组成的连续级配混合料。如沥青混凝土 AC 和沥青稳定碎石 ATB。

(2) 间断级配沥青混合料

矿料级配中缺少一个或几个粒级所形成的沥青混合料。如沥青玛蹄脂碎石 SMA。

3. 按集料的公称最大粒径分类

(1) 特粗式沥青混合料:公称最大粒径等于或大于31.5mm 的沥青混合料。

(2) 粗粒式沥青混合料:公称最大粒径为26.5mm 的沥青混合料。

(3) 中粒式沥青混合料:公称最大粒径为16mm 或19mm 的沥青混合料。

(4)细粒式沥青混合料:公称最大粒径为 9.5mm 或 13.2mm 的沥青混合料。

(5)砂粒式沥青混合料:公称最大粒径小于 9.5mm 的沥青混合料。

4. 按生产时的拌和温度分类

(1)热拌沥青混合料

热拌沥青混合料是经人工组配的矿料与沥青在专门设备中加热拌和而成,用保温运输工具运至施工现场,在热态下进行摊铺和压实的混合料,以 HMA 表示。

道路石油沥青常温下是黏稠态,无法与矿料搅拌施工。加热沥青及矿料,是为了降低沥青的黏滞性,提高沥青的流动性能。但是,如果随意提高拌和温度,则浪费施工成本,并降低沥青的技术性能。新修铺筑的沥青路面一般都是热拌施工,因为热拌沥青混合料的性能优良、耐久稳定。

(2)温拌沥青混合料

温拌沥青混合料是指通过掺加添加剂或发泡物理工艺等措施,矿料、沥青结合料等在低于相应热拌沥青混合料 20℃以上条件下拌和生产的沥青混合料,以 WMA 表示。

热拌沥青混合料施工时呈现很多弊病,如高温烫伤工人、烟雾污染环境,甚至在隧道中由于较浓的烟雾,能见度太低而无法施工。温拌沥青混合料施工温度降低 20℃以上,烟雾明显减少,给施工带来许多方便。

(3)冷拌沥青混合料

冷拌沥青混合料,也称常温沥青混合料,是指矿料与乳化沥青或液体沥青在常温状态下拌和、铺筑的沥青混合料,以 CMA 表示。

在旧路修补时,因为坑洞不大,沥青混合料的使用量较小,采用冷拌沥青混合料较为方便。

目前,在公路工程中最常用的是热拌沥青混合料,它适用于各种等级公路的沥青路面。其种类按集料公称最大粒径、矿料级配、空隙率划分,分类见表 5-1-1。

热拌沥青混合料种类　　　　表 5-1-1

混合料类型	密级配			开级配		半开级配	公称最大粒径(mm)	最大粒径(mm)
	连续级配	间断级配		间断级配		沥青碎石		
	沥青混凝土	沥青稳定碎石	沥青玛蹄脂碎石	排水式沥青磨耗层	排水式沥青碎石基层			
特粗式	—	ATB-40	—	—	ATPB-40	—	37.5	53.0
粗粒式	—	ATB-30	—	—	ATPB-30	—	31.5	37.5
	AC-25	ATB-25	—	—	ATPB-25	—	26.5	31.5
中粒式	AC-20	—	SMA-20	—	—	AM-20	19.0	26.5
	AC-16	—	SMA-16	OGFC-16	—	AM-16	16.0	19.0
细粒式	AC-13	—	SMA-13	OGFC-13	—	AM-13	13.2	16.0
	AC-10	—	SMA-10	OGFC-10	—	AM-10	9.5	13.2
砂粒式	AC-5	—	—	—	—	AM-5	4.75	9.5
设计空隙率(%)	3~5	3~6	3~4	>18	>18	6~12	—	—

5.1.3 沥青混合料结构类型

1. 沥青混合料的强度机理

沥青混合料是由沥青、粗集料、细集料和填料按一定比例拌和而成的一种复合材料。其各种组成材料在混合料中的作用如图 5-1-3 所示。

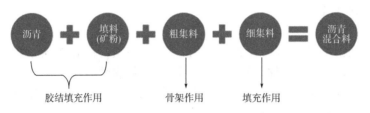

图 5-1-3 沥青混合料组成材料示意图

沥青混合料是一种具有空间网络结构的多相分散体系。沥青混合料的力学强度主要来自两个方面：①矿料颗粒之间的内摩阻力和嵌挤力；②沥青与矿料之间的黏结力。其强度形成示意见图 5-1-4。在沥青混合料中，粗集料形成骨架，由细集料、填料和沥青组成的沥青砂浆或沥青与填料构成的沥青胶浆填充骨架，未填充的部分为空隙。

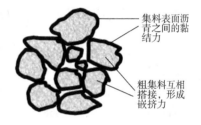

图 5-1-4 沥青混合料强度形成示意图

2. 沥青混合料的结构类型

按矿料骨架的结构状况，一般将沥青混合料分为三种类型，见图 5-1-5。

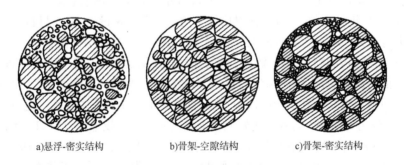

a) 悬浮-密实结构　　　b) 骨架-空隙结构　　　c) 骨架-密实结构

图 5-1-5 沥青混合料的典型组成结构

（1）悬浮-密实结构

当采用连续密级配矿料配制沥青混合料时，矿质集料由大到小连续存在，并各具有一定的数量。较大颗粒被较小颗粒挤开，不能直接接触形成嵌挤骨架结构，彼此分离悬浮于较小颗粒和沥青胶浆之间，而较小颗粒与沥青胶浆较为密实，形成悬浮-密实结构，见图 5-1-5a）。我国常用的沥青混凝土 AC 是典型的悬浮-密实结构。

悬浮-密实结构的沥青混合料经压实后，密实度较大，水稳定性、低温抗裂性和耐久性较好，是使用较为广泛的沥青混合料，但这种沥青混合料受沥青的影响较大，高温稳定性差。

(2) 骨架-空隙结构

当采用连续开级配矿料与沥青组成沥青混合料时,较粗颗粒彼此接触,形成互相嵌挤的骨架,但细粒料数量较少,不足以充分填充骨架空隙,压实后混合料中的空隙率较大,形成骨架空隙结构,见图 5-1-5b)。沥青碎石混合料 AM 和开级配磨耗层沥青混合料 OGFC 是典型的骨架空隙结构。

骨架-空隙结构的沥青混合料受沥青的影响较小,高温稳定性较好,但压实后沥青混合料的空隙率较大,耐久性较差。

(3) 骨架-密实结构

当采用间断型密级配时,在沥青混合料中既有足够数量的粗集料形成骨架,又根据粗集料骨架空隙的大小填入了足够的细集料和沥青胶浆,使之填满骨架的空隙,形成较高密实度的骨架结构,见图 5-1-5c)。这种结构兼具上述两种结构的优点,是一种较为理想的结构类型。沥青玛碲脂碎石混合料 SMA 是一种典型的骨架-密实结构。

5.1.4 【知识拓展】 我国沥青路面的发展简介

据考古资料记载,世界上最早的沥青路面是距今约 3000 年前的古巴比伦仪仗大道。它宽约 20m,道路中间是由残损不全的大块砖头和天然沥青铺成的沥青路面。印加帝国在 15 世纪采用天然沥青修筑沥青碎石路。英国于 1832~1838 年,用煤沥青在格洛斯特郡修筑了第一条煤沥青碎石路。法国于 1858 年在巴黎用天然岩沥青修筑了第一条地沥青碎石路。到了 20 世纪,石油沥青成为使用量最大的铺路材料。我国上海在 20 世纪 20 年代开始铺设沥青路面。1949 年以后,随着我国自主路用沥青材料工业的发展,沥青材料被广泛应用于城市道路和公路干线的修建。

我国沥青路面生产施工技术的发展大致可以划分为下列几个时间段。

(1) 20 世纪 80 年代之前,沥青路面以层铺法为主。受机械设备、路面材料技术所限,路面形式主要为沥青表处、贯入式沥青路面,采用层铺法施工。什么是层铺法呢?就是先洒一层沥青,然后撒一层石料,再洒第二层沥青,再撒第二层沥青,依次类推。沥青路面层铺法施工解决了泥结碎石路面的雨天泥泞、晴天扬尘问题,基本能适应当时的交通荷载,属于最简单、最原始的一种沥青路面施工方式。在这个时间段,我国沥青路面施工的有关技术规范,都是针对层铺法施工的,如 1964 年颁布的《沥青表面处治和贯入式路面施工技术规范》(JT 1002-64)。

(2) 20 世纪 80 年代,沥青路面以沥青碎石、沥青混凝土为主。1981 版和 1983 年版的沥青路面施工技术规范标志着我国由早期的表面处治、贯入式路面等低等级路面逐步发展到使用沥青碎石和沥青混凝土等高等级路面形式的新时代。

1988 年 10 月 31 日上海到嘉定 18.5km 高速公路建成通车,标志着我国大陆高速公路实现零的突破。高速公路的建设大力推动了沥青路面的技术发展。

(3) 20 世纪 90 年代,沥青路面施工机械化程度显著提高,施工工艺与材料不断升级换代。在这个时期,我国逐步进入以高速公路建设为代表的公路大发展时期,公路沥青路面施工技术有了巨大的飞跃。与 1983 年规范相比,1994 版《公路沥青路面施工技术规范》的主要变化是,为适应高速公路建设需要,提出了许多有别于其他等级公路的更高的生产工艺施工要求。

1993 年 9 月 25 日全线通车的京津塘高速公路是连接北京、天津和塘沽的高速公路,也是中国首条采用国际通行的菲迪克条款进行国际招标建设的高速公路,全长142.69km。京津塘高速公路路面质量相当好,通车多年,没有明显的裂缝、松散、变形等病害。国内外专家赞誉其建设质量已达到或接近国际先进水平。

(4)2000年以来的施工技术,路面材料与施工技术进一步发展。在路面材料方面,开始大量使用改性沥青,以及SMA等新型沥青混合料。在生产施工机械方面,拌和设备的生产能力进一步提升,摊铺设备宽度增大,振捣能力更强,各种吨位的压路机得到普及。

《公路沥青路面施工技术规范》(JTG F40—2004)和《公路路面基层施工技术细则》(JTG/T F20—2015)是我国20多年高等级公路建设实践与研究的总结,是我国公路工程技术从学习欧美技术走向依靠我国工程实践,不断验证、总结和走向成熟的重要标志,是总体达到国际先进水平的技术规范。

5.2 沥青混合料技术性质和技术标准

想一想

细心的同学可能发现了,家门口的沥青路面,到了夏天,有些粘黏鞋底(图5-2-1),而到了冬天,沥青路面容易产生裂纹(图5-2-2)。红绿灯路口的沥青路面,停车等待的位置一般有凹陷(车辙)。这些沥青路面的现象与沥青混合料的哪些技术性质有关呢?如何用专业知识解释这些现象呢?

图5-2-1 沥青路面粘鞋底

图5-2-2 沥青路面开裂

5.2.1 沥青混合料的技术性质

沥青混合料作为路面材料,在使用过程中既要承受行驶车辆荷载的反复作用,也要承受气候环境因素的长期影响,所以沥青混合料在具备一定的承载能力的同时,还必须具备良好的抵御自然气候不良影响的耐久性。沥青路面要表现出足够的高温环境下的稳定性、低温状况下的抗裂性、良好的水稳

WK56-沥青混合料路用性能

定性、持久的抗老化性和利于行车安全的抗滑性等诸多技术特点,以保证沥青路面良好的服务功能。本书介绍的沥青混合料技术性质指的是沥青混合料的路用性能。

1. 高温稳定性

高温稳定性是指沥青混合料在夏季高温(60℃)的条件下,能够抵抗车辆反复作用,不会产生显著永久变形(车辙、拥包、波浪等),保证沥青路面平整的特性。调查发现,夏季高温时,路面表面温度高于空气温度。沥青路面在夏季高温时,路面表面能够达到的最高温度一般不会超过60℃。因此,不管是沥青的高温性能试验还是沥青混合料的高温性能试验,温度一般都设定为60℃。

沥青路面在高温下长时间承受荷载作用时会产生明显的病害变形,如车辙(图5-2-3)、波浪、拥包(图5-2-4)、泛油等。沥青路面在高温下的变形破坏,是南方高温地区修建沥青路面首要考虑的问题。车辙是渠化交通下汽车轮胎反复碾压的累积变形,是沥青路面特有的病害。

图5-2-3 车辙

图5-2-4 拥包

评价沥青混合料的高温稳定性的试验方法主要有两个:马歇尔稳定度试验和车辙试验。

(1) 马歇尔稳定度试验

马歇尔稳定度试验用于测定沥青混合料试件的破坏荷载和抗变形能力。标准的马歇尔圆柱体试件的尺寸为直径 $\phi 101.6mm \pm 0.2mm$,高 $63.5mm \pm 1.3mm$,见图5-2-5。大型马歇尔圆柱体试件的尺寸为直径 $\phi 152.4mm \pm 0.2mm$,高 $95.3mm \pm 2.5mm$。

WK57-马歇尔稳定度试验　　　CZ35-马歇尔稳定度试验　　　DH21-马歇尔稳定度试验

将沥青混合料制备成规定尺寸的圆柱体试件,试验时将试件横向置于两个半圆形压头中,使试件受到一定的侧限,在规定温度(60℃±1℃)和加荷速度(50mm/min±5mm/min)下,对试件施加压力,如图5-2-6所示,记录试件所受压力与变形曲线。试件受压破坏时承受的最大荷载(kN)称为稳定度,用 MS 表示;达到最大破坏荷载时试件的垂直变形(0.1mm)称为流值。马歇尔稳定度越大、流值越小,说明高温稳定性越好。

图 5-2-5 标准马歇尔试件

图 5-2-6 马歇尔稳定度试验

马歇尔试验设备简单,易于操作,是公路工程领域长期以来最主要的试验方法。然而,用马歇尔试验评价沥青混合料的高温稳定性存在明显的局限性,与沥青路面抗车辙能力相关性并不好。实践证明,即使混合料的马歇尔稳定度满足技术要求,仍有相当一部分沥青路面会出现车辙。所以,工程师创建了室内小型模拟实验——车辙试验,以弥补马歇尔试验的不足。

(2)车辙试验

车辙试验是采用规定的试验方法,模拟车轮在路面行驶时产生的碾压深度,对沥青混合料高温稳定性进行评价的试验。

WK58-车辙试验

CZ36-车辙试验

DH22-车辙试验

目前通常采用轮碾法成型试件,其试模如图 5-2-7 所示,将沥青混合料制成 300mm × 300mm × 50mm 大小的试件(图 5-2-8),在 60℃温度条件下,让试验轮对板块状试件产生 0.7MPa 的压强,在同一轨迹上做一定时间的反复行走,形成一定程度的车辙深度。计算试件单位变形(1mm)时所需试验轮的行走次数,即为动稳定度(次/mm)。动稳定度越大,沥青混合料抗车辙变形的能力越强,高温稳定性越好。

图 5-2-7 车辙试模

图 5-2-8 碾压完后的车辙试件

车辙试验效果很大程度上克服了马歇尔试验方法的不足,其试验结果直观,重要的是试验结果与沥青路面车辙深度之间有良好的相关性,较真实地反映了沥青混合料抗车辙能力的大小。

影响沥青混合料高温稳定性的因素众多,从组成材料的内因看,主要取决于三个方面:矿料颗粒的嵌挤作用、沥青的黏滞性和沥青的用量。当所用的集料具有棱角丰富、表面粗糙、形状接近立方体等特点,同时集料颗粒分布形成骨架密实结构时,将有助于集料颗粒形成有效的嵌挤结构,能够极大地促进沥青混合料的高温稳定性。另一方面,沥青高温时的黏度大,与集料的黏附性好,非常有利于高温稳定性。同时,适当降低沥青混合料中的沥青用量,降低自由沥青的润滑作用,也将有利于提高沥青混合料的高温稳定性。

2. 低温抗裂性

沥青混合料的低温抗裂性是指沥青混合料在低温下抵抗断裂破坏的能力。

当冬季气温降低时,沥青面层将产生体积收缩,但在基层结构与周围材料的约束下,沥青混合料不能自由收缩,将在结构层中产生温度应力。由于沥青混合料具有一定的应力松弛能力,当降温速率较慢时,所产生的温度应力会随着时间增加逐渐松弛减小,不会对沥青路面产生较大的危害。但当气温骤降时,所产生的温度应力来不及松弛,当温度应力超过沥青混合料的容许应力值时,沥青混合料就会被拉裂,导致沥青路面出现裂缝,造成路面的损坏。因此要求沥青混合料应具备一定的低温抗裂性能,即要求沥青混合料具有较高的低温强度或较大的低温变形能力。

图 5-2-9 梁形试件

现行规范采用沥青混合料低温弯曲试验,通过梁形试件(图 5-2-9)在 -10℃时跨中加载方式,采用破坏强度、破坏应变和破坏劲度等指标,评价沥青混合料的低温性能。

从混合料内因来看,沥青混合料低温性能主要取决于两个方面:沥青的性能特点、沥青的用量。针入度较大、温度敏感性较低的沥青将有助于提高沥青混合料的低温变形能力。同时,适当增加沥青混合料中的沥青用量,也会对沥青混合料低温性能起到积极作用。

3. 耐久性

耐久性是指沥青混合料在长期使用过程中,抵抗环境不利因素以及承受行车荷载反复作用的能力,主要包括沥青混合料的抗老化性、水稳定性、抗疲劳性。

沥青混合料的老化主要是指沥青受到空气中氧、水、紫外线等因素的作用,发生多种复杂的物理化学变化后,逐渐使沥青混合料变硬、发脆,最终导致沥青混合料老化,产生裂纹或裂缝的病害现象(图 5-2-10)。水稳定性问题是因为水的影响,引起沥青从集料颗粒表面剥离而降低沥青混合料的黏结强度,造成混合料松散,形成大小不一的坑槽等水损害现象(图 5-2-11)。疲劳破坏是指沥青混合料路面受到行车荷载的反复作用,或受到环境温度长时间交替变化产生的温度应力作用后,引起的微小且缓慢的性能劣化现象。

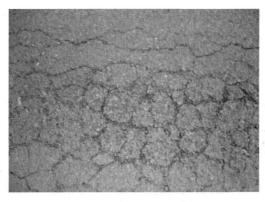
图 5-2-10 老化裂纹

图 5-2-11 水损害引起的坑槽

影响沥青混合料耐久性的因素很多,主要有两个方面:沥青混合料的空隙率、沥青用量。空隙率的大小与矿料的级配、沥青材料的用量以及压实程度等有关。从耐久性的角度希望空隙率尽量减小,以防止水分渗入和日光紫外线对沥青的老化作用等,但一般沥青混合料中均应残留一定的空隙,以备夏季沥青材料膨胀变形用。沥青用量越多,对混合料的耐久性越有利。沥青用量偏少,混合料的空隙率增大,沥青暴露于不利环境因素的可能性加大,加速老化,同时还增加了水侵入的机会,造成水损害。

我国现行规范通过空隙率、饱和度、残留稳定度、冻融劈裂残留强度比等指标的控制,保证沥青混合料的耐久性。

4. 抗滑性

抗滑性是路面抵抗车辆轮胎受到制动时沿路面表面滑移时产生的力的性质。抗滑性是保障公路交通安全的一个很重要因素,特别是行驶速度很高的高速公路,确保沥青路面的抗滑性要求显得尤为重要。为了保证沥青路面的抗滑性,路面表面必须具备一定的粗糙度,即构造深度,而不是像瓷砖或玻璃一样,表面光滑。图 5-2-12 所示的沥青路面表面较为光滑,构造深度不足,抗滑力不够;而图 5-2-13 所示的沥青路面表面较为粗糙,构造深度满足要求,抗滑力较强。

图 5-2-12 构造深度不满足要求

图 5-2-13 构造深度满足要求

沥青路面的抗滑性与所用矿料的表面性质、颗粒形状与尺寸、混合料的级配组成以及沥青用量等因素有关。为了提高沥青路面的抗滑性,配料时应选用表面粗糙、坚硬、耐磨、抗冲击性好、磨光值大的碎石或破碎的砾石。沥青用量对抗滑性有重要的影响,当沥青用量超过最佳沥青用量的 0.5% 时,摩阻系数会明显降低。因此要严格限制沥青路面表面层的沥青用量。

5. 施工和易性

施工和易性是指沥青混合料易于各工序施工操作,如拌和、运输、摊铺、压实等,并能获得质量均匀、成型密实的性能。沥青混合料应具备良好的施工和易性,要求在整个施工的各工序中,尽可能使沥青混合料的集料颗粒以设计级配要求的状态分布,集料表面被沥青膜完整覆盖,并能被压实到规定的密实程度。

图 5-2-14 沥青路面离析

影响沥青混合料施工和易性的因素主要是两个方面:材料组成、施工条件的控制。当材料组成确定后,矿料级配和沥青用量都会对和易性产生一定的影响。如采用间断级配的矿料,由于粗细集料颗粒尺寸相差过大,缺乏中间尺寸过渡颗粒,沥青混合料极易离析,如图 5-2-14 所示。又比如当沥青用量过少,则混合料疏松且不易压实;但当沥青用量过多时,则容易使混合料黏结成团,不易摊铺。在施工条件的控制中,如施工温度不够,沥青混合料难以拌和和压实;但温度偏高,碾压沥青混合料时,容易发生推移,也难以碾压。

目前还没有成熟的能够直接用于评价沥青混合料施工和易性的方法和指标。通常的做法是严格控制材料的组成和配比,采用经验的方法根据施工现场实际状况进行调控。

5.2.2 沥青混合料的技术标准

WK59-沥青混合料技术标准

《公路沥青路面施工技术规范》(JTG F40—2004)针对各种混合料提出了不同的技术标准,表 5-2-1 是常用密级配沥青混凝土混合料采用马歇尔试验方法时的技术标准。该标准根据道路等级、交通荷载和气候状况等因素提出了不同的指标要求,其中包括稳定度、流值、空隙率、矿料间隙率和沥青饱和度等。

密级配沥青混凝土混合料马歇尔试验技术标准 表 5-2-1

(本表适用于公称最大粒径≤26.5mm 的密级配沥青混凝土混合料)

试验指标		单位	高速公路、一级公路				其他等级公路	行人道路
			夏炎热区 (1-1、1-2、1-3、1-4 区)		夏热区及夏凉区 (2-1、2-2、2-3、2-4、3-2 区)			
			中轻交通	重载交通	中轻交通	重载交通		
击实次数(双面)		次	75				50	50
试件尺寸		mm	$\phi 101.6mm \times 63.5mm$					
空隙率 VV	深约 90mm 以内	%	3~5	4~6	2~4	3~5	3~6	2~4
	深约 90mm 以下	%	3~6		2~4	3~6	3~6	—

续上表

试验指标		单位	高速公路、一级公路				其他等级公路	行人道路
			夏炎热区(1-1、1-2、1-3、1-4区)		夏热区及夏凉区(2-1、2-2、2-3、2-4、3-2区)			
			中轻交通	重载交通	中轻交通	重载交通		
稳定度 MS 不小于		kN	8				5	3
流值 FL		mm	2~4	1.5~4	2~4.5	2~4	2~4.5	2~5
矿料间隙率 VMA(%) 不小于	设计空隙率(%)	相应于以下公称最大粒径(mm)的最小VMA及VFA技术要求(%)						
		26.5	19	16	13.2	9.5	4.75	
	2	10	11	11.5	12	13	15	
	3	11	12	12.5	13	14	16	
	4	12	13	13.5	14	15	17	
	5	13	14	14.5	15	16	18	
	6	14	15	15.5	16	17	19	
沥青饱和度 VFA(%)			55~70		65~75		70~85	

注:①对空隙率大于5%的夏炎热区重载交通路段,施工时应至少提高压实度1%。
②当设计的空隙率不是整数时,由内插确定要求的VMA最小值。
③对改性沥青混合料,马歇尔试验的流值可适当放宽。

高温稳定性要求主要指标为动稳定度,见表5-2-2。低温抗裂性主要指标为弯曲试验破坏应变,见表5-2-3。

沥青混合料车辙试验动稳定度技术要求   表5-2-2

气候条件与技术指标		相应于下列气候分区所要求的动稳定度(次/mm)								试验方法
七月平均最高气温(℃)及气候分区		>30				20~30			<20	
		1. 夏炎热区				2. 夏热区			3. 夏凉区	
		1-1	1-2	1-3	1-4	2-1	2-2	2-3	2-4	3-2	
普通沥青混合料,不小于		800		1000		600		800		600	
改性沥青混合料,不小于		2400		2800		2000		2400		1800	
SMA混合料	非改性,不小于	1500									T 0719
	改性,不小于	3000									
OGFC混合料		1500(一般交通路段)、3000(重交通路段)									

沥青混合料低温弯曲试验破坏应变(με)技术要求   表5-2-3

气候条件与技术指标	相应于下列气候分区所要求的破坏应变(με)								试验方法
年极端最低气温(℃)及气候分区	<-37.0		-37.0~-21.5			-21.5~-9.0		>-9.0	
	1. 冬严寒区		2. 冬寒区			3. 冬冷区		4. 冬温区	
	1-1	2-1	1-2	2-2	2-3	1-3	2-3	1-4	2-4	
普通沥青混合料,不小于	2600		2300			2000				T 0715
改性沥青混合料,不小于	3000		2800			2500				

抵御水破坏的主要指标为残留稳定度、冻融劈裂试验残留强度比,见表5-2-4。冻融劈裂试验通过冻融循环,测定沥青混合料在受到水损害前后劈裂破坏的强度比,以评价沥青混合料水稳定性。试验用试件为圆柱形马歇尔试件,击实次数为双面各50次。成型两组试件,一组在室温下保存待用,另外一组经过严酷的冻融循环(先真空饱水,再-18℃冷冻16h,然后在60℃水箱中浸泡不少于24h)待用。两组待用试件都在25℃恒温水箱中浸泡2h,再完成劈裂试验。

沥青混合料水稳定性检验技术要求 表5-2-4

气候条件与技术指标	相应于下列气候分区的技术要求(%)				试验方法
年降雨量(mm)及气候分区	>1000	500~1000	250~500	<250	
	1. 潮湿区	2. 湿润区	3. 半干区	4. 干旱区	
浸水马歇尔试验残留稳定度(%),不小于					
普通沥青混合料	80		75		T 0709
改性沥青混合料	85		80		
SMA混合料 普通沥青	75				
SMA混合料 改性沥青	80				
冻融劈裂试验的残留强度比(%),不小于					
普通沥青混合料	75		70		T 0729
改性沥青混合料	80		75		
SMA混合料 普通沥青	75				
SMA混合料 改性沥青	80				

WK60-冻融劈裂试验

DH23-冻融劈裂试验

冻融循环试验是一种更加苛刻的评价沥青混合料水稳定性的指标,尽管操作过程引入低温冰冻环节,但试验结果并不能用于针对低温性能优劣的评价。劈裂破坏与马歇尔稳定度受压破坏的主要区别是,前者为上下两根压条加荷,后者为两个半圆弧加荷,如图5-2-15、图5-2-16所示。

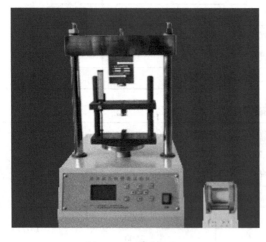

图5-2-15 劈裂试验机

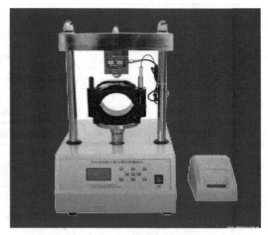

图5-2-16 马歇尔稳定度试验仪

渗水试验见表 5-2-5,主要用于检测空隙率的大小,属于混合料耐久性指标。

沥青混合料试件渗水系数技术要求　　　　表 5-2-5

级配类型	渗水系数要求(mL/min)	试验方法
密级配沥青混凝土,不大于	120	—
SMA 混合料,不大于	80	T 0730
OGFC 混合料	实测	

5.3 沥青混合料的密度与体积参数

想一想

一般来说,普通水泥混凝土要求空隙率尽量小,结构越致密,其强度越高。而沥青混合料必须人为地设计一定的空隙率,根据结构功能的需要,空隙率从最低3%(沥青混凝土 AC)到大于18%(排水式沥青磨耗层 OGFC),变化很大。如何计算与控制沥青混合料的空隙率呢?设计与施工控制沥青混合料的空隙率是生产沥青混合料的一项关键技术。

5.3.1 沥青混合料的密度

计算沥青混合料的空隙率,必须用到沥青混合料的密度。密度的定义为单位体积的质量。根据沥青混合料密度指标中涉及的质量和体积范围的不同,又有不同的密度形式。

1. 沥青混合料理论最大(相对)密度

沥青混合料理论最大(相对)密度是假设沥青混合料被压实后至完全密实,没有任何空隙的理想状态下的最大密度,即压实沥青混合料试件全部被矿料(包括矿料内部孔隙)和沥青所占有,且空隙率为零的(相对)密度。

WK61-沥青混合料密度与体积参数(1)

WK62-沥青混合料密度与体积参数(2)

沥青混合料理论最大密度可以简单地理解为集料颗粒外围裹覆了一层沥青后,集料颗粒与沥青的综合密度。该密度与集料颗粒之间的间隙没有任何关系。其示意图见图 5-3-1。

图 5-3-1　沥青混合料理论最大密度示意图

沥青混合料理论最大密度的获得方法有两种。

(1)真空法试验

非改性沥青混合料一般采用真空法试验,即采用沥青混合料理论最大相对密度测定仪,见图5-3-2。

(2)计算法

改性沥青只能采用计算法。由于改性沥青混合料黏度非常大,如采用真空法,难以充分分散混合料,无法保证真空效果,导致试验结果存在明显误差,所以改性沥青混合料理论最大密度采用计算法获得。

图5-3-2 沥青混合料理论最大相对密度测定仪

非改性沥青混合料也可以采用计算法获得理论最大密度。由于计算法涉及的参数众多,计算法结果没有真空试验法结果可靠,所以,在实际工作中,非改性沥青混合料多用真空法。

计算法需要用到下列参数及公式。

①矿料合成毛体积相对密度。

$$\gamma_{sb} = \frac{100}{\dfrac{P_1}{\gamma_1} + \dfrac{P_2}{\gamma_2} + \cdots + \dfrac{P_n}{\gamma_n}} \tag{5-3-1}$$

式中:P_1、P_2、$\cdots$、P_n——各种矿料占矿料总质量的百分率(%),其和为100;

γ_1、γ_2、$\cdots$、γ_n——各种矿料的毛体积相对密度。

②矿料合成表观相对密度。

$$\gamma_{sa} = \frac{100}{\dfrac{P_1}{\gamma_1'} + \dfrac{P_2}{\gamma_2'} + \cdots + \dfrac{P_n}{\gamma_n'}} \tag{5-3-2}$$

式中:γ_1'、γ_2'、$\cdots$、γ_n'——各种矿料的表观相对密度。

③合成矿料的有效相对密度 γ_{se}、沥青吸收系数 C 值和吸水率 w_x。

$$\gamma_{se} = C \times \gamma_{sa} + (1 - C) \times \gamma_{sb} \tag{5-3-3}$$

$$C = 0.033 w_x^2 - 0.2936 w_x + 0.9339 \tag{5-3-4}$$

$$w_x = \left(\frac{1}{\gamma_{sb}} - \frac{1}{\gamma_{sa}}\right) \times 100 \tag{5-3-5}$$

④计算改性沥青的理论最大相对密度。

$$\gamma_t = \frac{100 + P_a}{\dfrac{100}{\gamma_{se}} + \dfrac{P_a}{\gamma_b}} \tag{5-3-6}$$

式中:P_a——油石比,即沥青质量占矿料总质量的百分比(%);

γ_b——25℃时沥青的相对密度。

【例题 5-3-1】 某 AC-25 改性沥青混合料原材料试验数据以及掺配比例见表 5-3-1,试计算该沥青混合料的理论最大相对密度。

原材料试验数据　　　　　　　　　表 5-3-1

材料名称	表观相对密度	毛体积相对密度	掺配比例(%)
16~26.5mm	2.820	2.747	29
4.75~16mm	2.787	2.707	24
2.36~4.75mm	2.806	2.693	15
0~2.36mm	2.784	2.702	28
矿粉	2.810	—	4
合计			100
沥青相对密度(25℃)	1.004	油石比 P_a(%)	5.0

解:

①计算矿料合成毛体积相对密度。

$$\gamma_{sb} = \frac{100}{\frac{P_1}{\gamma_1}+\frac{P_2}{\gamma_2}+\cdots+\frac{P_n}{\gamma_n}} = \frac{100}{\frac{29}{2.747}+\frac{24}{2.707}+\frac{15}{2.693}+\frac{28}{2.702}+\frac{4}{2.810}} = 2.719$$

②计算矿料合成表观相对密度。

$$\gamma_{sa} = \frac{100}{\frac{P_1}{\gamma'_1}+\frac{P_2}{\gamma'_2}+\cdots+\frac{P_n}{\gamma'_n}} = \frac{100}{\frac{29}{2.820}+\frac{24}{2.787}+\frac{15}{2.806}+\frac{28}{2.784}+\frac{4}{2.810}} = 2.799$$

③计算合成矿料的吸水率 w_x、沥青吸收系数 C 值和有效相对密度 γ_{se}。

$$w_x = \left(\frac{1}{\gamma_{sb}} - \frac{1}{\gamma_{sa}}\right) \times 100 = \left(\frac{1}{2.719} - \frac{1}{2.799}\right) \times 100 = 1.051$$

$$C = 0.033 w_x^2 - 0.2936 w_x + 0.9339 = 0.033 \times 1.051^2 - 0.2936 \times 1.051 + 0.9339 = 0.662$$

$$\gamma_{se} = C \times \gamma_{sa} + (1-C) \times \gamma_{sb} = 0.662 \times 2.799 + (1-0.662) \times 2.719 = 2.772$$

④计算改性沥青的理论最大相对密度。

$$\gamma_t = \frac{100 + P_a}{\frac{100}{\gamma_{se}} + \frac{P_a}{\gamma_b}} = \frac{100 + 5.2}{\frac{100}{2.772} + \frac{5.2}{1.004}} = 2.550$$

合成矿料有效相对密度 γ_{se} 可以看作是一种介于合成毛体积相对密度和合成表观相对密度之间的一种密度取值。它的主要思想原理是认为矿料的开口孔隙中部分吸收了沥青。如果矿料的开口孔隙中全部吸收沥青,则应该采用合成表观密度 γ_{sa}。如果矿料的开口孔隙中完全不吸收一点沥青,则应该采用合成毛体积密度 γ_{sb}。实际上,矿料的开口孔隙中会吸收一部分沥青,所以采用有效相对密度 γ_{se}。在数值上,合成有效相对密度 γ_{se} 一定小于合成表观密度 γ_{sa},大于合成毛体积密度 γ_{sb}。式(5-3-3)~式(5-3-5)是一种经验统计方法,即认为矿料吸水率越大,则开口孔隙中吸收的沥青也应该越多。

2. 沥青混合料试件的毛体积(相对)密度

沥青混合料试件的毛体积密度是指沥青混合料试件单位毛体积(包括沥青混合料实体矿物和沥青体积、不吸水的闭口孔隙、能吸水的开口孔隙所占体积之和)的干质量。这里的不吸水的闭口孔隙实际上是指试件内部空隙。

沥青混合料试件的毛体积密度与沥青混合料理论最大密度的根本区别是,前者是把试件看作一个整体分析(图5-3-3),而后者是分析松散的沥青混合料(图5-3-4),即分析一颗一颗黑料的密度。

图 5-3-3　沥青混合料试件　　　　　　　图 5-3-4　松散的沥青混合料(黑料)

采用表干法测定试件毛体积(相对)密度。本方法适用于测定吸水率不大于2%的各种沥青混合料试件,计算公式为:

$$\gamma_b = \frac{m_a}{m_f - m_w} \tag{5-3-7}$$

$$\rho_b = \frac{m_a}{m_f - m_w} \times \rho_w \tag{5-3-8}$$

式中:γ_b、ρ_b——沥青混合料试件的毛体积相对密度(无量纲)和密度(g/cm³);

m_a——干燥试件的空中质量(g);

m_w——试件的水中质量(g);

m_f——试件的表干质量(g);

ρ_w——25℃时水的密度(g/cm³),取 0.9971g/cm³。

WK63-沥青混合料试件密度试验　　CZ37-沥青混合料试件密度试验

沥青混合料试件的密度试验方法(表干法)与粗集料的密度试验方法(网篮法),两者方法的原理完全一样,都是通过浸水天平获得试样的三个不同质量。沥青混合料试件本质上就是一颗黑色的人造石头。

3. 沥青混合料试件的表观(相对)密度

沥青混合料试件的表观密度是指沥青混合料试件单位表观体积(包括沥青混合料实体矿物和沥青体积、不吸水的闭口孔隙所占体积之和)的干质量。

采用水中重法测定试件表观(相对)密度。本方法适用于测定吸水率小于0.5%的密级配沥青混合料试件,计算公式为:

$$\gamma_a = \frac{m_a}{m_a - m_w} \tag{5-3-9}$$

$$\rho_a = \frac{m_a}{m_a - m_w} \times \rho_w \tag{5-3-10}$$

式中:γ_a、ρ_a——沥青混合料试件的表观相对密度(无量纲)和密度(g/cm³);

m_a、m_w、ρ_w——含义同上。

水中重法本质上是一种简略的表干法。当试件的吸水率小于0.5%,即几乎不吸水时,则试件的表干质量与空中质量相差很小,吸水可以忽略不计,此时用水中重法代替表干法。水中重法省略了表干质量的称重,加快了试验速度。现行施工技术规范规定,水中重法只能用于施工质量检验,配合比设计时,对于吸水率小于0.5%的试件仍然要求采用表干法,确保设计精度。

5.3.2 沥青混合料的体积参数

密级配沥青混凝土混合料马歇尔试验技术标准中,除了马歇尔试验涉及的稳定度、流值等指标外,还列出了诸如空隙率、饱和度及矿料间隙率等指标。这类反映了压实后沥青混合料组成材料质量与体积之间关系的指标,统称为沥青混合料的体积参数。体积参数的大小取决于沥青混合料中沥青与矿料的性质、组成材料的比例、混合料成型条件等因素。体积参数与沥青混合料的路用性能有着密切的关系,是沥青混合料配合比设计的重要参数。

1. 沥青混合料试件的空隙率

沥青混合料试件的空隙率是指压实状态下沥青混合料内矿料与沥青体积之外的空隙(不包括矿料本身或表面已被沥青封闭的孔隙)的体积占试件总体积的百分率,相应计算公式为:

$$VV = \left(1 - \frac{\gamma_b}{\gamma_t}\right) \times 100 \tag{5-3-11}$$

式中:VV——沥青混合料试件的空隙率(%);

γ_b——沥青混合料试件的毛体积相对密度,无量纲;

γ_t——沥青混合料理论最大相对密度,无量纲。

2. 沥青混合料试件的矿料间隙率

矿料间隙率是指压实沥青混合料试件中矿料实体以外的空间体积占试件总体积的百分率,相应计算公式为:

$$VMA = \left(1 - \frac{\gamma_b}{\gamma_{sb}} \times P_s\right) \times 100 \tag{5-3-12}$$

式中:VMA——沥青混合料试件的矿料间隙率(%);

γ_b——沥青混合料试件的毛体积相对密度,无量纲;

γ_{sb}——矿料混合料的合成毛体积密度,无量纲;

P_s——各种矿料占沥青混合料总质量的百分率之和,即沥青混合料总量减去沥青含量(%)。

3.沥青混合料试件的沥青饱和度

沥青饱和度是指压实沥青混合料试件中沥青实体体积占矿料骨架实体以外的空间体积的百分率,相应计算公式为:

$$VFA = \frac{VMA - VV}{VMA} \times 100 \tag{5-3-13}$$

式中:VFA——沥青混合料试件的沥青饱和度(%);

VMA、VV——意义同上。

沥青混合料试件的空隙率、矿料间隙率和沥青饱和度,三者之间的体积关系和定义式见示意图5-3-5。从中可以看出,如果把沥青体积看作空隙(即剔除沥青),矿料间隙率就是扩大的空隙率。

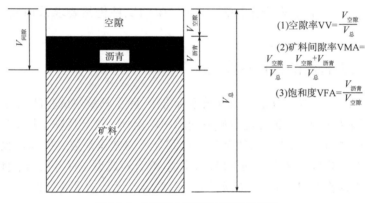

图5-3-5 沥青混合料试件的体积关系图

WK64-体积参数例题

【例题5-3-2】 已知某沥青混合料理论最大相对密度是2.500,沥青含量为5.0%。矿料由粗集料、细集料和矿粉组成,三种规格的材料分别占40%、50%和10%,各自对应的毛体积密度分别为2.720、2.690和2.710。如成型一个马歇尔试件所用沥青混合料的总质量为1210g,且该马歇尔试件击实后对应的水中质量是713g,表干质量是1217g。根据上述条件,求该马歇尔试件的空隙率(VV)、矿料间隙率(VMA)和沥青饱和度(VFA)分别是多少?

解:

(1)计算马歇尔试件毛体积相对密度。

$$\gamma_b = \frac{m_a}{m_f - m_w} = \frac{1210}{1217 - 713} = 2.401$$

(2)计算空隙率。

$$VV = \left(1 - \frac{\gamma_b}{\gamma_t}\right) \times 100 = \left(1 - \frac{2.401}{2.500}\right) \times 100 = 4.0(\%)$$

(3) 计算矿料合成毛体积密度。

$$\gamma_{sb} = \frac{100}{\frac{P_1}{\gamma_1} + \frac{P_2}{\gamma_2} + \cdots + \frac{P_n}{\gamma_n}} = \frac{100}{\frac{40}{2.720} + \frac{50}{2.690} + \frac{10}{2.710}} = 2.704$$

(4) 计算矿料间隙率。

矿料百分率 $P_s = 100 - $ 沥青含量 $P_b = 100 - 5 = 95(\%)$

$$\text{VMA} = \left(1 - \frac{\gamma_b}{\gamma_{sb}} \times P_s\right) \times 100 = \left(1 - \frac{2.401}{2.704} \times 95\%\right) \times 100 = 15.6(\%)$$

(5) 计算饱和度。

$$\text{VFA} = \frac{\text{VMA} - \text{VV}}{\text{VMA}} \times 100 = \frac{15.6 - 4.0}{15.6} \times 100 = 74.4(\%)$$

5.4 热拌沥青混合料配合比设计理论

想一想

沥青混合料的配合比设计与水泥混凝土的配合比设计,重要的不同点有哪些？同样修筑沥青路面,炎热的南方与寒冷的北方,技术上有什么不一样吗？如何选择沥青混合料的组成材料？比如,碎石和卵石,哪个更适合修筑沥青路面？

5.4.1 沥青路面使用性能的气候分区

沥青混合料的路用性能与气温和雨量等气候环境关系密切。因此,在选择沥青标号,进行沥青混合料配合比设计,检验沥青混合料的使用性能时,应考虑沥青路面工程的环境因素,尤其是温度和雨量大小。在《公路沥青路面施工技术规范》(JTG F40—2004)中,提出了沥青路面使用性能气候分区的概念。所谓的沥青路面使用性能气候分区,可以理解为在同样的分区中,同一种沥青混合料具有相同的使用性能,则其配合比设计、施工等考虑的问题一致。

WK65-气候分区

沥青路面使用性能气候分区由一、二、三级区划组合而成,以综合反映该地区的气候特征,见表5-4-1。每个气候分区用3个数字表示：第一个数字代表高温分区,第二个数字代表低温分区,第三个数字代表雨量分区。数字越小,表示气候因素对沥青路面的影响越严重。如湖南和广东地区,气候分区同为1-4-1,表示为夏炎热冬温潮湿区。因此,在湖南和广东修建沥青路面,重点考虑高温稳定性和水稳定性问题,降低低温抗裂要求。

沥青路面使用性能气候分区　　表 5-4-1

气候分区指标		气候分区			
按照高温指标	高温气候区	1	2	3	
	气候区名称	夏炎热区	夏热区	夏凉区	
	七月份平均最高温度(℃)	>30	20~30	<20	
按照低温指标	低温气候区	1	2	3	4
	气候区名称	冬严寒区	冬寒区	冬冷区	冬温区
	极端最低气温(℃)	<-37.5	-37.5~-21.5	-21.5~-9.0	>-9.0
按照雨量指标	雨量气候区	1	2	3	4
	气候名称	潮湿区	湿润区	半干区	干旱区
	年降雨量(mm)	>1000	1000~500	500~250	<250

5.4.2 沥青混合料组成材料的技术要求

1. 沥青材料

沥青是沥青混合料的重要组成材料,在选择沥青标号时,宜按照公路等级、气候条件、交通条件、路面类型及在结构层中的层位及受力特点、施工方法等,结合当地的使用经验,经技术论证后确定。

WK66-沥青混合料
沥青技术要求

通常在气温较高的地区、繁重交通、渠化交通或者位于路面顶层等情况下,应选择稠度较高即标号较低的沥青。原因在于采用标号低、稠度高的沥青所配制的混合料,能够在高温和重载交通条件下较好地延缓沥青路面出现车辙、拥挤、拥包等问题。对于寒冷地区或交通量小的公路,宜选用稠度低即标号高的沥青。原因在于标号高、稠度小的沥青所配制的混合料,在低温时具有较好的变形能力,有益于减缓路面裂缝的形成。

我国现行施工技术规范,按照针入度将道路石油沥青划分为 7 个标号:160 号、130 号、110 号、90 号、70 号、50 号、30 号。沥青标号越高,针入度越大,沥青稠度越低,则沥青的抗裂性越好,但抗高温变形的能力越差;反之,沥青标号越低,针入度越小,沥青稠度越高,则沥青的高温抗变形能力越高,但低温抗裂性越差。所以,在北方项目上,多见 110 号和 90 号沥青,而在南方项目上,多见 70 号和 50 号的沥青。

对日温差、年温差大的地区宜注意选用针入度指数大的沥青。当高温要求与低温要求发生矛盾时应优先考虑满足高温性能的要求。当缺乏所需标号的沥青时,可采用不同标号掺配的调和沥青,其掺配比例由试验决定。

WK67-沥青混合料
粗集料技术要求

2. 粗集料

沥青混合料用粗集料包括碎石、破碎砾石、筛选砾石、钢渣、矿渣等,但高速公路和一级公路不得使用筛选砾石和矿渣。

粗集料要求洁净、干燥、表面粗糙、形状接近正立方体,且无风化、不含杂质,并具有足够的强度和耐磨耗性,其质量应符合表 5-4-2 的规定。

沥青混合料用粗集料质量技术要求　　　　表 5-4-2

指标	单位	高速公路及一级公路 表面层	高速公路及一级公路 其他层次	其他等级公路	试验方法
石料压碎值,不大于	%	26	28	30	T 0316
洛杉矶磨耗损失,不大于	%	28	30	35	T 0317
表观相对密度,不小于	—	2.60	2.50	2.45	T 0304
吸水率,不大于	%	2.0	3.0	3.0	T 0304
坚固性,不大于	%	12	12		T 0314
针片状颗粒含量(混合料),不大于	%	15	18	20	T 0312
其中粒径大于 9.5mm,不大于	%	12	15	—	T 0312
其中粒径小于 9.5mm,不大于	%	18	20	—	T 0312
水洗法 <0.075mm 颗粒含量,不大于	%	1	1	1	T 0310
软石含量,不大于	%	3	5	5	T 0320

注:①坚固性试验可根据需要进行;
②用于高速公路、一级公路时,多孔玄武岩的视密度可放宽至 2.45t/m³,吸水率可放宽至 3%,但必须得到建设单位的批准,且不得用于 SMA 路面;
③对 S14 即 3~5 规格的粗集料,针片状颗粒含量可不予要求,<0.075mm 含量可放宽到 3%。

沥青混合料粗集料的规格应符合表 5-4-3 的要求。当单一规格集料的级配不符合表 5-4-3 的规格,但确认与其他集料组配后的合成级配符合设计级配的要求时,工程上允许使用。

沥青混合料用粗集料规格　　　　表 5-4-3

规格名称	公称粒径(mm)	通过下列筛孔(mm)的质量百分率(%)								
		37.5	31.5	26.5	19.0	13.2	9.5	4.75	2.36	0.6
S6	15~30	100	90~100	—	—	0~15	—	0~5		
S7	10~30	100	90~100	—	—	—	0~15	0~5		
S8	10~25		100	90~100	—	0~15	—	0~5		
S9	10~20			100	90~100	—	0~15	0~5		
S10	10~15				100	90~100	0~15	0~5		
S11	5~15				100	90~100	40~70	0~15	0~5	
S12	5~10					100	90~100	0~15	0~5	
S13	3~10					100	90~100	40~70	0~20	0~5
S14	3~5						100	90~100	0~15	0~3

由于碱性岩石与沥青具有较强的黏附性,组成沥青混合料可得到较高的力学强度,因此应尽量选择碱性岩石制成的粗集料。粗集料与沥青的黏附性应符合表 5-4-4 的规定。对高速公路、一级公路沥青路面的表面层(或磨耗层)的粗集料的磨光值也应满足表 5-4-4 的规定。

粗集料与沥青的黏附性、磨光值的技术要求 表 5-4-4

项目	雨量气候区				试验方法
	1(潮湿区)	2(湿润区)	3(半干区)	4(干旱区)	
年降雨量(mm)	>1000	1000~500	500~250	<250	—
粗集料的磨光值PSV,不小于高速公路、一级公路表面层	42	40	38	36	T 0321
粗集料与沥青的黏附性 不小于高速公路、一级公路表面层	5	4	4	3	T 0616
高速公路、一级公路的其他层次及其他等级公路的各个层次	4	4	3	3	T 0663

在缺少碱性岩石的情况下,也可采用酸性岩石代替,其黏附等级必须达到表 5-4-4 的要求,如达不到要求,则必须采取抗剥落措施。工程中常用的抗剥落方法有:使用改性沥青等高黏度沥青;在沥青中掺加抗剥落剂;用干燥的消石灰或水泥代替一部分填料;将粗集料用石灰浆裹覆处理后使用等。

3. 细集料

沥青混合料的细集料包括天然砂、机制砂和石屑。细集料应洁净、干燥、无风化、无杂质,并有适当的颗粒级配,其质量应符合表 5-4-5 的规定。

WK68-沥青混合料细集料技术要求

沥青混合料用细集料质量要求 表 5-4-5

项目	单位	高速公路、一级公路	其他等级公路	试验方法
表观相对密度,不小于	t/m³	2.50	2.45	T 0328
坚固性(>0.3mm 部分),不小于	%	12	—	T 0340
含泥量(小于0.075mm 的含量),不大于	%	3	5	T 0333
砂当量,不小于	%	60	50	T 0334
亚甲蓝值,不大于	g/kg	25	—	T 0346
棱角性(流动时间),不小于	s	30	—	T 0345

天然砂可采用河砂或海砂,通常宜采用粗砂、中砂,其规格符合表 5-4-6 的要求。热拌密级配沥青混合料中天然砂的用量通常不宜超过集料总量的 20%,SMA 和 OGFC 混合料不宜使用天然砂。天然砂掺量太多,混合料难以碾压密实。石屑和机制砂的规格应符合表 5-4-7 的要求。

沥青混合料用天然砂规格 表 5-4-6

筛孔尺寸(mm)	通过各筛孔的质量百分率(%)		
	粗砂	中砂	细砂
9.5	100	100	
4.75	90~100	90~100	90~100

筛孔尺寸(mm)	通过各筛孔的质量百分率(%)		
	粗砂	中砂	细砂
2.36	65~95	75~90	85~100
1.18	35~65	50~90	75~100
0.6	15~30	30~60	60~84
0.3	5~20	8~30	15~45
0.15	0~10	0~10	0~10
0.075	0~5	0~5	0~5

沥青混合料用机制砂或石屑规格 表5-4-7

规格	公称粒径(mm)	水洗法通过各筛孔的质量百分率(%)							
		9.5	4.75	2.36	1.18	0.6	0.3	0.15	0.075
S15	0~5	100	90~100	60~90	40~75	20~55	7~40	2~20	0~10
S16	0~3		100	80~100	50~80	25~60	8~45	0~25	0~15

注:当生产石屑采用喷水抑制扬尘工艺时,应特别注意含粉量不得超过表中要求。

4. 填料

填料是指在沥青混合料中填充微小空隙的那部分材料,通常指的是0.075mm以下的材料。能够用作填料的材料有:矿粉、石灰、水泥、粉煤灰、回收粉尘等。工地上最常见的填料是矿粉。填料在沥青混合料中的主要作用是极大地增加矿料的比表面积,通过沥青和填料之间的相互作用形成的结构沥青和组成的沥青胶浆,是沥青混合料中重要的组成部分,对混合料的高温稳定性和水稳定性有直接的影响。因此,填料的细度是一项非常重要的指标。

WK69-沥青混合料填料技术要求

矿粉必须采用石灰岩或岩浆岩中的强基性岩石等憎水性石料经磨细得到。矿粉应干燥、洁净,能自由地从矿粉仓中流出,其质量应符合表5-4-8的要求。

沥青混合料用矿粉质量要求 表5-4-8

项目	单位	高速公路、一级公路	其他等级公路	试验方法
表观密度,不小于	t/m³	2.50	2.45	T 0352
含水量,不大于	%	1	1	T 0103 烘干法
粒度范围 <0.6mm	%	100	100	T 0351
<0.15mm	%	90~100	90~100	
<0.075mm	%	75~100	70~100	
外观	—	无团粒结块		
亲水系数	—	<1		T 0353
塑性指数	—	<4		T 0354
加热安定性	—	实测记录		T 0355

粉煤灰和拌和机的回收粉尘可以作为一部分矿粉使用,要严格限制其用量,且一般用在低等级公路的中下面层中,可以节省一定的成本。为改善沥青混合料水稳定性,增加沥青与集料的黏附能力,可以采用干燥的消石灰粉或水泥部分代替填料,其掺量控制在矿料总量的1%~2%。

5.4.3 热拌沥青混合料配合比设计概述

沥青混合料的配合比设计结果与沥青路面的使用性能、材料用量及工程造价关系密切。全过程的沥青混合料配合比设计包括三个阶段:目标配合比设计(又称理论配合比设计)、生产配合比设计、生产配合比验证。每个阶段的主要工作内容见表5-4-9。只有通过三个阶段的配合比设计,才能真正提供工程实际使用的沥青混合料组成配合比。由于后两个阶段是在目标配合比的基础上进行的,需要借助施工单位的拌和、摊铺和碾压设备来完成,所以,本教材只介绍目标配合比设计。后两个设计阶段在公路施工课程中介绍。

WK70-沥青混合料配合比设计概述

热拌沥青混合料设计阶段工作内容　　　　表5-4-9

配合比设计阶段	主要工作内容	设计参数
目标配合比设计	依据相应规范,在试验室对原材料进行检验,并完成配合比设计工作	①矿料级配组成设计; ②最佳沥青用量确定
生产配合比设计	在本项目实际使用的拌和楼中,对过筛的热矿料和试拌的混合料取样,根据检测数据,调整配合比参数	
生产配合比验证	根据施工试验段路面的检测效果,调整配合比参数	

无论哪个设计阶段,配合比设计工作的中心就是进行矿料的级配组成设计和最佳沥青用量的确定两部分,见示意图5-4-1。

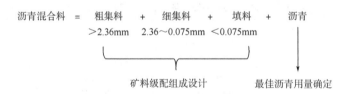

图5-4-1　沥青混合料配合比设计示意图

现行公路沥青路面施工技术规范对于密级配沥青混凝土及沥青稳定碎石混合料采用马歇尔试验配合比设计方法,其简易流程图见图5-4-2。

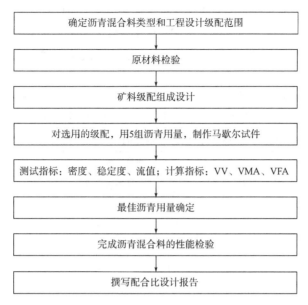

图 5-4-2 马歇尔试验配合比设计方法简易流程图

5.4.4 矿料级配组成设计

沥青混合料的矿料级配组成设计与其他混合料的矿料组成设计一样,仍然采用试算法、EXCEL 表格电算法等。这里重点介绍沥青混合料矿料组成设计中独有的一些特点或规范要求。

WK71-沥青混合料矿料组成设计

1. AC-25C 与 AC-25F 的区别

AC-25C 表示公称最大粒径为 26.5mm 粗型密级配沥青混凝土,A 是英文单词 asphalt(沥青)的首字母,第一个 C 是英文单词 concrete(混凝土)的首字母,第二个 C 代表"粗型",F 代表"细型";同样,AC-25F 表示公称最大粒径为 26.5mm 细型密级配沥青混凝土。

密级配沥青混凝土的级配范围根据《公路沥青路面施工技术规范》(JTG F40—2004),应符合表 5-4-10 的要求。

密级配沥青混凝土混合料矿料级配范围   表 5-4-10

级配类型		通过下列筛孔(mm)的质量百分率(%)											
		31.5	26.5	19	16	13.2	9.5	4.75	2.36	1.18	0.6	0.3	0.15	0.075
粗粒式	AC-25	100	90~100	75~90	65~83	57~76	45~65	24~52	16~42	12~33	8~24	5~17	4~13	3~7
中粒式	AC-20		100	90~100	78~92	62~80	50~72	26~56	16~44	12~33	8~24	5~17	4~13	3~7
	AC-16			100	90~100	76~92	60~80	34~62	20~48	13~36	9~26	7~18	5~14	4~8
细粒式	AC-13				100	90~100	68~85	38~68	24~50	15~38	10~28	7~20	5~15	4~8
	AC-10					100	90~100	45~75	30~58	20~44	13~32	9~23	6~16	4~8
砂粒式	AC-5						100	90~100	55~75	35~55	20~40	12~28	7~18	5~10

从表 5-4-10 可以看出,规范中对密级配沥青混凝土的矿料级配范围要求非常宽松,如粗粒式 AC-25 中 4.75mm 筛孔,其通过率允许为 24%~52%,浮动 28 个点。这个级配范围要求很容易满足,且没有考虑全国南北气候的差异。规范的级配范围是对全国公路建设的一个最低要求。

实践证明,同一种矿料级配对不同的道路等级、气候和交通特点时,适宜的级配有粗型(C型)和细型(F型)之分。粗型和细型级配的划分和粒径要求见表 5-4-11。

粗型和细型密级配沥青混凝土的关键性筛孔通过率　　　表 5-4-11

混合料类型	公称最大粒径 (mm)	用以分类的关键性筛孔 (mm)	粗型密级配 名称	粗型密级配 关键性筛孔通过率(%)	细型密级配 名称	细型密级配 关键性筛孔通过率(%)
AC-25	26.5	4.75	AC-25C	<40	AC-25F	>40
AC-20	19	4.75	AC-20C	<45	AC-20F	>45
AC-16	16	2.36	AC-16C	<38	AC-16F	>38
AC-13	13.2	2.36	AC-13C	<40	AC-13F	>40
AC-10	9.5	2.36	AC-10C	<45	AC-10F	>45

从表 5-4-11 中可以看出,AC-25 根据关键性筛孔 4.75mm 的通过率划分为两种类型。

(1)粗型级配(C型),4.75mm 的通过率<40%,即为 24%~40%。通过率越小,级配越粗,抗高温、抗车辙性能好。

(2)细型级配(F型),4.75mm 的通过率>40%,即为 40%~52%。通过率越大,级配越细,抗低温开裂性能好。

通常对南方夏季气温高且高温持续时间长的地区,或重载交通多的路段,宜选用粗型密级配,并取较高的设计空隙率;对北方冬季温度低、持续时间长的地区,或重载交通少的路段,宜选用细型密级配,并取较低的设计空隙率。所以,同样是沥青混凝土 AC-25,在南方一般设计为 AC-25C,而北方一般设计为 AC-25F。

2. 工程设计级配范围

工程设计级配范围指的是根据具体项目的公路等级、工程性质、气候条件、交通条件、材料品种等因素,调查确定的最终符合本项目实际情况的级配范围。工程设计级配范围一般窄于规范要求的级配范围,由工程设计文件或招标文件规定。

调整和确定工程设计级配范围宜遵循下列原则。

(1)根据表 5-4-11 确定采用粗型(C型)或细型(F型)的混合料。

(2)要确保高温抗车辙能力,同时兼顾低温抗裂性能的需要。配合比设计时宜适当减少公称最大粒径附近的粗集料用量,减少 0.6mm 以下部分细粉的用量,使中等粒径集料较多,形成 S 形级配曲线,并取中等或偏高水平的设计空隙率,如图 5-4-3 所示。

(3)确定各层的工程设计级配范围时应考虑不同层位的功能需要,经组合设计的沥青路面应能满足耐久、稳定、密水、抗滑等要求。

(4)根据公路等级和施工设备的控制水平,确定的工程设计级配范围应比规范级配范围窄,其中 4.75mm 和 2.36mm 通过率的上下限差值宜小于 12%。

(5)沥青混合料的配合比设计应充分考虑施工性能,使沥青混合料容易摊铺和压实,避免造成严重的离析。

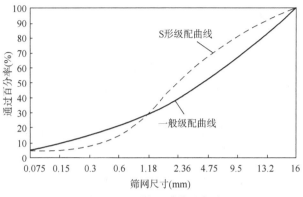

图 5-4-3　S形级配曲线示意图

3. 矿料级配组成设计示例

表5-4-12为一个矿料级配设计计算示例。示例中合成级配由7种矿料组成:3种粗集料,2种细集料(石屑和黄砂),2种填料(矿粉和消石灰)。合成级配大致与工程设计级配中限接近。

矿料级配设计表示例　　　　　表5-4-12

筛孔(%)	10~20(%)	5~10(%)	3~5(%)	石屑(%)	黄砂(%)	矿粉(%)	消石灰(%)	合成级配	工程设计级配范围		
									中限	下限	上限
16	100	100	100	100	100	100	100	100.0	100	100	100
13.2	88.6	100	100	100	100	100	100	96.7	95	90	100
9.5	16.6	99.7	100	100	100	100	100	76.6	70	60	80
4.75	0.4	8.7	94.9	100	100	100	100	47.7	41.5	30	53
2.36	0.3	0.7	3.7	97.2	87.9	100	100	30.6	30	20	40
1.18	0.3	0.7	0.5	67.8	62.2	100	100	22.8	22.5	15	30
0.6	0.3	0.7	0.5	40.5	46.4	100	100	17.2	16.5	10	23
0.3	0.3	0.7	0.5	30.2	3.7	99.8	99.2	9.5	12.5	7	18
0.15	0.3	0.7	0.5	20.6	3.1	96.3	97.6	8.1	8.5	5	12
0.075	0.2	0.6	0.3	4.2	1.9	84.7	95.6	5.5	6	4	8
配合比	28	26	14	12	15	3.3	1.7	100.0	—	—	—

为了在工程设计级配范围内,找到最理想的合成级配,一般不宜一次对合成级配试算成功。现行规范要求,对高速公路和一级公路,宜在工程设计级配范围内计算1~3组粗细不同的配合比,绘制设计级配曲线,分别位于工程设计级配范围的上方、中值及下方。设计合成级配不得有太多的锯齿形交错,且在0.3~0.6mm范围内不出现"驼峰"。当反复调整不能满足时,宜更换材料设计。

试算几组不同粗细的合成级配后,根据当地的经验选择适宜的沥青用量,分别制作马歇尔试件,测定矿料间隙率VMA等指标,经过比较筛选,初选一组满足或接近设计要求的级配作为设计级配。

WK72-沥青混合料
最佳沥青用量确定

5.4.5 最佳沥青用量确定

1. 沥青用量表示方法

沥青混合料中的沥青用量通常有两种表示方法。

(1) 油石比 P_a：沥青混合料中沥青质量与矿料质量的百分比。

(2) 沥青含量 P_b：沥青混合料中沥青质量与沥青混合料的总质量的百分比。沥青混合料的总质量为沥青质量和矿料质量之和。

两种表示方法可以互相换算，见式(5-4-1)和式(5-4-2)。由于使用油石比 P_a 参与计算更加方便，在配合比设计中，油石比 P_a 应用更加普遍。

$$P_b = \frac{P_a}{P_a + 100} \times 100 \tag{5-4-1}$$

$$P_a = \frac{P_b}{100 - P_b} \times 100 \tag{5-4-2}$$

式中：P_a——沥青混合料的油石比；

P_b——沥青混合料的沥青含量。

【例题 5-4-1】 已知某沥青混合料的油石比 P_a 为 4.0%，则它的沥青含量 P_b 为多少？

解：

$$P_b = \frac{P_a}{P_a + 100} \times 100 = \frac{4.0}{4.0 + 100} \times 100 = 3.85(\%)$$

验算：

$$P_a = \frac{P_b}{100 - P_b} \times 100 = \frac{3.85}{100 - 3.85} \times 100 = 4.00(\%)$$

2. 测定马歇尔试件的物理力学指标

热拌沥青混合料的配合比设计过程(马歇尔试验方法)大体可以划分为两个阶段。

第一阶段，先不考虑沥青，完成矿料组成设计，确定矿料级配；

第二阶段，保持矿料级配不变，根据经验，添加不同的沥青用量，完成马歇尔试验，分析试验指标的变化，由此确定最佳沥青用量。

以预估沥青用量为中值，按一定间隔(对密级配沥青混合料通常为 0.5%，对 SMA 混合料可以适当缩小间隔为 0.3% ~ 0.4%)，取 5 个或 5 个以上不同的油石比分别成型马歇尔试件。每一组试件的数量按现行规程的要求确定(通常不少于 4 个)，对粒径较大的沥青混合料宜增加试件数量。

随后，测定和计算每组马歇尔试件的 6 个技术指标。

(1) 一个物理指标：毛体积相对密度；

(2) 两个力学指标：稳定度、流值；

(3) 三个体积指标：空隙率 VV、矿料间隙率 VMA、沥青饱和度 VFA。

通常采用表干法测定毛体积相对密度。对吸水率小于 0.5% 的特别致密的沥青混合料，在施工质量检验时，允许用水中重法代替表干法，但配合比设计时不得采用水中重法。另外，为了计算试件的空隙率 VV 等指标，还需要确定沥青混合料的最大理论相对密度。

3. 确定最佳沥青用量 OAC

(1) 绘制物理力学指标与沥青用量关系图

以油石比或沥青含量为横坐标,以马歇尔试验的 6 个指标为纵坐标,将试验结果点入图中,连成光滑的曲线,如图 5-4-4 所示。从图中可以看出基本规律:马歇尔稳定度和毛体积相对密度存在峰值,空隙率随着沥青用量的变大单调变小,饱和度和流值随着沥青用量的变大单调变大。

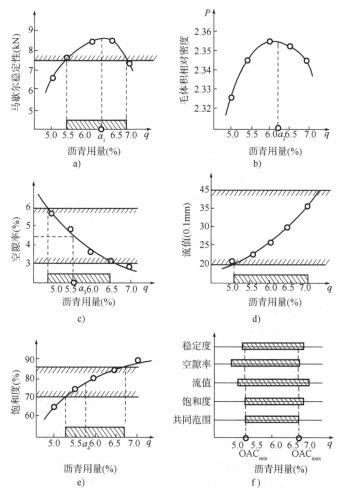

图 5-4-4 各马歇尔指标与沥青用量关系示例图

(2) 按照指标的峰值或中值确定最佳沥青用量 OAC_1

在曲线图上求取相应于密度最大值、稳定度最大值、目标空隙率(或中值)、沥青饱和度范围的中值的沥青用量 a_1、a_2、a_3、a_4,按式(5-4-3)取平均值作为 OAC_1。

$$OAC_1 = (a_1 + a_2 + a_3 + a_4)/4 \tag{5-4-3}$$

如果在所选择的沥青用量范围未能涵盖沥青饱和度的要求范围,按式(5-4-4)求取 3 者的平均值作为 OAC_1。

$$OAC_1 = (a_1 + a_2 + a_3)/3 \tag{5-4-4}$$

对所选择试验的沥青用量范围,密度或稳定度没有出现峰值(最大值经常在曲线的两端)时,可直接以目标空隙率所对应的沥青用量 a_3 作为 OAC_1,但 OAC_1 必须在 OAC_{min} ~ OAC_{max} 的范围内,否则应重新进行配合比设计。

(3)按照指标的合格范围确定最佳沥青用量 OAC_2

以各项指标均符合沥青混合料技术标准的沥青用量范围 OAC_{min} ~ OAC_{max} 的中值作为 OAC_2。这些指标是4个:马歇尔稳定度、空隙率、流值、饱和度,不包括矿料间隙率 VMA 和毛体积相对密度。

$$OAC_2 = (OAC_{min} + OAC_{max})/2 \qquad (5\text{-}4\text{-}5)$$

(4)计算最佳沥青用量 OAC

通常情况下取 OAC_1 及 OAC_2 的平均值作为计算的最佳沥青用量 OAC。

$$OAC = (OAC_1 + OAC_2)/2 \qquad (5\text{-}4\text{-}6)$$

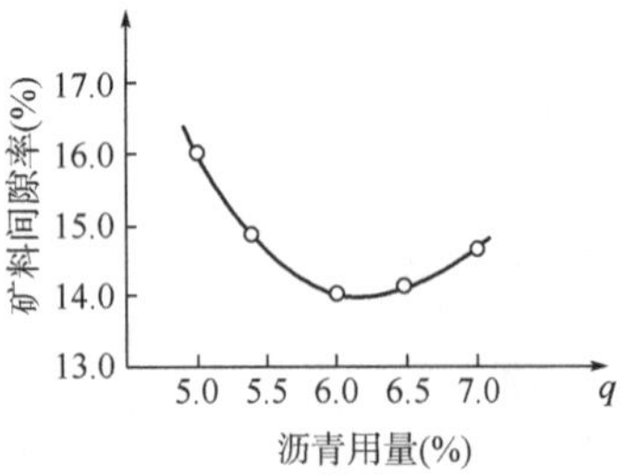

选择的沥青用量范围必须涵盖设计空隙率的全部范围,并尽可能涵盖沥青饱和度的要求范围,同时使密度及稳定度曲线出现峰值。如果没有涵盖设计空隙率的全部范围,试验必须扩大沥青用量范围重新进行。

毛体积相对密度在马歇尔试验技术标准中没有具体的要求,所以,毛体积相对密度无法确定合格的沥青范围。矿料间隙率随着沥青用量的变化是一条凹形曲线(图5-4-5)。矿料间隙率不参与最佳沥青用量的确定过程,是一个校核指标。根据最后确定的最佳沥青用量查找对应的矿料间隙率满足技术标准即可。

图5-4-5 矿料间隙率与油石比的关系图

4. 最佳沥青用量 OAC 的调整

马歇尔试验配合比设计方法没有充分考虑我国南北气候的差异,其得出的最佳沥青用量与项目实际环境有偏差,可能偏高,也可能偏低。根据实践经验和公路等级、气候条件、交通情况,调整确定最佳沥青用量 OAC。

(1)调查当地各项条件相接近的工程的沥青用量及使用效果,论证适宜的最佳沥青用量。检查计算得到的最佳沥青用量是否相近,如相差甚远,应查明原因,必要时重新调查级配,进行配合比设计。

(2)对炎热地区公路以及高速公路、一级公路的重载交通路段,山区公路的长大坡度路段,预计有可能产生较大车辙时,宜在空隙率符合要求的范围内将计算的最佳沥青用量减小 0.1% ~ 0.5% 作为设计沥青用量。

(3)对寒区道路、旅游道路、交通量很少的公路,最佳沥青用量可以在 OAC 的基础上增加 0.1% ~ 0.3%,以适当减小设计空隙率,但不得降低压实度要求。

5.4.6 配合比设计检验

马歇尔试验配合比设计方法主要是通过混合料的体积指标分析得出沥青用量,其配合比设计结果还需通过一系列的路用性能检验,才能放心用于实际工程。现行施工技术规范规定,对用于高速公路和一级公路的密级配沥青混合料,需在配合比设计的基础上按规范要求进行各种使用性能的检验,不符合要求的沥青混合料,必须更换材料或重新进行配合比设计。其他等级公路的沥青混合料可参照执行。

配合比设计检验按计算确定的设计最佳沥青用量在标准条件下进行。主要路用性能检验包括以下方面。

1. 高温稳定性检验

对公称最大粒径等于或小于 19mm 的混合料,按规定方法进行车辙试验,动稳定度应符合表 5-2-2 的要求。对公称最大粒径大于 19mm 的密级配沥青混凝土或沥青稳定碎石混合料,由于标准的车辙试件尺寸(厚度为 50mm)不能适用,应增加试件厚度。

2. 低温抗裂性检验

对公称最大粒径等于或小于 19mm 的混合料,按规定方法进行低温弯曲试验,其破坏应变宜符合表 5-2-3 的要求。

3. 水稳定性检验

按规定方法进行浸水马歇尔试验和冻融劈裂试验,残留稳定度及残留强度比均必须符合表 5-2-4 的要求。

4. 渗水系数试验

利用轮碾机成型的车辙试件进行渗水试验检验,其渗水系数宜符合表 5-2-5 的要求。

5.5 热拌沥青混合料配合比设计例题

想一想

同学们,你们能看懂工地试验室沥青混合料配合比设计报告(图 5-5-1)吗?如果不能,请仔细阅读本节。本节将以一个真实的沥青混合料配合比设计例题帮助大家读懂工地试验室的沥青混合料配合比设计报告。请精读本节例题,务必理解每一个专业词语的含义,清楚每一个数据的来源。

【例题 5-5-1】 请设计某高速公路沥青混凝土路面中面层用沥青混合料的目标配合比。

1. 原始资料

(1) 该高速公路为沥青路面,设计结构图见图 5-5-2。面层铺筑三层沥青混合料。交通荷载为中轻交通。中面层 AC-20 的设计目标空隙率为 4.0%。

(2) 气候条件:7 月份平均最高气温为 33℃,年极端最低气

图 5-5-1 沥青混合料配合比检验报告封面样例

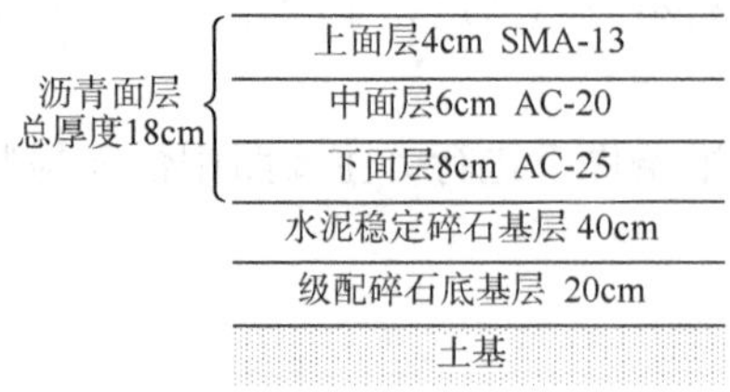

沥青面层总厚度18cm { 上面层4cm SMA-13 / 中面层6cm AC-20 / 下面层8cm AC-25 }
水泥稳定碎石基层 40cm
级配碎石底基层 20cm
土基

图 5-5-2 路面设计结构图

温气温为 –15℃,年降雨量为 800mm。夏炎热冬冷湿润区,气候分区 1-3-2。

(3) 原材料。

① 沥青材料:普通 70 号道路石油沥青,相对密度为 1.030,经检验,技术性能均符合要求。

② 矿质材料:粗集料、细集料均为石灰岩。集料分为 4 档:1 号(9.5~19mm)、2 号(4.75~13.2mm)、3 号(2.36~4.75mm)、4 号(0~2.36mm)。各档集料与矿粉的密度结果见表 5-5-1,筛分试验结果见表 5-5-2。矿粉太细,无法检测毛体积相对密度,计算合成毛体积相对密度时,用表观相对密度代替。

集料和矿粉密度试验结果　　　　表 5-5-1

材料	1号	2号	3号	4号	矿粉
表观相对密度	2.701	2.700	2.686	2.665	2.698
毛体积相对密度	2.680	2.668	2.646	2.637	—

各种集料和矿粉的筛分结果　　　　表 5-5-2

集料(mm)	通过方孔筛的百分率(%)											
	26.5	19.0	16.0	13.2	9.5	4.75	2.36	1.18	0.6	0.3	0.15	0.075
1号	100	81.5	41.2	27.8	2.4	1.4	1.2	1.2	1.2	1.1	1.1	1.0
2号	100	100	100	91.6	53.9	2.0	1.6	1.6	1.6	1.6	1.5	1.5
3号	100	100	100	100	100	89.6	8.3	4.4	3.4	3.0	2.8	2.6
4号	100	100	100	100	100	99.9	87.5	62.4	42.4	25.3	17.4	12.7
矿粉	100	100	100	100	100	100	100	100	100	1001	97.1	84.1

2. 设计要求

(1) 对中面层 AC-20,进行矿质混合料配合比设计。

(2) 根据选定的矿质混合料配合比,确定相应的沥青用量范围,通过马歇尔试验,确定最佳沥青用量。

(3) 根据高速公路用沥青混合料的要求,检验沥青混合料的水稳定性和抗车辙能力。

解:

1. 确定配合比技术标准

该项目为高速公路,中轻交通荷载,属于夏炎热区,则查表 5-2-1,确定本沥青混合料 AC-20 配合比设计采用的马歇尔试验技术标准见表 5-5-3。其中,矿料间隙率由设计空隙率 4% 和公称最大粒径 19mm 对应确定。

马歇尔试验技术标准　　　　表 5-5-3

技术指标	毛体积相对密度	空隙率 VV(%)	沥青饱和度 VFA(%)	矿料间隙率 VMA(%)	稳定度(kN)	流值(0.1mm)
技术标准	实测	3~5	65~75	≥13	≥8	20~40

沥青混合料性能检验需要完成车辙试验和水稳定性试验(浸水马歇尔试验和冻融劈裂试验),采用的技术标准见表5-5-4。

沥青混合料性能检验技术标准　　　　　　　　　　　　　　　表5-5-4

试验项目	车辙试验	浸水马歇尔试验	冻融劈裂试验
技术指标	动稳定度 (次/mm)	残留稳定度 (%)	冻融劈裂强度比 (%)
技术标准	≥1000	≥80	≥75

2. 确定工程设计级配范围

根据现行公路沥青路面施工技术规范,AC-20矿质混合料的级配范围见表5-5-5。

矿质混合料的级配范围　　　　　　　　　　　　　　　　　表5-5-5

设计级配 (mm)	通过方孔筛的百分率(%)											
	26.5	19.0	16.0	13.2	9.5	4.75	2.36	1.18	0.6	0.3	0.15	0.075
上限	100	100	92	80	72	56	44	33	24	17	13	7
下限	100	90	78	62	50	26	16	12	8	5	4	3

当地气候条件为夏炎热区,从抗车辙角度考虑,采用粗型(C型)级配,即设计沥青混合料为AC-20C,要求关键性筛孔4.75mm的通过率<45%。

3. 矿质混合料组成设计

(1)拟定初试矿料配合比

根据各组成材料的筛分资料,依据级配范围,拟定3组初选配合比,各组材料用量比例见表5-5-6,计算矿质混合料的合成级配,见表5-5-7。三种级配A、B、C,4.75mm筛孔通过率分别为:38.0%、35.0%、31.9%,都小于45%,符合粗型级配要求。合成级配曲线如图5-5-3所示。

三组矿质混合料的配合比　　　　　　　　　　　　　　　　表5-5-6

级配	1号 (9.5~19mm) (%)	2号 (4.75~13.2mm) (%)	3号 (2.36~4.75mm) (%)	4号 (0~2.36mm) (%)	矿粉 (%)
级配A	24	38	10	25	3
级配B	25	40	11	21	3
级配C	27	41	12	17	3

矿质混合料合成级配表　　　　　　　　　　　　　　　　　表5-5-7

集料	通过方孔筛的百分率(%)											
	26.5	19.0	16.0	13.2	9.5	4.75	2.36	1.18	0.6	0.3	0.15	0.075
级配A	100	95.6	85.9	79.5	59.1	38.0	26.6	19.9	14.8	10.5	8.4	6.8
级配B	100	95.4	85.3	78.6	57.2	35.0	23.3	17.5	13.2	9.6	7.8	6.3
级配C	100	95.0	84.1	77.0	54.8	31.9	19.9	15.1	11.6	8.6	7.1	5.9

举例说明,表5-5-7中级配A,4.75mm通过率38.0%的计算:

$$1.4 \times 24\% + 2.0 \times 38\% + 89.6 \times 10\% + 99.9 \times 25\% + 100 \times 3\% = 38.0\%$$

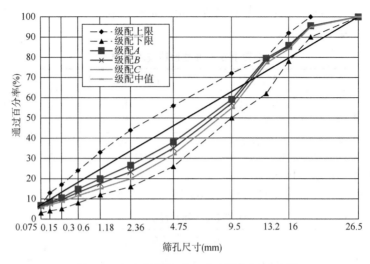

图 5-5-3 沥青混合料目标配合比设计矿料级配图

(2) 确定最优矿料配合比

根据经验,按油石比 4.4% 分别对三组初试级配测定沥青混合料的最大理论相对密度,测定马歇尔试件的毛体积相对密度、空隙率、矿料间隙率、沥青饱和度,见表 5-5-8。根据马歇尔试验技术标准要求,对三种级配进行分析可知,级配 A 多个指标都不满足要求,直接否定。级配 B、C 的指标都满足要求,可以根据实际情况选择采用。根据当地气候以及类似工程经验,在级配 B 和级配 C 中选择对 4.75mm 筛通过率较大的为设计级配,因此选择级配 B 为设计级配。各档集料的比例为:1 号:2 号:3 号:4 号:矿粉 = 25%:40%:11%:21%:3%。

三种级配沥青混合料的体积分析　　　　表 5-5-8

级配类型	油石比(%)	最大理论相对密度	毛体积相对密度	空隙率 VV(%)	沥青饱和度 VFA(%)	矿料间隙率 VMA(%)
级配 A	4.4	2.509	2.442	2.7	77.6	12.1
级配 B	4.4	2.507	2.417	3.6	72.5	13.1
级配 C	4.4	2.504	2.394	4.4	68.3	13.9
技术要求	—	—	—	3～5	65～75	≥13

举例说明,表 5-5-8 级配 B 的 3 个体积指标的计算。

(1) 空隙率 VV

$$VV = \left(1 - \frac{\gamma_f}{\gamma_t}\right) \times 100\% = \left(1 - \frac{2.417}{2.507}\right) \times 100\% = 3.6\%$$

(2) 矿料间隙率 VMA

$$VMA = \left(1 - \frac{\gamma_f}{\gamma_{Sb}} \times P_s\right) \times 100\% = \left(1 - \frac{2.417}{2.663} \times 95.8\%\right) \times 100\% = 13.1\%$$

其中:γ_{Sb} 为矿料合成毛体积相对密度。

$$\gamma_{Sb} = \frac{100}{\frac{P_1}{\gamma_1} + \frac{P_2}{\gamma_2} + \cdots + \frac{P_n}{\gamma_n}} = \frac{100}{\frac{25}{2.680} + \frac{40}{2.668} + \frac{11}{2.646} + \frac{21}{2.637} + \frac{3}{2.698}} = 2.663$$

P_S 为矿料含量百分率 $= 100\% -$ 沥青用量 $P_b = 100\% - 4.2\% = 95.8\%$

$$P_b = \frac{P_a}{100 + P_a} \times 100\% = \frac{4.4}{100 + 4.4} \times 100\% = 4.2\% \text{（由油石比} P_a \text{ 计算沥青用量 } P_b\text{）}$$

（3）沥青饱和度 VFA

$$VFA = \frac{VMA - VV}{VMA} \times 100\% = \frac{13.1 - 3.6}{13.1} \times 100\% = 72.5\%$$

4. 最佳沥青用量的确定

（1）试件成型

按照矿料级配 B 配料，以油石比 4.4% 为中值，按 0.5% 间隔变化，即以油石比 3.4%、3.9%、4.4%、4.9%、5.4% 制作 5 组标准马歇尔试件。

（2）测定试件的物理力学指标

真空法试验测定沥青混合料的最大理论相对密度。表干法测定马歇尔试件的毛体积相对密度，计算马歇尔试件的空隙率、沥青饱和度、矿料间隙率。完成马歇尔稳定度试验，得到马歇尔试件的稳定度、流值。各组试验结果汇总见表 5-5-9。

沥青混合料马歇尔试验结果 表 5-5-9

油石比 (%)	最大理论 相对密度	毛体积 相对密度	空隙率 VV(%)	沥青饱和度 VFA(%)	矿料间隙率 VMA(%)	稳定度 (kN)	流值 (0.1mm)
3.4	2.542	2.375	6.6	52.1	13.7	9.66	19.6
3.9	2.528	2.391	5.4	60.2	13.6	11.20	25.1
4.4	2.509	2.412	3.9	70.7	13.2	12.86	29.4
4.9	2.498	2.423	3.0	77.3	13.5	11.14	36.2
5.4	2.486	2.417	2.8	80.1	13.9	10.31	40.8
技术标准	—	—	3~5	65~75	≥13	≥8	20~40

（3）绘制油石比与物理力学指标关系图

根据表 5-5-9 马歇尔试验结果汇总，绘制油石比与毛体积相对密度、空隙率、饱和度、矿料间隙率、稳定度、流值的关系图，见图 5-5-4。

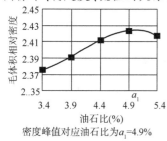

a)
密度峰值对应油石比为 $a_1 = 4.9\%$

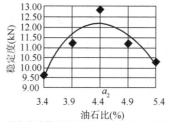

b)
稳定度峰值对应油石比 $a_2 = 4.4\%$；油石比 3.4%~5.4% 均满足 ≥8kN

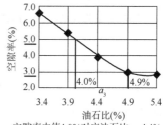

c)
空隙率中值 4.0% 对应油石比 $a_3 = 4.4\%$；空隙率 3.0%~5.0% 对应油石比 4.0%~4.9%

图 5-5-4

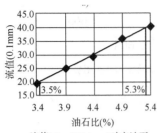
流值20~40(0.1mm)对应油石比3.5%~5.3%

d)

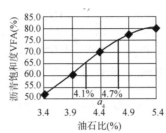
饱和度中值70.0%对应油石比a_4=4.4%；饱和度范围65%~75%对应油石比4.1%~4.7%

e)

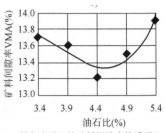
所有油石比的矿料间隙率均满足≥13%

f)

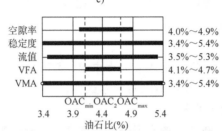
满足所有指标要求的油石比范围，最小值(OAC$_{min}$)=4.1%，最大值(OAC$_{max}$)=4.7%

g)

图 5-5-4　油石比与马歇尔试验物理力学指标关系图

(4) 确定最佳油石比 OAC

① 确定最佳油石比初始值 OAC$_1$。

由图 5-5-4 得，对应于密度最大值的油石比 $a_1=4.9\%$，对应于稳定度最大值的油石比 $a_2=4.4\%$，对应于空隙率范围中值的油石比 $a_3=4.4\%$，对应于沥青饱和度范围中值的油石比 $a_4=4.4\%$。

$$OAC_1 = \frac{a_1+a_2+a_3+a_4}{4} = \frac{4.9\%+4.4\%+4.4\%+4.4\%}{4} = 4.53\%$$

② 确定最佳油石比初始值 OAC$_2$。

$$OAC_{min}=4.1\% \qquad OAC_{max}=4.7\%$$

$$OAC_2 = \frac{OAC_{min}+OAC_{max}}{2} = \frac{4.1\%+4.7\%}{2} = 4.4\%$$

③ 确定最佳油石比 OAC。

通常情况下取 OAC$_1$ 和 OAC$_2$ 的平均值作为最佳油石比，即：

$$OAC = \frac{OAC_1+OAC_2}{2} = \frac{4.53\%+4.4\%}{2} = 4.46\%$$

综合考虑各指标状况，确定最佳油石比为 4.5%。

5. 配合比设计检验

(1) 高温稳定性检验

采用最佳油石比 4.5% 制备沥青混合料试件，按照规定的方法进行车辙试验，试验温度为 60℃±1℃，轮压为 0.7MPa，动稳定度结果汇总于表 5-5-10。

沥青混合料车辙试验结果　　　　　　　表 5-5-10

沥青混合料类型	油石比(%)	动稳定度(次/mm)				技术要求(mm)
		1	2	3	平均	
AC-20	4.5	1537	1615	1575	1576	≥1000

(2)水稳定性检验

采用最佳油石比 4.5% 制作试件,进行浸水马歇尔稳定度试验和冻融劈裂试验,试验结果见表 5-5-11、表 5-5-12。

浸水马歇尔试验结果　　　　　　　表 5-5-11

沥青混合料类型	马歇尔稳定度(kN)	浸水马歇尔稳定度(kN)	残留稳定度(%)	技术要求(%)
AC-20	12.31	11.11	90.2	≥80

冻融劈裂试验结果　　　　　　　表 5-5-12

沥青混合料类型	未冻融劈裂强度(MPa)	冻融劈裂强度(MPa)	冻融劈裂强度比(%)	技术要求(%)
AC-20	0.824	0.742	90	≥75

6. 目标配合比设计结果

经检验,本次目标配合比设计各项指标均符合要求,故设计结果见表 5-5-13。

AC-20C 目标配合比设计结果　　　　　　　表 5-5-13

沥青混合料类型	矿料配合比(%)					最佳油石比(%)
	1号(9.5~19mm)	2号(4.75~13.2mm)	3号(2.36~4.75mm)	4号(0~2.36mm)	矿粉	
AC-20	25	40	11	21	3	4.5

5.6 其他沥青混合料

?想一想

工程中经常使用 SMA 沥青混合料,相比常见的 AC 沥青混合料,SMA 沥青混合料虽然价格较贵,但其性能更为优良。SMA 沥青混合料的特点是什么?有什么性能优点呢?还有环保型的再生沥青混合料,常用于修补路面的稀浆混合料,同学们了解它们吗?

5.6.1 SMA 沥青混合料

沥青玛琋脂碎石混合料,是由沥青结合料与少量的纤维稳定剂、细集料以及较多量的填料(矿粉)组成的沥青玛琋脂填充于间断级配的粗集料骨架的间隙,组成一体的沥青混合料。沥青玛蹄脂碎石混合料,全英文为 stone mastic asphalt,简称 SMA。

SMA 和 AC 沥青混合料都属于密级配沥青混合料,SMA 的设计施工技术难度较大、成本较高,但是,SMA 的路用性能全面占优,具有耐磨抗滑、密实耐久、抗疲劳、抗高温车辙、减少低温开裂、抗水损害等优点,多用于高等级道路沥青路面的上面层。

1. SMA 的材料构成

SMA 混合料属于骨架密实结构。SMA 的材料组成特点概括为"三多一少",即粗集料多、矿粉多、沥青含量多,而细集料用量少。所谓沥青玛蹄脂,由沥青、纤维、细集料和矿粉组成,不含粗集料。SMA 中,粗集料形成骨架,沥青玛蹄脂填充粗集料之间的空隙,行车荷载主要由粗集料骨架承受。SMA 的构成机理见图 5-6-1。由于粗集料颗粒相互间良好的嵌挤作用,同时又能达到较为密实的状态,所以 SMA 混合料可以兼顾高温性能和低温性能,同时具有良好的耐久性。

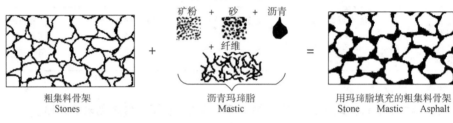

图 5-6-1　SMA 的构成机理

普通沥青混合料的粗细集料的分界粒径为 2.36mm,SMA-13 和 SMA-10 的粗细集料的分界粒径也是 2.36mm,但是 SMA-20 和 SMA-16 的粗细集料的分界粒径为 4.75mm。

图 5-6-2　木质素纤维(絮状)

与常见的 AC 沥青混合料相比,SMA 多了一种组成材料:纤维。采用 SMA 时,必须采用纤维,纤维分为木质素纤维、矿物纤维、聚合物化学纤维三大类。目前常用木质素纤维,木质素纤维有两种类型:一种是松散的絮状纤维(图 5-6-2),一种是颗粒状纤维。纤维具有分散、吸附沥青、稳定、增黏等作用。SMA 使用较多的矿粉和沥青,如果没有纤维,过多的矿粉和沥青将会成团,施工时不能分散开,将会形成许多油斑。另一方面,纤维还可以防止 SMA 中沥青的析漏。这也是把纤维称为纤维稳定剂的原因。

木质素纤维的质量应符合表 5-6-1 的技术要求。纤维的掺加比例以沥青混合料总量的质量百分率计算,通常情况下用于 SMA 路面的木质素纤维不宜低于 0.3%。

木质素纤维质量技术要求　　　　　　　　表 5-6-1

项目	单位	指标	试验方法
纤维长度,不大于	mm	6	水溶液用显微镜观测
灰分含量(%)	—	18 ±5	高温 590~600℃ 燃烧后测定残留物

续上表

项目	单位	指标	试验方法
pH 值	—	7.5±1.0	水溶液用 pH 试纸或 pH 计测定
吸油率,不小于	—	纤维质量的 5 倍	用煤油浸泡后放在筛上经振敲后称量
含水率(以质量计,%),不大于	—	5	105℃烘箱烘 2h 后冷却称量

2. SMA 的设计特点

SMA 的配合比设计仍然采用马歇尔试件的体积设计方法,其设计整体过程与热拌沥青混合料配合比设计方法一致,但也有自己的特点。SMA 配合比设计原则体现在两个方面:一是粗集料颗粒互相嵌挤,组成高温稳定性的"石-石骨架"结构;二是由细集料、沥青、纤维和矿粉组成的沥青玛琋脂填充骨架间隙,并将骨架胶结在一起。沥青玛琋脂应略有富余,以使沥青混合料获得较好的柔韧性和耐久性。

SMA 的粗集料骨架间隙率包括两种定义式。

(1) VCA_{DRC}:捣实状态下粗集料骨架间隙率,通过粗集料堆积密度及空隙率试验(T 0309—2005)获得,计算公式如下。

$$VCA_{DRC} = \left(1 - \frac{\gamma_S}{\gamma_{CA}}\right) \times 100 \tag{5-6-1}$$

式中:VCA_{DRC}——捣实状态下粗集料骨架间隙率(%);
γ_{CA}——用网篮法测定的粗集料的毛体积相对密度;
γ_S——按捣实法测定的粗集料的自然堆积密度。

(2) VCA_{mix}:沥青混合料试件的粗集料骨架间隙率,按照马歇尔试件体积指标计算方法计算获得,计算公式如下。

$$VCA_{mix} = \left(1 - \frac{\gamma_f}{\gamma_{CA}} \times P_{CA}\right) \times 100 \tag{5-6-2}$$

式中:VCA_{mix}——沥青混合料试件的粗集料骨架间隙率(%);
γ_f——沥青混合料试件的毛体积相对密度;
γ_{CA}——粗集料骨架部分的合成毛体积相对密度,由式(5-6-3)计算得到;
P_{CA}——沥青混合料中粗集料的比例(%)。

$$\gamma_{CA} = \frac{P_1 + P_2 + \cdots + P_n}{\frac{P_1}{\gamma_1} + \frac{P_2}{\gamma_2} + \cdots + \frac{P_n}{\gamma_n}} \tag{5-6-3}$$

式中:P_1、P_2、$\cdots$、P_n——粗集料骨架部分各种集料在全部矿料级配混合料中的配合比;
γ_1、γ_2、$\cdots$、γ_n——各种粗集料相应的毛体积相对密度。

SMA 混合料设计需要遵循骨架嵌挤原则,必须满足下列要求。

$$VCA_{mix} \leqslant VCA_{DRC} \tag{5-6-4}$$

沥青混合料试件的粗集料骨架间隙率 VCA_{mix} 是否小于捣实状态下粗集料骨架间隙率

VCA_{DRC} 是检验 SMA 混合料中粗集料是否形成嵌挤骨架的关键。当不能满足式(5-6-4)的条件时,混合料的粗集料骨架实际上是被所填充的沥青玛蹄脂撑开了,这表明在混合料中沥青玛蹄脂过多,或者粗集料骨架间隙过小,没有形成骨架嵌挤结构。施工过程中,如果对 SMA 的组成材料用量控制不严,沥青混合料试件骨架间隙率 VCA_{mix} 大于粗集料骨架间隙率 VCA_{DRC},骨架密实结构就变成了悬浮密实结构,SMA 就变成了 AC 结构,工程中俗称"假 SMA"。

3. SMA 的两个重要试验

(1) 谢伦堡沥青析漏试验

CZ38-谢伦堡
沥青析漏试验

谢伦堡沥青析漏试验用于控制 SMA 的最大沥青用量。该试验可以检测在高温状态下 SMA 混合料析出的沥青数量。将拌和好的 SMA 沥青混合料试验倒入 800mL 的烧杯中,在规定温度(改性沥青为 185℃)的烘箱中静置 60min,按照式(5-6-5)计算沥青析漏损失量。试验至少应平行试验 3 次,取平均值作为试验结果。

$$\Delta m = \frac{m_2 - m_0}{m_1 - m_0} \times 100 \tag{5-6-5}$$

式中:m_0——烧杯质量(g);

m_1——烧杯及试验用沥青混合料总质量(g);

m_2——烧杯及黏附在烧杯上的沥青、细集料、纤维、矿粉等总质量(g);

Δm——沥青析漏损失(%)。

CZ39-肯塔堡
飞散试验

(2) 肯塔堡飞散试验

肯塔堡飞散试验用于控制 SMA 的最小沥青用量。该试验可以检验沥青混合料在荷载作用下,表面集料脱落而散失的程度,是判断 SMA 混合料中集料与沥青的黏结力的辅助试验。标准飞散试验,是将马歇尔试件在 20℃恒温水槽中养护 20h,用毛巾擦去试件表面水,称量后放入洛杉矶试验机中。一次放一个试件,且不加钢球,旋转 300 转后,再称取试件的残留质量。由式(5-6-6)计算沥青混合料的飞散损失。

$$\Delta S = \frac{m_0 - m_1}{m_0} \times 100 \tag{5-6-6}$$

式中:ΔS——沥青混合料的飞散损失(%);

m_0——试验前试件的质量(g);

m_1——试验后试件的残留质量(g)。

现行公路沥青路面施工技术规范中,对 SMA 使用改性沥青的配合比设计要求,谢伦堡析漏损失不大于 0.1%,否则沥青掺量大了,容易造成泛油等病害;肯塔堡飞散损失不大于 15%,否则沥青掺量小了,集料与沥青黏结强度不够,容易造成集料脱落、路面坑槽等病害。

5.6.2 再生沥青混合料

1. 再生沥青混合料的分类

再生沥青混合料是指含有沥青路面回收料(RMAP)的混合料。沥青路面回收料

(RMAP),指的是采用铣刨(图5-6-3)、开挖等方式从沥青路面上获得的旧料,包括沥青混合料回收料(RAP,图5-6-4)、无机回收料(RAI)。沥青混合料回收料(RAP)是从沥青路面面层上获得的旧沥青混合料。无机回收料(RAI)是从沥青路面半刚性基层中获得的旧无机结合料稳定材料或旧无机结合料粒料。沥青路面回收料(RMAP)的来源见示意图5-6-5。

图5-6-3 铣刨机铣刨沥青路面

图5-6-4 沥青混合料回收料(RAP)

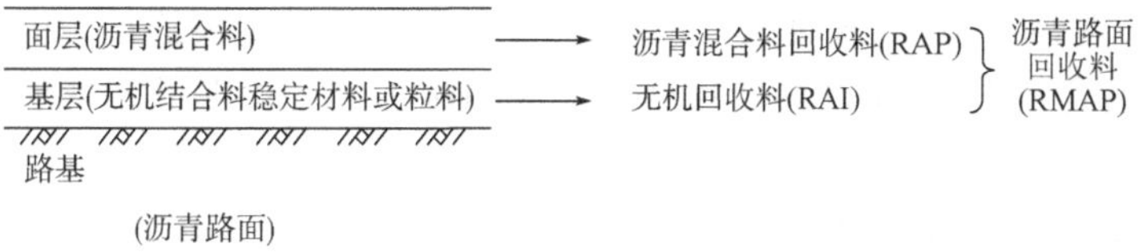

图5-6-5 沥青路面回收料(RMAP)来源示意图

沥青路面再生方式分为厂拌热再生、就地热再生、厂拌冷再生、就地冷再生和全深式冷再生。前4种方式都是主要对沥青路面面层进行再生,而全深式冷再生是包含基层一起进行的再生工艺。热再生需要专门的设备对再生混合料加热施工,冷再生常用乳化沥青、泡沫沥青等结合料在常温下施工,厂拌冷再生和全深式冷再生也可以只采用水泥或石灰作为结合料在常温下施工。

2. 厂拌热再生沥青混合料的特点

工程实践中最常见的为厂拌热再生。厂拌热再生是指在拌和厂将沥青混合料回收料(RAP)破碎、筛分后,以一定的比例与新矿料、新沥青、沥青再生剂等加热拌和为混合料,然后铺筑形成沥青路面的技术。厂拌热再生沥青混合料的材料组成见示意图5-6-6。厂拌热再生沥青混合料形成机理见图5-6-7。

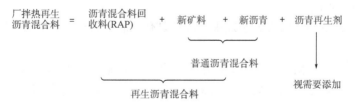

图5-6-6 厂拌热再生沥青混合料的材料组成

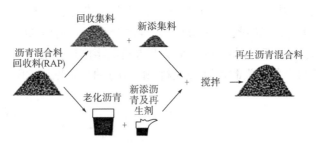

图 5-6-7　厂拌热再生沥青混合料形成机理

厂拌热再生沥青混合料宜采用马歇尔设计方法进行配合比设计。它当前没有专门的技术标准,仍然借用《公路沥青路面施工技术规范》(JTG F40—2004)中的密级配沥青混凝土混合料马歇尔试验技术标准。

厂拌热再生沥青混合料可以简单地理解为在普通沥青混合料中掺入了一部分沥青混合料回收料(RAP),期望达到节省新材料成本以及帮助处理旧路废料等目的。由于沥青混合料回收料(RAP)具有性能不稳定、容易吸水等特点,厂拌热再生沥青混合料中的沥青混合料回收料(RAP)掺量比较小,当前技术水平大致在30%左右,50%属于高掺量混合料。

从图5-6-7中可以看出,沥青再生剂视需要添加,并不是一定要添加。沥青再生剂是指掺加到热再生沥青混合料中,用于改善老化沥青性能的添加剂。存在下列情形之一的可使用再生剂。

(1)计算得到所需的新沥青标号过高,市场供应存在问题。老化的旧沥青标号很低,需要标号较高的新沥青帮助旧沥青提高标号,降低稠度。但是,如果要求的新沥青标号非常高,以致市场无法提供,则可以添加沥青再生剂。沥青再生剂可以看作是旧沥青恢复性能的营养剂。

(2)沥青混合料回收料(RAP)掺配比例较大或者沥青混合料回收料(RAP)中旧沥青含量较高。此时,无法仅靠新沥青帮助旧沥青恢复性能,需要借助沥青再生剂。

5.6.3　稀浆混合料

1. 稀浆混合料的概念

稀浆混合料是用适当级配的石屑或砂、填料(水泥、石灰、粉煤灰、石粉等)与乳化沥青(或改性乳化沥青)、外掺剂和水,按一定比例拌和而成的流动状态的沥青混合料,将其均匀地摊铺在路面上形成的沥青封层。

稀浆混合料包括:稀浆封层和微表处。两种材料有许多相似之处,却是两种完全不同的类型。两者的主要区别是:

(1)沥青结合料不同。微表处必须采用改性乳化沥青。稀浆封层可采用乳化沥青或改性乳化沥青。

(2)矿料级配不同。微表处的矿料级配比稀浆封层的矿料级配粗一些。

(3)矿料的洁净程度不同。通过4.75mm筛的合成矿料的砂当量,微表处不得低于65%,稀浆封层不得低于50%。

(4)应用项目不同。微表处主要用于高速公路及一级公路的预防性养护以及填补轻度车辙,也适用于新建公路的抗滑磨耗层,如图 5-6-8 所示。稀浆封层一般用于二级及二级以下公路的预防性养护,也适用于新建公路的下封层。

简单地理解,微表处是一种比稀浆封层更高级的稀浆混合料。

2. 稀浆混合料的两个重要试验

（1）负荷轮黏砂试验

负荷轮黏砂试验用于控制稀浆混合料的最大沥青用量。该试验以规定重量的负荷车轮按照规定的碾压频率对稀浆混合料试件碾压 1000 次。然后将试件取下清洗干净,在 60℃ 的烘箱中烘至恒重,称量试件质量。再将试件重新装在仪器上,称取 82℃ 的热砂 300g 在试件表面摊平,随后对试件碾压 100 次。停机后,刷去试件上的浮砂,称量试件及吸附砂的总质量,按式（5-6-7）计算黏附砂量。

图 5-6-8　高速公路微表处养护施工

$$\mathrm{LWT} = \frac{m_1 - m_2}{A} \tag{5-6-7}$$

式中：LWT——稀浆混合料的黏附砂量（g/m^2）；
　　　A——碾压面积（m^2）；
　　　m_1——经过 1000 次碾压,冲洗和烘干后的试件质量（g）；
　　　m_2——经过加砂碾压 100 次后的试件质量（g）。

稀浆混合料的黏附砂量（LWT）不能超过规范规定的值,否则说明稀浆混合料吸附的砂量偏多,沥青用量偏大。负荷轮黏砂试验用试件如图 5-6-9、图 5-6-10 所示。

图 5-6-9　负荷轮黏砂试验用试件

图 5-6-10　负荷车轮试验仪

（2）湿轮磨耗试验

湿轮磨耗试验用于控制稀浆混合料的最小沥青用量。该试验首先在油毛毡上按照规范方法制作试件,称取磨耗前的试件质量 m_a。然后将试件放入 25℃ 的水浴中达到规定时间。把试件从水浴中取出,放入试样托盘中,往试样托盘中加入 25℃ 的水,水面到试件表面的深度不少于 6mm。把装有试件的试样托盘安装在磨耗仪上,磨耗头转动磨耗 300s。最后,取出试件冲

图 5-6-11 湿轮磨耗仪

洗、烘干,称取磨耗后的试件质量 m_b。按式(5-6-8)计算磨耗值。

$$WTAT = \frac{m_a - m_b}{A} \quad (5\text{-}6\text{-}8)$$

式中:WTAT——稀浆混合料的磨耗值(g/m^2);
$\quad\quad$ A——磨耗头胶管的磨耗面积(m^2);
$\quad\quad$ m_a——磨耗前的试件质量(g);
$\quad\quad$ m_b——磨耗后的试件质量(g)。

稀浆混合料的磨耗值(WTAT)不能超过规范规定值,否则说明稀浆混合料的整体耐磨强度不够,沥青用量偏小。湿轮磨耗仪如图 5-6-11 所示。

5.7 沥青混合料试验

想一想

《公路工程沥青及沥青混合料试验规程》(JTG E20—2011)罗列了四十多种沥青混合料试验方法,而在实际工程项目中,需要经常操作的试验只有几个,是哪几个呢?沥青混合料试验中有一个著名的马歇尔试验,同学们知道怎么操作吗?

与水泥混凝土试验相比,沥青混合料试验需要严格控制温度。那么,具体到每一个沥青混合料试验,温度要求范围是多少?可以采用什么方法严格控制温度范围呢?

5.7.1 沥青混合料试件制作方法(击实法)

本试验方法参照《公路工程沥青及沥青混合料试验规程》(JTG E20—2011) T 0702—2011 编写,这里仅介绍试验室黏稠石油沥青混合料的试件制作方法。

1.目的与适用范围

CZ40-击实法制作试件

(1)本方法适用于标准击实法或大型击实法制作沥青混合料试件,以供试验室进行沥青混合料物理力学性质试验使用。

(2)标准击实法适用于标准马歇尔试验、间接抗拉试验(劈裂法)等所使用的 $\phi 101.6mm \times 63.5mm$ 圆柱体试件的成型。大型击实法适用于大型马歇尔试验和 $\phi 152.4mm \times 95.3mm$ 的大型圆柱体试件的成型。

(3)沥青混合料试件制作时的条件及试件数量应符合下列规定。

WK73-击实法制作试件

①当集料公称最大粒径小于或等于 26.5mm 时,采用标准击实法。一组试件的数量不少于 4 个。

②当集料公称最大粒径大于26.5mm时,宜采用大型击实法。一组试件的数量不少于6个。

2. 仪器设备

(1)自动击实仪:如图5-7-1所示,击实仪应具有自动记数、控制仪表、按钮设置、复位及暂停等功能。按其用途分为以下两种。

①标准击实仪:由击实锤、ϕ98.5mm±0.5mm 平圆形压实头及带手柄的导向棒组成。用机械将压实锤提升,至457.2mm±1.5mm高度沿导向棒自由落下连续击实,标准击实锤质量 4536g±9g。

②大型击实仪:由击实锤、ϕ149.5mm±0.1mm 平圆形压实头及带手柄的导向棒组成。用机械将压实锤提升,至457.2mm±2.5mm高度沿导向棒自由落下连续击实,大型击实锤质量 10210g±10g。

(2)试验室用沥青混合料拌和机:如图5-7-2所示,能保证拌和温度并充分拌和均匀,可控制拌和时间,容量不小于10L。搅拌叶自转速度70~80r/min,公转速度40~50r/min。

图5-7-1 马歇尔自动击实仪　　　图5-7-2 沥青混合料拌和机

(3)试模:由高碳钢或工具钢制成,如图5-7-3所示,几何尺寸如下。

①标准击实仪试模的内径为101.6mm±0.2mm、圆柱形金属筒高87mm,底座直径约 120.6mm,套筒内径104.8mm、高70mm。

②大型击实仪的试模与套筒尺寸:套筒外径165.1mm,内径155.6mm±0.3mm,总高 83mm。试模内径152.4mm±0.2mm,总高115mm,底座板厚12.7mm,直径172mm。

(4)脱模器:电动或手动,应能无破损地推出圆柱体试件,备有标准试件及大型试件尺寸的推出环,如图5-7-4所示。

(5)烘箱:大、中型各一台,应有温度调节器。

(6)天平或电子秤:用于称量沥青的,感量不大于0.1g;用于称量矿料的,感量不大于0.5g。

(7)布洛克菲尔德黏度计。

(8)温度计:分度值1℃。宜采用有金属插杆的插入式数显温度计。金属插杆的长度不小于150mm。量程0~300℃。

(9)其他:插刀或大螺丝刀、电炉或煤气炉、沥青熔化锅、拌和铲、标准筛、滤纸(或普通纸)、胶布、卡尺、秒表、粉笔、棉纱等。

图 5-7-3　标准马歇尔试模　　　图 5-7-4　液压脱模器

3. 准备工作

(1) 确定制作沥青混合料试件的拌和温度与压实温度。

①按规程测定沥青的黏度,绘制黏温曲线。按表 5-7-1 的要求确定适宜于沥青混合料拌和及压实的等黏温度。

沥青混合料拌和及压实的沥青等温黏度　　　　　　　　　　　　　表 5-7-1

沥青结合料种类	黏度与测定方法	适宜于拌和的沥青结合料黏度	适宜于压实的沥青结合料黏度
石油沥青	表观黏度,T 0625	$0.17Pa \cdot s \pm 0.02Pa \cdot s$	$0.28Pa \cdot s \pm 0.03Pa \cdot s$

②当缺乏沥青黏度测定条件时,试件的拌和与压实温度可按表 5-7-2 选用,并根据沥青品种和标号做适当调整。针入度小、稠度大的沥青取高限,针入度大、稠度小的沥青取低限,一般取中值。

沥青混合料拌和及压实温度参考表　　　　　　　　　　　　　　表 5-7-2

沥青结合料种类	拌和温度(℃)	压实温度(℃)
石油沥青	140 ~ 160	120 ~ 150
改性沥青	160 ~ 175	140 ~ 170

③对改性沥青,应根据实践经验、改性剂的品种和用量,适当提高混合料的拌和和压实温度,对大部分聚合物改性沥青,通常在普通沥青的基础上提高 10 ~ 20℃,掺加纤维时,尚需再提高 10℃左右。

(2) 沥青混合料试件的制作条件。

在试验室人工配制沥青混合料时,试件的制作按下列步骤进行。

①将各种规格的矿料置 105℃ ±5℃ 的烘箱中烘干至恒重(一般不少于 4 ~6h)。

②将烘干分级的粗、细集料,按每个试件设计级配要求称其质量,在一金属盘中混合均匀,矿粉单独放入小盆里,然后置烘箱中加热至沥青拌和温度以上约 15℃(采用石油沥青时通常为 163℃;采用改性沥青时通常需 180℃)备用。一般按一组试件(每组 4 ~6 个)备料,但进行配合比设计时宜对每个试件分别备料。

③沥青试样用烘箱加热至规定的沥青混合料拌和温度,但不得超过175℃。当不得已采用燃气炉或电炉直接加热进行脱水时,必须使用石棉垫隔开。

4. 拌制沥青混合料

(1)将试模、套筒及击实座等用蘸有少许黄油的棉纱擦净,并置于100℃左右烘箱中加热1h备用。

(2)将沥青混合料拌和机提前预热至拌和温度以上10℃左右。

(3)将加热的粗细集料置于拌和机中,用小铲子适当混合,然后加入需要数量的沥青(如沥青已称量在一专用容器内时,可在倒掉沥青后用一部分热矿粉将粘在容器壁上的沥青擦拭掉并一起倒入拌和锅中),开动拌和机一边搅拌一边使拌和叶片插入混合料中拌和1~1.5min;暂停拌和,加入加热的矿粉,继续拌和至均匀为止,并使沥青混合料保持在要求的拌和温度范围内。标准的总拌和时间为3min。

5. 成型方法

(1)将拌好的沥青混合料,用小铲适当拌和均匀,称取一个试件所需的用量(标准马歇尔试件约1200g,大型马歇尔试件约4050g)。当已知沥青混合料的密度时,可根据试件的标准尺寸计算并乘以1.03得到要求的混合料数量。当一次拌和几个试件时,宜将其倒入经预热的金属盘中,用小铲适当拌和均匀分成几份,分别取用。在试件制作过程中,为防止混合料温度下降,应连盘放在烘箱中保温。

(2)从烘箱中取出预热的试模及套筒,用蘸有少许黄油的棉纱擦拭套筒、底座及击实锤底面,将试模装在底座上,放一张圆形的吸油性小的纸,用小铲将混合料铲入试模中,用插刀或大螺丝刀沿周边插捣15次,中间捣10次。插捣后将沥青混合料表面整平。对大型击实法的试件,混合料分两次加入,每次插捣次数同上。

(3)插入温度计至混合料中心附近,检查混合料温度。

(4)待混合料温度符合要求的压实温度后,将试模连同底座一起放在击实台上固定,在装好的混合料上面垫一张吸油性小的圆纸,再将装有击实锤及导向棒的压实头放入试模中,开启电机,使击实锤从457mm的高度自由落下到击实规定的次数(75次或50次)。对大型试件,击实次数为75次(相应于标准击实的50次)或112次(相应于标准击实75次)。

(5)试件击实一面后,取下套筒,将试模翻面,装上套筒;然后以同样的方法和次数击实另一面。

(6)试件击实结束后,立即用镊子取掉上下面的纸,用卡尺量取试件离试模上口的高度并由此计算试件高度。高度不符合要求时,试件应作废,并按式(5-7-1)调整试件的混合料质量,以保证高度符合63.5mm±1.3mm(标准试件)或95.3mm±2.5mm(大型试件)的要求。

$$调整后混合料质量 = \frac{要求试件高度 \times 原用混合料质量}{所得试件的高度} \quad (5\text{-}7\text{-}1)$$

【例题5-7-1】 进行马歇尔标准击实成型试验,一个试件使用了1248g混合料。成型后,测量试件的高度为65.2mm。试判断该试件是否合格?如不合格怎么办?

解：

因为 65.2mm > 63.5mm ± 1.3mm，即超出 62.2 ~ 64.8mm 范围，所以该试件高度不合格。

$$调整后混合料质量 = \frac{要求试件高度 \times 原用混合料质量}{所得试件的高度} = \frac{63.5 \times 1248}{65.2} = 1215(g)$$

再次制作试件，每个试件使用 1215g 混合料。

(7) 卸去套筒和底座，将装有试件的试模横向放置冷却至室温后（不少于12h），置脱模机上脱出试件。用于现场马歇尔指标检验的试件，在施工质量检验过程中如急需试验，允许采用电风扇吹冷1h或浸水冷却3min以上的方法脱模，但浸水脱模法不能用于测量密度、空隙率等各项物理指标。

刚击实完的马歇尔试件连同试模一起横向放置，主要防止试件表面小颗粒在试件强度形成前掉落，如图 5-7-5 所示。

(8) 将试件仔细置于干燥洁净的平面上，供试验用，如图 5-7-6 所示。

图 5-7-5 横向放置的马歇尔试件

图 5-7-6 脱模后的马歇尔试件

5.7.2 沥青混合料试件制作方法（轮碾法）

CZ41-轮碾法
制作试件

WK74-轮碾法
制作试件

本试验方法参照《公路工程沥青及沥青混合料试验规程》（JTG E20—2011）T 0703—2011 编写，此处仅介绍在试验室拌和黏稠石油沥青混合料制作车辙试件。

1. 目的与适用范围

采用轮碾方式成型沥青混合料试件，常见尺寸为 300mm × 300mm × 50mm 试件，用于室内沥青混合料车辙试验、渗水试验以及小梁弯曲试验等。

2. 试验仪器

(1) 轮碾成型机：轮宽300mm，压实线荷载300N/cm，如图 5-7-7 所示。

(2) 试模：内部平面尺寸为长 300mm × 宽 300mm × 厚 50 ~ 100mm，如图 5-7-8 所示。

(3) 试验室用沥青混合料拌和机：可控制拌和时间，宜采用容量大于30L

的大型沥青混合料拌和机,也可采用容量大于10L的小型拌和机。

(4)其他:烘箱、小型击实锤、温度计、电炉或煤气炉、沥青熔化锅、拌和铲、标准筛、滤纸(或普通纸)、胶布、卡尺、秒表、粉笔、棉纱等。

图5-7-7　轮碾成型机

图5-7-8　车辙试模

3. 试验步骤

(1)备料与拌和。以击实法中所述方法准备一块沥青混合料板型试件所需原料。其中,混合料总数量、各档矿料数量由试件的体积、级配等,按照马歇尔标准密度乘以1.03的系数求得,并按照击实法中确定的沥青混合料拌和温度对各原料进行加热。随后,按照马歇尔试件同样的方法进行拌和。

(2)成型。将预热试模从烘箱中取出,在试模中铺一张纸,将试模全部遮盖,防止混合料与试模的粘连。

将拌好的混合料小心倒入试模中,用小铲整理成中间高、四周低的凸型状态后,用小型击实锤夯实一遍,连同试模放置在轮碾机平台上。

在试模中的混合料堆上铺一张隔离纸,启动轮碾机,先在一个方向碾压2个往返(碾压4次);卸荷,抬起碾压轮,将试模调转方向,然后继续碾压12个往返(24次),使试件达到马歇尔标准密度的100%±1%。车辙试件的密度要求与马歇尔圆柱体试件的密度一致,才能确保两种不同试件的试验使用的是同一种结构的沥青混合料。若车辙试件的密度达不到马歇尔标准密度的100%±1%,则应寻找原因,采取措施,如相应减少或增加碾压次数等。

压实后揭去表面纸,用粉笔标出碾压方向。标记方向的目的是,确保车辙试验时,车轮行走方向与碾压方向一致。

(3)脱模。连同试模将成型好的试件放置至少12h,然后脱模。板块试件如图5-7-9所示。

针对不同的试验,成型好的板块试件可直接用于车辙试验、透水试验等,或用切割机将板块试件切割成所需尺寸,用于其他试验,如小梁弯曲试验等。

图5-7-9　板块试件

WK63-沥青混合料试件密度试验

CZ37-沥青混合料试件密度试验

图 5-7-10　浸水天平、网篮、溢流水槽

5.7.3　压实沥青混合料密度试验(表干法)

本试验方法参照《公路工程沥青及沥青混合料试验规程》(JTG E20—2011)T 0705—2011 编写,重点介绍表干法的试验操作过程,有关试件的体积指标等计算内容见教材的其他章节。

1. 目的与适用范围

(1)本方法适用于测定吸水率不大于2%的各种沥青混合料试件,包括密级配沥青混凝土、沥青碎石玛蹄脂碎石混合料(SMA)和沥青稳定碎石等沥青混合料试件的毛体积相对密度和毛体积密度。标准温度为25℃±0.5℃。

(2)本方法测定的毛体积相对密度和毛体积密度适用于计算沥青混合料试件的空隙率、矿料间隙率等各项体积指标。

2. 仪器设备

(1)浸水天平或电子天平:当最大称量在3kg以下时,感量不大于0.1g;最大称量在3kg以上时,感量不大于0.5g,应有测量水中重的挂钩,如图5-7-10所示。

(2)网篮。

(3)溢流水箱:使用洁净水,有水位溢流装置,保持试件和网篮浸入水中后的水位一定。能调整水温至25℃±0.5℃。

(4)试件悬吊装置:天平下方悬吊网篮及试件的装置,吊线应采用不吸水的细尼龙线绳,并有足够的长度。对轮碾成型机成型的板块状试件可用铁丝悬挂。

(5)其他:秒表、毛巾、电风扇或烘箱等。

3. 试验步骤

(1)准备试件。本试验可以采用室内成型的试件,也可以采用工程现场钻芯、切割等方法获得的试件。试验前试件宜在阴凉处保存(温度不宜高于35℃),且放置在水平的平面上,注意不要使试件产生变形。

(2)选择适宜的浸水天平或电子天平,最大称量应满足试件质量的要求。

(3)除去试件表面的浮粒,称取干燥试件的空中质量(m_a),根据选择的天平的感量读数,准确至0.1g或0.5g。

(4)将溢流水箱水温保持在25℃±0.5℃。挂上网篮,浸入溢流水箱中,调节水位,将天平调平或复零,把试件置于网篮中(注意不要晃动水)浸入水中约3~5min,称取水中质量(m_w)。若天平读数持续变化,不能很快达到稳定,说明试件吸水较严重,不适用于此法测定,应改用蜡封法测定。

(5)从水中取出试件,用洁净柔软的拧干湿毛巾轻轻擦去试件的表面水(不得吸走空隙内的水),称取试件的表干质量(m_f)。从试件拿出水面到擦拭结束不宜超过5s,称量过程中流出的水不得再擦拭。

(6)对从工程现场钻取的非干燥试件,可先称取水中质量(m_w)和表干质量(m_f),然后用电风扇将试件吹干至恒重(一般不少于12h,当不需进行其他试验时,也可用60℃±5℃烘箱烘干至恒重),再称取空中质量(m_a)。

4.计算

(1)按式(5-7-2)计算试件的吸水率,取1位小数。

$$S_a = \frac{m_f - m_a}{m_f - m_w} \times 100 \tag{5-7-2}$$

式中:S_a——试件的吸水率(%);
  m_a——干燥试件的空中质量(g);
  m_w——试件的水中质量(g);
  m_f——试件的表干质量(g)。

(2)按式(5-7-3)及式(5-7-4)计算试件的毛体积相对密度和毛体积密度,取3位小数。

$$\gamma_f = \frac{m_a}{m_f - m_w} \tag{5-7-3}$$

$$\rho_f = \frac{m_a}{m_f - m_w} \times \rho_w \tag{5-7-4}$$

式中:γ_f——试件毛体积相对密度,无量纲;
  ρ_f——试件毛体积密度(g/cm³);
  ρ_w——25℃时水的密度,取0.9971g/cm³。

(3)允许误差。试件毛体积密度试验重复性的允许误差为0.020g/cm³。试件毛体积相对密度试验重复性的允许误差为0.020。

5.试验数据举例

一组5个标准马歇尔试件采用表干法测定的毛体积(相对)密度数据见表5-7-3。

标准马歇尔试件毛体积(相对)密度试验数据　　　　表5-7-3

试件编号		1号	2号	3号	4号	5号	平均值
试件质量(g)	空中质量 m_a	1198.0	1197.8	1197.6	1198.1	1198.1	
	水中质量 m_w	710.2	710.0	710.4	710.2	709.4	—
	表干质量 m_f	1200.2	1200.5	1200.4	1200.1	1200.3	
吸水率(%)		0.18	0.23	0.23	0.17	0.18	0.2
毛体积相对密度		2.445	2.445	2.444	2.446	2.441	2.444
毛体积密度(g/cm³)		2.438	2.435	2.437	2.439	2.434	2.437

6.说明

(1)压实沥青混合料密度试验(表干法)与粗集料密度试验(网篮法)两者原理一样,都是利用浮力定律:由试样空中质量与水中质量之差,得到试样排开水的质量,假设水的密度为1,则排开水的质量等于排开水的体积,即为试样的体积。

(2)《公路工程沥青及沥青混合料试验规程》(JTG E20—2011)共有4种压实沥青混合料密度试验方法,其中最重要的、最常用的是表干法。4种密度试验方法对比见表5-7-4。

压实沥青混合料密度试验方法对比 表 5-7-4

序号	方法名称	适用范围	计算公式	说明
1	表干法	测定吸水率≤2%的各种沥青混合料试件的毛体积密度	$\gamma_f = \dfrac{空中质量}{表干质量 - 水中质量}$	最常用的方法
2	水中重法	测定吸水率<0.5%（几乎不吸水）的密实沥青的混合料的表观密度	$\gamma_a = \dfrac{空中质量}{空中质量 - 水中质量}$	省略版的表干法，少了表干质量的称重步骤
3	蜡封法	测定吸水率>2%的沥青混凝土或沥青碎石试件的毛体积密度	$\gamma_f = \dfrac{空中质量}{蜡封试件体积 - 外围蜡的体积}$	封蜡的目的是不让水进入试件的内部孔隙
4	体积法	不能用表干法和蜡封法测定的空隙率较大的沥青碎石混合料及大孔隙开级配混合料	$\rho_s = \dfrac{空中质量}{几何体积}$	最粗糙的方法，圆柱体试件按照数学公式计算得到

（3）沥青马歇尔试件的吸水率含义与通常材料吸水率是不相同的。通常意义上的吸水率是指材料中所吸收水的质量占材料干质量的百分率，而马歇尔试件的吸水率实际上是指材料所吸水的质量占单位毛体积的百分率。

5.7.4 沥青混合料理论最大相对密度试验（真空法）

WK75-真空法测最大密度

CZ42-真空法测最大密度

本试验方法参照《公路工程沥青及沥青混合料试验规程》（JTG E20—2011）T 0711—2011 编写，重点介绍工地试验室中常用的 C 类容器试验方法。

1. 目的与适用范围

（1）本方法适用于采用真空法测定沥青混合料理论最大相对密度，供沥青混合料配合比设计、路况调查或路面施工质量管理计算空隙率、压实度等使用。

（2）本方法不适用于吸水率大于 3% 的多孔性集料的沥青混合料。

2. 仪器设备

（1）天平：称量 5kg 以上，感量不大于 0.1g；称量 2kg 以下，感量不大于 0.05g。

（2）负压容器：根据试样数量选用表 5-7-5 中的 A、B、C 任何一种类型。

负压容器类型 表 5-7-5

类型	容器	附属设备
A	耐压玻璃，塑料或金属制的罐，容积大于 2000mL	有密封盖，接真空胶管，分别与真空装置和压力表连接
B	容积大于 2000mL 的真空容量瓶	带胶皮塞，接真空胶管，分别与真空装置和压力表连接
C	4000mL 耐压真空器皿或干燥器	带胶皮塞，接真空胶管，分别与真空装置和压力表连接

注：A 类容器与 B、C 类容器的主要区别是称取质量的方法不同，A 类容器（或盛有试样）是完全浸没在水中称取质量，B、C 类容器（或盛有试样）是放置在天平上称取质量。B 类容器

与 C 类容器的主要区别是容积的大小不同。本试验方法主要介绍工地试验室中常见的大端口 C 类容器。

（3）真空负压装置：由真空泵、真空表、调压装置、压力表及干燥或积水装置等组成。

①真空泵应使负压容器内产生 3.7kPa±0.3kPa（27.5mmHg±2.5mmHg）负压；真空表分度值不得大于 2kPa。

②调压装置应具备过压调节功能，以保持负压容器的负压稳定在要求范围内，同时还应具有卸除真空压力的功能。

③采用干燥或积水装置主要是为了防止负压容器内的水分进入真空泵内。

沥青混合料理论最大相对密度仪（图 5-7-11）由负压容器和真空负压装置两部分组成。

（4）恒温水槽：可控制水温 25℃±0.5℃。

（5）其他：温度计、玻璃板、平底盘、铲子。

图 5-7-11　沥青混合料理论最大相对密度仪

3. 试样准备

（1）试样数量宜不少于表 5-7-6 的规定数量。试样可以直接在试验室拌制，或从拌和楼取样，或把现场的芯样试件加热至变软、分散后使用。

沥青混合料试样数量　　　　　　　　　　　　　　　表 5-7-6

公称最大粒径（mm）	试样最小质量（g）	公称最大粒径（mm）	试样最小质量（g）
4.75	500	26.5	2500
9.5	1000	31.5	3000
13.2、16	1500	37.5	3500
19	2000		

（2）将平底盘中的热沥青混合料，在室温中冷却或者用电风扇吹冷，一边冷却一边将沥青混合料团块仔细分散，粗集料不破碎，细集料团块分散到小于 6.4mm。若混合料坚硬，可用烘箱适当加热后再分散，加热温度不超过 60℃。分散试样时可用铲子翻动、分散，在温度较低时应用手掰开，不得用锤打碎，防止集料破碎。当试样是从施工现场采取的非干燥混合料时，应用电风扇吹干至恒重后再操作。

4. 试验步骤

（1）将沥青混合料试样装入干燥的负压容器中，称容器及沥青混合料总质量，得到试样的净质量 m_a。

（2）在负压容器中注入 25℃±0.5℃的水，将混合料全部浸没，并较混合料顶面高出约 2cm。

（3）将负压容器放到试验仪上，与真空泵、压力表等连接，开动真空泵，使负压容器内负压在 2min 内达到 3.7kPa±0.3kPa（27.5mmHg±2.5mmHg）时，开始计时，同时开动振动装置和抽真空，持续 15min±2min。

为使气泡容易除去，试验可在水中加 0.01% 浓度的表面活性剂（如每 100mL 水中加 0.01g 洗涤灵）。

(4)当抽真空结束后,关闭真空装置和振动装置,打开调压阀慢慢卸压,卸压速度不得大于 8kPa/s(通过真空表读数控制),使负压容器内压力逐渐恢复。

(5)将装有沥青混合料试样的容器浸入保温至 25℃ ±0.5℃ 的恒温水槽中,恒温 10min ± 1min 后,注意容器(盖上玻璃板)中不得有气泡,擦净容器外的水分。称取容器(盖上玻璃板)、水和沥青混合料试样的总质量 m_c。

(6)倒出容器中的试样,并洗净容器。

(7)将容器和玻璃板放进水槽,注意轻轻摇动容器使容器内气泡排除。恒温 10min ± 1min,取出容器和玻璃板,向容器内加满 25℃ ±0.5℃ 的水至液面稍微溢出,用玻璃板先盖住容器端口的 1/3,然后慢慢沿容器端口水平方向移动盖住整个端口,注意查看有没有气泡。擦除容器四周和玻璃板上的水,称取容器(盖上玻璃板)、水的总质量 m_b。

5. 试验结果与计算

(1)采用 C 类容器作负压容器时,沥青混合料的理论最大相对密度按下式计算。

$$\gamma_t = \frac{m_a}{m_a + m_b - m_c} \tag{5-7-5}$$

式中:γ_t——沥青混合料理论最大相对密度;

m_a——干燥沥青混合料的空中质量(g);

m_b——装满 25℃ 水的负压容器质量(g);

m_c——25℃ 时试样、水与负压容器的总质量(g)。

(2)沥青混合料 25℃ 时的理论最大密度按下式计算。

$$\rho_t = \gamma_t \times \rho_w \tag{5-7-6}$$

式中:ρ_t——沥青混合料的理论最大密度(g/cm³);

ρ_w——25℃ 时水的密度,0.9971g/cm³。

(3)精度要求。同一试样至少平行试验两次,计算平均值作为试验结果,取 3 位小数。重复性试验的允许误差为 0.011g/cm³,再现性试验的允许误差为 0.019g/cm³。

6. 试验数据举例

某沥青混合料采用 C 类负压容器测定理论最大(相对)密度,数据见表 5-7-7。

沥青混合料理论最大(相对)密度试验记录 表 5-7-7

负压容器类型	C 类	试验水温	25℃
试样编号		1 号	2 号
沥青混合料试样的空中质量 m_a(g)		2096.5	2102.6
容器、水的总质量 m_b(g)		4750.1	4752.3
容器、水、试样的总质量 m_c(g)		6019.1	6027.3
理论最大相对密度 γ_t		2.534	2.541
理论最大相对密度 γ_t 的平均值		2.538	
水的密度 ρ_w(g/cm³)		0.9971	
理论最大密度 ρ_t(g/cm³)		2.531	

5.7.5 沥青混合料马歇尔稳定度试验

本试验方法参照《公路工程沥青及沥青混合料试验规程》(JTG E20—2011) T 0709—2011 编写。

WK57-马歇尔稳定度试验　　CZ35-马歇尔稳定度试验　　DH21-马歇尔稳定度试验

1. 目的与适用范围

(1)本方法适用于马歇尔稳定度试验和浸水马歇尔稳定度试验,以进行沥青混合料的配合比设计或沥青路面施工质量检验。浸水马歇尔稳定度试验供检验沥青混合料受水损害时抵抗剥落的能力时使用,通过测试其水稳定性检验配合比设计的可行性。

(2)本方法适用于标准马歇尔试件圆柱体和大型马歇尔试件圆柱体。

2. 仪器设备

(1)沥青混合料马歇尔试验仪:马歇尔试验仪应具备控制装置、记录荷载-位移曲线、自动测定荷载与试件的垂直变形、能自动显示和存储或打印试验结果等功能,如图 5-7-12 所示。

①当集料公称最大粒径小于或等于 26.5mm 时,宜采用 $\phi 101.6mm \times 63.5mm$ 的标准马歇尔试件,试验仪最大荷载不小于25kN,读数准确至0.1kN,加载速率应能保持 50mm/min ± 5mm/min。钢球直径 16mm ± 0.05mm,上下压头曲率半径为 50.8mm ± 0.08mm。

②当集料公称最大粒径大于 26.5mm 时,宜采用 $\phi 152.4mm \times 95.3mm$ 大型马歇尔试件,试验仪最大荷载不得小于50kN,读数准确至 0.1kN。上下压头的曲率内径为 152.4mm ± 0.2mm,上下压头间距 19.05mm ± 0.1mm。

图 5-7-12　马歇尔稳定度测定仪

(2)恒温水槽:控温精确至1℃,深度不小于150mm。

(3)天平,感量不大于0.1g。

(4)其他:温度计、烘箱、卡尺、面纱、黄油等。

3. 标准马歇尔试验方法

(1)准备工作。

①按标准击实法成型马歇尔试件,标准马歇尔试件尺寸应符合直径 101.6mm ± 0.2mm、高 63.5mm ± 1.3mm 的要求。对大型马歇尔试件,尺寸应符合直径 152.4mm ± 0.2mm、高 95.3mm ± 2.5mm 的要求。一组试件的数量不得少于4个,并符合规定要求。

②量测试件的直径及高度。用卡尺测量试件中部的直径,用马歇尔试件高度测定器或用卡尺在十字对称的4个方向量测离试件边缘10mm处的高度,精确至0.1mm,并以其平均值作为试件的高度。如试件高度不符合63.5mm±1.3mm或95.3mm±2.5mm要求或两侧高度差大于2mm时,此试件应作废。

③将恒温水槽调节至要求的试验温度,对黏稠石油沥青或烘箱养护过的乳化沥青混合料为60℃±1℃。

(2)试验步骤。

①将试件置于已达规定温度的恒温水槽中保温,保温时间对标准马歇尔试件需30～40min,对大型马歇尔试件需45～60min。试件之间应有间隔,底下应垫起,距水槽底部不小于5cm。

②将马歇尔试验仪的上下压头放入水槽或烘箱中达到同样温度。将上下压头从水槽或烘箱中取出擦拭干净内面。为使上下压头滑动自如,可在下压头的导棒上涂少量黄油,再将试件取出置于下压头上,盖上上压头,然后装在加载设备上。在上压头的球座上放妥钢球,并对准荷载测定装置的压头。

③当采用自动马歇尔试验仪时,将自动马歇尔试验仪的压力传感器、位移传感器与计算机或X-Y记录仪正确连接,调整好适宜的放大比例,压力和位移传感器调零。

④启动加载设备,使试件承受荷载,加载速度为50mm/min±5mm/min。计算机或X-Y记录仪自动记录传感器压力和试件变形曲线并将数据自动存入计算机。

⑤当试验荷载达到最大值的瞬间,取下流值计,同时读取压力环中百分表读数及流值计的流值读数。从恒温水槽中取出试件至测出最大荷载值的时间,不得超过30s。

4. 浸水马歇尔试验方法

浸水马歇尔试验方法与标准马歇尔试验方法的不同之处在于,试件在已达规定温度恒温水槽中的保温时间为48h,其余步骤均与标准马歇尔试验方法相同。

5. 计算

(1)计算试件的稳定度及流值。

当采用自动马歇尔试验仪时,将计算机采集的数据绘制成压力和试件变形曲线,或由X-Y记录仪自动记录的荷载-变形曲线,按图5-7-13所示方法在切线方向延长曲线与横坐标相交于O_1,将O_1作为修正原点,从O_1起量取相应于荷载最大值时的变形作为流值(FL),以mm计,精确至0.1mm。最大荷载即为稳定度(MS),以kN计,精确至0.01kN。

(2)试件的马歇尔模数按式(5-7-7)计算。

$$T = \frac{MS}{FL} \tag{5-7-7}$$

式中:T——试件的马歇尔模数(kN/mm);

MS——试件的稳定度(kN);

FL——试件的流值(mm)。

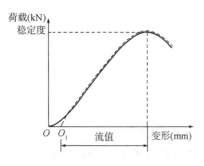

图5-7-13 马歇尔试验结果的修正方法

(3)试件的浸水残留稳定度按式(5-7-8)计算。

$$MS_0 = \frac{MS_1}{MS} \times 100 \quad (5\text{-}7\text{-}8)$$

式中:MS_0——试件的浸水残留稳定度(%);

MS_1——试件浸水48h后的稳定度(kN)。

(4)精度要求。

当一组测定值中某个测定值与平均值之差大于标准差的 k 倍时,该测定值应予舍弃,并以其余测定值的平均值作为试验结果。当试件数目 n 为3、4、5、6个时,k 值分别为1.15、1.46、1.67、1.82。

6. 试验数据举例

表5-7-8为一组标准马歇尔稳定度试验数据。

标准马歇尔稳定度试验数据记录　　　　表5-7-8

击实温度(℃)		150	击实次数	75(双面)	沥青种类	石油沥青	平均值
试件编号		1号	2号	3号	4号	5号	
试件尺寸(mm)	直径	101.6	101.6	101.6	101.6	101.6	—
	高度 1	62.9	62.7	62.8	63.2	63.2	
	高度 2	62.9	63.0	62.8	63.9	63.0	
	高度 3	63.0	62.9	62.7	63.2	63.0	
	高度 4	62.9	63.0	62.7	63.1	63.1	
	平均值	62.9	62.9	62.8	63.3	63.1	
稳定度(kN)		11.98	12.02	13.44	11.42	13.16	12.40
流值(mm)		2.0	2.1	2.2	1.9	2.3	2.1

5.7.6　沥青混合料车辙试验

本试验方法参照《公路工程沥青及沥青混合料试验规程》(JTG E20—2011)T 0719—2011编写。

CZ36-车辙试验

WK58-车辙试验

DH22-车辙试验

1. 目的与适用范围

(1)本试验适用于测定沥青混合料的高温抗车辙能力,供沥青混合料配合比设计时的高温稳定性检验使用,也可用于现场沥青混合料的高温稳定性检验。

(2)车辙试验的温度与轮压(试验轮与试件的接触压强)可根据有关规定和需要选用,非经注明,试验温度为60℃、轮压为0.7MPa。根据需要,试验温度在寒冷地区也采用45℃,在高温条件下可采用70℃等,对重载交通的轮压可增加至1.4MPa,但应在报告中注明。计算动稳定度的时间原则上为试验开始后45～60min。

(3)本方法适用于用轮碾成型机碾压成型的长300mm、宽300mm、厚50～100mm的板块状试件。根据工程需要也可采用其他尺寸的试件。本方法也适用于现场切割板块状试件。切割试件的尺寸根据现场面层的实际情况由试验确定。

2. 仪器设备

(1)车辙试验机(图5-7-14):主要由下列部分组成。

图5-7-14 车辙试验机(外加恒温室)

①试件台:可牢固地安装两种宽度(300mm及150mm)的规定尺寸试件的试模。

②试验轮:橡胶制的实心轮胎,外径200mm,轮宽50mm,橡胶层厚15mm。橡胶硬度(国际标准硬度)在20℃时为84±4,在60℃时为78±2。试验轮行走距离为230mm±10mm,往返碾压速度为42次/min±1次/min(21次往返/min)。采用曲柄连杆驱动加载轮往返运行方式。

③加载装置:通常情况下试验轮与试件的接触压强在60℃时为0.7MPa±0.05MPa,施加的总荷载为780N左右,根据需要可以调整接触压强大小。

④试模:钢板制成,由底板及侧板组成,试模内侧尺寸宜采用长300mm、宽300mm、厚50～100mm,也可根据需要对厚度进行调整。

⑤试件变形测量装置:自动采集车辙变形并记录曲线的装置,通常用位移传感器LVDT或非接触位移计。位移测定范围0～130mm,精度±0.01mm。

⑥温度检测装置:自动检测并记录试件表面及恒温室内温度的温度传感器,精度±0.5℃。温度应能自动连续记录。

(2)恒温室:恒温室应具有足够的空间。车辙试验机必须整机安放在恒温室内,装有加热器、气流循环装置及自动温度控制设备,同时恒温室还应有至少能保温3块试件并进行试验的条件。保持恒温室温度60℃±1℃(试件内部温度60℃±0.5℃),根据需要也可采用其他试验温度。

3. 试验准备

(1)在60℃温度下,试验轮的接地压强为0.7MPa±0.05MPa。

(2)在试验室按照沥青混合料配合比设计拌制混合料,采用轮碾法制作车辙试件。也可从路面切割得到需要尺寸的试件。

当直接从拌和厂取拌和好的沥青混合料时,必须将混合料装入保温桶中,在温度下降至成型温度之前迅速送达试验室制作试件,如果温度稍有不足,可放在烘箱中稍事加热(时间不超过30min)后成型,但不得将混合料放冷却后二次加热重塑制作试件。

(3)试件成型后,连同试模一起在常温条件下放置的时间不得少于12h。对聚合物改性沥青混合料,放置的时间以48h为宜,使聚合物改性沥青充分固化后方可进行车辙试验,室温放置时间不得长于一周。

4.试验步骤

(1)将试件连同试模一起,置于已达到试验温度60℃±1℃的恒温室中,保温不少于5h,也不得超过12h。在试件的试验轮不行走的部位上,粘贴一个热电偶温度计(也可在试件制作时预先将热电偶导线埋入试件一角),控制试件温度稳定在60℃±0.5℃。

(2)将试件连同试模移置于车辙试验机的试验台上,试验轮在试件的中央部位,其行走方向须与试件的碾压或行车方向一致。开动车辙变形自动记录仪,然后启动试验机,使试验轮往返行走,时间约1h,或最大变形达到25mm时为止。试验时,记录仪自动记录变形曲线(图5-7-15)及试件温度。

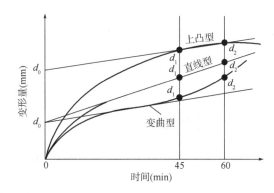

图5-7-15 车辙试验自动记录的变形曲线

5.计算

(1)从图5-7-15上读取45min(t_1)及60min(t_2)时的车辙变形d_1及d_2,精确至0.01mm。

当变形过大,在未到60min变形已达25mm时,则以达到25mm(d_2)时的时间为t_2,将其前15min作为t_1,此时的变形量为d_1。

(2)沥青混合料试件的动稳定度按式(5-7-9)计算。

$$DS = \frac{(t_2 - t_1) \times N}{d_2 - d_1} \times C_1 \times C_2 \tag{5-7-9}$$

式中:DS——沥青混合料的动稳定度(次/mm);

d_1——对应于时间t_1的变形量(mm);

d_2——对应于时间t_2的变形量(mm);

C_1——试验机类型系数,曲柄连杆驱动加载轮往返行走方式为1.0;

C_2——试件系数,试验室制备宽300mm的试件为1.0;

N——试验轮往返碾压速度,通常为42次/min。

(3)同一沥青混合料或同一路段的路面,至少平行试验3个试件。当3个试件动稳定度变异系数不大于20%时,取其平均值作为试验结果;变异系数大于20%时应分析原因,并追加试验。如计算动稳定度值大于6000次/mm,记作:>6000次/mm。

6.试验数据举例

表5-7-9为一组AC-20沥青混凝土的车辙试验数据记录。

车辙试验数据记录 表 5-7-9

混合料类型	AC-20	试件尺寸(mm)	300×300×50
试验轮接地压强(MPa)	0.7	试验机类型系数	1.0
试验轮往返碾压速度(次/min)	42	试件系数	1.0
试验温度(℃)	60	变异系数	$S=199.8, C_v=8.2\%$
试件编号	1号	2号	3号
时间 t_1(min)	45	45	45
时间 t_2(min)	60	60	60
对应于时间 t_1 的变形量 d_1(mm)	1.8463	1.9655	1.9066
对应于时间 t_2 的变形量 d_2(mm)	2.1244	2.1966	2.1744
动稳定度 DS(次/mm)	2265	2726	2353
平均值 DS(次/mm)	2448		

5.7.7 沥青与粗集料的黏附性试验

本试验方法参照《公路工程沥青及沥青混合料试验规程》(JTG E20—2011) T 0616—1993 编写。

CZ43-黏附性试验

WK76-黏附性试验   DH24-黏附性试验

1. 试验目的与适用范围

本方法用于检验沥青与粗集料表面的黏附性及评定粗集料的抗水剥离能力。对于最大粒径大于 13.2mm 的集料应用水煮法,对于最大粒径小于或等于 13.2mm 的集料应用水浸法进行试验。当同一种料源集料最大粒径既有大于 13.2mm 又有小于 13.2mm 的集料时,取大于 13.2mm 的水煮法试验结果为标准。

2. 试验仪器与材料

(1)天平:称量 500g,感量不大于 0.01g。
(2)恒温水槽:控温在 80℃±1℃。
(3)拌和用小型容器:5L。
(4)烧杯:100mL。
(5)标准筛:9.5mm、13.2mm、19mm 各一个。
(6)烘箱:能够自动调温控温。
(7)其他:电炉、试验架、细线、玻璃板、搪瓷盘、拌和铲、石棉网、纱布、手套等。

3. 水煮法试验

(1) 将集料过 13.2mm、19mm 的筛,取存留在 13.2mm 筛上的颗粒 5 个,要求试样表面规整、接近立方体。用水洗净,在 105℃ 的烘箱中烘干。用细线将试样集料颗粒逐个系牢,继续放入 105℃ 的烘箱中加热待用。

(2) 石油沥青加热至 130~150℃,将待用的集料试样浸入沥青 45s,使沥青能够全部裹覆在集料表面,取出并悬挂在试验架上,在室温下冷却 15min。

(3) 将盛水的大烧杯放置在有石棉网的电炉上加热煮沸,在水微沸的状态下,将裹覆沥青的集料试样通过细绳悬挂于水中,保持微沸状态浸煮 3min,如图 5-7-16 中 b) 和 c) 所示。避免有沸腾的气泡出现,如图 5-7-16 中 a) 所示。

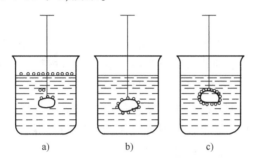

图 5-7-16 水煮法

(4) 浸煮结束后,将集料从水中取出,观察集料颗粒表面沥青膜的剥落程度,并按表 5-7-10 提示的内容评定黏附等级。

沥青与集料的黏附等级　　　　　　　　　　表 5-7-10

试验后集料表面沥青膜剥落情况	黏附等级
沥青膜完全保存,剥离面积百分率接近于 0	5
沥青膜少部分被水所移动,厚度不均匀,剥离面积百分率小于 10%	4
沥青膜局部明显地被水所移动,基本保留在石料表面,剥离面积百分率小于 30%	3
沥青膜大部分被水所移动,局部保留在石料表面,剥离面积百分率大于 30%	2
沥青膜完全被水所移动,石料基本裸露,沥青全部浮在水面	1

(5) 同一试样应平行试验 5 个集料颗粒,并由两名以上经验丰富的试验人员分别评定后,取平均等级作为试验结果。

4. 水浸法试验

(1) 集料过 13.2mm、9.5mm 的筛,取粒径 9.5~13.2mm 形状规则的集料 200g,洗净并在 105℃ 的烘箱中烘干备用。

(2) 以标准方法取沥青试样放入烧杯中,加热至要求的拌和温度。

(3) 按四分法称取备用试样颗粒 100g 置搪瓷盘上,连同搪瓷盘一起放入已升温至沥青拌和温度以上 5℃ 的烘箱中持续加热 1h。

(4) 按每 100g 矿料加入沥青 5.5g±0.2g 的比例称取沥青,精确至 0.1g,放入小型拌和容器中,放入同一烘箱中加热15min。

(5)从烘箱中取出拌和容器,将搪瓷盘中的集料倒入拌和容器的沥青中,立即用金属铲均匀拌和1~1.5min,使集料完全被沥青膜裹覆。拌和完成后立即将裹有沥青的集料取20个,用小铲移至玻璃板上摊开,并在室温下冷却1h。

(6)将放有集料试样的玻璃板浸入水温80℃±1℃的恒温水槽中,保持30min,并将剥离及浮于水面的沥青用纸片捞出。

(7)从水中小心取出玻璃板,浸入水槽的冷水中,仔细观察裹覆集料的沥青薄膜的剥落情况。由两名以上经验丰富的试验人员分别目测,评定剥离面积的百分率,评定后取平均值表示,并以表5-7-11同样的方式评价沥青与集料的黏附等级。

5. 其他说明

(1)该试验是一项针对沥青在集料表面形成的沥青膜,是否能够承受水的影响不发生剥落的评价方法。沥青膜抗剥落的能力取决于沥青和集料两方面,所以该试验既可当作沥青性能指标测定,也可作为集料甚至是沥青混合料性能看待。

(2)黏附等级的高低与沥青混合料水稳性有密切关系。通常,公路工程要求沥青与集料的黏附等级在4级以上。但不能仅以黏附等级作为判定沥青混合料水稳性好坏的唯一依据,不能以黏附等级代替沥青混合料水稳性试验操作。

6. 试验数据举例

表5-7-11为一组沥青与粗集料的黏附性试验(水煮法)结果。

沥青与粗集料的黏附性试验数据记录　　　　　表5-7-11

沥青与粗集料的黏附性试验(水煮法)			
集料规格	13.2~19mm	集料数量	5个
试验人员	单个评定等级		黏附等级
甲	5、4、5、3		4
乙	5、5、4、5、4		5
平均等级			4

本章小结

沥青混合料按照空隙率的大小,分为密级配沥青混合料(以 AC、SMA 为代表)、半开级配沥青混合料(以 AM 为代表)和开级配沥青混合料(以 OGFC 为代表)。按照级配类型,分为连续级配沥青混合料(以 AC 为代表)和间断级配沥青混合料(以 SMA 为代表)。新修铺筑的沥青路面一般都是热拌施工。温拌沥青混合料施工温度比热拌沥青混合料降低20℃以上。沥青混合料的结构类型主要有3类:悬浮-密实结构(以 AC 为代表)、骨架-空隙结构(以 OGFC 为代表)和骨架-密实结构(以 SMA 为代表)。

沥青混合料的路用性质包括:①高温稳定性,通过马歇尔稳定度试验和车辙试验检测;

②低温抗裂性,通过小梁低温弯曲试验检测;③耐久性,通过空隙率、饱和度、残留稳定度、冻融劈裂残留强度比等指标的控制;④抗滑性,通过构造深度等指标控制;⑤施工和易性,通过经验判定。

沥青混合料有3个重要的体积参数:空隙率VV、矿料间隙率VMA和沥青饱和度VFA。计算体积参数,必须学会测定3个密度:沥青混合料理论最大(相对)密度、沥青混合料试件的毛体积(相对)密度、沥青混合料试件的表观(相对)密度。理论最大(相对)密度,普通沥青采用真空法实测,也可采用计算法,而改性沥青必须采用计算法。

沥青混合料的组成材料主要包括:沥青、粗集料、细集料、填料。填料主要是指矿粉,必须采用石灰岩或岩浆岩中的强基性岩石等憎水性石料经磨细得到。密级配沥青混凝土及沥青稳定碎石混合料采用马歇尔试验配合比设计方法。沥青混合料目标配合比设计主要工作可以分为两部分。

(1)矿料级配组成设计。采用试算法或者EXCEL表格电算法。宜形成S型级配,并考虑气候因素,区分采用粗型(C型)和细型(F型)。

(2)最佳沥青用量确定。根据马歇尔试验结果,绘出6个指标(毛体积相对密度、稳定度、流值、空隙率VV、矿料间隙率VMA、饱和度VFA)与沥青用量的关系图,综合分析,得到最佳沥青用量。

沥青混合料配合比设计还需要完成一系列的性能检验,才能用于实际工程。

沥青混合料最重要的试验包括:试件制作方法(击实法和轮碾法)、沥青混合料试件密度试验(表干法)、沥青混合料理论最大相对密度试验(真空法)、马歇尔稳定度试验、车辙试验、沥青与矿料黏附性试验。

习题

一、判断题(判断正误)

1. 冷拌沥青混合料,也称常温拌沥青混合料,是指矿料与乳化沥青或液体沥青在常温状态下拌和、铺筑的沥青混合料,以CMA表示。( )

2. SMA属于悬浮-密实结构。( )

3. 车辙试验的结果是计算试件单位变形(1mm)时所需试验轮的行走次数,即为动稳定度(mm/次)。( )

4. 测改性沥青混合料的最大理论密度一般采用真空法试验。( )

5. 表干法适用于测定吸水率不小于2%的各种沥青混合料试件的毛体积密度。( )

6. 沥青路面使用性能气候分区的数字越大,表示气候因素对沥青路面的影响越严重。( )

7. 一般来说,沥青标号越高,针入度越大,沥青稠度越低,则沥青的抗裂性越好,但抗高温变形的能力越差。( )

8. 相比碱性岩石,酸性岩石与沥青具有较强的黏附性。（ ）
9. 沥青混合料中,填料就是指矿粉。（ ）
10. 在 AC-25 配合比设计时,4.75mm 矿料的通过率<40%,则该混合料为粗型级配。（ ）
11. 在沥青混合料配合比设计时宜适当增加公称最大粒径附近的粗集料用量,增加 0.6mm 以下部分细粉的用量,使中等粒径集料减少,形成 S 形级配曲线。（ ）
12. 油石比 P 指沥青混合料中沥青质量与矿料质量的百分比。（ ）
13. 在马歇尔试验中,空隙率和流值随着沥青用量的变大单调变小。（ ）
14. 做沥青混合料配合比设计时,对炎热地区公路,预计有可能产生较大车辙时,宜在空隙率符合要求的范围内将计算的最佳沥青用量增加 0.1%~0.5% 作为设计沥青用量。（ ）
15. 绘制矿料间隙率与沥青用量的关系图,矿料间隙率存在峰值。（ ）
16. SMA 的材料组成特点概括为"三多一少",即粗集料多、矿粉多、沥青含量多,而细集料用量少。（ ）
17. SMA 沥青混合料不一定要采用纤维。（ ）
18. SMA 混合料设计需要遵循骨架嵌挤原则,必须满足下列要求:$VCA_{mix} \leq VCA_{DRC}$。（ ）
19. 谢伦堡沥青析漏试验用于控制 SMA 的最小沥青用量。（ ）
20. 沥青路面回收料(RMAP)指的是采用铣刨、开挖等方式从沥青路面上获得的旧料,包括沥青混合料回收料(RAP)、无机回收料(RAI)。（ ）
21. 微表处主要用于高速公路及一级公路的预防性养护以及填补轻度车辙,也适用于新建公路的抗滑磨耗层。（ ）

二、单选题(每道小题四个选项,只有一个正确选项)

1. AC 沥青混凝土属于(   )。
   A. 密级配沥青混合料　　　　　　　B. 半开级配沥青混合料
   C. 开级配沥青混合料　　　　　　　D. 以上都不是
2. 标准的马歇尔圆柱体试件的尺寸,直径为(   ),高为(   )。
   A. 101.6mm,95.3mm　　　　　　　B. 152.4mm,95.3mm
   C. 101.6mm,63.5mm　　　　　　　D. 152.4mm,95.3mm
3. 沥青混合料的车辙试验温度为(   )。
   A. 25℃　　　B. 45℃　　　C. 60℃　　　D. 135℃
4. 已知某沥青混合料的油石比 P_a 为 5.0%,则它的沥青含量 P_b 为(   )。
   A. 4.6%　　　B. 4.8%　　　C. 5.0%　　　D. 5.3%
5. 温拌沥青混合料是指在低于相应热拌沥青混合料(   )以上条件下拌和生产的沥青混合料。
   A. 10℃　　　B. 20℃　　　C. 50℃　　　D. 135℃
6. 沥青玛琋脂碎石混合料的符号为(   )。
   A. AC　　　B. ATB　　　C. SMA　　　D. OGFC

7. 沥青混凝土 AC 的设计空隙率一般为(　　)。
   A. 3% ~ 6%　　　　B. 6% ~ 12%　　　　C. 12% ~ 18%　　　　D. >18%
8. 车辙试验是检验沥青混合料的(　　)。
   A. 高温稳定性　　B. 低温抗裂性　　C. 耐久性　　D. 抗滑性

三、多选题(每道小题四个选项,有两个或两个以上为正确选项)

1. 集料的公称最大粒径为(　　),属于中粒式沥青混合料。
   A. 26.5mm　　　　B. 19mm　　　　C. 16mm　　　　D. 13.2mm
2. 我国现行规范通过对(　　)等指标的控制,保证沥青混合料的耐久性。
   A. 流值　　　　B. 空隙率　　　　C. 残留稳定度　　　　D. 稳定度
3. 沥青混合料配合比设计过程一般包括下列(　　)阶段。
   A. 目标配合比　　　　　　　　B. 基准配合比
   C. 生产配合比　　　　　　　　D. 生产配合比验证
4. 沥青混合料配合比设计中,确定最佳油石比 OAC_1,一般需要用到下列(　　)等指标。
   A. 流值　　　　B. 稳定度　　　　C. 空隙率　　　　D. 饱和度
5. 沥青混合料水稳定性检验指标包括(　　)。
   A. 动稳定度　　　　　　　　B. 马歇尔稳定度
   C. 浸水马歇尔残留稳定度　　D. 冻融劈裂残留强度比

四、综合题(每道小题四个选项,有一个或一个以上为正确选项)

1. 某一试验室需要进行 AC-20C 沥青混合料(70 号 A 级道路石油沥青)马歇尔试验。已知沥青混合料最佳沥青用量为 4.5%;粗集料、细集料和矿粉的比例分别为 65%、32% 和 3%,粗、细集料毛体积相对密度为 2.723、2.685,矿粉的表观相对密度为 2.710。沥青混合料理论最大相对密度是 2.497。马歇尔试件毛体积相对密度为 2.386。请回答下列各题。
   (1) 进行成型试验时,称量一个马歇尔试件的混合料总质量约为(　　)。
      A. 1200g　　　　B. 1265g　　　　C. 1248g　　　　D. 1228g
   (2) 马歇尔试件的空隙率为(　　)。
      A. 4.2%　　　　B. 4.0%　　　　C. 4.4%　　　　D. 4.6%
   (3) 合成矿料毛体积相对密度为(　　)。
      A. 2.707　　　　B. 2.710　　　　C. 2.715　　　　D. 2.713
   (4) 马歇尔试件的矿料间隙率为(　　)。
      A. 15.9%　　　　B. 16.2%　　　　C. 15.7%　　　　D. 16.4%
   (5) 试验过程中发现第一个击实成型的马歇尔试件的高度为 65.7mm,以下操作正确的有(　　)。
      A. 无须调整,继续进行马歇尔击实成型所有试件
      B. 提高拌和温度 5 ~ 10℃,重新进行马歇尔击实成型所有试件
      C. 第一个试件应废弃,并重新进行试验
      D. 称量 1223g 混合料重新进行马歇尔击实试验,再次测量、判断试件高度是否满足要求

2. 某沥青混合料马歇尔试验物理力学指标测定结果见下表,请回答相关问题。

油石比 (%)	密度 (g/m³)	VV (%)	VMA (%)	VFA (%)	稳定度 (kN)	流值 (0.1mm)
3.5	2.470	5.0	15.1	60.0	10.70	19.5
4.0	2.480	4.5	15.2	68.0	11.60	22.0
4.5	2.490	3.8	15.3	73.0	12.50	25.0
5.0	2.480	3.4	15.4	80.0	11.70	28.0
5.5	2.470	2.9	15.5	84.0	10.60	30.0
技术标准	—	3~6	≥15	70~85	≥7.5	20~40

(1) 该沥青混合料的最佳沥青含量 OAC_1 为( )。
  A. 4.2% B. 4.3% C. 4.6% D. 4.8%

(2) 该沥青混合料的最佳沥青含量 OAC_2 为( )。
  A. 4.6% B. 4.7% C. 4.8% D. 4.9%

(3) 对寒冷地区公路、交通量很少的公路,最佳沥青用量可以在 OAC 的基础上( )。
  A. 增加0.1% B. 增加1.0% C. 减少0.1% D. 减少1.0%

(4) 沥青混合料的技术指标随着油石比的变化呈现一定的规律,下列( )说法是正确的。
  A. 稳定度开始随着油石比变大而变大,后面随着油石比变大而变小
  B. 空隙率随着油石比变大而单调变大
  C. 饱和度随着油石比变大而单调变大
  D. 矿料间隙率是一条凸形曲线

(5) 对于沥青混合料的矿料组成设计,下列( )说法是正确的。
  A. 一般要求沥青面层压实厚度不宜小于集料公称最大粒径的2.5~3倍
  B. 沥青混合料设计有粗型(C型)和细型(F型)之分。南方天气炎热,适合采用细型级配
  C. 配合比设计时宜适当减少公称最大粒径附近的粗集料用量,减少0.6mm以下部分细粉的用量,使中等粒径集料较多,形成S形级配曲线
  D. 设计合成级配不得有太多的锯齿形交错,且在0.3~0.6mm范围内不出现"驼峰"

模块 6
MODULE SIX
无机结合料稳定材料

学习目标：
1. 了解路面基层与底基层的材料类型。掌握无机结合料稳定材料和级配碎石的定义；
2. 了解无机结合料稳定材料的原材料要求；
3. 掌握无机结合料稳定材料的无侧向抗压强度和收缩特性，了解其他特性；
4. 熟悉无机结合料稳定材料的配合比设计过程；
5. 理解无机结合料稳定材料配合比设计实例；
6. 掌握无机结合料稳定材料的圆柱形试件制作、标准养生与无侧限抗压强度试验。了解 EDTA 滴定试验和振动压实成型试验。

6.1 路面基层与底基层的类型

想一想

我们常遇到的道路路面面层结构主要是两种：水泥混凝土和沥青混合料。水泥路面与沥青路面如图 6-1-1、图 6-1-2 所示。想一想，这两种面层结构下面的基层结构是采用什么样的材料呢？工地上最常见的一种路面基层材料为水泥稳定碎石，简称"水稳"，它由哪些材料组成呢？水泥稳定碎石与水泥混凝土有什么不一样？

图 6-1-1　水泥路面

图 6-1-2　沥青路面

6.1.1　路面结构简介

路面结构通常是分层铺筑的,按照层位功能的不同,由上至下由面层、基层、底基层和必要的功能层组成,如图 6-1-3 所示。

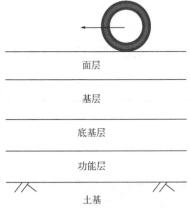

图 6-1-3　公路路面结构示意图

(1)面层。面层直接与汽车轮胎和大气接触,应具备很高的强度、耐久性和抗变形能力,要求它平整、抗滑、耐磨、不透水。修筑面层的材料较为单一,主要为水泥混凝土和沥青混合料,分别修建水泥路面和沥青路面。

(2)基层和底基层。基层和底基层主要承受由面层传递下来的车辆荷载应力,并向下扩散,为面层提供坚实平整的支撑。基层和底基层应具有足够的承载能力、抗疲劳开裂性能、耐久性、抗冲刷性、水稳定性和适当的刚度。相比面层,修筑基层和底基层的材料变化多样,参差不齐。基层和底基层在整个路面结构中起到"承上启下"的作用。

如果基层设计为两层结构,则通常把下层结构称为底基层。底基层与基层只是处在路面结构中的层位不一样,两者的配合比设计方法、施工方法等完全一样,两者遵循同一个规范《公路路面基层施工技术细则》(JTG/T F20—2015)。由于底基层埋藏更深,距离车轮更远,底基层的设计要求通常比基层低一些。如没有特别的说明,下面介绍的基层包含底基层。

WK77-基层材料类型

(3)功能层。路面结构中的功能层包括:封层、黏层、透层、排水层和防冻层,视路面的需要而设置。例如,封层是用以阻止水下渗的功能层。常用稀浆封层或同步碎石封层,设置在基层和面层之间,防止面层中的水下渗到基层,防止雨水引起基层的破坏。排水层和防冻层设置在路基和底基层之间,采用砂砾石、碎石材料,用于排除路基中上升的地下水,防止路面的冻胀破坏。

6.1.2 路面基层类型

1. 按组成材料划分

路面基层按照组成材料的不同,分为以下几种类型。

(1)无机结合料类

无机结合料类包括无机结合料稳定材料和各种水泥混凝土等。无机结合料稳定材料是指将一定剂量的水泥、石灰等无机结合料或其他固化剂掺入各种经过粉碎、松散的土或粗细集料中,加水、拌和后得到的混合料。

(2)有机结合料类

有机结合料类就是各种适合用于路面基层的沥青混合料,如沥青稳定碎石 ATB、排水式沥青碎石基层 ATPB。

(3)粒料类

粒料类基层材料的常见类型有级配碎石、未筛分碎石、级配砾石、天然砂砾和填隙碎石等。这些材料中未添加任何黏结材料,相比无机结合料稳定材料,粒料类基层材料属于一种松散状材料类型。粒料类基层材料中最常见、最高级的类型当属级配碎石。级配碎石是各种粒径的碎石和石屑按一定比例混合,级配满足一定要求且塑性指数和承载比均符合要求的混合料。简单地讲,无机结合料稳定碎石去掉结合料,就是级配碎石。

(4)再生类材料

采用铣刨、开挖等方式从沥青路面面层、基层中获得的回收料,如图 6-1-4 所示,添加一些新的

图 6-1-4 铣刨路面获得回收料

结合料或集料后,拌和得到的混合料称为再生类材料,包括厂拌热再生混合料、就地热再生混合料、乳化沥青冷再生混合料、泡沫沥青冷再生混合料、无机结合料冷再生混合料等。

2. 按材料的力学行为划分

路面基层按材料的力学行为,即抗压回弹模量的大小划分为以下几种类型。

(1)柔性基层

柔性基层的抗压回弹模量最低,包括有机结合料类(沥青稳定类)和无胶结料的粒料类基层。柔性基层最大的优点是,一般不会出现反射裂缝问题,同时柔性基层可以兼作排水结构。

(2)半刚性基层

半刚性基层,是指各种无机结合料稳定材料基层,其抗压回弹模量比刚性基层小,比柔性基层大。半刚性基层是我国最常用的路面基层形式,主要原因是我国水泥产量大,沥青供应相对紧张。这种基层形式具有强度高、稳定性好、应力扩散能力强、抗冻性能优越、造价低廉的特点。我国高速公路路面主要为沥青路面,而在沥青路面结构中,主要采用无机结合料稳定材料基层,即半刚性基层。沥青面层与半刚性基层结构组合,称为半刚性路面,是我国的一种特色

路面。

无机结合料稳定材料是本课程的学习重点。

(3)刚性基层

刚性基层的抗压回弹模量最高,通常采用普通混凝土、碾压式混凝土、贫混凝土、钢筋混凝土、连续配筋混凝土等材料铺筑。刚性基层的强度很高,承载能力强,变形小,面层不易出现疲劳破坏。但刚性基层造价较高,未配筋的刚性基层需要预切缝且做防反射裂缝处理,技术较为复杂。

6.1.3 无机结合料稳定材料的分类

1.按结合料的不同分类

按照所用结合料的不同,无机结合料稳定材料分为:

(1)水泥稳定材料。以水泥为结合料,通过加水与被稳定材料共同拌和形成的混合料,包括水泥稳定碎石、水泥稳定砾石、水泥稳定石屑、水泥稳定土、水泥稳定砂等。

水泥稳定碎石在所有无机结合料稳定材料中强度最高、综合性能较优、造价较高,是我国高等级公路最常采用的基层形式。水泥稳定碎石(图 6-1-5)材料组成与普通水泥混凝土(图 6-1-6)类似,主要包含粗集料、细集料、水泥和水等,但性质与普通水泥混凝土有着本质的区别。

图 6-1-5 水泥稳定碎石铺筑基层

图 6-1-6 水泥混凝土铺筑面层

①水泥稳定碎石的强度较低。水泥稳定碎石的水泥剂量相当低,通常为3%~6%,而水泥混凝土的水泥剂量往往达到15%及以上,因而水泥稳定碎石的强度较低,其7d无侧限抗压强度一般为3~7.0MPa。水泥混凝土的最低标号为C15,即强度在15MPa以上。

②水泥稳定碎石的用水量较少。水泥稳定碎石采用摊铺碾压成型,因而并不需要设计具备一定的流动性,其用水量根据击实试验获得的最佳含水率确定。

③水泥稳定碎石的收缩性较小。由于水泥用量和用水量都较少,水泥稳定碎石相比水泥混凝土的收缩性明显降低。水泥稳定碎石可以通过合理的设计与施工,做到成整板结构而不需要切缝。水泥混凝土路面必须要切缝,否则就会出现不规则的开裂。

(2)石灰稳定材料。以石灰为结合料,通过加水与被稳定材料共同拌和形成的混合料,包括石灰碎石土、石灰土等。

(3)综合稳定材料。以两种或两种以上材料为结合料,通过加水与被稳定材料共同拌和形成的混合料,包括水泥石灰稳定材料、水泥粉煤灰稳定材料、石灰粉煤灰稳定材料等。石灰、粉煤灰常被简称为二灰,石灰粉煤灰稳定材料简称为二灰稳定材料。二灰稳定细粒土,简称二灰土;二灰稳定砂砾、碎石等,简称为二灰砂砾、二灰碎石。

2. 按被稳定材料粒径的大小分类

(1)无机结合料稳定细粒材料。被稳定材料的公称最大粒径小于16mm。

(2)无机结合料稳定中粒材料。被稳定材料的公称最大粒径大于或等于16mm,且小于26.5mm的材料。

(3)无机结合料稳定粗粒材料。公称最大粒径大于或等于26.5mm的材料。

6.1.4 【知识拓展】 沙庆林院士与半刚性基层

沙庆林(1930年5月7日—2020年2月23日,图6-1-7),江苏宜兴人,公路工程专家,中国工程院院士。沙庆林长期从事公路路面学研究和工程设计与施工,主要研究方向为高等级公路半刚性基层沥青路面结构设计施工和质量管理。

沙庆林于1980年后主持"高速公路修建技术的研究""京津塘高速公路路面设计方案研究""高等级公路半刚性基层沥青路面结构和抗滑表层""高等级公路半刚性基层沥青路面典型结构的研究"及"沥青路面可靠性研究"等全国性课题,其中包含三个国家重点科技攻关项目的研究。在路面设计理论、重型压实标准、材料技术指标、半刚性材料性能、混合料组成设计、多功能材料测试仪和相应的11个试验方法、工程质量管理、高等级公路半刚性路面结构设计及其典型结构、沥青路面结构可靠度设计和多碎石沥青混凝土等方面均取得重要的成果,在理论上有许多创新。他对半刚性路面裂缝的形成原因和机理提出了新理论和减裂措施,对半刚性路面的承载能力和沥青面层的功能作用有创造

图6-1-7 沙庆林院士

性的理论,为减薄沥青面层、降低路面成本奠定了基础。成果的应用已形成中国高等级公路沥青路面的建设模式,其特点是"强基薄面",即用厚半刚性材料层构成路面承载能力,以承受预估行车荷载的反复作用,用较薄沥青面层满足路面的使用功能要求:平整度、抗滑能力和防止雨水透入等。

沙庆林把一生奉献给中国公路,只要是他设计的公路,他都要亲自走一遍,检查路面质量。夏天的沥青路吸热,地面温度能达到60℃以上,他穿着四五斤重的特制厚底鞋,一走就是十几公里,一年要磨坏好几双鞋 。(光明网评)

沙庆林对半刚性路面裂缝的成因和机理理论研究有突破,改变了传统的加厚面层减少裂缝的方法,为减薄沥青面层奠定了理论和实践基础。他的多数成果被用于编制有关规范,为科研成果迅速转化为生产力作出突出贡献。(交通运输部公路科学研究院评)

6.2 无机结合料稳定材料的原材料要求

WK78-基层材料要求

想一想

半刚性基层经常会出现开裂(图 6-2-1)、表面松散(图 6-2-2)、强度不够(图 6-2-3)等各种病害,这些病害肯定与原材料有关系。我们已经知道,无机结合料稳定材料是在碎石、砾石、砂、石屑、土等被稳定材料中,掺入水泥、石灰等无机结合料,经适量的水拌和而成。那么,技术规范对这些材料具体有哪些要求呢?

图 6-2-1　半刚性基层开裂

图 6-2-2　半刚性基层表面松散

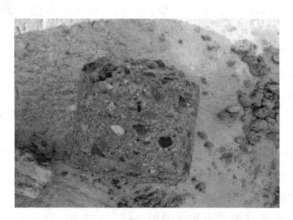

图 6-2-3　芯样不完整,强度不够

无机结合料稳定材料的组成材料主要包括三部分:无机结合料、被稳定材料、水。

6.2.1 无机结合料

1. 石灰

石灰质量应符合Ⅲ级以上消石灰或生石灰的技术要求。高速公路和一级公路用石灰应不低于Ⅱ级技术要求,二级公路用石灰应不低于Ⅲ级技术要求,二级以下公路宜不低于Ⅲ级技术要求。二级以下公路使用等外石灰时,有效氧化钙含量应在20%以上,且混合料强度应满足要求。高速公路和一级公路的基层,宜采用磨细消石灰,因为生石灰在土中消解的过程中不稳定。

在土中掺加石灰可使土粒胶结成整体,密实性提高,水稳定性提高,强度提高。在石灰剂量不大的情况下,钙质石灰稳定土比镁质石灰稳定土的初期强度高。在石灰剂量较大时,镁质石灰稳定土的后期强度优于钙质石灰稳定土。

2. 水泥

强度等级为32.5或42.5的普通硅酸盐水泥等均可使用。无机结合料稳定材料中不宜采用高标号水泥,以防止强度偏高,容易开裂,或水泥用量偏少,搅拌不均匀。水泥初凝时间应大于3h,终凝时间应大于6h且小于10h。不应使用快硬水泥、早强水泥及已受潮变质的水泥。

水泥在稳定土中的作用是与水反应后能大大降低土的塑性,提高土的强度和水稳定性。在水泥稳定材料中掺加缓凝剂或早强剂时,应对混合料进行试验验证。

3. 粉煤灰

大多数粉煤灰的主要成分是二氧化硅(SiO_2)和三氧化二铝(Al_2O_3),其总含量常超过70%,氧化钙(CaO)含量一般在2%~6%,这种粉煤灰称为硅铝粉煤灰。个别地方的粉煤灰含有10%~40%的氧化钙,称为高钙粉煤灰。干排或湿排的硅铝粉煤灰和高钙粉煤灰等均可用作基层或底基层的结合料。粉煤灰技术要求应符合表6-2-1的规定。

粉煤灰技术要求 表6-2-1

检测项目	SiO_2、Al_2O_3和Fe_2O_3总含量(%)	烧失量(%)	比表面积(cm^2/g)	0.3mm筛孔通过率(%)	0.075mm筛孔通过率(%)	湿粉煤灰含水率(%)
技术要求	>70	≤20	>2500	≥90	≥70	≤35

各等级公路的底基层、二级及二级以下公路的基层使用的粉煤灰,通过率不满足表6-2-1要求时,应进行混合料强度试验,达到相关要求的强度指标时,方可使用。

粉煤灰加入土中既能起填充作用,与石灰反应的产物也起胶结作用,由此可达到改善稳定土强度、密实性和水稳定性的目的。

6.2.2 被稳定材料

1. 粗集料

用作被稳定材料的粗集料宜采用各种硬质岩石或砾石加工成的碎石,也可直接采用天然砾石。一般粗集料应符合表6-2-2中Ⅰ类规定。用作级配碎石的粗集料要求更高,应符合

表6-2-2中Ⅱ类规定。作为高速公路、一级公路底基层和二级及二级以下公路基层、底基层被稳定材料的天然砾石材料应级配稳定、塑性指数不大于9。

粗集料技术要求　　　　　　　　　　　　　　　表6-2-2

指标	层位	高速公路和一级公路				二级及二级以下公路	
		极重、特重交通		重、中、轻交通			
		Ⅰ类	Ⅱ类	Ⅰ类	Ⅱ类	Ⅰ类	Ⅱ类
压碎值(%)	基层	≤22①	≤22	≤26	≤26	≤35	≤30
	底基层	≤30	≤26	≤30	≤26	≤40	≤35
针片状颗粒含量(%)	基层	≤18	≤18	≤22	≤18	—	≤20
	底基层	—	≤20	—	≤20	—	≤20
0.075mm以下粉尘含量(%)	基层	≤1.2	≤1.2	≤2	≤2	—	—
	底基层	—	—	—	—	—	—
软石含量(%)	基层	≤3	≤3	≤5	≤5	—	—
	底基层	—	—	—	—	—	—

注：①对花岗岩石料，压碎值可放宽至25%。

基层、底基层的粗集料规格要求宜符合表6-2-3的规定。高速公路和一级公路极重、特重交通荷载等级基层的4.75mm以上的粗集料应采用单一粒径的规格料。应选择适当的碎石加工工艺，用于破碎的原石粒径应为破碎后碎石公称最大粒径的3倍以上。高速公路基层用碎石，应采用反击破碎的加工工艺。级配碎石或砾石用作基层时，高速公路和一级公路公称最大粒径应不大于26.5mm，二级及二级以下公路公称最大粒径应不大于31.5mm；用作底基层时，公称最大粒径应不大于37.5mm。

粗集料规格要求　　　　　　　　　　　　　　　表6-2-3

规格名称	工程粒径(mm)	通过下列筛孔(mm)的质量百分率(%)									公称粒径(mm)
		53	37.5	31.5	26.5	19.0	13.2	9.5	4.75	2.36	
G1	20~40	100	90~100	—	—	0~10	0~5	—	—	—	19~37.5
G2	20~30	—	100	90~100	—	0~10	0~5	—	—	—	19~31.5
G3	20~25	—	—	100	90~100	0~10	0~5	—	—	—	19~26.5
G4	15~25	—	—	100	90~100	—	0~10	0~5	—	—	13.2~26.5
G5	15~20	—	—	—	100	90~100	0~10	0~5	—	—	13.2~19
G6	10~30	—	100	90~100	—	—	0~10	0~5	—	—	9.5~31.5
G7	10~25	—	—	100	90~100	—	0~10	0~5	—	—	9.5~26.5
G8	10~20	—	—	—	100	90~100	—	0~10	0~5	—	9.5~19
G9	10~15	—	—	—	—	100	90~100	—	0~10	0~5	9.5~13.2
G10	5~15	—	—	—	100	90~100	40~70	0~10	0~5		4.75~13.2
G11	5~10	—	—	—	—	—	100	90~100	0~10	0~5	4.75~9.5

2. 细集料

细集料包括天然砂砾、机制砂、石屑等。细集料应洁净、干燥、无风化、无杂质，并有适当的颗粒级配。高速公路和一级公路用细集料技术要求应符合表6-2-4的规定。

细集料的技术要求　　　　表6-2-4

项目	水泥稳定[①]	石灰稳定	石灰粉煤灰综合稳定	水泥粉煤灰综合稳定
颗粒分析	满足级配要求			
塑性指数[②]	≤17	适宜范围15~20	适宜范围12~20	—
有机质含量(%)	<2	≤10	≤10	<2
硫酸盐含量(%)	≤0.25	≤0.8	—	≤0.25

注：①水泥稳定包括水泥石灰综合稳定。
　　②应测定0.075mm以下材料的塑性指数。

细集料规格要求应符合表6-2-5的规定，其中对0~3mm和0~5mm的细集料应分别严格控制大于2.36mm和4.75mm的颗粒含量，对3~5mm的细集料应严格控制小于2.36mm的颗粒含量。在高速公路和一级公路中，细集料中小于0.075mm的颗粒含量应不大于15%；二级及二级以下公路中，细集料中小于0.075mm的颗粒含量应不大于20%。控制细集料0.075mm的通过率主要是为了控制混合料合成级配中0.075mm以下的颗粒含量。

细集料规格要求　　　　表6-2-5

规格名称	工程粒径(mm)	通过下列筛孔(mm)的质量百分率(%)								公称粒径(mm)
		9.5	4.75	2.36	1.18	0.6	0.3	0.15	0.075	
XG1	3~5	100	90~100	0~15	0~5	—	—	—	—	2.36~4.75
XG2	0~3	—	100	90~100	—	—	—	—	0~15	0~2.36
XG3	0~5	100	90~100	—	—	—	—	—	0~20	0~4.75

3. 工业废渣

工业废渣包括煤渣、煤矸石、钢渣（图6-2-4）、高炉矿渣以及其他冶金矿渣等。工业废渣作为集料使用，掺入水泥或石灰为结合料，通过加水拌和形成混合料，称为工业废渣稳定材料。工业废渣使用前，应崩解稳定，且宜通过不同龄期条件下的强度和模量试验以及温度收缩和干湿收缩试验等评价其混合料性能。工业废渣公称最大粒径应不大于31.5mm，颗粒组成宜有一定的级配，且不宜含有杂质。水泥稳定煤矸石不宜用于高速公路和一级公路。

图6-2-4　钢渣

6.2.3　水

符合现行标准要求的饮用水可直接作为基层、底基层材料拌和与养生用水，拌和使用的非饮用水应进行水质检验，技术要求应符合表6-2-6的规定。养生用水可不检验不溶物含量。

非饮用水技术要求   表 6-2-6

项次	项目	技术要求
1	pH 值	≥4.5
2	Cl^- 含量(mg/L)	≤3500
3	SO_4^{2-} 含量(mg/L)	≤2700
4	碱含量(mg/L)	≤1500
5	可溶物含量(mg/L)	≤10000
6	不溶物含量(mg/L)	≤5000
7	其他杂质	不应有漂浮的油脂和泡沫及明显的颜色和异味

6.3 无机结合料稳定材料的技术性质

图 6-3-1 立方体试件和圆柱体试件

想一想

在标准养护室中,经常看到,除了边长为 150mm 的水泥混凝土立方体试件外,还有一种直径为 150mm 的圆柱体试件,如图 6-3-1 所示,这些圆柱体试件是做什么试验用的呢？无机结合料稳定材料除了力学强度外,还有哪些技术性质？

无机结合料稳定材料的技术性质主要包括力学性能和路用性能两个方面,具体体现为以下内容。

6.3.1 无侧限抗压强度

设计路面结构时,无机结合料稳定材料采用 90d 或 180d 龄期的抗压回弹模量与弯拉强度,其中水泥稳定类采用 90d 龄期,石灰与二灰稳定类采用 180d 龄期的试验结果。但为了施工的方便,无机结合料稳定材料配合比设计与施工质量的控制,采用 7d 龄期的无侧限抗压强度。其方法是按最佳含水率和工地要求达到的压实度计算出干密度及材料用量,将试件制成高径比为 1∶1 的圆柱体(图 6-3-2),在标准养护条件(温度 20℃±2℃,相对湿度在 95% 以上)下养护 6d,浸水 1d,进行无侧限抗压强度测定(图 6-3-3)。半刚性基层的力学性能都是在饱水 24h 后再进行测定,因而也是水稳定性能的反映。由于无侧限抗压强度试件

WK79-基层技术性质

的标准养护条件与普通水泥混凝土立方体抗压强度试件标准养护条件完全一样,所以试验室一般将这两种试件放在同一个养护室进行养护。

图 6-3-2 无侧限抗压强度试件

图 6-3-3 无侧限抗压强度测定

无机结合料稳定细粒材料的试件直径应为 100mm, 无机结合料稳定中、粗粒材料的试件直径应为 150mm。

所谓无侧限抗压强度试验,顾名思义,就是试件在试压过程中,侧向周围没有任何限制,可以自由膨胀变形。这个概念与土工三轴试验相对应。三轴试验中,试件除了轴向受压外,侧向还有围压,围压限制试件的侧向变形。两者原理对比见图 6-3-4。

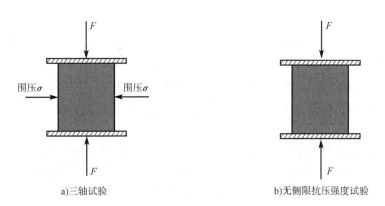

图 6-3-4 三轴试验与无侧限抗压强度试验对比原理图

设计道路工程结构时,水泥稳定材料的 7d 龄期无侧限抗压强度标准值应符合表 6-3-1 的规定。

水泥稳定材料的 7d 龄期无侧限抗压强度标准 R_d (单位:MPa)　　　表 6-3-1

结构层	公路等级	极重、特重交通	重交通	中、轻交通
基层	高速公路和一级公路	5.0~7.0	4.0~6.0	3.0~5.0
	二级及二级以下公路	4.0~6.0	3.0~5.0	2.0~4.0
底基层	高速公路和一级公路	3.0~5.0	2.0~4.5	2.0~4.0
	二级及二级以下公路	2.5~4.5	2.0~4.0	1.0~3.0

注:①公路等级高或交通荷载等级高或结构安全性要求高时,推荐取上限强度标准。
②表中强度标准值指的是 7d 龄期无侧限抗压强度的代表值,本节以下各表同。

石灰粉煤灰稳定材料的 7d 龄期无侧限抗压强度标准应符合表 6-3-2 的规定,其他工业废渣稳定材料宜参照执行。

石灰粉煤灰稳定材料的 7d 龄期无侧限抗压强度标准 R_d(单位:MPa)　　表 6-3-2

结构层	公路等级	极重、特重交通	重交通	中、轻交通
基层	高速公路和一级公路	≥1.1	≥1.0	≥0.9
基层	二级及二级以下公路	≥0.9	≥0.8	≥0.7
底基层	高速公路和一级公路	≥0.8	≥0.7	≥0.6
底基层	二级及二级以下公路	≥0.7	≥0.6	≥0.5

注:石灰粉煤灰稳定材料强度不满足上述要求时,可外加混合料质量 1%~2% 的水泥。

石灰稳定材料的 7d 龄期无侧限抗压强度标准应符合表 6-3-3 的规定。从表中可以看出,石灰稳定材料由于强度较低,不能应用在高速公路和一级公路的基层结构中。

石灰稳定材料的 7d 龄期无侧限抗压强度标准 R_d(单位:MPa)　　表 6-3-3

结构层	高速公路和一级公路	二级及二级以下公路
基层	—	≥0.8
底基层	≥0.8	0.5~0.7

6.3.2 收缩特性

无机结合料稳定材料的收缩主要表现为干燥收缩和温度收缩。干燥收缩是由于无机结合料稳定材料中水分不断减少所引起的材料体积收缩现象;温度收缩是由于不同矿物颗粒所组成的固相、液相和气相等在温度变化特别是降温过程中相互作用,使得材料产生体积收缩造成的。虽然干缩和温缩发生的原因不同,但都会引起无机结合料稳定材料体积的变化,从而诱发裂缝。

无机结合料稳定材料的干、温缩特性与结合料的类型、剂量、试件的含水率和龄期等因素有关。干缩特性常用最大干缩应变与平均干缩系数表征,温缩特性多用温缩系数表征。通常石灰稳定材料比水泥稳定材料更容易产生收缩裂缝。细粒土比粗粒土的收缩裂缝要大。掺加一定数量的粉煤灰可以降低无机结合料稳定材料的温缩系数。无机结合料稳定材料在成型初期,干缩比较大。因此要重视初期养护,保证稳定材料表面潮湿,严禁干晒。无机结合料稳定材料的干缩试验方法和温缩试验方法分别见《公路工程无机结合料稳定材料试验规程》(JTG E51—2009)T 0854—2009、T 0855—2009。

干缩破坏主要发生在基层成型的初期,尚未被沥青面层覆盖的阶段;而温缩破坏主要是由基层在使用初期昼夜交替产生温差引起的。混合料中水泥用量、0.075mm 以下的粉料含量对无机结合料稳定材料的收缩影响非常大,因此,在施工时应严格控制水泥用量和 0.075mm 以下的粉料用量。

对于沥青路面,基层收缩裂缝会引起路面面层由下往上开裂,即形成所谓的反射裂缝(图 6-3-5),外界水分通过裂缝渗入会引起面层的冲刷剥落或基层的冲刷唧泥。对于水泥路面,基层的收缩裂缝改变了路面板的受力状态,容易引起断板破坏。

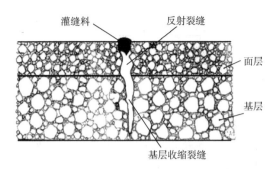

图 6-3-5　基层开裂引起的面层反射裂缝

6.3.3　冲刷特性

由于沥青路面开裂或水泥混凝土路面接缝的填缝料丧失,通过面层进入基层的水若不能及时排出,路表水进入基层顶面,在高速、重载车辆的作用下产生很大的动水压力,将细料冲刷带到路表,造成唧泥和路面面层脱空。基层冲刷破坏的程度与水量和材料中细集料含量有关,水量越大、细集料含量越多,冲刷破坏越严重。通常混合料的抗压强度越高,其抗冲刷性能越好,因此可通过适当提高抗压强度的方法来提高半刚性基层的抗冲刷性能。

水泥混凝土和沥青混合料由于胶结材料非常多,其细料不会被动水带走,所以一般不存在抗冲刷问题。

无机结合料稳定材料的抗冲刷试验方法见《公路工程无机结合料稳定材料试验规程》(JTG E51—2009)T 0860—2009。

6.3.4　抗冻性

无机结合料稳定材料有着比较好的抗冻性,现行规范以规定龄期(28d 或 180d)的材料经过若干个冻融循环后的饱水无侧限抗压强度与冻前饱水无侧限抗压强度之比来表征。在抗冻性试验过程中,试件的平均质量损失率应不超过5%。

在常用半刚性材料中,二灰稳定类材料的抗冻性能会随龄期的增长而增强,这是由于随着水化过程的深入,材料内水化产物含量增加,在提高材料强度的同时减少内部毛细孔隙,从而提高材料的抗冻性。水泥稳定类材料的早期强度较高,但其抗性能并不会随龄期的延长出现明显的增强,这是由于水泥稳定材料中水泥用量偏少(5% 左右),材料内部孔隙较大。

为减少半刚性基层的冻胀破坏,应尽量在晚春、初夏季节成型,这样在冬季来临前,材料有充分的水化时间,既能产生较多的水化产物,填补材料内部孔隙,又能减少基层内部水分,降低发生冻胀破环的可能性。

无机结合料稳定材料的抗冻性试验方法具体见《公路工程无机结合料稳定材料试验规程》(JTG E51—2009)T 0858—2009。

6.4 无机结合料稳定材料配合比设计

> **想一想**
>
> 我们在工地上经常听说"5%水泥稳定碎石",5%是什么意思?水泥稳定碎石的配合比设计与已经学过的水泥混凝土配合比设计过程一样吗?

WK80-无机结合料剂量

6.4.1 无机结合料的剂量表示方法

1. 单一稳定材料

水泥稳定材料和石灰稳定材料属于单一稳定材料,它们的剂量表示方法是水泥(或石灰)质量占全部被稳定材料干燥质量的百分率。例如,通常设计的5%水泥稳定碎石,指的5kg的水泥与100kg的干燥碎石之比,100kg的碎石质量是完全干燥质量,不含水。

2. 综合稳定材料

水泥粉煤灰稳定材料、石灰粉煤灰稳定材料等属于综合稳定材料,它们的剂量表示方法是采用质量配合比计算。例如,石灰粉煤灰土的设计配合比为,石灰:粉煤灰:土 = 10:20:70,表示100kg干燥混合料中,石灰10kg,粉煤灰20kg,被稳定土70kg。

【例6-4-1】 已知水泥稳定碎石中,水泥剂量设计为5%。现需要配制250kg干燥的水泥稳定碎石,则需要称量水泥和干燥碎石各多少kg?

解:

$$水泥 = 250 \times \frac{5}{100+5} = 11.9(kg)$$

$$干燥碎石 = 250 - 11.9 = 238.1(kg)$$

6.4.2 无机结合料稳定材料配合比设计步骤

无机结合料稳定材料本质是一种土,即在土中掺入了少量的水泥或石灰而已。普通土的主要施工参数是由重型击实试验获得的最大干密度、最佳含水率。所以,无机结合料稳定材料的主要施工参数有三个:最大干密度、最佳含水率、合理结合料剂量。获得上述三个施工参数是无机结合料稳定材料配合比设计的最终目的。

无机结合料稳定材料配合比设计总体分为四个步骤:原材料检验、混合料的目标配合比设计、混合料的生产配合比设计、施工参数的确定。

WK81-稳定材料配合比设计

1. 原材料检验

原材料检验的目的就是判断原材料是否合格,能不能用于无机结合料稳定材料中。原材料检验包括结合料、被稳定材料及其他相关材料的试验,所有检测指标均应满足相关设计标准或技术文件的要求。

2. 目标配合比设计

目标配合比的设计工作全部在试验室内完成,其依据主要是原材料的试验数据与规范推荐的经验数据。根据强度标准选择适宜的结合料类型和被稳定材料,确定必需的或最佳的无机结合料组成与剂量,验证混合料相关的设计及施工技术指标。

目标配合比设计应包括下列技术内容。

(1)选择级配范围。

(2)确定结合料类型及掺配比例。

(3)验证混合料相关的设计及施工技术指标。

3. 生产配合比设计

生产配合比设计需要结合具体施工使用的拌和楼(图6-4-1)完成。同样的目标配合比设计,应用到不同的拌和楼中,混合料拌制效果不一样。需要根据具体的拌和楼拌制效果,对原有的目标配合比设计进行参数调整。

生产配合比设计应包括下列技术内容。

(1)确定料仓供料比例。无机结合料稳定材料拌和楼一般都是连续式拌和设备,通过调整料仓仓门开口大小以及皮带盘运输速度,确保输送到拌锅中的原材料数量符合配合比设计要求。

(2)确定水泥稳定材料的容许延迟时间。容许延迟时间是指在满足强度标准的前提下,水泥稳定材料拌和后至碾压成型前所容许的最大时间间隔。目标配合比设计在室内完成,混合料的拌

图6-4-1 无机结合料稳定材料连续式拌和楼

料与试件的制作是连续完成的。而工地上,拌和楼距离摊铺现场往往有一定车程距离。混合料拌制完成,需要经过较长的运输时间才能被摊铺碾压。在这个运输时间内,混合料中的水泥可能已经凝结、水分可能蒸发等,都会造成混合料的强度下降,生产配合比设计阶段必须考虑这个因素。

(3)确定结合料剂量的标定曲线。无机结合料稳定材料施工过程中有一个非常重要的试验,即EDTA滴定试验(水泥或石灰稳定材料中水泥或石灰剂量测定方法)。该试验用于检测混合料中结合料剂量是否足够或者是否拌和均匀。在具体检测前,必须先完成剂量的标定曲线。

(4)确定混合料的最佳含水率、最大干密度。根据实际拌和楼的拌料情况,进一步调整这两个参数。

4. 施工参数确定

施工参数的确定要依据试验段(图6-4-2)的施工效果。所有的路面摊铺工程都需要铺筑试验段。无机结合料稳定材料铺筑试验段后,进行钻芯、外观等全面检测,根据检测数据对原

有的设计参数进一步调整。

图 6-4-2　摊铺水泥稳定碎石试验段

施工参数确定应包括下列技术内容。

(1) 确定施工中结合料剂量。

(2) 确定施工合理含水率及最大干密度。

(3) 验证混合料强度技术指标。

对水泥稳定材料,工地实际采用的水泥剂量宜比室内试验确定的剂量多 0.5%～1.0%。采用集中厂拌法施工时宜增加 0.5%；采用路拌法施工时宜增加 1.0%。

以配合比设计的结果为依据,综合考虑施工过程的气候条件,对水泥稳定材料,含水率可增加 0.5%～1.5%；对其他稳定材料,可增加 1.0%～2.0%。

无机结合料稳定材料组成设计流程见图 6-4-3。

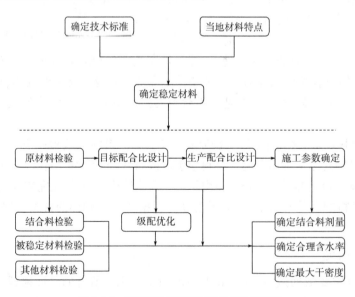

图 6-4-3　无机结合料稳定材料组成设计流程

6.4.3 目标配合比设计步骤

由于生产配合比设计、施工参数确定两个步骤都需要结合具体施工机械完成,本教材只介绍目标配合比设计。以工地上最常见的水泥稳定碎石(或砾石)为例,目标配合比设计步骤如下。

(1)确定混合料设计的技术标准。

技术标准主要是指7d龄期无侧限抗压强度标准值。如果是高速公路和一级公路,则应验证所用材料的7d龄期无侧限抗压强度与90d或180d龄期弯拉强度的关系。7d龄期无侧限抗压强度标准值根据公路等级、荷载等级以及结构层次,从表6-3-1中确定。

(2)集料的级配设计。

在目标级配曲线优化选择过程中,应选择不少于4条级配曲线,试验级配曲线可按两种方法构造:①《公路路面基层施工技术细则》(JTG/T F20—2015)推荐的级配范围;②《公路路面基层施工技术细则》(JTG/T F20—2015)附录A的方法。水泥稳定级配碎石的推荐级配范围见表6-4-1。

水泥稳定级配碎石或砾石的推荐级配范围(单位:%) 表6-4-1

筛孔尺寸(mm)	高速公路和一级公路			二级及二级以下公路		
	C-B-1	C-B-2	C-B-3	C-C-1	C-C-2	C-C-3
37.5	—	—	—	100	—	—
31.5	—	—	100	100~90	100	—
26.5	100	—	—	94~81	100~90	100
19	86~82	100	86~68	83~67	87~73	100~90
16	79~73	93~88	—	78~61	82~65	92~79
13.2	72~65	86~76	—	73~54	75~58	83~67
9.5	62~53	72~59	58~38	64~45	66~47	71~52
4.75	45~35	45~35	32~22	50~30	50~30	50~30
2.36	31~32	31~22	28~16	36~19	36~19	36~19
1.18	22~13	22~13	—	26~12	26~12	26~12
0.6	15~8	15~8	15~8	19~8	19~8	19~8
0.3	10~5	10~5	10~5	14~5	14~5	14~5
0.15	7~3	7~3	—	10~3	10~3	10~3
0.075	5~2	5~2	3~0	7~2	7~2	7~2

注:①用于高速公路和一级公路时,级配宜符合C-B-1、C-B-2的规定。混合料密实时也可采用C-B-3级配,C-B-1级配宜用于基层和底基层,C-B-2级配宜用于基层。
②用于二级及二级以下公路时,级配宜符合C-C-1、C-C-2、C-C-3的规定。C-C-1级配宜用于基层和底基层,C-C-2和C-C-3级配宜用于基层,C-B-3级配宜用于极重、特重交通荷载等级下的基层。
③被稳定材料的液限宜不大于28%。
④用于高速公路和一级公路时,被稳定材料的塑性指数宜不大于5;用于二级及二级以下公路时,宜不大于7。

(3)选择不少于5个结合料剂量,分别确定各剂量条件下混合料的最佳含水率和最大干密度。确定无机结合料稳定材料最大干密度时宜采用重型击实方法,也可采用振动压实方法,其仪器分别见图 6-4-4、图 6-4-5。

图 6-4-4　重型击实仪　　　　图 6-4-5　表面振动压实仪

一般来说,相比重型击实试验方法,振动压实试验确定的最佳含水率偏小、最大干密度偏大。击实试验方法是规范标准试验方法,规范同时推荐使用振动压实试验方法。由于振动压实试验方法得到的最大干密度大于击实试验确定的最大干密度,即试件更为密实,则在同样的强度标准值要求下,可以适当地节省水泥。所以,只要条件允许,施工单位会主动要求使用振动压实试验方法。振动压实试验方法必须与现场压实机械相匹配,否则盲目地提高最大干密度,会造成现场压实度检测达不到要求。

WK82-重型击实法　　　　WK83-振动压实法

水泥稳定材料配合比试验推荐水泥试验剂量可查表 6-4-2。

水泥稳定材料配合比试验推荐水泥试验剂量表　　　　表 6-4-2

被稳定材料	条件		推荐试验剂量(%)
有级配的碎石或砾石	基层	$R_d \geqslant 5\text{MPa}$	5、6、7、8、9
		$R_d < 5\text{MPa}$	3、4、5、6、7
土、砂、石屑等		塑性指数<12	5、7、9、11、13
		塑性指数≥12	8、10、12、14、16
有级配的碎石或砾石	底基层	—	3、4、5、6、7
土、砂、石屑等		塑性指数<12	4、5、6、7、8
		塑性指数≥12	6、8、10、12、14
碾压贫混凝土	基层	—	7、8.5、10、11.5、13

对水泥稳定材料,水泥的最小剂量应符合表 6-4-3 的规定。材料组成设计所得水泥剂量少于表 6-4-3 中的最小剂量时,应按表 6-4-3 采用最小剂量。

水泥稳定材料中最小水泥剂量（单位：%）　　　　　表 6-4-3

被稳定材料类型	拌和方法	
	路拌法	集中厂拌法
中、粗粒材料	4	3
细粒材料	5	4

（4）根据试验确定的最佳含水率、最大干密度及压实度要求，用静压法成型标准试件。基层、底基层压实度标准分别见表 6-4-4、表 6-4-5。

基层压实标准（单位：%）　　　　　表 6-4-4

公路等级		水泥稳定材料	石灰粉煤灰稳定材料	水泥粉煤灰稳定材料	石灰稳定材料
高速和一级公路		≥98	≥98	≥98	—
二级及二级以下公路	稳定中粗粒材料	≥97	≥97	≥97	≥97
	稳定细粒材料	≥95	≥95	≥95	≥95

底基层压实标准（单位：%）　　　　　表 6-4-5

公路等级		水泥稳定材料	石灰粉煤灰稳定材料	水泥粉煤灰稳定材料	石灰稳定材料
高速和一级公路	稳定中粗粒材料	≥97	≥97	≥97	≥97
	稳定细粒材料	≥95	≥95	≥95	≥95
二级及二级以下公路	稳定中粗粒材料	≥95	≥95	≥95	≥95
	稳定细粒材料	≥93	≥93	≥93	≥93

进行强度试验时，作为平行试验的最少试件数量应不小于表 6-4-6 的规定。

平行试验的最少试件数量　　　　　表 6-4-6

材料类型	变异系数要求		
	<10%	10%~15%	15%~20%
细粒材料[1]	6	9	—
中粒材料[2]	6	9	13
粗粒材料[3]	—	9	13

注：[1]公称最大粒径小于 16mm 的材料。
　　[2]公称最大粒径不小于 16mm 且小于 26.5mm 的材料。
　　[3]公称最大粒径不小于 26.5mm 的材料。

静压法成型试件与击实法成型试件的区别：已知混合料的密度、含水率等参数的情况下，可以根据试模的体积计算出一个试件的材料总量，则可用静压法成型试件，将这些材料全部压入试模即可。未知混合料的密度等参数，只能采用击实法成型试件，按照一定的击锤重量和击数将土击入试模中，直到试模击满为止。所以，要想得到材料的最大干密度，只能采用击实法，不能采用静压法。

（5）试件在标准养生条件下养护 6d、浸水 1d 后，进行无侧限抗压强度试验，按式 (6-4-1)

计算强度代表值 R_d^0。

$$R_d^0 = \bar{R} \cdot (1 - Z_a C_v) \tag{6-4-1}$$

式中：$\bar{R}$——一组试验的强度平均值(MPa)。

Z_a——标准正态分布表中随保证率或置信度 a 而变的系数，高速公路和一级公路应取保证率95%，即 $Z_a = 1.645$；二级及二级以下公路应取保证率90%，即 $Z_a = 1.282$。

C_v——一组试验的强度变异系数。

(6)强度代表值应不小于强度标准值，同时应验证不同结合料剂量条件下混合料的技术性能，确定合理的结合料剂量。一般情况下，可以取满足强度标准值的最小水泥剂量。验证混合料的技术性能，主要是验证7d龄期无侧限抗压强度与90d或180d龄期弯拉强度的关系。

(7)合成级配曲线与波动范围的确定。选定目标级配曲线后，应对各档材料进行筛分，确定其平均筛分曲线及相应的变异系数，并按2倍标准差计算出各档材料筛分级配的波动范围。

(8)应根据已确定的各档材料使用比例和各档材料级配的波动范围，计算实际生产混合料的级配波动范围；并应针对这个波动范围的上、下限验证性能。

6.5 无机结合料稳定材料配合比设计实例

想一想

项目部通知试验室，下个月开始进行水泥稳定碎石基层的试验段施工，要求及时完成水泥稳定碎石配合比报告。同学们作为试验室负责人，如何具体完成这个任务？

【例6-5-1】 试完成某高速公路基层水泥稳定级配碎石目标配合比设计。

1. 设计任务

湖南省某高速公路路面结构设计如图6-5-1所示。现需要完成基层的水泥稳定级配碎石目标配合比设计。

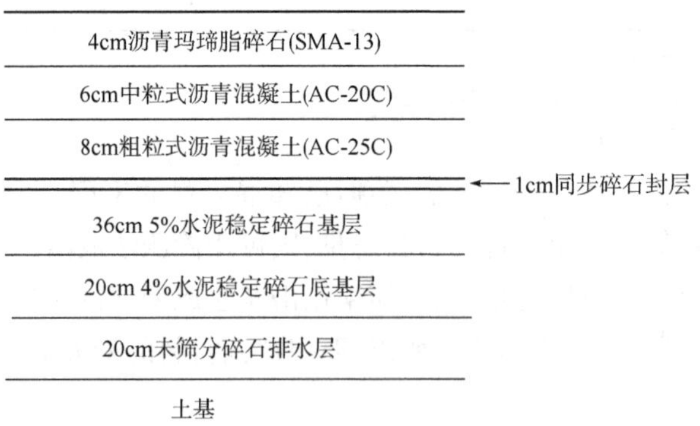

图6-5-1 路面结构设计图
（4cm沥青玛琦脂碎石(SMA-13)；6cm中粒式沥青混凝土(AC-20C)；8cm粗粒式沥青混凝土(AC-25C)；1cm同步碎石封层；36cm 5%水泥稳定碎石基层；20cm 4%水泥稳定碎石底基层；20cm未筛分碎石排水层；土基）

2.设计要求

设计文件要求：

(1)水泥。要求采用各项物理力学性能符合要求的通用硅酸盐水泥，强度等级为32.5或42.5。水泥初凝时间应大于3h,终凝时间应大于6h且小于10h。

(2)粗集料。采用石灰岩轧制的碎石,碎石集料压碎值不得大于30%。

(3)细集料。采用碎石加工过程中的石屑及天然砂,有机质含量不宜超过2%。

(4)混合料。施工时应根据具体材料和试验确定施工配合比,设计时室内试验水泥稳定碎石基层的配合比为集料：水泥 = 97 ~ 94.5 : 3 ~ 5.5,水泥用量不得大于5.5%；设计时室内试验水泥稳定碎石底基层的配合比为集料：水泥 = 97 ~ 96 : 3 ~ 4,水泥用量不得大于4%。基层和底基层混合料要求级配范围见表6-5-1。基层和底基层水泥稳定级配碎石7d无侧限抗压强度见表6-5-2。

基层和底基层混合料要求级配范围　　　　表6-5-1

通过各筛孔(mm)的质量百分率(%)							液限(%)	塑性指数
31.5	19	9.5	4.75	2.36	0.6	0.075		
100	68~86	38~58	22~32	16~28	8~15	0~3	<28	<5

基层和底基层水泥稳定级配碎石7d无侧限抗压强度及压实度　　　　表6-5-2

类型	水泥稳定碎石基层	水泥稳定碎石底基层
压实度(%)	≥98	≥97%
7d无侧限抗压强度(MPa)	5.0~7.0	3.0~5.0

原材料其他要求见《公路路面基层施工技术细则》(JTG/T F20—2015)。

解：

1.进行原材料试验,选择适宜的结合料类型

(1)水泥。采用湖南××水泥有限公司的P·S·A 32.5水泥,初凝时间实测为285min,终凝时间实测为386min。其他物理力学性能也都满足规范要求。

(2)碎石和石屑。采购来源为××矿业有限公司。

碎石分为三种规格料：1号(19~31.5mm)、2号(9.5~19mm)、3号(4.75~9.5mm)。碎石压碎值实测为20.6%,针片状含量实测为8.0%,碱-集料反应结论为无潜在碱-硅酸反应危害。

石屑只有一种规格料：4号(0~4.75mm),石屑的有机质含量为0.3%,硫酸盐含量为0.2%。

2.设计合成级配

对四种规格料各自完成筛分试验,初步采用不同的掺量构建了4条不同的级配曲线。4条级配中,掺入同样的水泥剂量5%,综合试验分析其密度和强度后,最终采用表6-5-3的掺配比例构建混合料。掺配后,水泥稳定碎石混合料的合成级配见表6-5-4,满足设计文件要求的级配范围。经试验检测,混合料的液限24%、塑限20%、塑性指数4,满足<5的要求。

各档规格料掺配比例　　　　表6-5-3

集料规格	1号料(19~31.5mm)	2号料(9.5~19mm)	3号料(4.75~9.5mm)	4号料(0~4.75mm)
掺配比例(%)	26	29	17	28

掺配后水泥稳定碎石混合料合成级配　　　　　　　　　　　　　　　　表 6-5-4

项目	通过百分率(%)						
筛孔尺寸(mm)	31.5	19	9.5	4.75	2.36	0.6	0.075
设计文件要求	100	68~86	38~58	22~32	16~28	8~15	0~3
掺配后混合料合成级配	100	79.1	47.8	30.8	20.0	11.5	2.8

3. 进行重型击实试验

按照经验和规范推荐,选择5个结合料剂量,分别为3.5%、4.0%、4.5%、5.0%、5.5%,采用重型击实试验方法确定每种剂量下混合料的最佳含水率和最大干密度,见表6-5-5。

不同水泥剂量下的混合料的最大干密度和最佳含水率　　　　　　　　表 6-5-5

水泥掺量(%)	3.5	4.0	4.5	5.0	5.5
最大干密度(g/cm³)	2.361	2.378	2.389	2.397	2.405
最佳含水率(%)	4.8	4.9	5.1	5.2	5.3

每个剂量下的混合料的重型击实试验需要平行做两次,取两次试验的最大干密度和最佳含水率的平均值为最后取值。例如,3.5%水泥剂量的两次平行击实试验的数据见表6-5-6和表6-5-7。其他剂量下的混合料击实试验数据类似。

3.5%水泥剂量的混合料击实试验(第1次试验)　　　　　　　　　　表 6-5-6

试验用途	基层配合比				试验日期			2021.5.4	
样品名称	3.5%水泥稳定碎石				样品来源			××矿业、××水泥	
击实方法	每层击98次				筒容积:2177cm³			超尺寸颗粒含量:0%	
预加含水率(%)	4.0		4.5		5.0		5.5		6.0
筒号	10		10		10		10		10
筒+湿土质量(g)	9867		9948		9992		10005		9999
筒质量(g)	4629		4629		4629		4629		4629
湿土质量(g)	5238		5319		5363		5376		5370
湿密度(g/cm³)	2.406		2.443		2.463		2.469		2.467
盒号	33	22	16	18	27	19	29	3	2	21
盒+湿土质量(g)	1076.90	955.70	985.70	1097.80	966.44	1008.40	1087.60	1024.30	978.10	1088.40
盒+干土质量(g)	1044.80	926.70	951.90	1060.00	931.90	972.10	1043.70	981.90	935.30	1038.90
盒质量(g)	205.32	197.02	206.16	192.54	196.21	197.63	200.31	201.50	200.81	199.05
水分质量(g)	32.10	29.00	33.80	37.80	34.54	36.30	43.90	42.40	42.80	49.50
干土质量(g)	839.48	729.68	745.74	867.46	735.69	774.47	843.39	780.40	734.49	839.85
含水率(%)	3.8	4.0	4.5	4.4	4.7	4.7	5.2	5.4	5.8	5.9
平均含水率(%)	3.9		4.4		4.7		5.3		5.8	
干密度(g/cm³)	2.316		2.340		2.352		2.345		2.332	
最大干密度(g/cm³)	2.352		平行试验平均值(g/cm³)		2.361		最佳含水率(%)	4.7	平行试验平均值(%)	4.8

3.5%水泥剂量的混合料击实试验(第2次试验) 表 6-5-7

试验用途	基层配合比				试验日期				2021.5.4	
样品名称	3.5%水泥稳定碎石				样品来源				××矿业、××水泥	
击实方法	每层击98次				筒容积:2177cm³				超尺寸颗粒含量:0%	
预加含水率(%)	4.0		4.5		5.0		5.5		6.0	
筒号	10		10		10		10		10	
筒+湿土质量(g)	9886		9968		10037		10032		10011	
筒质量(g)	4629		4629		4629		4629		4629	
湿土质量(g)	5257		5339		5408		5403		5382	
湿密度(g/cm³)	2.415		2.452		2.484		2.482		2.472	
盒号	7	26	1	10	17	30	28	14	13	6
盒+湿土质量(g)	1037.61	1085.48	1018.59	979.17	1052.69	1073.51	953.19	964.62	1007.65	1025.49
盒+干土质量(g)	1006.33	1050.49	983.91	946.94	1013.92	1033.96	915.34	926.38	962.70	980.97
盒质量(g)	200.62	201.24	202.78	198.96	198.08	203.88	204.27	208.25	197.92	201.42
水分质量(g)	31.28	34.99	34.68	32.23	38.77	39.55	37.85	38.24	44.95	44.52
干土质量(g)	805.71	849.25	781.13	747.98	815.84	830.08	711.14	718.13	764.78	779.55
含水率(%)	3.9	4.1	4.4	4.3	4.8	4.8	5.3	5.3	5.9	5.7
平均含水率(%)	4.0		4.4		4.8		5.3		5.8	
干密度(g/cm³)	2.322		2.349		2.370		2.357		2.336	
最大干密度(g/cm³)	2.370		平行试验平均值(g/cm³)		2.361		最佳含水率(%)		4.8	
							平行试验平均值(%)		4.8	

4. 成型试件

根据试验确定的各个不同剂量下的混合料的最大干密度和最佳含水率以及压实度要求,用静压法成型标准试件。本试验中,粗集料公称最大粒径为31.5mm,混合料属于粗粒材料,每组试件成型13个。

5. 强度试验

试件在标准养生条件下养生6d,浸水1d后,进行无侧限抗压强度试验。例如,水泥剂量为3.5%的混合料的7d无侧限抗压强度试验数据见表6-5-8。其他不同水泥剂量的混合料的7d无侧限抗压强度试验数据类似。

3.5%水泥稳定碎石的7d无侧限抗压强度试验记录　　　　表 6-5-8

试件名称		3.5%水泥稳定碎石			试验日期			2021.5.7—2021.5.14	
试验用途		基层配合比			配合比情况			集料：水泥=100：3.5	
工段落		—			击实最大干密度(g/cm³)			2.361	
压实度		98%			养生龄期			7d	
试件编号	养生前		浸水前试件质量(g)	养生期间的质量损失(g)	浸水后		吸水量(g)	试验后的最大压力(N)	无侧限抗压强度(MPa)
	试件质量(g)	试件高度(mm)			试件质量(g)	试件高度(mm)			
01	6419.1	150.4	6413.9	5.2	6452.7	150.8	38.8	88570	5.0
02	6405.4	150.9	6402.0	3.4	6434.4	151.4	32.4	83240	4.7
03	6413.8	150.0	6405.2	8.6	6436.2	150.8	31.0	96590	5.5
04	6413.9	151.2	6408.1	5.8	6434.7	151.4	26.6	82500	4.7
05	6419.8	151.2	6412.4	7.4	6438.3	151.9	25.9	93530	5.3
06	6412.3	150.9	6410.0	2.3	6438.6	151.4	28.6	78280	4.4
07	6404.5	150.5	6402.5	2.0	6435.3	150.9	32.8	97320	5.5
08	6418.6	150.5	6410.7	7.9	6444.2	150.8	33.5	82550	4.7
09	6419.0	150.7	6410.8	8.2	6448.2	151.3	37.4	96750	5.5
10	6413.1	150.7	6406.0	7.1	6439.2	151.1	33.2	79820	4.5
11	6409.9	151.0	6404.0	5.9	6445.6	151.7	41.6	87110	4.9
12	6418.5	150.5	6412.6	5.9	6445.1	150.7	32.5	84910	4.8
13	6406.2	150.0	6399.5	6.4	6438.9	150.7	39.1	77440	4.4
无侧限抗压强度平均值$\bar{R}$(MPa)					4.9				
标准差S(MPa)					0.41				
变异系数C_v(%)					8.37				
无侧限抗压强度代表值R_d^0(MPa)					4.2				

6. 确定最佳结合料剂量

水泥剂量分别为 3.5%、4.0%、4.5%、5.0%、5.5%的水泥稳定碎石的 7d 无侧限抗压强度见表 6-5-9。

不同水泥剂量下的水泥稳定碎石的 7d 无侧限抗压强度试验记录　　表 6-5-9

水泥剂量（%）	最佳含水率 w_0（%）	最大干密度 γ_{max}（g/cm³）	抗压强度平均值 $\bar{R}$（MPa）	标准差 S（MPa）	抗压强度代表值 R_d^0（MPa）	抗压强度标准值 R_d（MPa）	$R_d^0 \geq R_d$
①	②	③	④	⑤	⑥	⑦	⑧
3.5	4.8	2.361	4.9	0.41	4.2		否
4.0	4.9	2.378	5.7	0.38	5.1		是,偏低
4.5	5.1	2.389	6.7	0.39	6.1	5.0~7.0	是
5.0	5.2	2.397	7.4	0.51	6.6		是,偏高
5.5	5.3	2.405	7.9	0.42	7.2		是,偏高

水泥掺量选用 4.5%，其对应的最大干密度为 2.389g/cm³，最佳含水率为 5.1%。7d 无侧限抗压强度代表值为 6.1MPa，符合该高速公路路面设计 5.0~7.0MPa 要求。

7. 设计结果

最终，该高速公路基层的水泥稳定碎石目标配合比见表 6-5-10。

基层水泥稳定碎石目标配合比　　表 6-5-10

材料组成	水	水泥	1号料（19~31.5mm）	2号料（9.5~19mm）	3号料（4.75~9.5mm）	4号料（0~4.75mm）
掺配比例	5.1%	4.5%	26%	29%	17%	28%

6.6　无机结合料稳定材料试验

想一想

无机结合料稳定材料有一个著名的无侧限抗压强度试验,这个试验具体如何操作? 在工地试验室,有关无机结合料稳定材料的试验中,还有一个非常重要、检测频率很高的试验:EDTA 滴定试验,EDTA 是什么意思呢?

6.6.1　无机结合料稳定材料试件制作方法（圆柱形）

本试验根据《公路工程无机结合料稳定材料试验规程》（JTG E51—2009）T 0843—2009 编写。

WK84-圆柱形试件制作

CZ44-圆柱形试件制作

1. 适用范围

本方法适用于无机结合料稳定材料的无侧限抗压强度、间接抗拉强度、室内抗压回弹模量、动态模量、劈裂模量等试验的圆柱形试件。

2. 主要仪器设备

(1) 试模:稳定细粒材料,试模的直径×高 = ϕ100mm×100mm;稳定中、粗粒材料,试模的直径×高 = ϕ150mm×150mm,如图 6-6-1 和图 6-6-2 所示。

图 6-6-1 无侧限试件试模

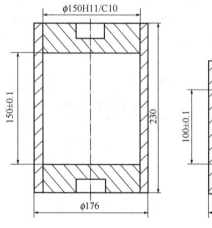

图 6-6-2 圆柱形试件和垫块设计尺寸(单位:mm)
注:H11/C10 表示垫块和试模的配合精度。

注:《公路工程无机结合料稳定材料试验规程》(JTG E51—2009)T 0843—2009 试验方法中,规定细粒土使用试模规格为直径×高 = ϕ50mm×50mm。《公路路面基层施工技术细则》(JTG/F20—2015)重新对细粒材料、中粒材料和粗粒材料做了定义,并要求细粒材料的试件直径应为 100mm,中、粗粒材料的试件直径应为 150mm,即取消了 50mm 直径的试模。

图 6-6-3 电动脱模器

(2) 电动脱模器(图 6-6-3)。
(3) 反力架:反力为 400kN 以上。
(4) 液压千斤顶:200~1000kN。
(5) 压力试验机:可替代千斤顶和反力架,量程不小于 2000kN,行程、速度可调。

3. 试验准备

(1) 试件的径高比一般为 1:1,根据需要也可成型 1:1.5 或 1:2 的试件。试件的成型需要根据压实度水平,按照体积标准,采用静力压实法制备。

(2)将具有代表性的风干试料(必要时,可以在50℃烘箱内烘干),用木槌捣碎或用木碾碾碎,但应避免破坏粒料的原粒径。按照公称最大粒径的大一级筛,将土过筛并进行分类。

(3)在预定做试验的前一天,取有代表性的试料测定其风干含水率。对于细粒土,试样应不少于100g;对于中粒土,试样应不少于1000g;对于粗粒土,试样应不少于2000g。

(4)按照击实试验法确定无机结合料稳定材料的最佳含水率和最大干密度。

(5)根据击实结果,称取一定质量的风干土,其质量随试件大小而变。对于 $\phi 100mm \times 100mm$ 的试件,1个试件约需干土1700~1900g;对于 $\phi 150mm \times 150mm$ 的试件,1个试件约需干土5700~6000g。

对于细粒土,一次可称取6个试件的土;对于中粒土,一次宜称取一个试件的土;对于粗粒土,一次只称取一个试件的土。

(6)将准备好的试料分别装入塑料袋中备用。

4. 试验步骤

(1)调试成型所需要的各种设备,检查是否运行正常;将成型用的模具擦拭干净,并涂抹机油。成型中、粗粒土时,试模筒的数量应与每组试件的个数相配套。上下垫块应与试模筒相配套,上下垫块能够刚好放入试筒内上下自由移动(一般来说,上下垫块直径比试筒内径小约0.2mm)且上下垫块完全放入试筒后,试筒内未被上下垫块占用的空间体积能满足径高比为1:1的设计要求。

(2)对于无机结合料稳定细粒材料,至少应该制备6个试件;对于无机结合料稳定中、粗粒材料,至少应该分别制备9个和13个试件。

(3)根据击实结果和无机结合料的配合比按式(6-6-1)计算每份材料的加水量、无机结合料的质量。

(4)将称好的土放在长方盘(约400mm×600mm×70mm)内。向土中加水拌料、闷料。对于石灰稳定材料、水泥和石灰综合稳定材料、石灰粉煤灰综合稳定材料、水泥粉煤灰综合稳定材料,可将石灰或粉煤灰和土一起拌和,将拌和均匀后的试料放在密闭容器或塑料袋(封口)内浸润备用。

对于细粒材料(特别是黏性土),浸润时的含水率应比最佳含水率小3%;对于中粒材料和粗粒材料,可按最佳含水率加水;对于水泥稳定类材料,加水量应比最佳含水率小1%~2%。

应加的水量可按式(6-6-1)计算。

$$m_w = \left(\frac{m_n}{1+0.01w_n} + \frac{m_c}{1+0.01w_c}\right) \times 0.01w - \frac{m_n}{1+0.01w_n} \times 0.01w_n - \frac{m_c}{1+0.01w_c} \times 0.01w_c$$

(6-6-1)

式中:m_w——混合料中应加的水量(g);

m_n——混合料中素土(或集料)的质量(g),其含水率为 w_n(风干含水率)(%);

m_c——混合料中水泥或石灰的质量(g),其原始含水率为 w_c(%)(水泥的 w_c 通常很小,也可以忽略不计);

w——要求达到的混合料的含水率(%)。

【例题 6-6-1】 设计一种石灰稳定土,经过计算需要取风干土 1100g 和石灰 80g 混合组成,该石灰稳定土的设计最佳含水率为 12.4%。试验测定,土的风干(原始)含水率为 4.6%,石灰的原始含水率为 1.3%。请计算混合料中还需添加的水量为多少克?

解:

$$m_w = \left(\frac{m_n}{1+0.01w_n} + \frac{m_c}{1+0.01w_c}\right) \times 0.01w - \frac{m_n}{1+0.01w_n} \times 0.01w_n - \frac{m_c}{1+0.01w_c} \times 0.01w_c$$

$$= \left(\frac{1100}{1+0.046} + \frac{80}{1+0.013}\right) \times 0.124 - \frac{1100}{1+0.046} \times 0.046 - \frac{80}{1+0.013} \times 0.013$$

$$= (1051.62 + 78.97) \times 0.124 - 1051.62 \times 0.046 - 78.97 \times 0.013$$

$$= 140.19 - 48.37 - 1.03 = 90.79(g)$$

浸润时间要求为:黏质土 12~24h,粉质土 6~8h,砂类土、砂砾土、红土砂砾、级配砂砾等可以缩短到 4h 左右,含土很少的未筛分碎石、砂砾及砂可以缩短到 2h。浸润时间一般不超过 24h。

(5)在试件成型前 1h 内,加入预定数量的水泥并拌和均匀。在拌和过程中,应将预留的水(对于细粒土为 3%,对于水泥稳定类为 1%~2%)加入土中,使混合料达到最佳含水率。拌和均匀的加有水泥的混合料应在 1h 内按下述方法制成试件,超过 1h 的混合料应该作废。其他结合料稳定材料,混合料虽不受此限,但也应尽快制成试件。

(6)用反力架和液压千斤顶,或采用压力试验机制件。

将试模配套的下垫块放入试模的下部,但外露 2cm 左右。将称量的规定数量的稳定材料混合料分 2~3 次灌入试模中,每次灌入后用夯棒轻轻均匀插实。

(7)将整个试模(连同上、下垫块)放到反力架内的千斤顶上(千斤顶下应放一扁球座)或压力机上,以 1mm/min 的加载速率加压,直到上下压柱都压入试模为止。维持压力 2min。

(8)解除压力后,取下试模,并放到脱模器上将试件顶出。用水泥稳定有黏结性的材料(如黏质土)时,制件后可以立即脱模;用水泥稳定无黏结性细粒土时,最好过 2~4h 再脱模;对于中、粗粒土的无机结合料稳定材料,也最好过 2~6h 脱模。

(9)从脱模器上取试件时,应用双手抱住试件侧面的中下部,然后沿水平方向轻轻旋转,待感觉到试件移动后,再将试件轻轻抱起,放置到试验台上。切勿直接将试件向上拔起。

(10)称试件的质量 m_2,小试件精确至 0.01g,大试件精确至 0.1g。然后用游标卡尺测量试件高度 h,精确至 0.1mm。检查试件的高度和质量,不满足成型标准的试件作为废件。

(11)试件称量后应立即放在塑料袋中封闭,并用潮湿的毛巾覆盖,移放至养生室。

5. 计算

单个试件的标准质量:

$$m_0 = V \times \rho_{max} \times (1 + w_{opt}) \times \gamma \tag{6-6-2}$$

考虑到试件成型过程中的质量损耗,实际操作过程中每个试件的质量可增加 0~2%,即:

$$m_0' = m_0 \times (1 + \delta) \tag{6-6-3}$$

每个试件的干料(包括干土和无机结合料)总质量:

$$m_1 = \frac{m_0}{1 + w_{opt}} \tag{6-6-4}$$

每个试件中的无机结合料质量：

外掺法
$$m_2 = m_1 \times \frac{\alpha}{1+\alpha} \quad (6\text{-}6\text{-}5)$$

内掺法
$$m_2 = m_1 \times \alpha \quad (6\text{-}6\text{-}6)$$

每个试件中的干土质量：
$$m_3 = m_1 - m_2 \quad (6\text{-}6\text{-}7)$$

每个试件中的加水量：
$$m_w = (m_2 + m_3) \times w_{opt} \quad (6\text{-}6\text{-}8)$$

验算：
$$m_0' = m_2 + m_3 + m_w \quad (6\text{-}6\text{-}9)$$

式中：V——试件体积(cm^3)；

w_{opt}——混合料最佳含水率(%)；

ρ_{max}——混合料最大干密度(g/cm^3)；

γ——混合料压实度标准(%)；

m_0、m_0'——混合料质量(g)；

m_1——干混合料质量(g)；

m_2——无机结合料质量(g)；

m_3——干土质量(g)；

δ——计算混合料质量的冗余量(%)；

α——无机结合料的掺量(%)；

m_w——加水质量(g)。

注：外掺法与内掺法的区别是对无机结合料的掺量 α 的定义不一样。若无机结合料的掺量 α 定义为无机结合料质量占全部被稳定材料干燥质量(不包括水泥、石灰等无机结合料)的百分率，则采用外掺法计算。若无机结合料的掺量 α 定义为无机结合料质量占全部干燥混合料(包括水泥、石灰等无机结合料)的百分率，则采用内掺法计算。在现行基层施工细则中，要求统一采用外掺法。

【例题 6-6-2】 某高速公路基层采用5%水泥稳定碎石，其公称最大粒径为26.5mm，配合比设计的最大干密度为2.124g/cm³，最佳含水率为6.8%。现场按照98%的压实度进行施工控制。现试验室需要制备圆形试件进行无侧限抗压强度试验，试计算一个试件需要称量的干土、水泥和水的质量(考虑存在1%的材料损耗)。

解：

公称最大粒径为26.5mm，属于粗粒材料，采用 ϕ150mm 的大试模，高径比为 1:1

试模体积为：
$$V = 3.14 \times (15/2)^2 \times 15 = 2649.38 (cm^3)$$

一个试件标准质量为：
$$m_0 = V \times \rho_{max} \times (1 + w_{opt}) \times \gamma = 2649.38 \times 2.124 \times (1 + 0.068) \times 0.98 = 5889.74(g)$$

考虑损耗后，一个试件的混合料总质量为：

$$m_0' = m_0 \times (1 + \delta) = 5889.74 \times (1 + 0.01) = 5948.64(\text{g})$$

每个试件的干料(包括干碎石和水泥)总质量为:

$$m_1 = \frac{m_0'}{1 + w_{opt}} = \frac{5948.64}{1 + 0.068} = 5569.89(\text{g})$$

每个试件水泥质量为:

$$m_2 = m_1 \times \frac{\alpha}{1 + \alpha} = 5569.89 \times \frac{0.05}{1 + 0.05} = 265.23(\text{g})$$

每个试件干碎石质量为: $m_3 = m_1 - m_2 = 5569.89 - 265.23 = 5304.66(\text{g})$

每个试件加水量为: $m_w = (m_2 + m_3) \times w_{opt} = (265.23 + 5304.66) \times 0.068 = 378.75(\text{g})$

验算: 混合料质量 $m_0' = m_2 + m_3 + m_w = 265.23 + 5304.66 + 378.75 = 5948.64(\text{g})$

6. 结果整理

(1)小试件的高度误差范围为 $-0.1 \sim 0.15$cm, 大试件的高度误差范围应为 $-0.1 \sim 0.2$cm。

(2)质量损失: 稳定细粒材料试件应不超过标准质量 5g, 稳定中粒材料试件应不超过 25g, 稳定粗粒材料试件应不超过 50g。

6.6.2 无机结合料稳定材料养生试验

本试验根据《公路工程无机结合料稳定材料试验规程》(JTG E51—2009)T 0845—2009 编写。

1. 适用范围

本方法适用水泥稳定材料类和石灰、二灰稳定材料类的养生。标准养生方法是指无机结合料稳定类材料在规定的标准温度和湿度环境下强度增长的过程。本方法规定了无机结合料稳定材料的标准养生的试验方法和步骤。

WK85-稳定材料试件养生方法

2. 仪器设备

标准养护室: 温度 20℃ ±2℃, 相对湿度在 95% 以上。

3. 标准养生方法试验步骤

(1)试件从试模内脱出并量高称质量后,稳定中粒材料和粗粒材料的大试件应装入塑料袋内。试件装入塑料袋后,将袋内的空气排除干净,扎紧袋口,将包好的试件放入养护室,见图6-6-4。

(2)标准养生的温度为 20℃ ±2℃, 标准养生的湿度为 ≥95%。试件宜放在铁架或木架上,间距至少 10~20mm。试件表面应保持一层水膜,并避免用水直接冲淋。

(3)对无侧限抗压强度试验,标准养生龄期是 7d, 最后一天浸水。对弯拉强度、间接抗拉强度,水泥稳定材料类的标准养生龄期是 90d, 石灰稳定材料类的标准养生龄期是 180d。

(4)在养生期的最后一天,将试件取出,观察试件的边角有无磨损和缺块,并量高称质量,然后将试件浸泡于 20℃ ±2℃ 水中,应使水面在试件顶上约 2.5cm。

图6-6-4　无机结合料稳定材料试件养护

4. 结果整理

（1）如养生期间有明显的边角缺损，试件应该作废。

（2）对养生7d的试件，在养生期间，试件质量损失应符合下列规定：稳定细粒材料试件不超过1g；稳定中粒材料试件不超过4g；稳定粗粒材料试件不超过10g。质量损失超过此规定的试件，应予作废。

（3）对养生90d和180d的试件，在养生期间，试件质量的损失应符合下列规定：稳定细粒材料试件不超过1g；稳定中粒材料试件不超过10g；稳定粗粒材料试件不超过20g。质量损失超过此规定的试件，应予作废。

5. 注意事项

试件的质量损失指含水率的减少，不包括由于各种不同原因从试件上掉下的混合料颗粒。在实际工作中，如发现试件养护后有少量的颗粒掉落，应连同试件一同称量。

6.6.3　无侧限抗压强度试验

本试验根据《公路工程无机结合料稳定材料试验规程》（JTG E51—2009）T 0805—1994编写。

WK86-无侧限抗压强度　　　CZ45-无侧限抗压强度

1. 目的与适用范围

本方法适用于测定无机结合料稳定材料（包括稳定细粒材料、中粒材料和粗粒材料）试件的无侧限抗压强度。

2. 主要仪器设备

(1) 水槽:深度应大于试件高度 50mm。

(2) 压力机或万能试验机(也可用路面强度试验仪和测力计):压力机应符合现行《液压式万能试验机》(GB/T 3159)及《试验机 通用技术要求》(GB/T 2611)中的要求,其测量精度为 ±1%,同时应具有加载速率指示装置或加载速率控制装置。上下压板平整并有足够刚度,可以均匀地连续加载卸载,可以保持固定荷载。开机停机均灵活自如,能够满足试件吨位要求,且压力机加载速率可以有效控制在 1mm/min。

3. 试件制备和养护

(1) 按照标准方法成型径高比为 1:1 的圆柱形试件。

(2) 按照标准养生方法进行 7d 的标准养生。

(3) 将试件两顶面用刮刀刮平,必要时可用快凝水泥砂浆抹平试件顶面。

4. 试验步骤

(1) 根据试验材料的类型和一般的工程经验,选择合适量程的测力计和压力机,试件破坏荷载应大于测力量程的 20% 且小于测力量程的 80%。在球形支座和上下顶板涂上机油,使球形支座能够灵活转动。

(2) 将已浸水一昼夜的试件从水中取出,用软布吸去试件表面的水分,并称试件的质量 m_4。

(3) 用游标卡尺测量试件的高度 h,精确至 0.1mm。

(4) 将试件放在路面材料强度试验仪或压力机上,并在升降台上先放一扁球座,进行抗压试验。试验过程中,应保持加载速率为 1mm/min。记录试件破坏时的最大压力 P(N)。

(5) 从试件内部取有代表性的样品(经过打破),按照本烘干法测定其含水率 w。

5. 计算

试件的无侧限抗压强度按式(6-6-10)计算,保留 1 位小数。

$$R_c = \frac{P}{A} \tag{6-6-10}$$

式中: R_c ——试件的无侧限抗压强度(MPa);

P ——试件破坏时的最大压力(N);

A ——试件的截面面积(mm^2);

$$A = \frac{1}{4}\pi D^2$$

D ——试件的直径(mm)。

6. 结果整理

(1) 在同一组试件试验中,采用 3 倍均方差方法剔除异常值,稳定细粒材料可以允许有 1 个异常值,稳定中粒材料允许有 1~2 个异常值,稳定粗粒材料允许有 2~3 个异常值。异常值数量超过上述规定的试验重做。

(2) 同一组试验的变异系数 C_v(%)符合下列规定,方为有效试验:小试件 $C_v \leq 6\%$;中试件 $C_v \leq 10\%$;大试件 $C_v \leq 15\%$。如不能保证试验结果的变异系数小于规定的值,则应按允许误差 10% 和 90% 概率重新计算所需的试件数量,增加试件数量并另做新试验。新试验结果与老试验结果一并重新进行统计评定,直到变异系数满足上述规定。

（3）报告中需要计算平均值 $\bar{R}_c$、标准差 S、变异系数 C_v 和 95% 保证率的代表值 $R_{c0.95}$（$R_{c0.95} = \bar{R}_c - 1.645S$）。

7. 试验数据举例

某水泥稳定碎石的 7d 无侧限抗压强度试验结果见表 6-6-1。

7d 水泥稳定碎石无侧限抗压强度　　　表 6-6-1

试件名称			4.5% 水泥稳定碎石		试件尺寸			Φ150mm	
试件编号	养生前		浸水前试件质量（g）	养生期间的质量损失（g）	浸水后		吸水量（g）	试验后的最大压力（N）	无侧限抗压强度（MPa）
	试件质量（g）	试件高度（mm）			试件质量（g）	试件高度（mm）			
01	6511.5	151.0	6510.3	1.2	6535.2	151.2	24.9	103610	5.9
02	6512.1	150.9	6509.4	2.7	6538.7	151.6	29.3	112200	6.4
03	6512.6	150.3	6505.6	7.0	6538.8	150.7	33.2	120090	6.8
04	6511.8	150.6	6505.3	6.5	6540.5	150.9	35.2	122460	6.9
05	6522.7	150.8	6518.7	4.0	6548.1	151.2	29.4	109000	6.2
06	6511.6	150.4	6505.8	5.8	6529.8	150.8	24.0	128790	7.3
07	6515.4	150.3	6510.7	4.7	6544.7	150.7	34.0	103930	5.9
08	6511.1	151.1	6504.4	6.7	6536.7	151.3	32.3	113640	6.4
09	6514.5	150.4	6505.5	9.0	6542.2	151.1	36.7	125380	7.1
10	6513.5	151.0	6509.1	4.4	6539.7	151.5	30.6	123940	7.0
11	6518.5	150.4	6512.7	5.8	6551.7	150.8	39.0	117010	6.6
12	6522.9	150.2	6514.5	8.4	6541.9	151.0	27.4	118910	6.7
13	6513.2	150.7	6505.2	8.0	6537.5	151.1	32.3	115830	6.6
无侧限抗压强度平均值 $\bar{R}$（MPa）					6.6				
标准差 S（MPa）					0.43				
变异系数 C_v（%）					6.52				
无侧限抗压强度代表值 R_d^0（MPa）					5.9				

6.6.4　EDTA 滴定法

本试验根据《公路工程无机结合料稳定材料试验规程》（JTG E51—2009）T 0805—1994 编写。EDTA 滴定法,全称为:水泥或石灰稳定材料中水泥或石灰剂量测定方法。简单地讲,就是检测无机结合料稳定材料中的水泥或石灰掺量。

WK87-EDTA 滴定法

CZ46-EDTA 滴定法

DH25-EDTA 滴定试验

1. 适用范围

(1)本方法适用于在工地快速测定水泥和石灰稳定材料中水泥和石灰的剂量,并可用于检查现场拌和与摊铺的均匀性。

(2)本办法适用于在水泥终凝之前的水泥剂量测定,石灰剂量的测试应在路拌后尽快测试。

(3)本方法可以用来测定水泥和石灰综合稳定材料中结合料的剂量。

2. 试验原理

EDTA 滴定法的化学原理:先用氯化铵弱酸溶出水泥(石灰)稳定材料中的 Ca^{2+},然后用 EDTA 二钠标准溶液中和 Ca^{2+}(Ca^{2+} 呈碱性,EDTA 二钠呈酸性)。在混合料中,水泥掺量越多,即 Ca^{2+} 越多,则消耗的 EDTA 二钠标准溶液就越多,两者存在近似线性关系。试验室首先配制不同剂量的水泥(或石灰)稳定材料,分别找到 EDTA 二钠标准溶液的消耗量,制定标准曲线。以此标准曲线对比检测施工现场的混合料中水泥(或石灰)的剂量。

滴定试验(图6-6-5)要用到相应的指示剂。本试验中需要钙红指示剂。钙红指示剂,顾名思义,遇见"钙"便呈现红色。当红色消失,变成了另外一种颜色,则说明溶液中钙离子已被中和,滴定试验结束。

图 6-6-5 滴定试验

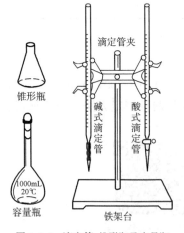

图 6-6-6 滴定管、锥形瓶及容量瓶

3. 主要仪器设备

(1)酸式滴定管(图6-6-6):50mL,1支。

(2)大肚移液管:10mL、50mL,各5支。

(3)锥形瓶(即三角瓶):200mL,20个。

(4)烧杯:2000mL(或1000mL),1只;300mL,10只。

(5)容量瓶:1000mL,1个。

(6)搪瓷杯:容量大于1200mL,10只。

(7)棕色广口瓶:60mL,1只(装钙红指示剂)。

(8)电子天平:量程不小于1500g,感量0.01g。

(9)精密试纸:pH 为 12~14。

(10)聚乙烯桶:20L(装蒸馏水、氯化铵及EDTA二钠标准溶液),3个;5L(装氢氧化钠),1个;5L(大口桶),10个。

4. 试剂

(1)0.1mol/m³乙二胺四乙酸二钠(EDTA二钠)标准溶液(简称EDTA二钠标准溶液):准确称取EDTA二钠(分析纯)37.23g,用40~50℃蒸馏水溶解,待全部溶解并冷却至室温后,定容至1000mL。

(2)10%氯化铵(NH_3Cl)溶液:将500g氯化铵(分析纯或化学纯)放在10L的聚乙烯桶内,加蒸馏水4500mL,充分振荡,使氯化铵完全溶解。也可以分批在1000mL的烧杯内配制,然后倒入塑料桶内摇匀。

(3)1.8%氢氧化钠(内含三乙醇胺)溶液:用电子天平称18g氢氧化钠(NaOH)(分析纯),放入洁净干燥的1000mL烧杯中,加1000mL蒸馏水使其全部溶解,待溶液冷却至室温后,加入2mL三乙醇胺(分析纯),搅拌均匀后储于塑料桶中。

(4)钙红指示剂:将0.2g钙试剂羟酸钠(分子量460.39)与20g预先在105℃烘箱中烘1h的硫酸钾混合,一起放入研钵中,研成极细粉末,储于棕色广口瓶中,以防吸潮。

5. 制备标准曲线

(1)取样:取工地用无机结合料和土,用烘干法测其含水率(如针对水泥,可认为其含水率为0)。

(2)混合料组成的计算:计算出配置不同结合料剂量时需要的干土质量、结合料剂量以及加水量。

(3)以水泥稳定材料为例,准备5种不同水泥剂量混合料试样,每种各2个试样,如为水泥稳定中、粗粒土,每个样品称取1000g左右(如为细粒土,则可称取300g左右)准备试验。为了减少中、粗粒土的离散,宜按设计级配单份掺配的方式备料。

准备标准曲线的水泥剂量为:0%、2%、4%、6%和8%,应保证工地实际所用水泥或石灰的剂量位于标准曲线时所用剂量的中间。每种剂量取两个(为湿质量)试样,共10个试样,并分别放在10个大口聚乙烯桶(如为稳定细粒土,可用搪瓷杯或1000mL具塞三角瓶;如为粗粒土,可用5L的大口聚乙烯桶)内。土的含水率应等于工地预期达到的最佳含水率,土中所加的水与工地所用水相同。

(4)取一个盛有试样的盛样器,在盛样器内加入两倍试样质量(湿料质量)体积的10%氯化铵溶液(如湿料质量为300g,则氯化铵溶液为600mL;如湿料质量为1000g,则氯化铵溶液为2000mL),当混合搅拌料为300g时,用不锈钢搅拌棒充分搅拌3min(每分钟搅110~120次)。放置沉淀10min,然后将上部清液转移到300mL烧杯内,搅匀,加盖表面皿待用。如10min后得到的是浑浊悬浮液,则应增加放置沉淀时间,直到出现无明显悬浮颗粒的悬浮液为止,并记录所需的时间,以后所有该种水泥(或石灰)土混合料的试验,均应以同一时间为准。

(5)用移液管吸取上层(液面上1~2cm)悬浮液10.0mL放入200mL的三角瓶内,用量筒量取50mL1.8%氢氧化钠溶液倒入三角瓶中,此时溶液pH值为12.5~13.0,然后加入钙红指示剂(体积约为 0.2g),摇匀,溶液呈玫瑰红色。记录滴定管用 EDTA 二钠标准溶液的体积 V_1,然后用 EDTA 二钠标准溶液滴定,边滴定边摇匀,并仔细观察溶液的颜色,在溶液颜色变为紫色时,放慢滴定速度,并摇匀;直到纯蓝色为终点,记录 EDTA 二钠标准溶液的体积 V_2(以 mL 计,读至 0.1mL)。计算 $V_1 - V_2$,即为 EDTA 二钠标准溶液的消耗量。

(6)对其他几个盛样器中的试样,用同样的方法进行试验,并记录各自的 EDTA 二钠标准溶液的消耗量。

(7)以同一水泥或石灰剂量稳定材料消耗 EDTA 二钠标准溶液消耗量(mL)的平均值为纵坐标,以水泥或石灰剂量(%)为横坐标制图。得到水泥和石灰消耗量与 EDTA 消耗量的工作曲线,见表 6-6-2。

(8)如制作标准曲线所用素土、水泥或石灰发生改变,必须重作标准曲线。

6. 待测试样试验步骤

(1)选取有代表性的无机结合料稳定材料,对稳定中、粗粒土取试样约 3000g,对稳定细粒土取试样约 1000g。

(2)对水泥或石灰稳定细粒土,称 300g 放在搪瓷杯中、用搅拌棒将结块搅散,加 10% 氯化铵溶液 600mL;对水泥或石灰稳定中、粗粒土,可直接称取 1000g 左右,放入 10% 氯化铵溶液 2000mL,然后如前述步骤进行试验。

(3)利用所绘制的标准曲线,根据 EDTA 二钠标准溶液消耗量,确定混合料中的水泥或石灰剂量。

7. 结果整理

本试验应进行两次平行测定,取算术平均值,精确至 0.1mL,允许重复性误差不得大于平均值的 5%,否则,重新进行试验。

8. 注意事项

(1)现场样品应在摊铺后尽快取样。对于水泥稳定材料超过终凝时间所测定的水泥剂量,需做相应龄期修正。

(2)由于氯化铵的瓶装规格为 500g 一瓶,在使用过程中,氯化铵必须用电子秤称量,不可用一瓶当 500g,瓶装蒸馏水也是一桶 4500mL,在使用过程中必须重新过量桶。

(3)控制好滴定的各环节。在 EDTA 滴定过程中,溶液的颜色有明显的变化过程,从玫瑰红色变为紫色,最终变为蓝色。因此,要把握好滴定的临界点,切不可直接将溶液滴定到纯蓝色,因为在滴定过量时溶液的颜色始终为纯蓝色,因此,若没有经过临界点,可能已经过量很多。

9. 试验数据举例

某水泥稳定碎石 EDTA 标准曲线试验数据及图形见表 6-6-2。

EDTA 标准曲线试验数据及图形 表 6-6-2

样品编号	滴定次数	EDTA 初读数	EDTA 终读数	消耗量（mL）	平均值（mL）	水泥(石灰)剂量(%)	备注
1 号	1	1.2	2.1	0.9	0.9	0.0	
	2	2.1	3.0	0.9			
2 号	1	3.2	9.0	5.8	5.8	2.0	
	2	9.0	14.7	5.7			
3 号	1	2.1	12.4	10.3	10.3	4.0	
	2	12.4	22.7	10.3			
4 号	1	0.9	14.7	13.8	13.8	6.0	
	2	14.7	28.5	13.8			
5 号	1	4.2	21.9	17.7	17.8	8.0	
	2	21.9	39.8	17.9			

本章小结

路面基层类型按照材料不同划分为无机结合料类、有机结合料类、粒料类和再生类材料。无机结合料稳定材料是指将一定剂量的水泥、石灰等无机结合料或其他固化剂掺入各种经过粉碎、原来松散的土或粗细集料中,加水、拌和后得到的混合料,也称为半刚性基层材料。半刚性基层是我国最常用的路面基层形式。

无机结合料稳定材料按照所用结合料的不同,分为水泥稳定材料、石灰稳定材料和综合稳定材料。规范分别从无机结合料、被稳定材料和水三个方面对原材料做了具体的技术要求。无机结合料的技术性质主要包括:无侧限抗压强度、收缩特性、冲刷特性和抗冻性。

水泥(石灰)稳定材料的剂量表示方法是:水泥(或石灰)质量占全部被稳定材料干燥质量的百分率。无机结合料稳定材料配合比设计总体分为四个步骤:原材料检验、混合料的目标配合比设计、混合料的生产配合比设计、施工参数的确定。

无机结合料稳定材料配合比设计获得三个参数:最大干密度、最佳含水率和合理结合料剂量。一般从试验的多个无机结合料剂量中,选择满足强度标准值的最小结合料剂量作为合理结合料剂量。级配碎石配合比设计,需要进行 CBR 强度试验,最后从构建的 3~4 条试验级配曲线中,选择 CBR 强度最高的级配作为工程使用的目标级配。

在工地试验室中与无机结合料稳定材料相关的重要试验包括:圆柱形试件成型试验、标准养生试验、无侧限抗压强度试验、EDTA 滴定试验。

习题

一、判断题(判断正误)

1. 水泥稳定材料可以通过合理的设计与施工,做成整板结构而不需要切缝。( )
2. 底基层与基层只是处在路面结构中的层位不一样,两者的配合比设计方法、施工方法等完全一样。( )
3. 高速公路和一级公路的基层,宜采用磨细生石灰。( )
4. 在无机结合料稳定材料中,强度等级为 42.5 或 52.5 的普通硅酸盐水泥等均可使用。( )
5. 水泥稳定材料的剂量表示方法是,水泥质量占全部混合料(包括水泥和集料)干燥质量的百分率。( )
6. 确定无机结合料稳定材料最大干密度时宜采用重型击实方法,也可采用振动压实方法。( )
7. 试件从试模内脱出并量高称质量后,稳定中粒材料和粗粒材料的大试件应装入塑料袋内。试件装入塑料袋后,将袋内的空气排除干净,扎紧袋口,将包好的试件放入养护室。( )
8. 做无机结合料稳定材料无侧限抗压强度试验,应选择合适量程的测力计和压力机,试件破坏荷载应大于测力量程的 20% 且小于测力量程的 80%。( )

二、单选题(每道小题四个选项,只有一个正确选项)

1. 在路面基层中,下列( )材料是半刚性基层材料。
   A. 沥青稳定碎石   B. 级配碎石
   C. 水泥混凝土   D. 水泥稳定级配碎石
2. 已知某水泥稳定碎石,采用水泥 266g,水 379g,矿料 5305g,则该混合料的水泥剂量表示为( )。
   A. 5.0%   B. 4.7%   C. 4.5%   D. 10.8%
3. 测无机结合料稳定材料 7d 无侧限抗压强度,粗粒土试件试件尺寸为( )。
   A. 立方体 150mm × 150mm × 150mm
   B. 立方体 100mm × 100mm × 100mm
   C. 圆柱体 ϕ150mm × 高 150mm
   D. 圆柱体 ϕ100mm × 高 100mm

4. 进行无侧限抗压强度试验。已知一个 φ150mm 的圆柱体试件,破坏时其抗压荷载为 122.46kN,则该试件的无侧限抗压强度为(　　)。
    A. 6.9MPa   B. 6.9×10^{-3}MPa   C. 5.4MPa   D. 5.4×10^{-3}MPa

5. 已知水泥稳定土水泥剂量设计为 4.5%,现需要配制 250kg 干燥的水泥稳定土混合料,则需要称量水泥(　　)kg。
    A. 10.77g   B. 10.98g   C. 11.25g   D. 11.78g

6. 已知一组水泥稳定碎石试件,共 13 个试件,其无侧限抗压强度平均值 $R = 5.2$(MPa),标准差 $S = 0.48$(MPa),则其代表值 $R_d^0 =$(　　)(MPa)。已知高速公路,$Z_a = 1.645$。
    A. 5.2   B. 4.7   C. 4.4   D. 6.0

7. 7d 无侧限抗压强度,其中 7d 指的是(　　)。
    A. 标准养护 7d
    B. 标准养护 6d,浸水 1d
    C. 浸水 7d
    D. 标准养护 1d,浸水 6d

8. 无机结合料稳定材料标准养护室的条件为(　　)。
    A. 温度 20℃±2℃,相对湿度在 95% 以上
    B. 温度 20℃±1℃,相对湿度在 90% 以上
    C. 温度 20℃±2℃,相对湿度在 90% 以上
    D. 温度 20℃±1℃,相对湿度在 95% 以上

三、多选题(每道小题四个选项,有两个或两个以上为正确选项)

(1) 二灰稳定细粒土中的"二灰"通常是指(　　)。
    A. 水泥   B. 石灰   C. 粉煤灰   D. 硅灰

(2) 无机结合料稳定材料配合比设计总体分为(　　)。
    A. 原材料检验
    B. 混合料的目标配合比设计
    C. 混合料的生产配合比设计
    D. 施工参数的确定

(3) 无机结合料稳定材料目标配合比设计包含(　　)技术内容。
    A. 选择级配范围
    B. 确定结合料类型及掺配比例
    C. 确定料仓供料比例
    D. 确定结合料剂量的标定曲线

(4) 为了有效控制无机结合料稳定材料的收缩开裂,在施工时应严格控制(　　)。
    A. 水泥用量
    B. 0.075mm 以下的粉料用量
    C. 4.75mm 以上粗集料用量
    D. 2.36mm 以下细集料用量

(5) 路面基层按照组成材料的不同,分为以下(　　)类型。
    A. 无机结合料类
    B. 有机结合料类
    C. 无结合料类(粒料类)
    D. 再生类材料

四、综合题(每道小题四个选项,有一个或一个以上为正确选项)

某高速公路双向 4 车道,全长 51.3km,半幅路面宽度为 10.5m。其路面设计结构见下表,其中基层的集料公称最大粒径为 26.5mm,配合比设计的最大干密度为 2.028g/cm³,最佳含水率为 6.2%。现场按照 98% 的压实度进行施工控制。请根据现有资料回答以下问题。

路面结构设计

层次	混合料类型	厚度
表面层	SMA-13	4cm
中面层	AC-20	6cm
下面层	AC-25	8cm
基层	5%水泥稳定碎石	40cm
底基层	4%水泥稳定碎石	20cm
排水层	级配碎石	20cm
土基	—	—

(1) 该路面结构设计中,按照使用的材料,基层属于(　　)。
　　A. 无机结合料类　　　　　　　　B. 有机结合料类
　　C. 粒料类　　　　　　　　　　　D. 再生类材料

(2) 现在需要验证基层材料的7d无侧限抗压强度,采用静压法成型试件,试件高径比为1∶1,考虑1%的材料损耗,则成型一个试件的湿混合料总质量需要(　　)(保留1位小数)。
　　A. 5647.9g　　　　B. 5948.6g　　　　C. 6009.9g　　　　D. 6070.0g

(3) 成型一个试件需要称量干燥的矿料质量为(　　)(保留1位小数)。
　　A. 5544.1g　　　　B. 5291.4g　　　　C. 5569.9g　　　　D. 5064.9g

(4) 用静压法成型无侧向抗压强度试件,在制件的过程中,下列哪些操作是正确的? (　　)
　　A. 在试件成型前1h内,加入所需数量的水泥并拌和均匀。
　　B. 静压时,以1mm/min的加载速率加压,直到上下压柱都被压入试模为止,维持压力2min。
　　C. 在脱模器上取试件时,应双手抱住试件侧面的中下部,直接将试件轻轻捧起,放置到试验台上。
　　D. 试件制作完成后,稳定粗粒材料试件质量损失应不超过50g。

(5) 下列有关无机结合稳定材料试件标准养生的操作,哪些是不正确的? (　　)
　　A. 试件可以放入水泥混凝土的标准养护室中,一起养护。
　　B. 标准养生龄期是7d,其中最后一天浸入20℃±2℃水中,并使水面刚好漫过试件顶面。
　　C. 如养生期间有明显的边角缺损,可用快凝的水泥砂浆处理。如需要用水泥砂浆处理,应在试件保水前完成,然后进行饱水。
　　D. 养生完后的试件质量损失,主要是指各种不同原因从试件上掉下的混合料。

模块7 建筑钢材
MODULE SEVEN

学习目标：
1. 熟悉建筑钢材的常见类型；
2. 掌握建筑钢材的牌号表示方法；
3. 掌握建筑钢材的抗拉性能和工艺性能；
4. 了解化学元素含量对钢材的性能影响；
5. 熟悉普通钢筋的用料工序与连接方式；
6. 掌握钢材的室温拉伸试验和反向弯曲试验。

7.1 建筑钢材的常见类型

想一想

钢材是道路工程中非常重要的一种建筑材料，应用非常广泛。在钢筋混凝土结构中，钢材和水泥混凝土充分发挥了各自的优势。与水泥混凝土材料相比，钢材有哪些优缺点呢？

在工地的钢筋加工棚中，堆放的钢材尺寸不一、形式多样，同学们能准确地识别它们吗？进货的钢材上都有一个铭牌（图7-1-1），同学们能读懂铭牌上的数字与符号的意义吗？如"牌号：HPB300"是什么意思？许多较粗的钢筋上都有表面标志（图7-1-2），同学们能读懂吗？

钢材在人类生活中的应用极为广泛，品种繁多。建筑钢材，是指应用在土木建筑工程中所有钢材类型的总称。限于篇幅，教材主要介绍在公路工程中应用的钢材。

图 7-1-1 钢材的铭牌　　　　　　　　　图 7-1-2 钢材表面标志

7.1.1 概述

1. 钢材的工程特性

钢材是在严格的技术控制条件下生产的,与非金属材料相比,具有品质均匀致密、强度高、塑性和韧性好、能经受冲击和振动荷载等优点;钢材还具有优良的加工性能,可以锻压、焊接、铆接和切割,便于装配。钢材的主要缺点是易锈蚀、维护费用高、耐火性差、生产能耗大。

如图 7-1-3 所示,钢筋混凝土结构充分发挥了水泥混凝土的抗压性能和钢材的抗拉性能。由于混凝土的抗拉强度远低于抗压强度,因而素混凝土结构不能用于受有拉应力的梁和板。如果在混凝土梁、板的受拉区内配置钢筋,则混凝土结构的拉力主要由钢筋承担,充分发挥混凝土抗压强度较高和钢筋抗拉强度较高的各自优势,共同抵抗荷载作用,提高混凝土梁、板的承载能力。钢筋包裹在混凝土中,要求有一定的保护层厚度,有利于钢筋的防锈。

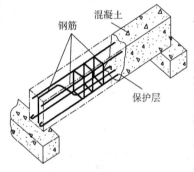

图 7-1-3 钢筋混凝土结构示意图

2. 钢材的分类

钢材的分类方法很多,可以分别从生产工艺、化学成分、品质、断面形状、用途等方面进行分类。

(1)按轧制温度分类。钢材的生产工艺主要是轧制。轧制是一种金属加工工艺,金属坯料通过一对旋转轧辊的各种形状的间隙,因受轧辊的压缩使材料截面减小,长度增加,是一种压力加工方法。

根据轧制温度的不同,钢材分为:①热轧钢材。热轧钢材经过高温加热轧制而成,强度低于冷轧钢材,但塑性、可焊性较好,在土木工程中常用;②冷轧钢材。冷轧钢材在室温条件下轧制而成。与热轧钢材比较,冷轧钢材的屈服强度有所提高,尺寸更精确,且表面光滑、漂亮,同时还具有各种优越的机械性能。

(2)按化学成分分类。钢材的化学元素包括:铁(Fe)、碳(C)、锰(Mn)、硅(Si)、硫(S)、磷

（P）、铬（Cr）、镍（Ni）……其中硫和磷是钢材最常见的杂质元素，硫和磷的含量应尽量降低，否则会影响钢材的可焊性和韧性。

根据化学成分，钢材分为碳素钢和合金钢。①碳素钢。碳素钢也称碳钢，是含碳量低于2.0%的铁碳合金，一般还含有少量的硅、锰、硫、磷等。碳素钢含碳量越高，则硬度越大，强度也越高，但塑性越低。根据含碳量从低到高进一步细分为：低碳钢、中碳钢、高碳钢。建筑工程中多用低碳钢。②合金钢。合金钢是在碳素钢基础上添加适量的一种或多种合金元素（如锰、硅、铬、镍等）而构成的铁碳合金，使钢材具有高强度、高韧性、耐磨、耐腐蚀、耐低温、耐高温等特殊性能。合金钢进一步细分为低合金钢、中合金钢、高合金钢。建筑工程多用中低合金钢。

（3）按用途分类。钢材按用途的不同，可以分为：①结构钢，建筑工程结构中承受荷载的各种钢筋、钢绞线、型钢等就是结构钢。②工具钢，如刀具、量具、模具等。③特殊钢，如不锈钢、磁性钢等。

结构钢根据其在公路工程中的不同应用途径，大致分为3类：①普通钢筋；②预应力钢筋；③钢结构用钢。本节重点介绍这3类钢材。

7.1.2 普通钢筋

普通钢筋是指用于混凝土结构构件中的各种非预应力钢筋的总和。在公路工程中，最常见的是热轧带肋钢筋，其次是热轧光圆钢筋，还有少量结构使用余热处理钢筋和冷轧带肋钢筋。

1. 热轧光圆钢筋

热轧光圆钢筋是指经热轧成型，横截面通常为圆形，表面光滑的成品钢筋。钢筋的公称直径范围为 6～22mm。钢筋可按直条或盘卷交货（图7-1-4）。公路工程中常用热轧光圆钢筋直径规格为 8mm、10mm。

图7-1-4 热轧光圆钢筋

根据《钢筋混凝土用钢 第1部分：热轧光圆钢筋》（GB/T 1499.1—2017），热轧光圆钢筋的牌号由 HPB 和屈服强度特征值构成，H、P、B 分别为热轧（Hot rolled）、光圆（Plain）、钢筋

(Bars)三个词的英文首位字母。热轧光圆钢筋只有一种牌号 HPB300,300 为钢筋的屈服强度特征值。

热轧光圆钢筋强度较低,但塑性好,伸长率高,便于弯折成形,可用作中小型钢筋混凝土结构的受力钢筋、分布筋、箍筋等。预制构件的吊环,必须采用未经冷拉的热轧光圆钢筋制作,以防吊装过程中发生脆断。在设计图纸上,符号 A 表示热轧光圆钢筋。

2. 热轧带肋钢筋

热轧带肋钢筋,俗称螺纹钢,是经热轧成型,横截面通常为圆形,且表面带肋的混凝土结构用钢材。钢筋的公称直径范围为 6～50mm。钢筋通常按直条交货(图 7-1-5),交货长度为 6～12m。直径不大于 16mm 的钢筋也可按盘卷交货(图 7-1-6),每盘应是一条钢筋。公路工程中常用热轧带肋钢筋直径规格为 12～32mm。

图 7-1-5　热轧带肋钢筋(直条)

图 7-1-6　热轧带肋钢筋(盘卷)

根据《钢筋混凝土用钢 第 2 部分:热轧带肋钢筋》(GB/T 1499.2—2018),热轧带肋钢筋按晶粒度分为普通热轧钢筋 HRB 和细晶粒热轧钢筋 HRBF。H、R、B 分别为热轧(Hot rolled)、带肋(Ribbed)、钢筋(Bars)三个词的英文首位字母;HRBF 中的 F 为细晶粒(Fine)英文首位字母。普通热轧钢筋牌号由 HRB 和屈服强度特征值构成,有 HRB400、HRB500、HRB600、HRB400E、HRB500E,共 5 种牌号,E 表示抗震钢筋;细晶粒热轧钢筋牌号由 HRBF 和屈服强度特征值构成,有 HRBF400、HRBF500、HRBF400E、HRBF500E,共 4 种牌号。

钢筋肋条分为纵肋和横肋。纵肋是指平行于钢筋轴线的均匀连续肋。钢筋通常带有纵肋,也可不带纵肋。横肋是指与钢筋轴线不平行的其他肋,其形状有螺旋形、人字形、月牙形等。

热轧带肋钢筋应在其表面轧上牌号标志、生产企业序号(许可证后 3 位数字)和公称直径毫米数字,还可轧上厂名或商标,厂名以汉语拼音字头表示。钢筋牌号以阿拉伯数字或阿拉伯数字加英文字母表示,HRB400、HRB500、HRB600 分别以 4、5、6 表示,HRBF400、HRBF500 分别以 C4、C5 表示,HRB400E、HRB500E 分别以 4E、5E 表示,HRBF400E、HRBF500E 分别以 C4E、C5E 表示。

如图 7-1-2 所示，4E 表示钢筋牌号为 HRB400E，203 是生产许可证后 3 位数字，BC 是厂名简称，28 是表示钢筋直径为 28mm。

热轧带肋钢筋强度较高，塑性和焊接性能较好，因表面带肋，加强了钢筋与混凝土之间的黏结力，广泛用于大、中型钢筋混凝土结构的受力钢筋，经过冷拉后可用作预应力钢筋。在设计图纸上，用 C 表示 HRB400 钢筋，C^F 表示 HRBF400 钢筋，D 表示 HRB500 钢筋，抗震型采用同样的符号。

3. 余热处理钢筋

钢筋混凝土用余热处理钢筋，是指钢材热轧后利用热处理原理进行表面控制冷却，并利用芯部余热自身完成回火处理所得的成品钢筋。根据《钢筋混凝土用余热处理钢筋》(GB/T 13014—2013)，钢筋混凝土用余热处理钢筋牌号有：RRB400、RRB500、RRB400W，共 3 个牌号。其中 RRB 是余热处理钢筋的英文缩写，数值是规定的屈服强度特征值，W 表示可焊。钢筋混凝土用余热处理钢筋直径规格范围为 8~50mm。

余热处理钢筋与热轧钢筋相比，强度提高，其延性、可焊性、机械连接性能及施工适应性降低，可用于对变形性能及加工性能要求不高的构件中，如基础、大体积混凝土、墙体以及次要的中小结构构件等。《公路钢筋混凝土及预应力混凝土桥涵设计规范》(JTG 3362—2018)要求选用 RRB400 钢筋。在设计图纸上，用 C^R 表示 RRB400 钢筋。

4. 冷轧带肋钢筋

冷轧带肋钢筋是指将热轧圆盘条冷轧，在其表面轧出带有沿长度方向均匀分布的横肋的钢筋。冷轧带肋钢筋按延性的高低分为两类：冷轧带肋钢筋和高延性冷轧带肋钢筋。冷轧带肋钢筋的牌号由 CRB + 抗拉强度特征值表示，C、R、B 分别为冷轧(Cold rolled)、带肋(Ribbed)、钢筋(Bar)的三个词的英文首位字母。高延性冷轧带肋钢筋的牌号由 CRB + 抗拉强度特征值 + H，H 是高延性(High elongation)英文首位字母。

根据《冷轧带肋钢筋》(GB/T 13788—2017)，冷轧带肋钢筋有 CRB500、CRB650、CRB800、CRB600H、CRB680H、CRB800H，共 6 个牌号。CRB500、CRB600H 为普通钢筋混凝土用钢筋，CRB650、CRB800、CRB800H 为预应力混凝土用钢筋，CRB680H 既可作为普通钢筋混凝土用钢筋，也可作为预应力混凝土用钢筋使用。

冷轧带肋钢筋的直径规格范围为 4~12mm。冷轧带肋钢筋横肋有三种方式，即二面肋、三面肋和四面肋。冷轧带肋钢筋通常按盘卷交货(图 7-1-7)，经供需双方协商也可按定尺长度直条交货。

图 7-1-7 冷轧带肋钢筋

冷轧带肋钢筋与热轧带肋钢筋相比，后者具有较好的可塑性和韧性，更适用于需要高弯曲性和柔性的建筑工程，而冷轧带肋钢筋则具有较高的材料硬度和强度，适用于需要承受较大拉力和强度的建筑工程。《公路钢筋混凝土及预应力混凝土桥涵设计规范》(JTG 3362—2018)推荐：按构造要求配置的钢筋网采用冷轧带肋钢筋代替热轧带肋钢筋。

7.1.3 预应力钢筋

预应力钢筋是指用于混凝土结构中施加预应力的钢丝、钢绞线和预应力螺纹钢筋的总称。

1. 预应力混凝土用钢丝

预应力混凝土用钢丝是由优质高碳钢热轧盘条经热处理和冷加工制成的适用于预应力混凝土配筋要求的钢丝的统称。此类钢丝含碳量为 0.65%~0.85%,硫磷含量均小于 0.035%。钢丝的抗拉强度一般在 1470MPa 以上,以 1670~1860MPa 为主,其强度远远高于钢筋混凝土用钢筋。

按照《预应力混凝土用钢丝》(GB/T 5223—2014):钢丝按加工状态分为冷拉钢丝(代号:WCD)和消除应力钢丝(也称低松弛钢丝,代号:WLR);钢丝按外形分为光圆钢丝(代号 P)、螺旋肋钢丝(代号 H)和刻痕钢丝(代号 I)。钢丝公称直径为 5~12mm。标记示例:如直径为 4.00mm,抗拉强度为 1670MPa 的冷拉光圆钢丝,其标记为:预应力钢丝 4.00-1670-WCD-P-GB/T 5223—2014。钢丝应盘卷交货,见图 7-1-8。

图 7-1-8 预应力混凝土用钢丝

预应力钢丝固定性好、全长有效,适用于较短的跨度和受力较小的构件,如钢筋混凝土板、圆形构件和立式桶形构件等。在设计图纸上,A^P 表示光圆消除应力钢丝,A^H 表示螺旋肋消除应力钢丝。

2. 预应力混凝土用钢绞线

按照《预应力混凝土用钢绞线》(GB/T 5224—2023),预应力混凝土用钢绞线(以下简称钢绞线)由冷拉光圆钢丝及刻痕钢丝捻制而成,其结构形式分为 9 类,详见表 7-1-1。钢绞线成品见图 7-1-9,断面样式见图 7-1-10。

钢绞线通用结构及代号　　　　表 7-1-1

序号	捻制材料与方式	结构代号
①	2 根冷拉光圆钢丝,标准型钢绞线	1×2
②	3 根冷拉光圆钢丝,标准型钢绞线	1×3
③	3 根刻痕钢丝,刻痕钢绞线	1×3I

续上表

序号	捻制材料与方式	结构代号
④	7 根冷拉光圆钢丝,标准型钢绞线	1×7
⑤	6 根刻痕钢丝 +1 根冷拉光圆钢丝(中心),刻痕钢绞线	1×7I
⑥	6 根螺旋肋钢丝 +1 根冷拉光圆钢丝(中心),螺旋肋钢绞线	1×7H
⑦	7 根冷拉光圆钢丝(先捻制后冷拔),模拔型钢绞线	(1×7)C
⑧	19 根冷拉光圆钢丝,1+9+9 西鲁式钢绞线	1×19S
⑨	19 根冷拉光圆钢丝,1+6+6/6 瓦林吞式钢绞线	1×19W

图 7-1-9 钢绞线　　　　　图 7-1-10 钢绞线断面

预应力钢绞线公称直径规格为 5.00~28.6mm,公称抗拉强度为 1720~2360MPa。

预应力钢绞线产品标记包括名称、结构代号、公称直径、强度级别以及依据标准。例如,公称直径为 15.20mm,抗拉强度为 1860MPa 的用 7 根冷拉光圆钢丝捻制而成的标准型钢绞线,标记为:预应力钢绞线 1×7-15.20-1860-GB/T 5224—2023。钢绞线按盘卷交货。

预应力钢绞线的主要特点是强度高,松弛性能好,且具有很好的柔韧性,适用于大荷载、大跨度及需要曲线配筋的预应力混凝土结构,在预应力 T 梁、箱梁结构中最为常见。在设计图纸上,A^s 表示钢绞线(1×7)。

3. 预应力混凝土用螺纹钢筋

按照《预应力混凝土用螺纹钢筋》(GB/T 20065—2016)的规定,预应力混凝土用螺纹钢筋,俗称精轧螺纹钢筋,是采用热轧、轧后余热处理或热处理等工艺生产,外表有热轧成的不连续外螺纹的直条钢筋,可以与带有匹配形状的内螺纹的机器或锚具连接。

预应力混凝土用螺纹钢筋以屈服强度划分级别,其代号为"PSB"加上规定屈服强度最小值。P、S、B 分别为(预应力)Prestressing、(螺丝)Screw、(钢筋)Bars 的英文首位字母。PSB830 表示屈服强度最小值为 830MPa 的预应力混凝土用螺纹钢筋。预应力混凝土用螺纹钢筋有 PSB785、PSB830、PSB930、PSB1080、PSB1200,共 5 种牌号。

预应力混凝土用螺纹钢筋外形采用螺纹状,无纵肋且钢筋两侧螺纹在同一螺旋线上,见图 7-1-11。

图 7-1-11 预应力混凝土用螺纹筋

预应力混凝土用螺纹筋的公称直径范围为 15～75mm,公路工程中常用 25mm、32mm。钢筋通常按定尺尺寸交货。钢筋按强度级别进行端头涂色,规定如下:PSB758 不涂色,PSB830 涂白色、PSB930 涂黄色、PSB1080 涂红色、PSB1200 涂蓝色。

预应力混凝土用螺纹钢筋具有直径大、强度高、精度高的特点,被广泛用于大型桥梁及边坡锚固工程等。中小型构件或竖向、横向用预应力钢筋,可选用预应力螺纹钢筋。在设计图纸上,A^T 表示预应力螺纹钢筋。

7.1.4 钢结构用钢

钢结构是由钢制材料组成的结构,是主要的建筑结构类型之一,图 7-1-12 为常见的钢结构桥梁。钢结构由型钢和钢板等制成的钢梁、钢柱、钢桁架等构件组成。钢结构广泛使用热轧成型的型钢、钢板。从化学成分讲,钢结构用钢的母材主要是普通碳素结构钢和低合金高强度结构钢。

图 7-1-12 钢结构桥梁

1. 型钢

型钢是钢结构采用的主要钢材。按照钢材的外形,型钢分为工字钢、T 型钢、槽钢、等边角钢、不等边角钢等,见图 7-1-13。型钢的规格表示方法:工字钢用"I"与高度值×腿宽度值×腰宽度值(单位为 mm)表示,如 I450×150×11.5;槽钢用"["与高度值×腿宽度值×腰宽度值(单位为 mm)表示,如[200×200×24;等边角钢用"L"与边宽度值×边宽度值×边厚度值(单位为 mm)表示,如 L200×200×24;不等边角钢用"L"与长边宽度值×短边宽度值×边厚度值(单位为 mm)表示,如 L160×100×16。

a)工字钢　　　　　　　　b)槽钢　　　　　　　　c)等边钢

图 7-1-13　型钢

2. 钢板

用光面轧辊轧制而成的扁平钢材称为钢板(图 7-1-14)。钢板规格表示为"宽度×厚度×长度"(单位为 mm)。钢板分为厚板(厚度大于 4mm)和薄板(厚度不大于 4mm)。公路工程中主要采用厚板,可用于型钢的连接和焊接,组成钢结构承载构件。

图 7-1-14　钢板

公路钢结构桥梁设计用型钢、钢板,宜选用牌号为 Q235 钢、Q345 钢、Q390 钢和 Q420 钢,其中 Q 代表屈服强度的字母,数字代表屈服强度数值。Q235 钢质量应符合《碳素结构钢》(GB/T 700—2006)的要求,Q345 钢、Q390 钢和 Q420 钢应符合《低合金高强度结构钢》(GB/T 1591—2018)的要求。

7.1.5　【知识拓展】　矮寨大桥简介

矮寨大桥(图 7-1-15)是中国湖南省湘西土家族苗族自治州境内的高速通道,位于德夯大峡谷之上,是包头—茂名高速公路(国家高速 G65)关键控制性工程。矮寨大桥于 2007 年 10 月 28 日动工兴建,于 2012 年 3 月 31 日通车运营。

图 7-1-15 矮寨大桥

矮寨大桥设计为钢桁加劲梁单跨悬索桥,线路全长 1779m,主桥全长 1414m,主跨跨径 1176m,主缆的孔跨布置为 242m + 1176m + 116m。桥面为双向四车道高速公路,设计速度 80km/h。

矮寨大桥创四项世界第一:①大桥主跨 1176m,是世界最长的跨峡谷悬索桥;②世界首次采用塔、梁完全分离的结构设计方案;③世界首次采用"轨索滑移法"架设钢桁梁;④世界首次采用岩锚吊索结构,并用碳纤维作为预应力筋材。

本工程已获国家科学技术进步二等奖、国际道路 GRAA 成就奖、中国优秀专利奖、中国公路学会科学技术特等奖、国家专利 9 项、国家级工法 1 项、省部级工法 11 项、公路交通优质工程李春奖、中国建设工程鲁班奖(国家优质工程)等诸多荣誉。

有游客游览矮寨大桥后评论:"矮寨大桥不愧为谱写在群山之间的传奇和世界级人类工程的奇迹。在这里看到的不仅是风景,还能看到中国科技工作者的聪明才智"。

大桥共用钢材 14286.74t,其中桥梁上部构造钢构件 12349.43t。

7.2 建筑钢材的技术性能与技术标准

项目每新购一批钢材,生产厂家都会提供一份"产品质量保证书"。产品质量保证书是厂家对该批钢材的自检报告,证明该批货物质量合格。表 7-2-1 是从常见的产品质量保证书上提炼出的主要信息,同学们能看懂吗?

产品质量保证书　　　　　　　　　　　　　　　表 7-2-1

订货单位	××钢铁股份有限公司	合同号	W20221806CS-K
收货单位	湖南××建设工程有限公司	许可证号	XF06-051-00235
产品名称	钢筋混凝土用热轧带肋钢筋	标准	GB/T 1499.2—2018
牌号	HRB400E	签发日期	2023-09-18

续上表

规格(mm)			32			件数		1
批号			Y2306589			交货状态		AR
化学成分(%)								
C	Si	Mn		S	P		C_{eq}	
$\times 10^{-2}$				$\times 10^{-3}$			$\times 10^{-2}$	
23	36	130		11	29		45	
力学性能							工艺性能	
R_{eL}(或$R_{p0.2}$)(MPa)	R_m(MPa)	A(%)	A_{gt}(%)	R_m^0/R_{eL}^0		R_{eL}^0/R_{eL}	弯曲180°	反向弯曲正弯90°反弯20°
465	631	29.0	13.5	1.36		1.17	合格	合格

建筑钢材的技术性能主要指力学性能、工艺性能等。力学性能包括抗拉性能、应力松弛性能、冲击性能等。工艺性能反映金属材料在加工制造过程中所表现出来的性质,如弯曲性能、反向弯曲性能等。

7.2.1 钢材的力学性能

1. 抗拉性能

大部分钢材,如普通钢筋、预应力钢筋、碳素结构钢、低合金结构钢等,进行拉伸试验,其过程都可以用图 7-2-1 表示。

在图 7-2-1 中,应力为拉力除以试样的原始截面面积,伸长率为试样原始标距的伸长除以原始标距(即单位长度的伸长,用百分率表示,也称为应变)。由图 7-2-1 分析,钢材在受拉过程中经历了弹性、屈服、强化及颈缩四个阶段。

第一阶段,弹性阶段。在图 7-2-1 中曲线上的 OA 段为弹性阶段,此阶段荷载较小,应力和应变成比例增加,若卸去荷载试件可恢复原状,称为弹性变形。A 点所对应的应力称为弹性极限。在此阶段,应力与应变的比值为一常数,称弹性模量,一般用 E 表示。弹性模量反映钢材

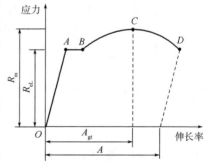

图 7-2-1 应力-伸长率曲线(有明显屈服现象)

的刚度,即抗弹性变形的能力,是钢材在受力条件下计算结构变形的重要指标。

第二阶段,屈服阶段。在图 7-2-1 中 AB 段为屈服阶段,由 A 点开始,当荷载增大时应力与应变不再成比例变化,应变增加的速度大于应力增加的速度,在图中呈现一个屈服平台,即开始产生塑性变形。屈服阶段的应力-伸长率曲线实际上并不是一个水平直线,而是会上下波动。取首次下降前的最大应力为上屈服强度 R_{eH},取屈服阶段的最小应力为下屈服强度 R_{eL}。

第三阶段,强化阶段。在图 7-2-1 中 BC 段为强化阶段,过 B 点后变形速度较快,随应力的提高而增加。对应于最高点 C 的应力称为抗拉强度,用 R_m 表示。

第四阶段,颈缩阶段。在图 7-2-1 中 CD 段为颈缩阶段,过 C 点后材料的变形明显,应变迅速增加而应力反而下降,钢材被拉伸,并在某一薄弱处断面开始缩小,产生"颈缩"现象,然后至 D 点断裂。

通过钢材的拉伸试验,可以获得以下常用技术指标。

(1) 屈服强度 R_{eL}

通常将下屈服强度 R_{eL} 作为屈服强度。当钢材的实际应力达到屈服点时,虽未破坏,但却产生了比较明显的不可恢复的塑性变形,这在一般建筑结构正常使用中是不允许的,所以屈服强度是确定钢结构允许应力的主要依据。

(2) 抗拉强度 R_m

在图 7-2-1 中,对应于最高点 C 的应力称为抗拉强度,用 R_m 表示。抗拉强度 R_m 是钢材的实际承载能力,但对于有明显屈服现象的钢材,抗拉强度 R_m 不能作为设计参数,因为抗拉强度 R_m 对应的应变太大,在结构设计中不能允许。抗拉强度 R_m 代表钢材在静拉伸条件下的最大承载能力,且易于测定,重现性好,所以是工程上金属材料的重要力学性能标志之一,广泛用作产品规格说明或质量控制指标。

(3) 强屈比 R_m/R_{eL}

钢材的抗拉强度与屈服强度的比值称为强屈比,它反映钢材的可靠性和利用率。强屈比大时,钢材的可靠性大,结构安全。但强屈比过大时,钢材有效利用率太低,则可能造成浪费。因此,在保证安全可靠的前提下,应合理选用强屈比,以尽量提高钢材的利用率。

(4) 断后伸长率 A

断后伸长率 A 为试样拉伸断裂后的残余伸长量与原始标距之比(以百分率表示),它是表征钢材变形性能、塑性变形能力的重要指标。伸长率大表明钢材的塑性好。塑性良好的钢材,当偶尔超载时产生塑性变形,可使钢材内部应力产生重新分布,不致由于应力集中而脆断。

标距,简单讲就是测量拉伸用钢材试样的长度。原始标距是指测定钢材拉伸应变或长度变化的试样部分原始长度。断后伸长率的计算结果与采用原始标距的大小有关。原始标距的大小不能采用整根试样,因为整根试样有两部分在仪器夹具中,不会伸长。钢筋混凝土用钢材原始标距一般采用 5 倍的钢材公称直径。断后伸长率的计算公式见式(7-2-1)。

$$A = \frac{L_u - L_0}{L_0} \times 100 \qquad (7\text{-}2\text{-}1)$$

式中:A——断后伸长率(%);

L_u——断后标距,即试件拉断后标距部分的长度(mm);

L_0——试件的原始标距(mm)。

(5) 最大力总延伸率 A_{gt}

在钢材拉伸试验中,最大力时原始标距的总延伸(弹性延伸加塑性延伸)与引伸计标距之比,称为最大力总延伸率 A_{gt}(以百分率表示),也称最大力总伸长率,如图 7-2-1 所示。简单讲,在拉伸过程中,C 点荷载最大,即为最大力,其对应的钢材延伸率称为最大力总延伸率。最大力总延伸率计算公式见式(7-2-2)。

$$A_{gt} = \frac{\Delta L_m}{L_e} \times 100 \tag{7-2-2}$$

式中：A_{gt}——最大力总延伸率(%)；

ΔL_m——最大力总延伸(mm)；

L_e——引伸计标距(mm)。

引伸计是一种能精确测量物体两点之间线变形的仪器。引伸计标距是指用引伸计测量试样延伸时所使用引伸计初始标距长度。引伸计标距是一种比原始标距更精确的标距测量方法。原始标距直接在试样上测量标识，引伸计标距是在钢材拉伸时，同步安装一个平行引伸计，测量钢材的伸长变化。直接测量试样一般只测量试样断后的伸长情况，测量结果只有试样的塑性延伸。引伸计可以精确测量钢材拉伸过程中伸长情况，测量的数据是任意一定时刻的试样总伸长（包括塑性伸长 + 弹性伸长）。为方便区分，原始标距的增量称为伸长，引伸计标距的增量称为延伸。

最大力总延伸率 A_{gt} 和断后伸长率 A 都反映钢材塑性指标，但最大力总延伸率 A_{gt} 对于工程的安全性更为重要。因为断后伸长率 A 可以看作是钢材破坏后的一个指标，最大力总延伸率 A_{gt} 可以看作是钢材破坏前的一个指标，工程结构设计是不允许破坏的，这就是工程上实际更看重最大力总延伸率 A_{gt} 原因。

(6) 规定塑性延伸强度 R_p

在室温条件下，许多钢材（如高碳钢、中高合金钢等）进行标准拉伸试验时，没有明显屈服现象，可以得到另外一种应力-延伸率曲线，如图 7-2-2 所示。延伸率为引伸计标距的延伸除以引伸计标距（单位长度的延伸，也可称为应变）。由于应力–延伸率曲线没有明显的屈服现象，可以取对应于某一规定塑性延伸率（图 7-2-2 中的 e_p）对应的应力定义为规定塑性延伸强度，作为这类钢材的强度指标。通常取塑性延伸率为 0.2% 所对应的应力作为规定塑性延伸强度，即 $R_{p0.2}$。

2. 应力松弛性能

应力松弛性能是钢材在规定的温度下和规定约束条件下，应力随时间而减少的现象。松弛率为松弛应力与初始应力之比，用松弛率评价钢材的应力松弛性能。由于应力松弛通常会造成不利的后果，特别是在预应力混凝土结构中，预应力钢筋或钢绞线等受到很大拉应力作用，应力松弛会造成预应力损失，影响结构性能。

应力松弛性能要求钢材，特别是预应力用钢材的松弛率不得大于规定值。

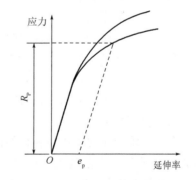

图 7-2-2 应力-延伸率曲线（无明显屈服现象）

3. 冲击性能

冲击性能是指钢材抵抗冲击荷载的能力。其指标通过标准试件的弯曲冲击韧性试验确定。按规定，将带有 V 形缺口的试件进行冲击试验。试件在冲击荷载作用下折断时所吸收的功称为冲击吸收功（或 V 形冲击功）A_{kv}，即冲击韧性值。钢材的化学成分、组织状态、内在缺陷及环境温度等都是影响冲击韧性的重要因素。A_{kv} 值随试验温度的下降而减小，当温度降低达到某一范围时,A_{kv}值急剧下降而呈脆性断裂,这种现象称为冷脆性。发生冷脆时的温度称为脆性临界温度,其数值越低,说明钢材的低温冲击韧性越好。

因此,对于直接承受动荷载而且可能在0℃以下环境工作的重要结构,必须进行冲击韧性试验,并选用脆性临界温度较使用温度低的钢材。

7.2.2 钢材的工艺性能

钢材良好的工艺性能可以保证钢材经过各种加工后,钢材制品的质量不受影响。钢材的工艺性能包括焊接、冷弯、冷拉、冷拔性能等。本节主要介绍焊接性能和冷弯性能。

1. 焊接性能

各种钢筋、型钢、钢板及预埋件等通常需要焊接加工。焊接的质量取决于焊接工艺、焊接材料及钢材的焊接性能。

钢材的可焊性是指钢材是否适应焊接方法与工艺的性能。可焊性好的钢材是指用一般焊接方法和工艺施焊,焊口处不易形成裂纹、气孔、夹渣等缺陷。焊接后钢材的力学性能,特别是强度不低于原有钢材,硬脆倾向小。钢材可焊性的好坏,主要取决于钢材的化学成分。可以采用碳当量(C_{eq})评估钢材的可焊性能。

碳当量(C_{eq})的计算见式(7-2-3)。通常认为,当 $C_{eq} \leq 0.4\%$ 时,焊接性能好;当 $C_{eq} = 0.4\% \sim 0.6\%$ 时,焊接性能稍差,焊前需要适当预热;当 $C_{eq} \geq 0.6\%$ 时,焊接性较差,属难焊材料,需采用较高的预热温度和严格的工艺方法。此外,钢材中氧、氢、氮、硫、磷等有害元素,也影响焊接性能。

2. 冷弯性能

在钢筋加工、钢结构制作和安装中,常常需要对钢材进行弯曲,要求钢材具有良好的冷弯性能。冷弯性能要求钢材具有一定的弯曲塑性变形能力,在弯曲到规定的角度后,弯曲部位不得发生裂纹等损坏现象。

钢材的冷弯性能可以通过弯曲试验和反向弯曲试验获得。公路工程项目上的钢筋弯曲试验和反向弯曲试验主要遵照两个标准进行:《金属材料 弯曲试验方法》(GB/T 232—2010)、《钢筋混凝土用钢材试验方法》(GB/T 28900—2022)。

这里简介一下常见的热轧带肋钢筋弯曲试验和反向弯曲试验。

(1)弯曲试验

弯曲试验应在配备弯曲装置的试验机或压力机上进行,常见的装置为支辊式弯曲装置,见图7-2-3。支辊式弯曲装置的直辊长度应大于钢筋直径(图中 a 为钢筋直径),且有足够的硬度。弯曲压头直径(图中 d)应按相关标准产品标准的有关规定选取。图中 L 表示钢筋试样的长度,l 表示直辊间距离,α 表示弯曲角度。

试验一般在10~35℃的室温环境中进行。对温度要求严格的试验,试验温度应为23℃±5℃。在试验过程时,应将钢筋放于两支架上,钢筋轴线应与弯曲压头轴线垂直,弯曲压头在两直辊之间的中点处对试样连续施加压力使其弯曲,直至达到规定的弯曲角度。进行试验弯曲时,应缓慢施加弯曲力,以使钢筋能够自由地进行塑性变形。当出现争议时,试验速率应为1mm/s±0.2mm/s。热轧带肋钢筋的弯曲压头直径见表7-2-2。

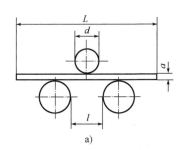
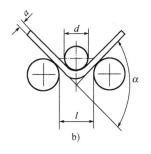

图 7-2-3　支辊式弯曲装置

常用热轧带肋钢筋的弯曲压头直径　　　　　表 7-2-2

牌号	公称直径 d(mm)	弯曲压头直径
HRB400、HRBF400 HRB400E、HRBF400E	6~25	$4d$
	28~40	$5d$
	>40~50	$6d$
HRB500、HRBF500 HRB500E、HRBF500E	6~25	$6d$
	28~40	$7d$
	>40~50	$8d$
HRB600	6~25	$6d$
	28~40	$7d$
	>40~50	$8d$

弯曲角度越大,弯曲压头直径越小,试验结果越严格。如标准中未作具体要求,弯曲试验后不使用放大仪器观察,试验弯曲外表面无可见裂纹则评定为合格。

(2) 反向弯曲试验

反向弯曲试验,先正向弯曲 90°,把经正向弯曲后的试样在 100℃±10℃温度下保温不少于 30min,经自然冷却后再反向弯曲 20°。两个弯曲角度均在保持载荷时测量。反向弯曲试验机(同时可做弯曲试验)见图 7-2-4。

对于牌号带 E 的钢筋应进行反向弯曲试验。根据使用单位要求,其他牌号钢筋也可进行反向弯曲试验。经反向弯曲试验后,钢筋受弯曲部位表面不得产生裂纹。

图 7-2-4　反向弯曲试验机

7.2.3　钢材的技术标准

这里介绍公路工程中常见钢材类型:热轧光圆钢筋、热轧带肋钢筋、预应力混凝土用螺纹钢筋、钢绞线的技术标准。

1. 热轧光圆钢筋

按照《钢筋混凝土用钢　第 1 部分:热轧光圆钢筋》(GB/T 1499.1—2017),热轧光圆钢筋的化学成分要求见表 7-2-3,力学性能特征值见表 7-2-4。

热轧光圆钢筋化学成分   表 7-2-3

牌号	化学成分(质量百分数)(%) 不大于				
	C	Si	Mn	P	S
HPB300	0.25	0.55	1.50	0.045	0.045

热轧光圆钢筋力学性能   表 7-2-4

牌号	下屈服强度 R_{eL}(MPa)	抗拉强度 R_m(MPa)	断后伸长率 A(%)	最大力总延伸率 A_{gt}(%)	冷弯试验 180°
	不小于				
HPB300	300	420	25	10.0	$d=a$

注:d-弯芯直径;a-钢筋公称直径

2. 热轧带肋钢筋

按照《钢筋混凝土用钢 第 2 部分:热轧带肋钢筋》(GB/T 1499.2—2018),热轧带肋钢筋的化学成分要求见表 7-2-5,力学性能特征值见表 7-2-6。

热轧带肋钢筋的化学成分   表 7-2-5

牌号	化学成分(质量分数)(%)					碳当量 C_{eq}(%)
	C	Si	Mn	P	S	
	不大于					
HRB400、HRBF400 HRB400E、HRBF400E	0.25	0.80	1.60	0.045	0.045	0.54
HRB500、HRBF500 HRB500E、HRBF500E						0.55
HRB600	0.28					0.58

热轧带肋钢筋力学性能   表 7-2-6

牌号	下屈服强度 R_{eL}(MPa)	抗拉强度 R_m(MPa)	断后伸长率 A(%)	最大力总延伸率 A_{gt}(%)	R_m^o/R_{eL}^o	R_{eL}^o/R_{eL}
	不小于					不大于
HRB400 HRBF400	400	540	16	7.5	—	—
HRB400E HRBF400E			—	9.0	1.25	1.30
HRB500 HRBF500	500	630	15	7.5	—	—
HRB500E HRBF500E			—	9.0	1.25	1.30
HRB600	600	730	14	7.5	—	—

注:R_m^o 为钢筋实测抗拉强度;R_{eL}^o 为钢筋实测下屈服强度。

碳当量 C_{eq}(%)可按式(7-2-3)计算。碳当量是指钢材中碳元素的含量与其他元素相互作用的程度。碳含量较高时,钢材的强度和硬度会显著提高,但韧性会降低。除了碳以外,其他合金元素的加入也会影响钢材的强度和硬度。碳当量计算式,可以简单地理解为,把所有合金元素对钢材强度和硬度的影响,统一折算成碳对钢材强度和硬度的影响。

$$C_{eq} = C + Mn/6 + (Cr + V + MO)/5 + (Cu + Ni)/15 \quad (7-2-3)$$

式中：　　C——碳的含量；

　　　　　Mn——锰的含量；

$Cr + V + MO$——铬、钒、钼的含量；

$Cu + Ni$——铜、镍的含量。

从表7-2-6可以看出,相比非抗震钢筋,抗震钢筋(E)增加了一个重要指标:强屈比(R_m^o/R_{eL}^o)。强屈比越大,说明钢筋抗震的安全储存越高。因为结构设计时由下屈服强度控制,而实际破坏时由抗拉强度控制。

3. 预应力混凝土用螺纹钢筋

按照《预应力混凝土用螺纹钢筋》(GB/T 20065—2016),在预应力混凝土用螺纹钢筋中,硫、磷含量不大于0.035%,其他化学成分允许偏差应符合《钢的成品化学成分允许偏差》(GB/T 222—2006)。预应力混凝土用螺纹钢筋力学性能特征值见表7-2-7。从表中可以看出,相比普通钢筋,预应力钢筋增加了一个非常重要的指标:应力松弛性能。

预应力混凝土用螺纹钢筋力学性能　　表7-2-7

牌号	屈服强度 R_{eL} (MPa)	抗拉强度 R_m (MPa)	断后伸长率 A (%)	最大力下总伸长率 A_{gt} (%)	应力松弛性能	
					初始应力	1000h后应力松弛率 V_r (%)
	不小于					
PSB785	785	980	8	3.5	$0.7R_m$	≤4.0
PSB830	830	1030	7			
PSB930	930	1080	7			
PSB1080	1080	1230	6			
PSB1200	1200	1330	6			

注:无明显屈服时,用规定非比例延伸强度($R_{p0.2}$)代替表中屈服强度

4. 钢绞线

按照《预应力混凝土用钢绞线》(GB/T 5224—2023),钢绞线生产厂不提供化学成分。这是因为用作生产钢丝的各种规格、牌号的盘条钢材已检验化学成分,并符合国家标准。公路桥梁中常用的1×7结构钢绞线力学性能见表7-2-8。

常用 1×7 结构钢绞线力学性能　　　　　　表 7-2-8

钢绞线结构	钢绞线公称直径 D_a(mm)	公称抗拉强度 R_m(MPa)	整根钢绞线最大力 F_m(kN) ≥	整根钢绞线最大力的最大值 $F_{m,max}$(kN) ≤	0.2%屈服力 $F_{p0.2}$(kN) ≥	最大力总延伸率(L_o≥500(mm)) A_{gt}(%) ≥	应力松弛性能 初始负荷相当于实际最大力的百分数(%)	应力松弛性能 1000h 应力松弛率 r(%) ≤
1×7	12.70	1860	184	203	162	对所有直径 3.5	对所有直径 70 80	对所有直径 2.5 4.5
1×7I	15.20		260	288	229			
1×7H	15.70		279	309	246			

表中的最大力是指钢绞线试样在拉伸试验过程中所承受的最大的力,一般不是出现在试样断裂的时刻,而是拉伸过程中的荷载峰值。一般进行钢绞线力学性能试验时,取 4 根试样,其中 3 根用于拉伸试验,1 根用于应力松弛试验。3 根拉伸试样,其中有 1 根荷载峰值(即最大力)最大,则称为最大力的最大值。

7.3 普通钢筋的加工过程与连接

? 想一想

项目上新购普通钢筋(以下简称钢筋)一般都是两种成品方式:盘卷和直条。钢筋经过一系列的加工过程,组成钢筋骨架应用在混凝土结构中,如图 7-3-1 所示。钢筋的加工过程一般包括哪些工序呢?

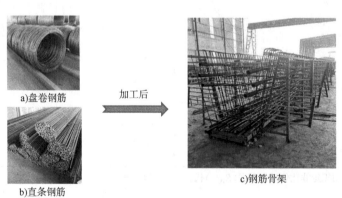

a) 盘卷钢筋　　b) 直条钢筋　　c) 钢筋骨架

图 7-3-1　钢筋骨架加工示意

直条钢筋的供货长度一般是 6~12m,远远小于许多梁板的长度或墩柱的高度。在钢筋加工过程中,钢筋的连接不可避免。在公路工程中常见的钢筋连接方式有哪些呢?

7.3.1 钢筋的加工

由钢筋加工制成钢筋骨架,一般有下列步骤:除锈、调直、切断、弯曲、组装。

1. 除锈

钢筋锈斑会严重降低钢筋表面与混凝土的黏结强度,并进一步加快钢筋在混凝土中的锈蚀过程。钢筋表面应洁净、无损伤,使用前应将表面的油渍、漆皮、磷锈等清除干净,带有颗粒状或片状老锈的钢筋不得使用。

钢筋除锈的方法主要分为以下三种:

(1)手工除锈

借助钢丝球、刮刀等工具对钢筋生锈的地方进行手工处理,处理方法即使用相应的工具对钢筋上的锈斑进行敲打,待敲松后再使用钢丝球、刮刀等工具进行清除。

(2)除锈剂除锈

通过喷涂或者浸泡达到快速除锈的目的。使用办法就是将钢筋除锈剂喷在钢筋锈斑表面或者直接将生锈的钢筋进行浸泡,待锈斑与除锈产品发生化学反应后锈斑即会脱落,最后进行清洗即可清除锈斑。

(3)机械除锈

使用钢筋除锈专用设备,通过设备电机动力带动钢丝刷,然后借助高速转动对钢筋锈斑进行清刷。如果钢筋直径比较小,则在调直钢筋的过程中同时清除锈斑,这也是最经济高效的除锈方法。

2. 调直

钢筋应平直,无局部弯折,成盘的钢筋和弯曲的钢筋在加工前均应调直。采用冷拉的方法调直钢筋时,HPB300 钢筋的冷拉率宜不大于 2%,HRB400 钢筋的冷拉率宜不大于 1%。

公路工程项目上常用以下两种方法调直钢筋:

(1)手动调直法

首先,将弯曲或扭曲的钢筋放在水平地面上,然后用力将其手动调整至直线状态。在调直过程中,可以使用锤子等工具帮助将钢筋调整到位。这种方法简单易行,但需要投入较大的人力,并且调整的效果可能不够理想。

(2)机械调直法

这种方法需要使用专业的钢筋调直机械,见图 7-3-2。钢筋调直可以根据需要调整工作台的角度和速度,使钢筋在通过机器时得到适当的拉伸和调整。这种方法可以明显提高调直的效果和效率,但需要相应的设备投资。

3. 切断

钢筋的切割方法通常有手动切割、机械切割、火焰切割等,公路工程项目中最常见的是机械切割。公路工程项目上常配制两种钢筋切断机械:钢筋切断机、钢筋锯床。

图 7-3-2 钢筋调直机

(1)钢筋切断机

钢筋切断机(图7-3-3)是一种剪切钢筋所使用的工具,有全自动钢筋切断机和半自动钢筋切断机之分。它主要用于土建工程中对钢筋的定长切断,是钢筋加工环节必不可少的设备。与其他切断设备相比,具有重量轻、耗能少、工作可靠等优点。一般是单人操作,一次切断一根钢筋。

(2)钢筋锯床

钢筋锯床(图7-3-4)是专门用于切割钢筋的机械,由机架、工作台(或立柱)、液压系统及电气控制等部分组成。工作原理是采用电动机作为动力源,通过高速运动的锯片对钢筋进行切割。其切割速度快,能够满足不同尺寸的钢筋切割需求。钢筋锯床配备高精度锯片,能够实现精确的切割,保证切割面光滑、平整。钢筋锯床一次可以切断成捆钢筋,工作效率高。

图7-3-3 钢筋切断机　　　　　图7-3-4 钢筋锯床

4. 弯曲

钢筋的弯曲制作是适应钢筋在混凝土结构中不同部位的受力需要,如受力钢筋在梁板中间部位主要承受拉力,而在梁板端部弯折是承受剪力需要。钢筋端部弯钩主要是加强钢筋与混凝土的锚固。受力主钢筋制作和末端弯钩形状见表7-3-1,表中的钢筋种类同样适用于带"E"的抗震钢筋。

受力主钢筋制作和末端弯钩形状　　　　　表7-3-1

弯曲部位	弯曲角度	形状图	钢筋种类	弯曲直径 D	平直段长度
末端弯钩	180°		HPB300	≥2.5d	≥3d
	135°		HRB400 HRBF400 HRB500 RRB400	≥5d	≥5d

续上表

弯曲部位	弯曲角度	形状图	钢筋种类	弯曲直径 D	平直段长度
末端弯钩	90°	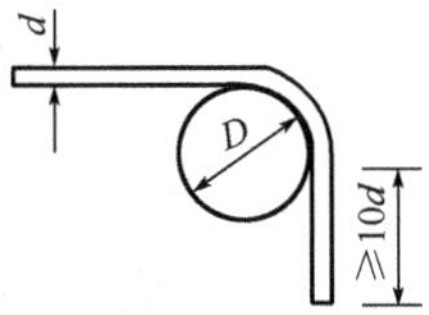	HRB400 HRBF400 HRB500 RRB400	≥5d	≥10d
中间弯折	≤90°		各种钢筋	≥20d	—

箍筋的末端应做弯钩,弯钩的弯曲直径应大于被箍受力主筋的直径,且 HPB300 钢筋应不小于箍筋直径的 2.5 倍。箍筋弯钩形式见图 7-3-5。

a) 90°/180°　　b) 90°/90°　　c) 135°/135°

图 7-3-5　箍筋弯钩形式

钢筋的弯曲制作一般都是采用弯曲机完成。在公路工程项目中,弯曲机常见以下三种类型:

(1)手动弯曲机

手动弯曲机是一种传统型钢筋弯曲机,它主要靠人工对钢筋进行弯曲,操作简单,价格相对较低。但手动弯曲机需要靠劳动力,所以弯曲的精度和效率都不太高,适用的钢筋直径规格较小。随着工程钢筋用量的逐步增大和对精度的要求提高,手动弯曲机的使用范围越来越小。

(2)电动弯曲机

电动弯曲机(图 7-3-6)是在手动弯曲机的基础上改进而来,它通过电机驱动钢筋弯曲,大大减轻了工人的劳动强度,提高了弯曲的精度和效率。相比手动弯曲机,电动弯曲机的使用范围更广,适用于各种规格的钢筋弯曲。

(3)数控弯曲机

数控弯曲机(图 7-3-7)是近年来发展起来的一种高精度钢筋弯曲机,它采用先进的电脑控制系统,通过程序控制钢筋进行自动弯曲,可以实现各种形状的钢筋弯曲,如三角形、梯形、弧形等,精度高、效率高、稳定性强。但数控弯曲机价格相对较高,使用需要专业技能。

图 7-3-6　电动弯曲机　　　　　图 7-3-7　数控弯曲机

5. 组装

对于某些现浇结构,在现场模板中直接组装加工好的钢筋形成钢筋骨架;对于大多数预制梁板构件钢筋骨架或墩柱钢筋笼等,则统一在钢筋加工棚中组装。钢筋加工棚中组装钢筋骨架,在专门定制的胎床上完成,如图7-3-8所示是一个小箱梁底腹板钢筋胎床。胎床根据设计图纸定制,胎床上的支撑横杆和竖杆,其间距完全与钢筋混凝土结构中的受力钢筋或分布筋间距一致。组装钢筋骨架时,只需要把相应规格钢筋摆放在对应横杆上或竖杆之间即可。成品钢筋骨架无须检验钢筋间距,效率较高。摆放好钢筋后,技术员完成钢筋的焊接、绑扎等工作。

a)未装钢筋　　　　　　　b)已装钢筋

图 7-3-8　小箱梁底腹板钢筋胎床

7.3.2　钢筋的连接

钢筋的连接方式通常有三种:焊接接头、机械连接接头、绑扎连接。

1. 焊接接头

钢筋的焊接接头分为电弧焊、电渣压力焊、气压焊、闪光对焊等。电弧焊是一种常用的金属焊接方法，利用电弧的高温和能量将焊接件加热至熔化或半熔化状态，然后使焊接材料之间形成永久性连接。常见的电弧焊主要包括焊条电弧焊、埋弧焊、气体保护电弧焊等。这里简介一下公路工程项目中最常见的焊条电弧焊及工艺要求。

(1) 焊条电弧焊及焊条

焊条电弧焊是将要焊接的钢筋作为一极，焊条作为另一极，两极接近时产生电弧，利用电弧放电（俗称电弧燃烧）所产生的热量将焊条与钢筋互相熔化并在冷凝后形成焊缝，从而获得牢固接头的焊接过程。

焊条（图7-3-9）由焊芯和药皮两部分组成。药皮裹覆在焊芯上。焊芯的作用：作为电弧焊的一个电极，与焊件之间导电形成电弧；在焊接过程中持续熔化，与熔化的母材共同结晶形成焊缝。药皮的主要作用：提高电弧燃烧的稳定性；保护焊接熔池，即药皮熔化能阻断空气，减少气孔产生的可能性。

图7-3-9 焊条

焊条尾部有一段裸焊芯，便于焊钳夹持并有利于导电。焊条的直径，实际上是指焊芯直径，通常为3mm、4mm、5mm或6mm等几种规格。焊条长度一般为200～550mm。

常见焊条牌号有J502、J506。J502是普通叫法，对应于国家标准型号 E5003[见《非合金钢及细晶粒钢焊条》(GB/T 5117—2012)]。J502中，第1个字母"J"表示焊条用途是结构钢；第2、3个数字"50"表示焊缝金属的最小抗拉强度大于490MPa；第4个数字"2"表示药皮类型为钛型，电流类型为交流和直流正、反接。J502是酸性焊条，J506是碱性焊条。相比J502焊条，J506焊条焊接工艺复杂一些，但焊缝的抗裂性和耐磨性更好。

(2) 电弧焊工艺要求

电弧焊宜采用双面焊缝，仅在双面焊无法施焊时，方可采用单面焊缝。采用搭接电弧焊时，两钢筋搭接端部应预先折向一侧，两结合钢筋的轴线应保持一致；采用帮条电弧焊时，帮条应采用与主筋相同强度等级的钢筋。电弧焊接头的焊缝长度，对双面焊缝（图7-3-10）应不小于$5d$（d为钢筋直径），单面焊缝应不小于$10d$。

图7-3-10 双面焊缝

2. 机械连接接头

钢筋的机械连接宜采用墩粗直螺纹、滚轧直螺纹或套筒挤压接头，且适用于热轧带肋钢筋。这里简单介绍公路工程项目上最常见的墩粗直螺纹和套筒挤压接头。

(1)墩粗直螺纹接头

墩粗直螺纹接头的工艺是利用镦机(图 7-3-11)将钢筋端部先行墩粗,再用套丝机(图 7-3-12)在钢筋的墩粗段上制作丝扣,然后用连接套(图 7-3-13)对接钢筋,成品如图 7-3-14 所示。墩粗直螺纹钢筋接头适用于一切抗震和非抗震设防的工程结构中的任何部位。

图 7-3-11　钢筋墩粗机

图 7-3-12　钢筋套丝机

图 7-3-13　套筒

图 7-3-14　墩粗直螺纹接头

镦粗就是使钢筋高度减小、横截面积增大的锻造工序。墩粗直螺纹接头不削弱母材截面积,使螺丝牙底直径大于母材直径。镦粗直螺纹连接接头其优点是强度高,现场施工速度快,工人劳动强度低,钢筋直螺纹丝头全部提前预制,现场连接为装配作业。其不足之处在于镦粗过程中易出现镦偏现象,一旦镦偏必须切掉重镦;镦粗过程中产生内应力,钢筋镦粗部分延性降低,易产生脆断现象。

实际生产中,当钢筋直径较大时,如超过 22mm,采用墩粗直螺纹接头比焊条电弧焊更经济。在预制中小型梁板中,由于套筒增大了钢筋直径,墩粗直螺纹接头会影响钢筋的摆放净距、保护层等,则多用焊条电弧焊。在墩柱和桩基钢筋笼中、现浇大型构件中,多用墩粗直螺纹。

(2)套筒挤压接头

套筒挤压接头是将需要的连接的带肋钢筋端部插入特制的钢套筒内,利用挤压机压缩钢套筒,使它产生塑性变形,靠变形后的钢套筒与带肋钢筋的机械咬合紧固力来实现钢筋的连接,见图7-3-15。

套筒挤压接头的优点是强度高、稳定性好、密封性好、施工方便快捷,缺点是成本较高,公路工程项目一般应用在大直径钢筋上。在市政管网工程中,套筒挤压接头应用于管材之间的连接非常方便。

3. 绑扎连接

绑扎连接(图7-3-16)是指在两根钢筋之间用扎丝进行连接。绑扎连接是一种比较简单的方法,不需要使用大型机械设备或昂贵的材料,可以灵活地应用于各种场景。绑扎连接的强度不高,或不可靠,绑扎可能导致连接松动或失效。

图7-3-15 套筒挤压接头

扎丝(图7-3-17)就是建筑捆绑钢筋用的镀锌钢丝。根据《一般用途低碳钢丝》(YB/T 5294—2009),扎丝的直径规格从<0.3mm 到>6.0mm。扎丝的型号为3号、4号、5号……36号,型号数字越小,直径越大。其中公路工程项目上常见扎丝常用的规格是18~22号,直径范围0.7~1.2mm。绑扎钢筋直径在12mm以下时,宜用22号扎丝;12~25mm时,宜用20号扎丝,大于25mm时,宜用18号扎丝。扎丝外表镀锌的目的是防锈。

图7-3-16 绑扎连接　　　　　图7-3-17 扎丝

绑扎连接适用于直径较小的钢筋,一般用于箍筋、板筋、墙体钢筋等。绑扎连接如用于钢筋接头时,仅当钢筋构造复杂施工困难时方可采用。绑扎接头的钢筋直径宜不大于28mm,对轴心受压和偏心受压构件中的受压钢筋可不大于32mm;轴心受拉和小偏心受拉构件不应采用绑扎接头。

7.4 钢材试验

想一想

表 7-4-1 是一篇简单的钢筋机械性能试验报告(保留了原始报告的主要信息),从该报告中看出,普通抗震钢筋的主要试验是室温拉伸试验和反向弯曲试验,同学们知道这两个试验的具体操作过程吗?

钢筋机械性能试验报告　　　　　　　　表 7-4-1

样品名称		热轧带肋钢筋	牌号		HRB400E	
批号		B12304010008	公称直径(mm)		16	
技术指标		标准值(或规范要求)	试验结果			评价
			1	2	3	
重量偏差(%)		±5	−3.5			合格
拉伸试验	屈服强度(MPa)	⩾400	426	434		合格
	抗拉强度(MPa)	⩾540	616	622		合格
	最大力总延伸率(%)	⩾9.0	15.0	14.0		合格
实测抗拉强度与实测屈服强度之比		⩾1.25	1.45	1.43		合格
实测屈服强度与规定屈服强度之比		⩽1.30	1.07	1.09		合格
反向弯曲试验(弯曲压头直径:5d;正向弯曲角度:90°反向弯曲角度:20°)		试验后,钢筋受弯曲部位表面不得产生裂纹	无可见裂纹	无可见裂纹		合格

7.4.1 钢筋原材室温拉伸试验

本试验方法参照《钢筋混凝土用钢材试验方法》(GB/T 28900—2022)和《金属材料 拉伸试验 第1部分:室温试验方法》(GB/T 228.1—2021)编写。

1. 目的与适用范围

本方法适用于钢筋混凝土用普通钢筋产品。

2. 仪器设备

(1)微机控制伺服万能材料试验机,见图 7-4-1;

(2)游标卡尺;

(3)标距打点机,见图 7-4-2。

CZ47-钢筋拉伸

图 7-4-1 微机控制伺服万能材料试验机　　图 7-4-2 标距打点机

3. 试验准备

(1) 试样

试样应从符合交货状态的钢筋上制取。

对于从盘卷(盘条或钢丝)上制取的试样,在任何试验前应进行简单的弯曲使试样平直,并确保最小的塑性变形。

试样的平行长度应足够长,以满足对断后伸长率 A 或最大力总延伸率 A_{gt} 测定的要求。钢筋的平行长度指的是夹持部分之间的距离。

(2) 试验速率

依据《金属材料　拉伸试验　第1部分:室温试验方法》(GB/T 228.1—2021)第10.3规定,可以选择采用应变速率控制的试验速率(方法 A)或应力速率控制的试验速率(方法 B)。公路工程项目中常用方法 B,普通钢筋的应力速率范围为 6~60MPa/s。例如,直径 16mm 的钢筋,面积为 201.1m^2,换算为加荷速度为 1.206~12.064kN/s。

如仅测定下屈服强度,在试样平行长度的屈服期间应变速率应为 0.00025/s~0.0025/s。平行长度内的应变速率应尽可能保持恒定。

原始标距(L_0)为 5 倍的公称直径。原始标距等分标记距离为 10mm。

试样两端被夹持之前,设定力测量系统的零点。一旦设定了力值零点,在试验期间力测量系统不能再发生变化。

4. 试验步骤

将待测样品置于标距打点机等分标记,选择合适夹具,将钢筋样品夹持于微机控制电液伺服万能材料试验机钳口,试样在钳口中的夹持距离,宜不小于钳口的四分之三,并关好防护罩,运行设备进行试验。

(1) 下屈服强度 R_{eL} 的测定

下屈服强度从力-延伸曲线上测得,为不计初始瞬时效应时屈服阶段中的最小力所对应的应力;在屈服阶段中,如呈现两个或两个以上的谷值应力,舍去第一个谷值应力(第一个极小值应力)不计,取其余谷值应力中之最小者判为下屈服强度;如只呈现 1 个下降谷,此谷值应力判为下屈服强度;屈服阶段中呈现屈服平台,平台应力判为下屈服强度;如呈现多个而且后者高于前者的屈服平台,则判第 1 个平台应力为下屈服强度。

(2)抗拉服强度 R_m 的测定

试样拉伸过程中从力-延伸曲线上测得的最大力时的应力。

(3)断后伸长率 A 和最大力总延伸率 A_{gt} 的测定

试样拉断后,将试样断裂的部分仔细地配接在一起使其轴线处于同一直线上,并使试样断裂部分适当接触后,使用游标卡尺测量试样断后标距 L_u 并记录数值。

最大力总延伸率 A_{gt} 的测定应采用引伸计法或手工法测定,公路工程项目中常用手工法。手工法测定示意图见图7-4-3,当试样拉断后,距断口的距离 r_2 至少为50mm 或两倍直径(选择较大者)。如果夹持和标距长度之间的距离 r_1 小于20mm 或钢筋直径(选择较大者)时,试验无效。

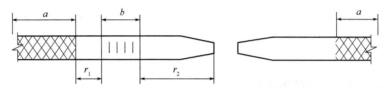

图7-4-3 用手工法测量 A_{gt} 示意图

a-夹持部位;b-手工法测定 A_{gt} 时的断后标距(L'_u);r_1-手工法测定 A_{gt} 时夹持部位和断后标距 L'_u 之间的距离;r_2-手工法测定 A_{gt} 时断口和断后标距 L'_u 之间的距离

根据手工法测定结果,计算断后均匀伸长率 A_r,见式(7-4-1)。

$$A_r = \frac{L'_u - L'_0}{L'_0} \times 100 \qquad (7\text{-}4\text{-}1)$$

式中:L'_u——手工法测定 A_{gt} 时的断后标距,单位为毫米(mm);

L'_0——手工法测定 A_{gt} 时的原始标距,单位为毫米(mm)。除非另有规定,否则原始标距应为100mm。

5.试验结果

(1)断后伸长率 A 按下式计算:

$$A = \frac{L_u - L_0}{L_0} \times 100 \qquad (7\text{-}4\text{-}2)$$

式中:A——断后伸长率,%;

L_u——断后标距,单位为毫米(mm);

L_0——原始标距,单位为毫米(mm)。

(2)最大力总延伸率 A_{gt} 按下式计算:

$$A_{gt} = A_r + \frac{R_m}{2000} \qquad (7\text{-}4\text{-}3)$$

式中:A_{gt}——最大力 F_m 总延伸率,%;

A_r——断后均匀伸长率,%;

R_m——抗拉强度,单位为兆帕(MPa);

2000——根据碳钢弹性模量得出的系数,单位为兆帕(MPa)。

6. 试验数据举例

表 7-4-2 为一组 HRB400E 钢筋试样室温拉伸试验数据。

钢筋原材拉伸试验数据　　　　表 7-4-2

钢筋牌号		HRB400E	
试件编号		1	2
公称直径(mm)		20	20
公称截面面积(mm²)		314.2	314.2
下屈服荷载(kN)		140.03	144.16
下屈服强度 R_{eL}(MPa)		445	460
极限荷载(kN)		201.8	202.5
抗拉强度 R_m(MPa)		640	645
断后伸长率 A (%)	原始标距 L_0(mm)	100	100
	断后标距 L_u(mm)	127.53	127.67
	断后伸长率 A(%)	28	28
最大力总延伸率 A_{gt}(%)	标距 b(mm)	100	100
	断后标距 b 测量值(mm)	114.39	119.44
	最大力总延伸率 A_{gt}(%)	14.7	19.8

7.4.2　钢筋原材反向弯曲试验

本试验方法参照《钢筋混凝土用钢材试验方法》(GB/T 28900—2022)和《钢筋混凝土用钢　第 2 部分:热轧带肋钢筋》(GB/T 1499.2—2018)编写。

1.目的与适用范围

本方法适用于钢筋混凝土用普通热轧带肋钢筋和细晶粒热轧带肋钢筋,不适用于由成品钢材再次轧制成的再生钢筋及余热处理钢筋。

2.仪器设备

CZ48-钢筋反向弯曲

(1)钢筋弯曲试验机(含弯芯),见图 7-2-4;

(2)电热恒温干燥箱。

3.试验准备

(1)试样

试样应从符合交货状态的钢材上制取。

对于从盘卷(盘条或钢丝)上制取的试样,在任何试验前应进行简单的弯曲使试样平直,并确保最小的塑性变形。

(2)弯曲压头(弯芯)

热轧带肋钢筋只做弯曲试验时,其弯曲压头直径见表 7-4-3。进行热轧带肋钢筋做反向弯曲试验时,其弯曲压头直径比弯曲试验相应增加一个钢筋公称直径的要求。

弯曲压头直径　　　　　　　　　　表7-4-3

牌号	公称直径 d(mm)	弯曲压头直径
HRB400、HRBF400、HRB400E、HRBF400E	6~25	4d
	28~40	5d
HRB500、HRBF500、HRB500E、HRBF500E	6~25	6d
	28~40	7d

4. 试验步骤

(1) 弯曲

弯曲应在10~35℃的温度下进行,试样应在弯曲压头上弯曲90°,如图7-4-4所示。试样应通过目视仔细检查裂纹。

(2) 人工时效步骤

人工时效的温度和时间应满足相关产品标准的要求。

当产品标准没有规定人工时效工艺时,可采用下列工艺条件:加热试样到100℃,在100℃±10℃下保温不少于30min,然后在静止的空气中自然冷却到室温。

如果对试样进行人工时效,人工时效的工艺条件应记录在试验报告中。

(3) 反向弯曲步骤

在静止空气中自然冷却到10~35℃后,应在弯曲原点(最大曲率半径圆弧段的中间点)将试样按相关产品标准的规定反向弯曲角度20°,如图7-4-5所示。

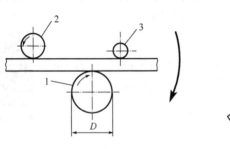

图7-4-4　弯曲装置示意图
1-弯芯;2-支辊;3-传送辊

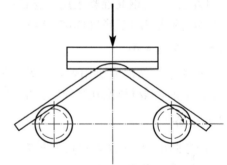

图7-4-5　反向弯曲装置示意图

5. 试验结果

反向弯曲试验结果应根据相关产品标准的规定来判定。如产品标准没有具体规定,反向弯曲试样无目视可见的裂纹,则判定该试样为合格。

6. 试验数据举例

表7-4-4为一组HRB400E钢筋试样反向弯曲试验数据。

钢筋反向弯曲试验数据　　　　　　　表 7-4-4

钢筋牌号	HRB400E	钢筋规格		公称直径 20mm，长 60mm	
反向弯曲性能	弯心直径(mm)	正向角度(°)		反向角度(°)	结果
	100	90		20	无裂纹
备注		人工时效：在 100℃ ±10℃ 温度内，保温 35min			

本章小结

建筑钢材的主要优点是强度高、塑性好、易于加工等，主要缺点有易锈蚀、耐火性差等。建筑钢材分类法很多：按轧制温度分为热轧钢材和冷轧钢材；按化学成分分为碳素钢和合金钢；按用途分为结构钢、工具钢和特殊钢。

根据结构钢在公路工程中的不同用途，大致分为 3 类：①普通钢筋；②预应力钢筋；③钢结构用钢。常见钢材类型：热轧光圆钢筋、热轧带肋钢筋、余热处理钢筋、冷轧带肋钢筋、钢丝、钢绞线、预应力混凝土用螺纹钢筋，以及各种型钢。

钢材的技术性能主要包括力学性能、工艺性能。低碳钢等在受拉过程中有明显屈服现象，呈现弹性、屈服、强化及颈缩四个阶段。力学性能由下列力学指标表征：屈服强度 R_{eL}、抗拉强度 R_m、强屈比 R_m/R_{eL}、断后伸长率 A、最大力总延伸率 A_{gt}。没有明显屈服现象的钢材采用规定塑性延伸强度 R_p 代替屈服强度。工艺性能主要包括弯曲试验和反向弯曲试验。

由钢筋加工制成钢筋骨架，主要步骤有：除锈、调直、切断、弯曲、组装。钢筋的连接方式通常有三种：焊接接头、机械连接接头、绑扎连接。焊接接头常用焊条电弧焊，机械连接接头常用墩粗直螺纹。

公路工程项目上最常做的钢材试验：室温拉伸试验、反向弯曲试验。

习题

一、判断题（判断正误）

1. 引伸计标距是一种比原始标距更精确的标距测量方法。（　）
2. 屈服强度是确定钢结构允许应力的主要依据。（　）
3. 在拉伸过程中没有明显屈服的钢材，通常取塑性延伸率为 0.2% 所对应的应力作为规定塑性延伸强度，即 $R_{p0.2}$。（　）
4. 钢材方向弯曲试验，先正向弯曲 20°，把经正向弯曲后的试样在 100℃ ±10℃ 温度下保温不少于 30min，经自然冷却后再反向弯曲 90°。（　）
5. 钢筋的连接方式通常有三种：焊接接头、机械连接接头、绑扎连接。（　）

二、单选题(每道小题四个选项,只有一个正确选项)

1. 反映钢材可靠性和利用率的指标是(　　)。
   A. 屈服强度　　　B. 抗拉强度　　　C. 断后伸长率　　　D. 强屈比

2. "HRB400"表示钢筋的(　　)为400MPa。
   A. 屈服强度　　　B. 抗拉强度　　　C. 抗弯拉强度　　　D. 劈裂抗拉强度

3. 在结构设计中,通常以钢材的(　　)作为设计计算的依据。
   A. 弹性极限　　　B. 屈服强度　　　C. 抗拉强度　　　D. 屈强比

4. 牌号"HRB400"表示的钢筋类型是(　　)。
   A. 热轧光圆钢筋　　　　　　　　B. 热轧带肋钢筋
   C. 冷轧带肋钢筋　　　　　　　　D. 余热处理钢筋

5. 通常在设计图纸上,热轧带肋钢筋用下列(　　)符号表示。
   A. A^S　　　B. A　　　C. C　　　D. C^R

6. 预应力钢绞线1×7-15.20-1860-GB/T 5224—2023,其中数字1860表示该批钢绞线的(　　)。
   A. 长度　　　B. 强度　　　C. 重量　　　D. 批号

三、多选题(每道小题四个选项,有两个或两个以上为正确选项)

1. 拉伸试验通过测定(　　)等指标来反映钢材的力学性能。
   A. 屈服强度　　　B. 抗拉强度　　　C. 断后伸长率　　　D. 强屈比

2. 低碳钢的拉伸过程经历了(　　)阶段。
   A. 弹性阶段　　　B. 屈服阶段　　　C. 强化阶段　　　D. 颈缩阶段

模块8 土工合成材料

学习目标：
1. 了解土工合成材料的分类及主要产品的用途。
2. 掌握土工合成材料的主要技术性质。
3. 掌握识别主要土工合成材料产品。
4. 掌握CBR顶破强力试验和梯形撕破强力试验。

8.1 土工合成材料的分类与应用

想一想

大家经常在道路工程工地上看到许多这样的材料，如图8-1-1、图8-1-2所示，它们不是传统的木材、钢材、水泥混凝土制品，而是塑料等材料制品，或者是像布类的丝织物，这类材料如何命名？其应用在道路工程中有什么作用呢？

图8-1-1　土工格室

图8-1-2　土工布

8.1.1 土工合成材料的定义与分类

WK88-土工合成材料的分类

土工合成材料是指以人工合成或天然聚合物为原料制成的工程材料的总称,是一种新型的岩土工程材料,其主要品种有四大类:土工织物、土工膜、土工复合材料、土工特种材料。通常土工合成材料采用塑料、化纤、合成橡胶等原料,制成各种类型的产品,置于土体内部、表面或各种土体之间,发挥过滤、防渗、隔离、排水、加筋和防护等作用。土工合成材料目前广泛应用于水利、水电、公路、铁路、建筑等各个工程领域。

土工合成材料相对于传统的木材、钢筋和水泥,是一种比较新型的工程材料品种,随着工程实践的发展,出现了种类繁多的土工合成材料品种。根据《公路土工合成材料应用技术规范》(JTG/T D32—2012)土工合成材料可分为四个大类,见表8-1-1。

土工合成材料类型 表8-1-1

大类	亚类	典型品种
土工织物	有纺(织造)	机织(含编织)、针织等
	无纺(非织造)	针刺、热粘、化粘等
土工膜	聚合物土工膜	
土工复合材料	复合土工膜	一布一膜、两布一膜等
	复合土工织物	
	复合防排水材料	排水板(带)、长丝热粘排水体、排水管、防水卷材、防水板等
土工特种材料	土工格栅	塑料土工格栅(单向、双向、三向土工格栅)、经编土工格栅、粘结(焊接)土工格栅等
	土工带	塑料土工加筋带、钢塑土工加筋带等
	土工格室	有孔型、无孔型
	土工网	平面土工网、三维土工网(土工网垫)等
	土工模袋	机织模袋、针织模袋等
	超轻型合成材料	如泡沫聚苯乙烯板块(EPS)
	土工织物膨润土垫(GCL)	
	植生袋	

8.1.2 土工合成材料的主要产品及用途

1. 土工织物

土工织物为透水性的平面土工合成材料,又称土工布,主要包括无纺土工织物、有纺土工织物,无纺土工织物是由短纤维或长丝按定向排列或非定向排列结合在一起的织物。按照联结纤维的方法不同,可分为化学(黏结剂)联结、热力联结和机械联结三种。其主要优点是强度没有明显的方向性,对变形的适应性较大。当前世界上80%的土工织物属于这种类型。有纺土工织物是由纤维纱长丝按一定方向交织而成的织物，其沿经线和纬线的强度高，而与经纬线斜交的方向强度低。

土工织物突出的优点是：重量轻，整体连续性好（可做成较大面积的整体），施工方便，抗拉强度较高，耐腐蚀和抗微生物侵蚀性好。缺点是未经特殊处理，抗紫外线能力低，如暴露受到紫外线直接照射容易衰老，但如不直接暴露，抗老化及耐久性仍是较高的。

土工织物可用于两种介质间的隔离、路基防排水、防沙固沙、构造物表面防腐、路面裂缝防治等；高强度的土工织物还可用于加筋。如图 8-1-2 所示，土工布铺设在碎石垫层上，在其上继续填筑细粒土。土工布既可以让细粒土中的水渗入到碎石垫层中排出路基外，又可以防止细粒土填充碎石孔隙，影响其排水功能。

2. 土工膜

土工膜是由聚合物制成的一种相对不透水的薄膜。土工膜的不透水性很好，弹性和适应变形的能力很强，能承受不同的施工条件和工作应力，具有良好的耐老化能力，处于水下和土中的土工膜的耐久性尤为突出。土工膜具有突出的防渗和防水性能，见图 8-1-3。

图 8-1-3　土工膜

由土工织物和土工膜制成的复合土工膜可用于路基防水、盐渍土隔离等。

3. 复合防排水材料

（1）排水板（带）

排水板（带）是由不同凸凹截面形状、具有连续排水通道的合成材料芯材，外包无纺土工织物构成的复合排水材料。宽度大于 100mm 的称为排水板，小于或等于 100mm 的称为排水带。

排水带（图 8-1-4）是我国常用的排水材料，主要用于插入软弱地基中加速地基的固结排水，增强地基强度。排水板（图 8-1-5）主要用于路侧排水、支挡结构内部排水。

图 8-1-4　排水带

图 8-1-5　排水板

(2)长丝热粘排水体

长丝热粘排水体是由高分子聚合物长丝经热粘堆缠成不同形状的排水芯,外包土工织物构成的复合排水材料,又称速排龙或塑料排水盲沟(图 8-1-6)。其强度较低,适应变形能力较差。

(3)透水软管

透水软管是已经防腐处理、外覆高分子聚合物的弹簧钢丝或其他高强材料丝为骨架,外包土工织物构成的复合排水材料,又称为软式透水管(图 8-1-7),其管径一般为 30~150mm。

图 8-1-6 塑料排水盲沟　　　　　图 8-1-7 透水软管

透水软管具有环刚度较高、适应能力强、易于安装的特点,主要用于路基边坡仰斜排水、路基支挡结构内部排水,以及与碎石渗沟联合使用增强渗沟排水能力等。

(4)透水硬管

透水硬管是以高分子聚合物或其他材料制成的多孔管材为芯材,外包土工织物构成的复合排水材料,又称硬式透水管(图 8-1-8)。目前透水硬管在公路工程中应用不多。

(5)缠绕式排水管

缠绕式排水管是聚乙烯或其他高分子材料挤出的带材,或在其中加入其他材料的带材,经缠绕焊接制成的排水管材(图 8-1-9)。它具有较高的环刚度,适应变形能力强,可形成各种不同的口径,主要用于工程内部排水。缠绕式排水管相比过去的预制水泥混凝土排水管,具有质量稳定、施工方便、耐久性好等优点。

图 8-1-8 透水硬管　　　　　图 8-1-9 缠绕式排水管

4. 土工格栅

土工格栅是具有高强度,其开孔可容周围土、石或其他土工材料穿入,用于加筋的平面材料(图8-1-10),包括塑料拉伸土工格栅、经编土工格栅、粘结或焊接土工格栅等。同时土工格栅又是一种质量轻、具有一定柔性的平面网材,易于现场裁剪和连接,也可重叠搭接,施工简便,不需要特殊的施工机械和专业技术人员。

土工格栅可用于路面加筋、路基不均匀沉降防治、特殊土路基处治、地基处理、边坡加固等,见图8-1-10。玻璃纤维格栅可用于路面裂缝防治,见图8-1-11,在旧水泥路面加铺沥青混凝土路面,俗称"白加黑工程",为了防止旧水泥路面的切缝引起沥青面层反射裂缝,则在旧水泥路面上加铺玻璃纤维格栅,延缓反射裂缝的发展速度。

图8-1-10 土工格栅

图8-1-11 玻璃纤维格栅

5. 土工带

土工带是经挤压拉伸或再加筋制成的条带抗拉材料,包括塑料土工带、钢塑土工带等。可用于有面板的加筋土挡墙,如图8-1-12所示。

a)

b)

图8-1-12 土工带用于有面板的加筋挡土墙

6. 土工格室

土工格室是由长条形塑料片材或在其中加入钢丝、玻璃纤维、碳纤维的片材,通过焊接、插件或扣件等方式连接,展开后构成蜂窝状或网格状的立体结构材料,如图8-1-1所示。

在公路工程中,土工格室主要有两种用途:其一是在格室内回填岩土后形成具有一定厚度、整体性较好的复合垫层,用于软土地基等不良地基顶部,形成施工平台,也起到加筋作用,高强度的土工格室可用于路基内部加筋;其二是在格室内回填种植土,形成具有一定厚度、利于植物生长的种植层,用于路基边坡生态防护。

7. 土工网

土工网是高分子聚合物经挤压制成的网状材料或其他材料经编织形成的网状材料,包括塑料平面土工网、经编平面土工网、塑料三维土工网、经编三维土工网等(图 8-1-13)。土工网主要用于路基边坡生态防护。

8. 植生袋

植生袋是采用孔隙率为 70%～99.5% 的多功能过滤毯状纤维,运用针刺法和喷胶法生产出的,内含草种、灌木种、培养料、保水剂和肥料等绿化辅料的袋状材料(图 8-1-14)。植生袋主要用于路基边坡生态防护。

图 8-1-13　土工网

图 8-1-14　植生袋

9. 土工模袋

土工模袋是双层聚合化纤织物制成的连续或单独的袋状材料(图 8-1-15)。可用高压泵将混凝土或砂浆灌入其中,形成板状或其他形状的防护结构。土工模袋主要用于路基冲刷防护等。

10. 泡沫聚苯乙烯板块(EPS)

泡沫聚苯乙烯板块是由聚苯乙烯加入发泡剂膨胀经模塑或挤压制成的板块,具有质量轻、耐热、抗压性能好、吸水率低、自立性好等优点,常用于桥头或软土路段,用作路基不均匀沉降防治或地基处理(图 8-1-16)。

图 8-1-15　土工模袋

图 8-1-16　EPS 路堤施工

8.1.3 【知识拓展】 我国土工合成材料发展简史

土工合成材料在我国的发展可分为以下四个阶段。

(1)自发应用时期

我国有数千年悠久历史,将植物纤维和草秸等掺入黏土,经立模夯实垒墙修屋的土建技术早为先民所掌握。据史书记载,早在 2000 年前,先民们就将草木材料用于灌溉工程和拦河堵口,而这种技术至今仍被广泛采用。

近代以聚合物制成的土工合成材料在我国则始于 20 世纪 60 年代,最初塑料薄膜多用于渠道防渗。20 世纪 70 年代,土工织物已被用于防冲与防护工程。

由于土木合成材料早期应用的特点是无定型规格材料,无材料测试标准可循,故其设计与施工基本上按既往岩土工程经验,或个别单位自发应用。

(2)技术引进时期

20 世纪 80 年代,铁道科学研究院接受国外赠送的 20000 m^2 纺黏土工织物,用于处治铁道工程长期以来存在的基床翻浆冒泥病害,取得了很好的效果。1981—1983 年我国从日本引进了塑料排水板技术,将连续的排水带用插板机理埋入地层中代替传统沙井,起到快速排出软土中多余水量、提高土体强度的作用。土工模袋于 1983 年从日本引进我国,主要用于保护航道土坡。土工格栅是一种良好的加筋材料,我国于 1983 年引进该产品,首先在阳安、京秦和大秦等铁路线上用于加筋陡坡路堤。至 20 世纪 90 年代中期,我国开始自制生产设备,随之大量土工格栅产品陆续问世。

(3)国际接轨和组织建设时期

利用土工膜建造垂直防渗墙技术是我国的一项创新,国外采用的皆是硬质板状的土工锁板。桩模围埝是我国另一项创新举措。它是施工时的临时挡水坝,在中小型工程中施工应用十分简便。此外,关于防护用软体排、防止道路反射裂缝、利用土工格室在沙漠地区稳固沙基、利用软水排水管排水以及土工植被网改善环境与生态的应用都有显著发展。

在土工合成材料技术逐渐被人们认识和工程应用的同时,全国性的"土工织物技术情报网"于 1984 年成立。协作网通过信息技术交流,对土工合成材料技术的普及起到有力的促进作用。经 IGS 批准我国于 1990 年 5 月成立了国际土工织物学会中国委员会(CCIGS)。经国家有关部门批准,1995 年成立"中国土工合成材料工程协会(CTAG)"。

(4)标准化时期

为了规范我国土工合成材料的生产和技术应用,自 1998 年开始,我国着手编制了一系列技术标准与规范,颁布了土工合成材料产品的国家标准及应用规范。至 1999 年的上半年,我国已初步建立了涉及土工合成材料的产品、设计、施工和测试的标准体系。

8.2 土工合成材料的技术性质

？想一想

土工合成材料品种繁多,应用广泛。在不同的工程结构物中,若土工合成材料的应用功能不一样,则考虑的技术性质或技术指标不一样。例如,同样是土工织物,用作加筋作用,拉伸强度是重要检验指标;用作过滤作用,则渗透系数、有效孔径等是重要检验指标。那么,土工合成材料的技术性质概括起来,包括哪些方面呢?

土工合成材料的技术性质主要包括物理性质、力学性质、水力学性质、耐久性。道路工程中应用的土工合成材料,其技术性质依据《公路工程土工合成材料试验规程》(JTG E50—2006)进行检测。

8.2.1 基本物理性质

土工合成材料的基本物理性质主要包括厚度、单位面积质量、当量孔径等。

1. 厚度

土工合成材料厚度用 mm 表示,厚度变化对织物的孔隙率、透水性和过滤性等水力特性有很大的影响。土工织物的厚度指的是在承受规定压力下,正反两面之间的距离。可采用专门的厚度测试仪(图 8-2-1),压块为圆形,表面光滑,面积为 $25\,cm^2$,重为 5N、50N、500N 不等,其中常规厚度的压块为 5N,对试样施加 $2kPa \pm 0.01kPa$。结果精确至 0.01mm。土工膜厚度可直接用千分尺(图 8-2-2)测定,结果精确至 0.001mm。

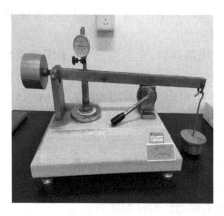

图 8-2-1 土工布测厚仪

图 8-2-2 千分尺

2. 单位面积质量

单位面积质量为单位面积土工合成材料在标准大气压下的质量,它是反映材料用量、生产均匀性以及质量稳定性的重要物理指标,通常以 g/m² 表示。测定单位面积质量采用称量法,试样面积为 10000mm²,数量 10 块,天平称量读数应精确到 0.01g。测试前要求试样在标准大气条件下温度 20℃ +2℃,湿度 65% +5% 调湿 24h。

3. 当量孔径

当量孔径是指土工格栅、土工网等大孔径的土工合成材料的网孔尺寸通过换算折合成与其面积相当的圆孔的孔径,它是检验材料尺寸规格的主要物理指标。测试方法:用游标卡尺测量。对较规则网孔的试样(图 8-2-3),当网孔为矩形或偶数多边形时,测量相互平行的两边之间的距离;当网孔为三角形或奇数多边形时,测量顶点与对边的垂直距离。

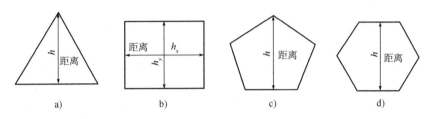

图 8-2-3 土工格栅、土工网网孔尺寸测试示意图

8.2.2 一般力学性质

反映土工合成材料一般力学性质的指标主要有拉伸强度、梯形法撕破强力、CBR 顶破强力、刺破强力、摩擦特性等。

1. 拉伸强度

拉伸强度是指材料抵抗拉伸断裂的能力。它是评价土工合成材料使用性能及工程设计计算的最基本技术指标。测试方法主要有下列三类试验。

(1) 宽条拉伸试验

本方法适用于大多数土工合成材料,包括土工织物及复合土工织物,也适用于土工格栅。

拉伸试验机要求具有等速拉伸功能,拉伸速率可以设定,并能测读拉伸过程中试样的拉力和伸长量,记录拉力-伸长曲线。夹具要求钳口表面应有足够宽度,至少应与试样 200mm 同宽,以保证能够夹持试样的全宽,并采用适当措施避免试样滑移和损伤。

无纺类土工织物试样宽为 200mm ±1mm(不包括边缘),并有足够的长度以保证夹具间距 100mm;为控制滑移,可沿试样的整个宽度与试样长度方向垂直地画两条间隔 100mm 的标记线(不包含绞盘夹具)。

对于机织类土工织物,将试样剪切约 220mm 宽,然后从试样的两边拆去数目大致相等的边线以得到 200mm ±1mm 的名义试样宽度,这有助于保持试验中试样的完整性。

土工织物,试验前将两夹具间的隔距调至 100mm ±3mm;土工格栅按上述"试样尺寸"的有关规定进行。选择试验机的负荷量程,使断裂强力在满量程负荷的 30% ~90%。设定试验机的拉伸速度,使试样的拉伸速率为名义夹持长度的 (20% ±1%) /min。

如试样在距钳口 5mm 范围内断裂,结果应予剔除;纵横向每个方向至少试验 5 块有效试样。如试样在夹具中滑移,或者多于 1/4 的试样在钳口附近 5mm 范围内断裂,可采取下列措施:①在夹具内加衬垫;②对夹在钳口内的试样加以涂层;③改进夹具钳口表面。无论采用了何种措施,都应在试验报告中注明。

(2) 接头/接缝宽条拉伸试验

施工中土工合成材料的接头/接缝是不可避免的,而接头和接缝处往往是整个结构中的薄弱点,接头/接缝的强度直接影响工程的质量和寿命。

本方法规定了用宽条样测定土工合成材料接头和接缝拉伸性能的试验方法。本方法适用于大多数土工合成材料,包括土工织物、土工复合材料,也适用于土工格栅,但试样尺寸要做适当改变。

(3) 条带拉伸试验

本方法规定了单筋、单条试样测定土工合成材料拉伸性能的试验方法。本方法适用于各类土工格栅、土工加筋带。

某些土工格栅,由于其网孔孔径较大,无法完成宽条拉伸试验,可以裁剪单筋进行条带拉伸试验。对于土工格栅,单筋试样应有足够的长度,试样的夹持线在节点处,除被夹钳夹持住的节点或交叉组织外,还应包含至少1个节点或交叉组织。对于土工加筋带,试样应有足够的长度以保证夹具间距100mm。为控制滑移,可沿试样的整个宽度与试样长度方向垂直地画两条间隔100mm的标记线(不包含绞盘夹具)。

2. 梯形撕破强力

梯形撕破强力是指材料受荷载作用直至撕裂破坏时的极限破坏应力,反映了试样抵抗扩大破损裂口的能力,是评价不同土工织物和土工膜破损的扩大程度难易的重要力学指标。常用梯形试样进行试验操作。

纵向和横向各取10块试样,试件尺寸见图8-2-4。试样上不得有影响试验结果的可见疵点。在每块试样的梯形短边正中处剪一条垂直于短边的15mm长的切口,并画上夹持线。安装好试样后,开动拉伸试验机,直至试样完全撕破断开,记录最大撕破强力值,以N为单位。

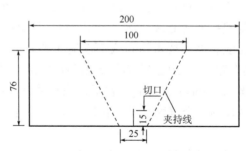

图8-2-4 梯形试样平面图(尺寸单位:mm)

3. CBR顶破强力

CBR顶破强力是指土工合成材料受顶压荷载直至破裂时的最大顶压力,反映了土工合成材料抵抗各种法向静态应力的能力。

试验时,顶破夹具要求环形夹具内径为150mm,其中心必须在顶压杆的轴线上。顶压杆为直径50mm、高度100mm的圆柱体,见图8-2-5。

图 8-2-5　刺破强力试验装置(左侧)和 CBR 顶破强力试验装置(右侧)

裁取 φ300mm 的圆形试样 5 块,试样上不得有影响试验结果的可见疵点,在每块试样离外圈 50mm 处均等开 6 条 8mm 宽的槽。将夹持好试样的环形夹具对中放于试验机上,设定试验机顶压杆的下降速度为 60mm/min ± 5mm/min。

启动试验机,直到试样完全顶破为止,观察和记录顶破情况,记录顶破强力(N)和顶破位移值(mm)。

4. 刺破强力

刺破强力是指土工合成材料受顶刺荷载直至破裂时的最大顶刺压力,反映了土工合成材料抵抗小面积集中荷载破坏的能力。

试验时,环形夹具要求内径 45mm ± 0.025mm,底座高度大于顶杆长度,有较高的支撑力和稳定性。顶杆为钢质实心平头杆,直径 8mm ± 0.01mm。见图 8-2-5。裁取圆形试样 10 块,直径不小于 100mm。

设定试验机加载速率为 300mm/min ± 10mm/min。试验开机,记录顶杆顶压试样时的最大压力值即为刺破强力。

刺破强力试验装置与顶破强力试验装置的主要区别是,顶压杆的直径小,下降速度快。

5. 摩擦性能

摩擦性能是指土工合成材料表面具有一定的摩擦能力,是评价土工合成材料工程结构稳定性的重要指标。摩擦性能的测试方法主要有以下两种。

(1)直剪摩擦试验

直剪摩擦试验是使用直剪仪和标准砂土对土工合成材料进行直接剪切试验,以模拟它们之间的作用过程,评价土工合成材料的摩擦特性。

(2)拉拔摩擦试验

为了保证工程结构的稳定性,在工程设计中土工合成材料与周围土石料之间的摩擦剪切强度应大于土石料之间的摩擦剪切强度。通过拉拔摩擦试验可以得到土工合成材料与现场土石料的摩擦剪切强度。

直剪摩擦试验和拉拔摩擦试验的区别:前者统一采用标准砂土,用于评价土工合成材料是否合格;后者采用实际工程用土,用于评价土工合成材料在对应工程中的应用是否满足设计要求。

8.2.3 水力学性质

土工合成材料的水力学性质主要包括渗透性能、防渗性能和有效孔径等。

1. 渗透性能

土工织物用作反滤材料时,流水的方向垂直于土工织物的平面,此时要求土工织物既能阻止土颗粒随水流失,又要求它具有一定的透水性。

测试方法:恒水头法垂直渗透性能试验。该试验适用于土工织物和复合土工织物。恒水头渗透仪见图 8-2-6。

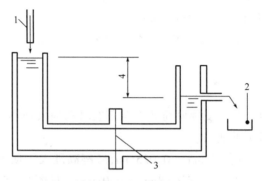

图 8-2-6　恒水头渗透仪示意图
1-进水系统;2-出水收集;3-试样;4-水头差

将试样置于含湿润剂的水中,至少浸泡12h直至饱和并赶走气泡。向渗透仪内注水,直到试样两侧达到50mm的水头差。关掉供水,如果试样两侧的水头在5min内不能平衡,查找是否有未排除干净的空气,重新排气,并在试验报告中注明。

调整水流,使水头差达到70mm±5mm,记录此值,精确到1mm。待水头稳定至少30s后,在规定的时间周期内,用量杯收集通过仪器的渗透水量,体积精确到10mL,时间精确到s。收集渗透水量至少1000mL,时间至少30s。

分别对最大水头差0.8、0.6、0.4和0.2倍的水头差,重复以上步骤,从最高流速开始,到最低流速结束,并记录下相应的渗透水量和时间。

2. 防渗性能

防渗性能是指土工膜及其复合材料抵抗水流渗入的能力,是重要的水利性能指标,对材料的使用寿命和工程质量有重要影响。

测试方法:耐静水压试验。耐静水压的测定装置应包括进水调压装置、试样夹持及加压装置、压力测定装置等(图8-2-7)。试验时,缓慢调节加压装置,使集水器内的水压上升至0.1MPa。保持上述压力至少1h,观察多孔板的孔内是否有水渗出。如试样未渗水,以每0.1MPa的级差逐级加压,每级均保持至少1h,直至有水渗出时,表明试样有渗水孔或已出现破裂,记录前一级压力即为该试样的耐静水压值,精确至0.1MPa。以3个试样测得耐静水压值中的最低值作为该样品的耐静水压值。

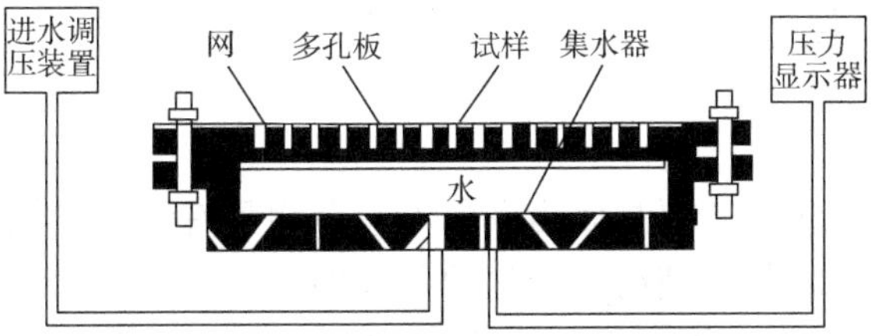

图 8-2-7 耐静水压装置示意图

3. 有效孔径

孔径是土工织物水力学特性中的一项重要指标,它反映土工织物的过滤性能,既可评价土工织物阻止土颗粒通过的能力,又反映土工织物的透水性。有效孔径是指能有效通过土工织物的近似最大颗粒直径,例如 O_{90} 表示土工织物中 90% 的孔径低于该值。

测试方法:干筛法。该方法需要一套标准颗粒材料(图 8-2-8),按照其粒径大小(单位:mm)分成以下 10 组:0.045~0.063、0.063~0.071、0.071~0.090、0.090~0.125、0.125~0.180、0.180~0.250、0.250~0.280、0.280~0.355、0.355~0.500、0.500~0.710。

图 8-2-8 标准颗粒

剪取 $5 \times n$ 块试样,n 为选取粒径的组数。将同组 5 块试样平整、无褶皱地放于能支撑试样而不致下凹的支撑筛网上。从较细粒径规格的标准颗粒中称 50g,均匀地撒在土工织物表面上。

将同组 5 块试样平整、无褶皱地放于能支撑试样而不致下凹的支撑筛网上。从较细粒径规格的标准颗粒中称 50g,均匀地撒在土工织物表面上。将筛框、试样和接收盘夹紧在振筛机上,开动振筛机,摇筛试样 10min。关机后,称量通过试样进入接收盘的标准颗粒材料质量,精确至 0.01g。更换新的一组试样,用下一较粗规格粒径的标准颗粒材料重复以上步骤,直至取得不少于三组连续分级标准颗粒材料的过筛率,并有一组的过筛率达到或低于 5%。

以每组标准颗粒材料粒径的下限值作为横坐标(对数坐标),相应的平均过筛率作为纵坐标,描点绘制过筛率与粒径的分布曲线。找出曲线上纵坐标 10% 所对应的横坐标值,即为 O_{90};找出曲线上纵坐标 5% 所对应的横坐标值,即为 O_{95}。

8.2.4 耐久性

土工合成材料的耐久性是指土工合成材料抵抗自然因素长期作用,而其技术性能不发生大幅度衰退的能力,主要包括抗老化性能,抗化学侵蚀,抗生物侵蚀性,抗磨性能,抗温度、冻融及干湿变化性能等。

1. 抗老化性能

土工合成材料的老化现象主要是因为高分子聚合物具有链节结构,受外界因素的影响发生降解反应或交联反应的结果。使材料老化的各种因素中,阳光辐射起着最重要的作用。紫外线具有很大的能量,能够切断许多聚合物的分子链,或者引发光氧化反应。其试验方法主要有自然老化和人工老化两大类,近几年采用了一系列措施以增加聚合物的抗老化能力,并取得了很好的效果。添加防老化剂,方法简便、效果显著,是当前防老化的主要途径。土工合成材料在有覆盖的情况下(或埋在土中),老化速度缓慢。

2. 抗化学侵蚀

聚合物对化学腐蚀一般具有较高的抵抗能力,但某些特殊的化学药剂或废品对聚合物有腐蚀作用。因而利用土工合成材料(土工膜)作污水或废物存储池的防渗材料时,对其化学稳定性要认真对待。

3. 抗生物侵蚀性

合成材料一般都具有抵御各种生物侵蚀的能力。但在土工织物或土工薄膜下面,如果有昆虫或兽类藏匿或建巢,或者有树根、草根穿过时,可能产生一定的破坏作用。而土工织物的生物侵蚀问题主要是那些被用于反滤层或排水层的土工织物因生物侵蚀使孔隙堵塞影响透水性的问题,如海藻、水草或细菌等就可能堵塞织物孔隙。如果土工织物用于含铁量高的红土的反滤层,就可能在土工织物上繁殖铁细菌而降低土工织物的透水性。

4. 抗磨性能

抗磨性能是指土工合成材料与砂石料在振动或反复摩擦作用过程中对织物产生磨损的能力。

5. 抗温度、冻融及干湿变化性能

在高温条件下,合成材料将发生熔融现象。有时温度虽未达到熔点,聚合物分子结构也可能发生变化,影响材料的弹性模量和强度。有些聚合物在特别低的温度下,也会发生柔性降低、质地变脆,影响其力学特性,给施工及接缝造成困难。

此外,干湿度和冻融变化可能使一部分空气或冰屑留在织物内部,影响其渗透特性。

8.3 土工合成材料试验

想一想

一般来说,土工合成材料的抗拉强度较高。但在具体的工程应用中,土工合成材料可能会遇到不同方向的荷载作用。除了拉伸试验外,梯形法撕破强力试验和 CBR 顶破强力试验是土

工合成材料力学强度中非常重要的两个试验。

梯形法撕破强力试验需要在试样的梯形短边正中处剪一条垂直于短边的15mm长的切口（图8-3-1），相当于试验前人为给试样一个创伤，由此检验土工合成材料抵抗破损裂口扩大的能力。

CBR顶破强力试验模拟土工合成材料在工程应用中，遇到了一种最不利的荷载——顶压荷载（垂直横向荷载）的作用（图8-3-2），由此检验土工合成材料抵抗各种法向静态应力的能力。

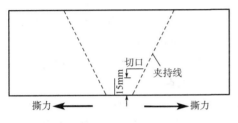

图8-3-1 梯形试样平面图

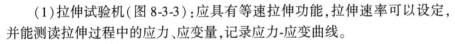

图8-3-2 CBR顶破试验示意图

那么，这两个试验具体如何操作呢？

8.3.1 梯形撕破强力试验

本试验方法参照《公路工程土工合成材料试验规程》(JTG E50—2006) T 1125—2006编写。

1. 适用范围

本方法适用于测定土工织物的梯形撕破强力。

2. 仪器设备

（1）拉伸试验机（图8-3-3）：应具有等速拉伸功能，拉伸速率可以设定，并能测读拉伸过程中的应力、应变量，记录应力-应变曲线。

CZ49-梯形撕破强力试验

（2）夹具（图8-3-4）：宽度应足够夹持整个试样，且应在试验过程中保证试样不滑移和损伤。

图8-3-3 拉伸试验机

图8-3-4 夹具

3. 试验准备

(1)样品应在标准大气条件下调湿 24h,标准大气条件标准:温度 20℃ ±2℃,相对湿度 65% ±5%。

(2)在样品纵向和横向各取 10 块试样,每块试样的尺寸为 76mm × 200mm。试样上不得有影响试验结果的疵点。用梯形板在每个试样上画一个等腰梯形,在每块试样的梯形短边正中处剪一个条垂直于短边的 15mm 长的切口,并画上夹持线。

4. 试验步骤

(1)调整拉伸试验机卡具的初始距离为 25mm,设定满量程范围,使试样最大撕破负荷为满量程负荷的 30% ~90%,设定拉伸速率为 100mm/min ±5mm/min。

(2)将试样放入卡具内,使夹持线与夹钳钳口线相平齐,然后旋紧上、下夹钳螺栓,同时要注意试样在上、下夹钳中间的对称位置,使梯形试样的短边保持垂直状态。

(3)开动拉伸试验机,直至试样完全撕破断开,记录最大撕破强力值,以 N 为单位。

(4)如试样从夹钳中滑出或不在切口延长线处撕破断裂,则应剔除此次试验数值,并在原样品上再裁取试样,补足试验次数。

5. 试验结果与计算

计算纵、横向撕破强力的平均值和变异系数。纵、横向撕破强力以各自 10 次试验的算术平均值表示,以 N 为单位,计算到小数点后 1 位,修约到整数。变异系数精确至 0.1%。

6. 试验数据举例

一组 10 个长丝土工布梯形法撕破强力试验数据见表 8-3-1。

土工合成材料梯形法撕破强力试验数据　　　　表 8-3-1

试样编号	纵向试样最大撕破强力值(N)	横向试样最大撕破强力值(N)
1	307.2	425.6
2	304.6	394.8
3	358.5	408.5
4	370.9	369.7
5	310.0	375.7
6	298.5	409.3
7	347.6	365.3
8	311.1	369.0
9	307.5	386.1
10	338.7	402.9
平均值 $\overline{X}$(N)	326	391
变异系数 C_v(%)	8.0	5.3

8.3.2　CBR 顶破强力试验

本试验方法参照《公路工程土工合成材料试验规程》(JTG E50—2006) T 1126—2006 编写。

1. 目的与适用范围

本方法适用于土工织物、土工膜及其复合产品。

本方法规定了测定土工织物顶破强力、顶破位移和变形率的试验方法。顶破强力是指顶压杆顶压试样直至破裂过程中测得的最大顶压力。顶破位移是指从顶压杆顶端开始与试样表面接触时起,直至达到顶破强力时,顶压杆顶进的距离。变形率是指环形夹具内侧至顶压杆边缘之间试样的长度变化百分率。

CZ50-顶破强力试验

2. 主要仪器设备

(1) 拉伸试验机:应具有等速拉伸功能,拉伸速率可以设定,并能测读拉伸过程中的应力、应变量,记录应力-应变曲线。

(2) 顶破夹具(图 8-3-5):夹具夹持环底座高度必须大于 100mm,环形夹具内径为 150mm ±0.5mm,其中心必须在顶压杆的轴线上。

(3) 顶压杆(图 8-3-6):直径为 50mm、高度为 100mm 的圆柱体,顶端边缘倒成 2.5mm 半径的圆弧。

图 8-3-5　顶破夹具

图 8-3-6　顶压杆

3. 试验准备

(1) 样品应在标准大气条件下调湿 24h,标准大气条件标准:温度 20℃ ±2℃,相对湿度 65% ±5%。

(2) 裁取 φ300mm 的圆形试样 5 块,试样上不得有影响试验结果的可见疵点,在每块试样离外圈 50mm 处均等开 6 条 8mm 宽的槽,见图 8-3-7。

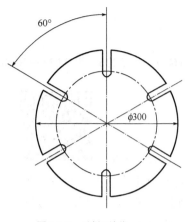

图 8-3-7 试样(单位:mm)

4. 试验步骤

(1)试样夹持:将试样放入环形夹具内,使试样在自然状态下拧紧夹具,以避免试样在顶压过程中滑动或破损。

(2)将夹持好试样的环形夹具对中放于试验机上,设定试验机满量程范围,使试样最大顶破强力为满量程负荷的30%~90%,设定顶压杆的下降速度为60mm/min±5mm/min。

(3)启动试验机,直到试样完全顶破为止,观察和记录顶破情况,记录顶破强力(N)和顶破位移值(mm)。如土工织物在夹具中有明显滑动,则应剔除此次试验数据,并补做试验至5块。

5. 计算

计算5块试样的顶破强力(N)、顶破位移(mm)的平均值和变异系数。顶破强力和顶破位移计算至小数点后1位,修约到整数;变形率计算至小数点后1位,修约到整数。

$$\varepsilon = \frac{L_1 - L_0}{L_0} \times 100 \tag{8-3-1}$$

$$L_1 = \sqrt{h^2 + L_0^2} \tag{8-3-2}$$

式中:h——顶压杆位移距离(mm);

L_0——试验前夹具内侧到顶压杆顶端边缘的距离(mm);

L_1——试验后夹具内侧到顶压杆顶端边缘的距离(mm);

ε——变形率(%)。

公式中 h、L_0、L_1 见图 8-3-8。

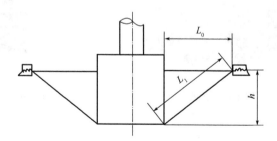

图 8-3-8 顶破试验示意图(单位:mm)

6. 试验数据举例

一组10个长丝土工布梯形撕破强力试验数据见表8-3-2。

土工合成材料 CBR 顶破强力试验数据　　　　表 8-3-2

试样编号	顶破强力 (N)	顶压杆位移距离 h(mm)	试验前夹具内侧到顶压杆顶端边缘的距离 L_0(mm)	试验后夹具内侧到顶压杆顶端边缘的距离 L_1(mm)	变形率 ε(%)
1	2488	65	50	82.0	64
2	2554	68	50	84.4	69
3	2542	64	50	81.2	62
4	2612	64	50	81.2	62
5	2374	65	50	82.0	64
平均值 $\overline{X}$	2514	65			
变异系数 C_v(%)	3.6	2.5			

本章小结

土工合成材料是指以人工合成或天然聚合物为原料制成的工程材料的总称,是一种新型的岩土工程材料,其主要品种分为四大类:土工织物、土工膜、土工复合材料、土工特种材料等。通常土工合成材料采用塑料、化纤、合成橡胶等原料,制成各种类型的产品,置于土体内部、表面或各种土体之间,发挥过滤、防渗、隔离、排水、加筋和防护等作用。

常见土工合成材料品种有:有纺(无纺)土工织物、聚合物土工膜、复合排水材料(包括排水板、排水带、长丝热粘排水体、透水软管、透水硬管、缠绕式排水管等)、土工格栅、土工带、土工格室、土工网、植生袋、土工模袋、泡沫聚苯乙烯板块(EPS)等。

土工合成材料的技术性质主要包括基本物理性质、一般力学性质、水力学性质、耐久性等。其中,基本物理性质包括厚度、单位面积质量和当量孔径等;一般力学性质包括拉伸强度、梯形法撕破强力、CBR 顶破强力、刺破强力、摩擦性能等。

梯形法撕破强力试验和 CBR 顶破强力试验是土工合成材料力学强度中非常重要的两个试验。

一、判断题(判断正误)

1. 土工网主要用于路基边坡生态防护。　　　　　　　　　　　　　　　　　　(　　)
2. 土工膜不具备防渗、防水性能。　　　　　　　　　　　　　　　　　　　　(　　)
3. 当量孔径是指土工织物等土工合成材料的网孔尺寸通过换算折合成与其面积相当的圆孔的孔径。　　　　　　　　　　　　　　　　　　　　　　　　　　　　　(　　)
4. 条带拉伸试验适用于各类土工织物、土工膜。　　　　　　　　　　　　　　(　　)

5. CBR顶破强力是指土工合成材料受顶刺荷载直至破裂时的最大顶刺压力,反映了土工合成材料抵抗小面积集中荷载破坏的能力。（　　）

二、单选题(每道小题四个选项,只有一个正确选项)

1. 土工织物为透水性的平面土工合成材料,又称(　　)。
   A. 土工膜　　　　B. 土工格栅　　　　C. 土工布　　　　D. 土工网

2. 土工合成材料埋在土体中,可以扩散土体的应力,传递拉应力,限制土体侧向位移,这种作用叫(　　)。
   A. 反滤作用　　　B. 加筋作用　　　　C. 隔离作用　　　D. 防渗作用

3. (　　)可用于有面板的加筋土挡墙。
   A. 土工带　　　　B. 土工格栅　　　　C. 土工布　　　　D. 土工格室

4. 常用于桥头或软土路段,用作路基不均匀沉降防治或地基处理的是(　　)。
   A. 土工带　　　　　　　　　　　　　B. 土工模袋
   C. 土工布　　　　　　　　　　　　　D. 泡沫聚苯乙烯板块(EPS)

5. 做梯形法撕破强力试验,在每块试样的梯形短边正中处剪一条垂直于短边的(　　)长的切口。
   A. 25mm　　　　B. 15mm　　　　　C. 10mm　　　　D. 5mm

三、多选题(每道小题四个选项,有两个或两个以上为正确选项)

1. 土工合成材料的主要作用有(　　)。
   A. 反滤及排水　　B. 加筋　　　　　　C. 隔离　　　　　D. 防渗

2. 土工合成材料有(　　)大类。
   A. 土工织物　　　B. 土工膜　　　　　C. 土工复合材料　D. 土工特种材料

3. 土工合成材料的技术性质主要包括(　　)。
   A. 物理性质　　　B. 力学性质　　　　C. 水力学性质　　D. 耐久性

参 考 文 献

[1] 交通运输部职业资格中心,交通运输部安全与质量监督管理司.公路水运工程试验检测专业技术人员职业资格考试用书 道路工程[M].北京:人民交通出版社股份有限公司,2022.

[2] 吴丽君.公路工程材料[M].北京:人民交通出版社股份有限公司,2016.

[3] 董开亮.公路水运工程试验检测专业技术人员考点荟萃口袋书 道路工程[M].北京:中国建材工业出版社,2021.

[4] 李立寒,孙大权,朱兴一,等.道路工程材料[M].6版.北京:人民交通出版社股份有限公司,2019.

[5] 沈金安.沥青及沥青混合料路用性能[M].北京:人民交通出版社,2001.

[6] 李爱国,郭平,郝培文.SMA路面施工与病害防治技术[M].北京:人民交通出版社,2012.

[7] 徐剑.沥青路面一点通[M].北京:人民交通出版社股份有限公司,2017.

[8] 申爱琴.道路工程材料[M].3版.北京:人民交通出版社股份有限公司,2022.

[9] 中华人民共和国交通运输部.公路工程沥青及沥青混合料试验规程:JTG E20—2011[S].北京:人民交通出版社,2011.

[10] 中华人民共和国交通运输部.公路工程无机结合料稳定材料试验规程:JTG E51—2009[S].北京:人民交通出版社,2010.

[11] 中华人民共和国交通运输部.公路沥青路面再生技术规范:JTG/T 5521—2019[S].北京:人民交通出版社股份有限公司,2019.

[12] 中华人民共和国交通运输部.公路沥青路面施工技术规范:JTG F40—2004[S].北京:人民交通出版社,2004.

[13] 中华人民共和国交通运输部.公路路面基层施工技术细则:JTG/T F20—2015[S].北京:人民交通出版社股份有限公司,2015.

[14] 中华人民共和国交通运输部.公路工程水泥及水泥混凝土试验规程:JTG 3420—2020[S].北京:人民交通出版社股份有限公司,2021.

[15] 中华人民共和国交通运输部.公路工程集料试验规程:JTG E42—2005[S].北京:人民交通出版社,2005.

[16] 中华人民共和国交通运输部.公路水泥混凝土路面施工技术细则:JTG/T F30—2014[S].北京:人民交通出版社,2014.

[17] 中华人民共和国交通运输部.公路路基施工技术规范:JTG/T 3610—2019[S].北京:人民交通出版社股份有限公司,2019.

[18] 中华人民共和国交通运输部.公路工程岩石试验规程:JTG E41—2005[S].北京:人民交通出版社,2006.

[19] 中华人民共和国交通运输部.公路桥涵施工技术规范:JTG/T 3650—2020[S].北京:人民交通出版社股份有限公司,2020.

[20] 中华人民共和国交通运输部.公路工程土工合成材料试验规程:JTG E50—2006[S].北京:人民交通出版社股份有限公司,2006.

[21] 中华人民共和国交通运输部.公路路基路面现场检测规程:JTG 3450—2019[S].北京:人民交通出版社股份有限公司,2019.

[22] 中华人民共和国交通运输部.公路沥青路面设计规范:JTG D50—2017[S].北京:人民交通出版社股份有限公司,2017.

[23] 中华人民共和国交通运输部.公路水泥混凝土路面设计规范:JTG D40—2011[S].北京:人民交通出版社,2011.

[24] 中华人民共和国住房和城乡建设部.普通混凝土配合比设计规程:JGJ 55—2011[S].北京:中国建筑工业出版社,2011.

[25] 中华人民共和国国家质量监督检验检疫总局.通用硅酸盐水泥:GB 175—2023[S].北京:中国标准出版社,2023.

[26] 中华人民共和国国家质量监督检验检疫总局.混凝土外加剂:GB 8076—2008[S].北京:中国标准出版社,2008.

[27] 中华人民共和国国家质量监督检验检疫总局.混凝土外加剂应用技术规范:GB 50119—2013[S].北京:中国标准出版社,2013.

[28] 中华人民共和国国家市场监督管理总局.建设用卵石、碎石:GB/T 14685—2022[S].北京:中国标准出版社,2022.

[29] 中华人民共和国国家市场监督管理总局.建设用砂:GB/T 14684—2022[S].北京:中国标准出版社,2022.

[30] 中华人民共和国国家市场监督管理总局.金属材料 拉伸试验 第1部分:室温试验方法:GB/T 228.1—2021[S].北京:中国标准出版社,2021.

[31] 中华人民共和国国家市场监督管理总局.钢筋混凝土用钢材试验方法:GB/T 28900—2022[S].北京:中国标准出版社,2022.

[32] 中华人民共和国交通运输部.公路土工合成材料应用技术规范:JTG/T D32—2012[S].北京:中国标准出版社,2012.

[33] 徐超,刑皓枫.土工合成材料[M].北京:机械工业出版社,2016.

[34] 张彧,王天亮.道路工程材料[M].北京:中国铁道出版社,2018.

[35] 覃峰,陈晓明.工程材料[M].北京:中国人民出版社,2014.

[36] 郑建岚,罗素蓉,王国杰,等.自密实混凝土技术的研究与应用[M].北京:清华大学出版社,2016.

[37] 中华人民共和国住房和城乡建设部.自密实混凝土应用技术规程:JGJ/T 283—2012[S].北京:中国建筑工业出版社,2012.

[38] 中华人民共和国国家质量监督检验检疫总局.用于水泥和混凝土中的粉煤灰:GB 1596—2017[S].北京:中国标准出版社,2017.

[39] 中华人民共和国国家市场监督管理总局.水泥胶砂强度检验方法(ISO 法):GB/T 17671—2021[S].北京:中国标准出版社,2021.

[40] 中华人民共和国住房和城乡建设部.砌筑砂浆配合比设计规程:JGJ/T 98—2010[S].北京:中国建筑工业出版社,2011.